# 春秋公羊疏

〔唐〕徐彦 撰
部積意 解題
石傑 校理

圖版 上

「十四五」國家重點出版物出版規劃項目

二〇二四年度國家古籍整理出版專項經費資助項目

「群經單疏古鈔本彙編及校理（附《論語義疏》）」成果

教育部人文社會科學重點研究基地重大項目

「儒家經典整理與研究」〔19JJD750001〕成果

# 群經單疏古鈔本叢刊編委會

主編　劉玉才

編委　郜積意　張麗娟
　　　顧永新　李　霖
　　　郜同麟　張學謙
　　　杜以恒

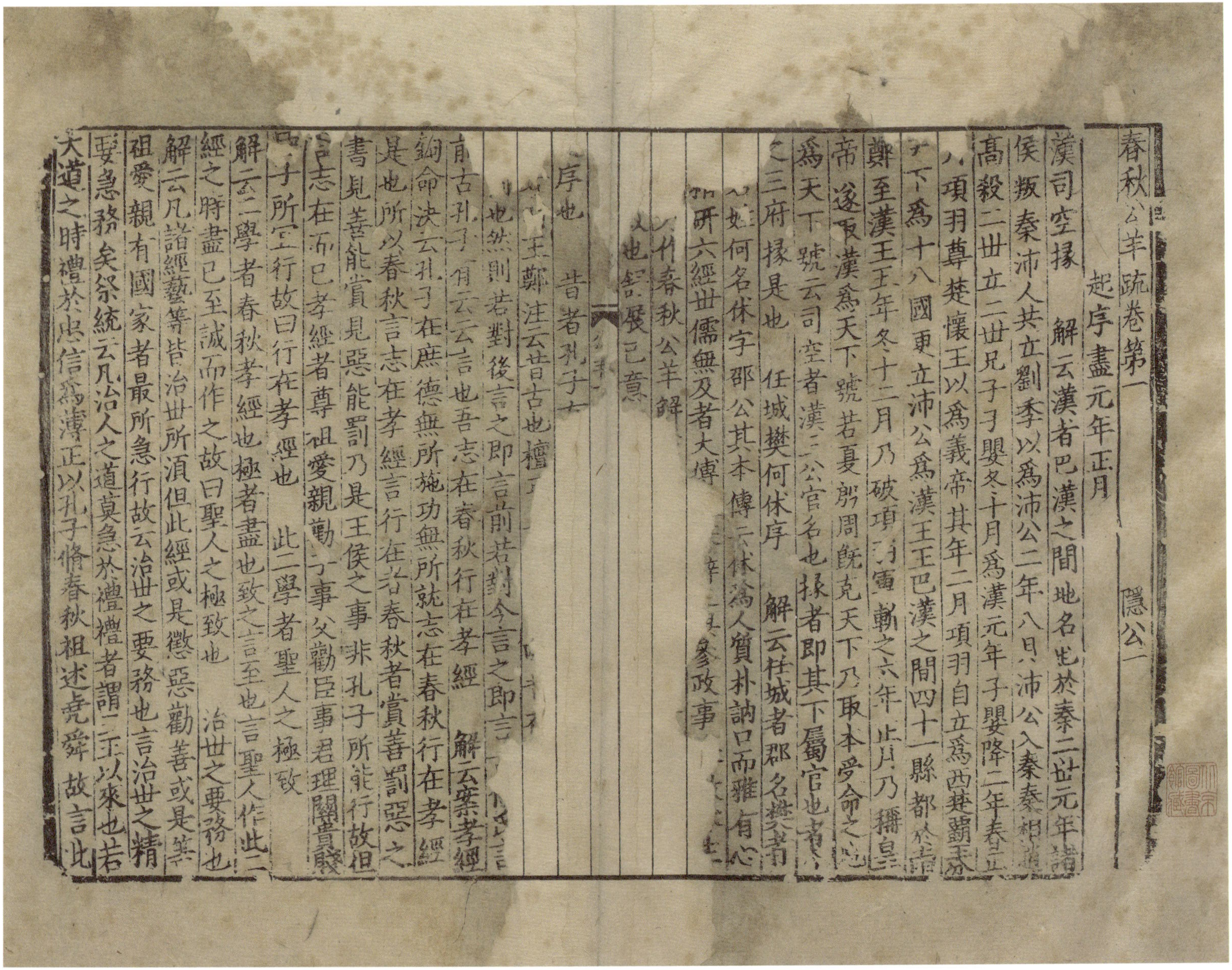

圖一　中國國家圖書館藏宋刻遞修本《春秋公羊疏》卷一首葉

伯姬歸于紀自爾以來不見紀伯姬卒之文今叔姬又歸之明知是其媵矣　注婦人云云者書傳文注媵賤云云　解云春秋之内刻不書媵以其賤故今此書者以其後爲嫡終有賢行也知後爲嫡者正以莊二十九年冬十二月紀叔姬卒三十年八月癸亥葬紀叔姬卒葬皆書爲嫡明矣而成九年伯姬歸于宋書二國媵者彼傳云録伯姬是也　注紀侯爲齊所滅者即莊四年夏紀侯大去其國是也　注紀季以酅入于齊者在莊三年　注叔姬歸之云云　解云莊十二年春王三月紀叔姬歸于酅傳云其言歸于酅何隱之也何隱爾其國亡矣徒歸于叔爾也是也　注据察侯考父卒名者在下八年夏　注据大至子男者上五年傳文案彼大國非直侯而　注特言大國稱侯者案彼傳之成文故也　注下常稱子　解云桓二年滕子來朝因茲已下常稱子矣　注齊亦稱侯　解云不云晉者晉爵末大故　注微者亦稱人者隱元年九月及宋人盟于宿之屬是也　注皆有起文　解云滕侯卒不名下桓稱子起其微也齊侯恒以宋公之上起其大也宋人盟于宿不書日亦起微也鄭人來輸平稱人者共國辭起其賤之故曰皆有起文也　注貴賤不嫌同號是也者不論貴賤不嫌者通其同號稱由是之故春秋同其號也　注若繼體君亦稱即位者文成之屬是也　注繼弒君亦稱即位者桓宣是也　注皆有起文　解云前君之薨書地者起其後即位者是繼體之君也若前君薨不地者起其後即位者非是繼體之君也　注美惡不嫌同辭是也謂美惡不嫌者通其同辭由是之故春秋同其辭矣　注滕子先朝隱公云云者在十一年即此君之子也滕子薛侯俱朝隱公滕并褒其父而薛否者薛侯父卒在春秋之前故無褒之文　中丘者何　解云楚丘同皆直云城文無別故執不知問　注城邑例時者即下九年夏城郎襄十三年冬城防之屬是也　注毋兄稱兄者昭二十年秋盜殺衛侯之兄輒是也　注上言聘此言伐者謂聘伐辭異嫌其非一人也　注据出聘云云　解云昭二十三年晉人圍郊傳云郊者何天子之邑也曷爲不繫于周不與伐天子也宣元年晉趙穿帥師侵柳傳云柳者何天子之邑

圖二　中國國家圖書館藏宋刻遞修本《春秋公羊疏》卷三葉十一

夏后至賓之也者檀弓上篇文　注此競逐恥
注據與高傒盟諱者即莊二十二年秋及齊高傒盟于防
傳云公則曷爲不言公諱與大夫盟也是也
問　謂與微者競逐禽獸與大夫盟不異矣
注以不沒公知爲齊侯也者正以大夫盟即沒公此不沒公者
齊侯故也　注禮父至市朝皆出曲禮上篇與檀弓上
篇同氏差約而爲此言也檀弓云從父昆弟之讎故此何氏
以九族言之曲禮云交遊之讎故此何氏以朋友言之定四年
傳云朋友相衛古之道也義亦通於此鄭氏云交遊或爲朋
友是也　注溺會齊師伐衛是也者在上三年春
注師及齊師圍盛是也者在莊八年夏　注其餘輕者
從義與重者同謂皆是與讎交接矣　注不復譏都
與無讎同文論之謂更無貶文矣　注所以省文達其異義
矣　解云一則省文二則達其異義矣其異義者圍盛不
稱公者諱其滅同姓溺會齊師伐衛不稱氏者見未命
大夫故也若不省文無以見此義故曰所以省文達其異義矣
注凡二同故言同同　解云輕者不譏見與重者同一同也
都與無讎同文論之二同也故曰凡二同矣考諸古本傳及此
注同字之下皆無重語有者衍文且理亦宜然五年
郳者何　解云欲言是國而言名欲言非國經言來朝
故執不知問　注據僖七年稱子者即僖七年夏小邾婁
子來朝是也　注此最云云　解云時未能爲附庸故
謂之最微矣言爲僖七年張本文者即彼注云至是所以
稱爵者時附從霸者朝天子旁朝罷行進齊桓公白天
子進之固因其得禮著其能以爵通是也
注據納頓子于頓言納者即僖二十五年秋楚人圍陳納頓
子于頓是也　注下朔入公入致伐者即下六年衛侯朔入
于衛公至自伐衛是也然則衛侯朔入于衛之下即言公至
自伐衛亦一偶也　注齊人來歸衛寶者即下六年冬齊
人來歸衛寶是也　六年　王人者何

圖三　中國國家圖書館藏宋刻遞修本《春秋公羊疏》卷六葉十

例立納入皆爲篡辭故也　注不直至本也　解云
欲道春秋上下所以不直言衛晉篡齊小白篡衛世子篡
而書其立入納者事各有本故也　注殺而至言之
解云即文十四年秋齊公子商人弒其君舍不去公子是也
所以然者正以其弒君取國不嫌非篡故也　注非殺至
言之　解云衛晉言立蒯聵言納小白言入是也所以
然者以其非殺而立恐不成篡故也　注國人立之曰
立者即隱四年衛人立晉是也　注他國立之曰納者
即哀二年夏晉趙鞅納衛世子于戚是也　注從外曰
入者即莊九年夏齊小白入于齊是也　注諸侯有屬
託力加自文也者即昭元年秋莒去疾自齊入于莒昭十三
年夏楚公子比自晉歸于楚之屬是也　注因爲天子
諱微弱者公子留本天子所立故也其立公子留之事說在
上三年也　曷爲至致會
至自會是也　注所伐至之時　解云即襄十一年公

公羊疏六　十二

公會晉侯宋公衛侯曹伯齊世子光以下伐鄭會于蕭魚公
至自會是也　注所伐至從來　解云即襄十一年
夏公會晉侯宋公衛侯曹伯齊世子光已下伐鄭秋七月已
未同盟于京城北公至自伐鄭是也又僖四年春公會齊侯
宋公以下侵蔡蔡潰遂伐楚次于陘秋八月公至自伐楚傳
云楚已服矣何以致伐楚叛盟之屬是也若然成十六年秋
公會尹子晉侯齊國佐邾婁人伐鄭冬十二月公至自會又
成十七年夏公會尹子單子晉侯齊侯宋公衛侯曹伯邾婁
人伐鄭六月乙酉同盟于柯陵秋公至自會又成十七年冬
公會單子晉侯宋公衛侯曹伯齊人邾婁人伐鄭十一月公
至自伐鄭以此言之則十六年秋伐鄭十七年夏伐鄭皆是
鄭人不服而致會者正以十六年時鄭人始叛晉帥諸侯伐
而討之當是時宜服明年乃叛是以致會也其十七年夏公
會單子已下伐鄭者正以比年用兵不能服故以得意爲文
其十七年冬公會單子以下伐鄭以伐致者至於三伐事宜

圖四　中國國家圖書館藏宋刻遞修本《春秋公羊疏》卷六葉十二

# 出版説明

群經義疏初以單疏形式流傳，單疏本保留疏文較爲原始面貌，是研究經典流變、校理經籍的關鍵文獻。至宋代出現經、注、疏乃至釋文合刻，單疏本遂漸式微，傳本稀少。今存於世的宋刻單疏本僅有《周易正義》（國家圖書館藏）、《尚書正義》（日本宫内廳書陵部藏）、《毛詩正義》（日本杏雨書屋藏，存三十三卷）、《禮記正義》（日本身延山久遠寺藏，存八卷）、《春秋公羊疏》（國家圖書館藏，存七卷）、《爾雅疏》（國家圖書館和日本静嘉堂文庫各藏一部）。另有散藏中、日兩國的單疏古鈔本，或從未公開，或未在中國原貌影印，學界使用甚爲不便。

本次我社幸獲各館藏機構授權，彙編影印《周易》、三《禮》、《春秋》三傳單疏古鈔本，並附研究性解題、與存世刊本的校勘記，相關重要研究論文。各經編纂情况如下：

1.《周易正義》。影印日本廣島大學圖書館藏天文十二年（1543）鈔本，十四卷全帙，及所附《周易要事記》《周易命期秘傳略》。圖版縮放比例爲90%。北京大學朱瑞澤先生解題。附録文章兩篇：野間文史先生《廣島大學藏舊鈔本〈周易正義〉攷》（包含與廣大本與刻本之校記），由朱瑞澤先生翻譯；北京大學顧永新先生《日系古鈔〈周易〉單疏本研究》。另外附録傅斯年圖書館藏《賁卦》敦煌殘卷。

2.《周禮疏》。影印日本京都大學附屬圖書館藏室町時代（1336—1573）鈔本，全五十卷，存三十一卷。圖版縮放比例爲80%。山東師範大學韓悦先生解題。

3.《儀禮疏》。影印日本宫内廳書陵部藏平安末（十二世紀）鈔本，存卷十五、卷十六。圖版原大。北京大學杜以恒先生解題並校理。

4.《禮記正義》。影印日本東洋文庫藏十世紀鈔本卷五殘卷，並背面《賢聖略問答》，原裝爲卷軸。北京大學部同麟先生解題。圖版縮放比例爲83%。附録英藏敦煌《禮運》殘片（S. 1057）、《郊特牲》殘卷（S. 6070）及法藏敦煌《郊特牲》殘片（P. 3106B）。

此册另附二種：《尚書正義》，英藏吐魯番出土《吕刑》殘片（Or. 8212 / 630r[Toy. 044]）。《毛詩正義》：（1）《谷風》《式微》殘卷（德國柏林藏吐魯番文獻）；（2）《小戎》《蒹葭》殘卷（《京都帝國大學文學部景印唐鈔本第一集》影印件，並日本高知大學、天理大學藏本）；（3）《思齊》殘片（俄藏敦煌文獻Дx. 09322）；（4）《民勞》殘卷（英藏敦煌文獻S. 498）；（5）《韓奕》《江漢》殘卷（日本東京國立博物館藏本）。

5.《春秋正義》。影印日本宫内廳書陵部藏文化十二年（1815）至十三年鈔本，三十六卷全帙。圖版縮放比例爲90%。北京大學李霖先生解題。附録文章三篇：安井小太郎先生《景鈔正宗寺本〈春秋正義〉解説並缺佚考》(王瑞先生譯，董岑仕、張良二先生校)；張良先生《跋復旦大學圖書館藏〈春秋正義〉殘帙》；王瑞、劉曉蒙二先生《大連圖書館藏〈春秋正義〉述略》；虞萬里先生《斯坦因黑城所獲單疏本〈春秋正義〉殘葉考釋與復原》。另外附録法藏敦煌哀公十二年—十四年鈔本殘卷(P. 3634v+3635v)。

6.《春秋公羊疏》。影印蓬左文庫藏室町末(十六世紀)鈔本，三十卷全帙。圖版縮放比例爲90%。湖南大學部積意先生解題，山東大學石傑先生校理。附録馮曉庭先生《蓬左文庫春秋公羊疏鈔本述略》。

7.《春秋穀梁疏》。影印北京大學圖書館藏陳鱣鈔校本，全十二卷，存七卷。圖版原大。北京大學張麗娟先生解題。

以上七經單疏本皆原色影印。附録部分的敦煌、吐魯番、日本等殘卷殘片根據圖片質量單色或原色影印。底本爲卷子者，皆裁切成頁，爲避免裁切時行間信息遺失，每頁末行在下頁重複出現；於圖版天頭標注行數。爲便於圖文對照，解題、校理和研究文章皆另册。敦煌本解題録自許建平先生《敦煌經籍敘録》(中華書局，2006年版)，德藏吐魯番本《谷風》《式微》殘卷解題録自榮新江、史睿先生《吐魯番出土文獻散録》(中華書局，2021年版)，英藏吐魯番本《吕刑》殘片解題由李霖先生撰寫，日藏殘卷解題録自李霖先生《宋本群經義疏的編校與刊印》(中華書局，2019年版)。叢刊解題、校理、研究論文中的古、舊、寫、鈔、抄等術語悉遵各篇作者表述習慣，不强作統一。

叢刊由主編劉玉才先生悉心統籌、指導，各位編委、解題、校理作者傾力支持，各收藏單位、論文作者慨予授權，謹致謝忱。

上海古籍出版社

二〇二四年十月

# 圖版總目録

## 上册

### 蓬左文庫藏舊鈔本春秋公羊疏



## 下册

# 本册目録

蓬左文庫藏舊鈔本春秋公羊疏

蓬左文庫藏

舊鈔本春秋公羊疏

# 公羊傳疏

一

遼左文庫
部別 一〇一
冊數 六
卷號 二八

中書門下　牒

公羊正義

牒奉

勑國家欽崇儒術啓迪化源眷六籍之垂文實百王之
取法著於緗素皎若丹青乃有前脩詮其奧義爲之疏
釋播厥方來頎索隱於微言用擊蒙於後學流傳既
久譌舛遂多爰命校讎俾從刋正歷歲時而盡瘁探簡策
以惟精載嘉稽古之功允助好文之理宜從雕印以廣頒行
牒至准勑故牒

景德二年六月　日　牒

工部侍郎叅知政事馮

兵部侍郎叅知政事王

兵部侍郎平章事寇

吏部侍郎平章事畢

春秋公羊疏卷第一　　隱公一

起序盡元年正月

漢司空掾　解云漢者巴漢之間地名也於秦二世元年諸侯叛秦沛人共立劉季以爲沛公二年八月沛公入秦秦相趙高殺二世立二世兄子子嬰冬十月爲漢元年子嬰降二年春正月項羽尊楚懷王以爲義帝其年二月項羽自立爲西楚霸王分天下爲十八國更立沛公爲漢王王巴漢之間四十一縣都於南鄭至漢王五年冬十二月乃破項羽軍斬之六年正月乃稱皇帝遂取漢爲天下號若夏殷周既克天下乃取本受命之地爲天下號云司空者漢三公官名也掾者即其下屬官也若今之三府掾是也

任城樊何休序　解云任城者

郳名樊者縣名姓何名休字邵公其本傳云休爲人質朴訥口而雅有心思精研六經世儒無及者大傳陳蕃辟之與參政事蕃敗休坐癈錮乃作春秋公羊解詁覃思不闚門十有七年是也序者舒也叙也舒展己意以次叙經傳之義述已作注之意故謂之序也　昔者孔子有云　解云昔者古也前也故孝經云昔者明王鄭注云昔古也檀弓上篇云予疇昔夜夢又注云昔猶前也然則若對後言之即言前若對今言之即言古何氏言前言古

孔子有云云言也吾志在春秋行在孝經　解云案孝經鉤命決云孔子在庶德無所施功無所就志在春秋行在孝經是也所以春秋言志在孝經言行者春秋者賞善罰惡之書見善能賞見惡能罰乃是王侯之

事非孔子所能行故但言志在而已孝經者尊祖愛親
勸子事父勸臣事君理關貴賤臣子所宜行故曰行在
孝經也　此二學者聖人之極致
解云二學者春秋孝經也極者盡也致之言至也言聖人作此二
經之時盡己至誠而作之故曰聖人之極致也　治世之要務也
解云凡諸經藝等皆治世所須但此經或是懲惡勸善
或是尊祖愛親者有國家者最所急行故云治世之要務也
言治世之精要急務矣祭統云凡治人之道莫急於禮。者
謂三王以來也若大道之時禮於忠信爲薄正以孔子脩
春秋祖述堯舜故言此孝諸舊本皆作也字又且於理亦
宜然若有作世字者俗誤已行傳春秋者非一　解云
孔子至聖卻觀無窮知秦無道將必燔書故春秋之

有　禮

説曰按子夏度秦至漢乃著竹帛故説題辭云傳
我書者公羊高也戴宏序云子夏傳與公羊高高傳與
其子平平傳與其子地地傳與其子敢敢傳與其子壽
至漢景帝時壽乃共弟子齊人胡毋子都著於竹帛與
董仲舒皆見於圖讖是也故太史公云董仲舒廣川人也
以治春秋孝景時爲博士下帷講誦弟子傳以久次相受
業或莫見其面董生相膠西王疾免歸家以脩學著書
爲事終不治産業是也又六藝論云治公羊者胡毋生
董仲舒董仲舒弟子嬴公嬴公弟子眭孟眭孟弟子
莊彭祖及顔安樂安樂弟子陰豐劉向王彦故曰傳春秋
者非一舊云傳春秋者非一者謂本出孔子而傳五家故
曰非一　本據亂而作　解云孔子本獲麟之後得端門

之命乃作春秋公取十二則天之數是以不得取周公成
王之史而取隱公以下故曰據亂而作謂據亂世之史而
為春秋也　其中多非常異義可怪之論　解云由亂
世之史故有非常異義可怪之事世非常異義者即莊四
年齊襄復九世之讎而滅紀僖二年實與齊桓專封是也
此即是非常之異義言異於文武特何者若其常義
則諸侯不得擅滅諸侯不得專封故曰非常異義也其
可怪之論者即昭三十一年邾婁叔術妻嫂而春秋善
之是也　說者疑惑　解云此說者謂胡母子都董仲舒
之後莊彭祖顏安樂之徒見經傳與奪異於常理故致疑
惑　至有倍經任意反傳違戾者　解云此倍讀如反背
之背非倍半之倍也言由疑惑之故雖解經之理而反背

任意

於經即成二年逢丑父代齊侯當左以免其主春秋不非而說者非之是背經也任意者春秋有三世異辭之言顏安樂以為從襄二十一年之後孔子生訖即為所見之世是任意者凡言見者目覩其事心識其理乃可為見故演孔圖云文宣成襄所聞之世也而顏氏分張一公而使兩屬是其任意也反傳違戾者當十七年六月癸卯日有食之案隱三年傳云某月某日朔日有食之者食正朔也其或日或不日或失之前或失之後失之前者朔在前也謂二日乃食失正朔於前是以但書其日而已失之後者朔在後也謂晦日食失正朔於後是以又不書日但書其月而已即莊十八年三月日有食之是也以此言之則日食之道不過晦朔與二日即當十七年言日不

言朔者是二日明矣而顏氏以為十四日日食是文傳違戾也
其勢雖問不得不廣　解云言說者疑惑義雖不是但
其形勢已然故曰其勢雖復致問不得不廣引外文望成
其說故曰不得不廣也一說謂顏莊之徒以說義疑惑未能
定其是非致使倍經任意文傳違戾是以何氏觀其形勢
故曰其勢維適畏人問難故曰維問遂說已說窮短不
得不廣引外文望成已說故曰不得不廣也維誤為
難耳　是以講師言至於百萬猶有不解　解云此師謂胡
董之前公羊氏之屬也言由莊顏之徒解義不是致他問
難遂爾謬說至於百萬言其言雖多猶有合解而不
解者故曰猶有不解矣　時加釀嘲辭　解云顏安樂等
解此公羊苟取頑曹之語不顧理之是非若世人云雨雪其

譬臣助君虐之類是也　援引他經失其句讀　解云三傳之理不同多矣羣經之義隨經自合而顏氏之徒既解公羊乃取他經爲義猶賊黨入門主人錯亂故曰失其句讀　以無爲有　解云公羊經傳本無以周王爲天囚之義而公羊說及莊顏之徒以周王爲天囚故曰以無爲有也　甚可閔笑者　解云欲存公羊者閔其愚闇欲毀公羊者笑其謏通也　不可勝記也　解云言其可閔可笑處多不可勝負不可具記也　是以治古學貴文章者謂之俗儒　解云左氏先著竹帛故漢特謂之古學公羊漢世乃興故謂之今學是以許慎作五經異義云古者春秋左氏說今者春秋公羊說是也治古學者即鄭衆賈逵之徒貴文章矣謂之俗儒者即繁露云能通一經

曰儒生博覽羣書號曰洪儒則言乖典籍辭理失所名之
爲俗教授於世謂之儒鄭賈之徒謂公羊雖有敎授於世而
辭理失所矣　至使賈逵緣隙奮筆以爲公羊可奪左氏可興
解云賈逵者即漢章帝時衛士令也言緣隙奮筆者莊顏
之徒説義不是故使賈逵得緣其隙漏奮筆而奪之遂
作長義四十一條云公羊理短左氏理長意謂之奪去公羊
而興左氏矣鄭衆亦作長義十九條十七事專論公羊
之短左氏之長在賈逵之前何氏所以不言之者正以鄭衆
雖扶左氏而毀公羊但不與讖合帝王不信毀公羊處少
興左氏不强故不言之豈如賈逵作長義四十一條奏御
于帝帝用嘉之乃知古之爲真也賜布及衣將欲存立但
未及而崩耳然則賈逵幾廢公羊故特言之　恨先師

觀聽不決多隨二創　解云此先師戴宏等也凡論義之法先觀前人之理聽其辭之曲直然以正義決之今戴宏作解疑論而難左氏不得左氏之理不能以正義決之故云觀聽不決多隨二創者上文云至有背經任意反傳違戾者與公羊爲一創文云援引他經失其句讀者文與公羊爲一創今戴宏作解疑論多隨此二事故曰多隨二創也而舊云公羊先師說公羊義不著反與公羊爲一創實違緣隙奮筆奪之與公羊爲二創非也此世之餘事　解云何氏言先師解義雖曰不是但有已在公羊必存故曰此世之餘事也言戴氏專愚公羊未申此正是世之末事猶天下閑事也舊云何氏云前世之師說此公羊不得聖人之本旨而猶在世之末說故曰世之餘事也

斯豈非守文持論敗績失據之過哉　解云守文者
守公羊之文持論者執持公羊之文以論左氏即戴宏解疑
論之流矣敗績者争義似戰陳故以敗績言之失據者
凡戰陳之法必須據其險勢以自固若失所據即不免
敗績若似公羊先師欲持公羊以論左氏不閑公羊左氏
之義文爲所窮已業破散是失所依據故以喻焉
余竊悲之久矣　解云何劭公精學十五年專以公
羊爲已業見公羊先師失據敗績爲他左氏先師
所窮但在室悲之而已故謂之竊悲非一朝一夕故謂之
久後拜爲議郎一舉而起陵君羣儒之上已業得申乃
得公然歎息　往者略依胡毋生條例多得其正
解云胡毋生本雖以公羊經傳傳授董氏猶自別作

條例故何氏取之以通公羊也雖取以通傳意猶謙未敢言己盡得胡毋之旨故言略依而已何氏本者作墨守以距敵長義以強義爲癈疾以難穀梁造膏肓以短左氏蓋在注傳之前猶鄭君先作六藝論訖然後注書故云往者也何氏謙不言盡得其正故言多爾　故遂隱括使就繩墨焉　解云隱謂隱審括謂檢括繩墨猶規矩也何氏言已隱審檢括公羊使就規矩也然則何氏最存公羊也而讖記不見者書不盡言故也而舊云善射者隱括令審射必能中何氏自言已隱括公羊能中其義也凡木受繩墨其直必矣何氏自言規矩公羊令歸正路也

春秋公羊經傳解詁隱公第一　何休學

解云案舊題云春秋隱公經傳解詁第一公羊何氏
則云春秋者一部之揔名隱公者魯侯之謚號經傳
者雜縛之稱解詁者何所自目第一者無先之辭公羊
者傳之別名何氏者邵公之姓也今定本則升公羊字
在經上退隱公字在解詁之下未知自誰始也又云何
休學今案博物志曰何休注公羊云何休學有不解
者或荅曰休謙辭受學於師乃宣此義不出於己此言
為允是其義也　問曰左氏以為魯哀十一年夫子自衛
反魯十二年告老遂作春秋至十四年經成不審公羊
之義孔子早晚作春秋乎　荅曰公羊以為哀公十
四年獲麟之後得端門之命乃作春秋至九月而

止筆春秋說具有其文

問曰若公羊之義以獲麟之後乃作春秋何故大史公遭李陵之禍幽于縲絏乃喟然而嘆曰是余罪也夫昔西伯拘羑里演易孔子戹陳蔡作春秋屈原放逐著離騷左丘明失明厥有國語孫子臏脚而論兵法此人皆意有所鬱結不得通其道也故自黃帝始作其文也案家語孔子戹於陳蔡之時當哀公六年何言十四年乃作乎

荅曰孔子戹陳蔡之時始有作春秋之意未正作其正作猶在獲麟之後也故家語云晉文之有霸心起于曹衛越王句踐之有霸心起于會稽夫陳蔡之間丘之幸也庸知非激憤厲志始於是乎者是其有意矣

問曰若左氏以爲夫子魯哀公十一年自衛反魯

至十二年告老見周禮盡在魯魯史法最脩故依魯史
記脩之以為春秋公羊之意據何文作春秋乎　荅曰
案閔因叙云昔孔子受端門之命制春秋之義使子夏等
十四人求周史記得百二十國寶書九月經立感精符考
異郵説題辭具有其文以此言之夫子脩春秋祖述
堯舜下包文武又為大漢用之訓世不應專據魯史
堪為王者之法也故言據百二十國寶書也周史而言
寶書者寶者保也以其可世世傳保以為戒故名寶書
也　問曰若然公羊之義據百二十國寶書以作春秋
今經止有五十餘國通戎夷宿潞之屬僅有六十何言
百二十國乎　荅曰其初求也實得百二十國史但有極
美可以訓世有極美可以訓世有極惡可以戒俗者

取之若不可爲法者皆棄而不録是故止得六十國也
問曰若言據百二十國寶書以爲春秋何故春秋説云
據周史立新經乎　答曰閔因叙云使子夏等十四人
求周史記得百二十國寶書以此言之周爲天子雖諸
侯史記亦得名爲周史矣　問曰　六藝論云六藝
者圖所生也然則春秋者即是六藝也而言依百二十國
史以爲春秋何　答曰元本河出圖洛出書者正欲垂以
範於世也王者遂依圖書以行其事史官録其行事以
爲春秋夫子就史所録刊而脩之云出圖書豈相妨奪
也　問曰案三統暦曰云春爲陽中萬物以生秋爲陰
中萬物以成故名春秋賈服依此以解春秋之義不審
何氏何名春秋乎　答曰公羊何氏與賈服不異矣

以爲欵使人君動作不失中也而春秋説云始於春終於秋
故曰春秋者道春爲生物之始而秋爲成物之終故云始於
春終於秋故曰春秋也而舊云春秋説云哀十四年春西狩
獲麟作春秋九月書成以其春作秋成故云春秋也者非也
何者案莊七年經云星霣如雨傳云不脩春秋曰雨星不
及地尺而復君子脩之曰星霣如雨何氏云不脩春秋謂
史記也古者謂史記爲春秋以此言之則孔子未脩之時已
名春秋何言孔子脩之春作秋成乃名春秋乎　問曰春
秋据史書而爲之史有左右据何史乎　荅曰六藝論云
春秋者國史所記人君動作之事左史所記爲春秋右史
所記爲尚書是以玉藻云動則左史書之言則右史書
之鄭注云其書春秋尚書其存者記文先言左史鄭注

先言春秋明以左史爲春秋矣云云之說左氏首已有成解不能重載夫子所以作春秋者解疑論云聖人不空生不受命而制作所以斯民覽見後生也西狩獲麟知天命去周赤帝方起麟爲周亡之異漢興之瑞故孔子曰我欲託諸空言不如載諸行事又聞端門之命有制作之狀乃遣子夏等求周史記得百二十國寶書脩爲春秋故孟子云世衰道微邪說暴行有作臣弒其君者有之子弒其父者有之孔子懼作春秋故史記云春秋之中弒君三十六亡國五十二諸侯奔走不得保其社稷者不可勝數故有國者不可以不知春秋爲人君父而不通於春秋之義者必蒙首惡之名爲人臣子而不通於春秋之義者必陷簒弒之誅以此言之則孔子見時衰政

失怨文武道絶又見麟獲劉氏方興故順天命以制春秋以
授之必知孔子制春秋以授漢者案春秋說云伏羲作八
卦丘合而演其文瀆而出其神作春秋以改亂制又云丘覽
史記援引古圖推集天變為漢帝制法陳叙圖錄又
云丘水精治法為赤制功又云黑龍生為赤必告示象使
知命又云經十有四年春西狩獲麟赤受命倉失權周
滅火起薪采得麟以此數文言之春秋為漢制明矣
問案莊七年星霣如雨傳云不脩春秋曰雨星不及地
尺而復君子脩之曰星霣如雨又昭十二年齊高偃師
帥
納北燕伯于陽傳云伯于陽者何公子陽生也子曰我
乃知之矣在側者曰子苟知之何以不革曰如爾所不知何
春秋之信史也其序則齊桓晉文其會則主會者為

之其詞則正有罪焉爾何故孔子脩春秋有改之者何亦改而不改者何　答曰其不改者為欲令人妄億措其改者所以為後法故或改或不改示此二義　問曰公羊以魯隱公為受命王黜周為二王後案長義云若不正則言不順言不順則事不成今隱公人臣而虛稱以王周天子見在上而黜公侯是非正名而言順也如此何以笑子路率爾何以為忠信何以為事上何以誨人何以為法何以全身如此若為通乎　答曰孝經說云孔子曰春秋屬商孝經屬參然則其微似之語獨傳子夏夏傳與公羊氏五世乃至漢胡毋生董仲舒推演其文然後世人乃聞此言矣孔子卒後三百歲何不全身之有又春秋藉位於魯以託王義隱公之爵不進稱王周王

之號不退為公何以為不正名何以為不順言乎文奉天
命而制作何不謙讓之有　問曰春秋說云孔子欲作
春秋卜得陽豫之卦宋氏云夏殷之卦名也孔子何故
不用周易占之乎　荅曰蓋孔子見西狩獲麟知周將亡
又見天命有改制作之意故用夏殷之易矣或言卜則是
龜之辭也不從宋氏之說若然應言陽豫之兆何言卦乎
蓋龜蓍首通名故言卜矣　問曰何氏注春秋始乎隱公終
天之數不審孔子何以正于獲麟止筆乎　荅曰案哀
十四年傳云春秋何以始乎隱注云據得麟乃作祖之所
逮聞也注云記高祖以來事可及問聞知者猶曰我但
記先人所聞辟制作之害所見異辭所聞異辭所傳聞
異辭何以終乎哀十四年彼注云據哀公未終也曰備矣

彼注云人道浹王道備必止於麟者欲見撥亂功成於麟猶堯舜之隆鳳皇來儀故麟於周爲異春秋記以爲瑞明大平以瑞應爲効也絕筆於春不書下三時者起木絕火王制作道備當授漢也是也　問曰旣言始於隱公則天之數復言三世故發隱公何　荅曰若論象天數則取十二緣情制服宜爲三世故禮爲父三年爲祖期爲高祖曾祖齊衰三月据哀録隱兼及昭定已與父時事爲所見之世文宣成襄王父時事謂之所聞之世也隱桓莊閔僖曾祖高祖時事謂之所傳聞之世也制治亂之法書大夫之卒文有詳略故日月備于隱如是有罪之見録不日卒于得見明有過以見罪益師不日著恩遠之辭　問曰鄭氏云九者陽數之極

九九八十一是人命終矣故孝經援神契云春秋三世以九
九八十一爲限然則隱元年盡僖十八年爲一世自僖十
九年盡襄十二年又爲一世自襄十三年盡哀十四年
又爲一世所以不悉八十一年者見人命參差不可一齊
之義又顏安樂以襄二十一年孔子生後即爲所見之世
顏鄭之說實亦有途而何氏見何文句要以昭定哀
爲所見之世文宣成襄爲所聞之世隱桓莊閔僖爲
所傳聞之世乎　答曰顏氏以爲襄公二十三年邾婁鼻
我來奔傳云邾婁無大夫此何以書以近書也又昭公二十七
年邾婁快來奔傳云制（邾）婁無大夫此何以書以近書也二
文不異同宜一世若分兩屬理似不便又孔子在襄二十一
年生從生以後理不得謂之所聞也顏氏之意盡於此矣

何氏所以不從之者以爲凡言見者自覩其事心識其理乃所以爲見孔子始生未能識别寧得謂之所見乎故春秋說云文宣成襄所聞之世不分疏二十一年已後明爲一世矣邾婁快邾婁鼻我雖同有以近書之傳云自是治近升平書之自是治近大平書實不相干涉而漫指此文乎鄭氏雖依孝經說文取襄十二年之後爲所見之世爾時孔子未生焉得謂之所見乎故不從之　問曰孝經說文實有九九八十一爲限之言公羊信緯所得不從乎　荅曰援神契者自是孝經緯横說義之言更作一理非是正解春秋之物故何氏自依春秋說爲正解明矣　問曰左氏出自丘明便題云左氏公羊穀梁出自卜商何故不題曰卜氏傳乎　荅曰左氏傳

者丘明親自執筆爲之以說經意其後學者題曰左氏矣且公羊者子夏口授公羊高高五世相授至漢景帝時公羊壽共弟子胡毋生乃著竹帛胡毋生題親師故曰公羊不曰卜氏矣穀梁者亦是著竹帛者題其親師故曰穀梁也　問曰春秋設三科九旨其義如何答曰何氏之意以爲三科九旨正是一物若揔言之謂之三科科者段也若析而言之謂之九旨旨者意也言三个科段之內有此九種之意故何氏作文謚例云三科九旨者新周故宋以春秋當新王此一科三旨也又云所見異辭所聞異辭所傳聞異辭二科六旨也又內其國而外諸夏內諸夏而外夷狄是三科九旨也　問曰案宋氏之注春秋說三科者一曰張三世二曰存三

統三曰異外内是三科也九旨者一曰時二曰月三曰日四曰王五曰天王六曰天子七曰譏八曰貶九曰絶時與日月詳略之旨也王與天王天子是録遠近親疏之旨也譏與貶絶則輕重之旨也如是三科九旨聊不相干何故然乎荅曰春秋之内具斯二種理故宋氏又有此説賢者擇之　問曰文謚例云此春秋五始三科九旨七等六輔二類之義以矯枉撥亂爲受命品道之端正德之紀然則三科九旨之義已蒙前説未審五始六輔二類七等之義如何　荅曰案文謚例下文云五始者元年春王正月公即位是也七等者州國氏人名字子是也六輔者公輔天子卿輔公大夫輔卿士輔大夫京師輔君諸夏輔京師是也二類者人事與災異是也　問曰春秋

書有七缺七缺之義如何　荅曰七缺者惠公妃匹不正隱桓之禍生是爲夫之道缺也文姜淫而害夫爲婦之道缺矣夫無罪而致戮爲君之道缺也臣而害上爲臣之道缺也僖五年晉侯殺其世子申生襄二十六年宋公殺其世子痤殘虐枉殺其子是爲父之道缺也文元年楚世子商臣弒其君髡襄三十年蔡世子般弒其君固是爲子之道缺也桓八年正月己卯烝桓十四年八月乙亥嘗僖三十一年夏四月四卜郊不從乃免牲猶三望郊祀不脩周公之禮缺是爲七缺也矣

元年春王正月解曰若左氏之義不問天子諸侯皆得稱元年若公羊之義唯天子乃得稱元年諸侯不得稱元年此魯隱公諸侯也而得稱元年者春秋託王於魯以隱公爲受命之王故得稱

元年矣　元年者何　解云凡諸侯不得稱元年今隱公爵猶自稱侯而又稱元年故執不知問　注諸據疑問所不知故曰者何　解云謂諸據有疑理而問所不知者曰者何即僖五年秋鄭伯逃歸不盟之下傳云不盟者何注云據上言諸侯鄭伯在其中弟子疑故執不知問成十五年仲嬰齊卒之下傳云仲嬰齊者何注云疑仲遂後故問之是也若據彼難此即或言曷爲或言何以或單言何即下傳云曷爲先言王而後言正月注云據下秋七月天王先言月而後言王公何以不言即位注云據文公言即位也何成公之意注云據剌欲救紀而後不能是也而崔氏解云案春秋上下但言曷爲與何皆有所據故何氏云諸據疑者皆無所據故

云問所不知故曰者何也者非　注以常至始年　解云正
以桓文宣成襄昭及哀皆云元年春王正月公即位故
曰以常録即位知君之始年　注君魯侯隱公也　解云
案春秋說云周五等爵法五精公之言公公正無私侯之
言候逆順兼伺候王命矣伯之言白明白于德子者孳
恩宣德男者任功立業皆上奉王者之政教禮法統、
理一國脩身絜行矣今此侯爲魯之正爵公者臣子之
私稱故言君魯侯隱公也　問曰五等之爵既如前釋何
名附庸乎　答曰春秋說下文云庸者通也官小德
微附於大國以名通若畢星之有附耳然故謂之附庸
矣注變一爲元　解云以下有二年三年知上宜云一
年而不言一年變言元年故決之　注元者至始也

解云春秋說云元者端也氣泉注云元爲氣之始如水之有泉泉流之原無形以起有形以分窺之不見聽之不聞宋氏云無形以起在天成象有形以分在地成形也然則有形與無形皆生乎元氣而來故言造起天地天地之始也　注故上至繫之　解云春秋說云王不上奉天文以立號則道術無原故先陳春後言王天不深正其元則不能成其化故先起元然後陳春矣是以推元在春上春在王上矣　注不言至王者　解云凡天子諸侯同得稱君但天子不得稱公故喪服云君鄭云天子諸侯及卿大夫有地者皆曰君是也今据魯而言不言公之始年而言君之始年者見諸侯不得稱元會假魯爲王乃得稱元故傳言君之始年微欲道魯于王故也　注獨在至知問　解云春夏秋冬皆是四

時之名而夏秋冬三時常不得配王言之唯有春字常在
王上故怪而問之　歲之始也
問曰元年春王正月公即位實是春秋之五始而傳直於
元年春之下發言始而王正月下不言始何　荅曰元是天
地之始春是四時之始王正月公即位者人事之始欲見
尊重天道略於人事故也　注春者天地開辟之端
解云易說云孔子曰易始於大極大極分而爲二故生天
地天地有春夏秋冬之節故生四時也言天地開辟分爲
四時春先爲端始也　注養生之首　解云乾鑿度云震
生萬物於東方夫萬物始生於震震東方之卦也陽氣施
生愛利之道故東方爲仁矣故言養生之首言是養生萬
物之初首　注法象所出　解云周禮大宰云正月之吉始

和布政于邦國都鄙縣治象之法于象魏浹日而斂之是象魏之法于時出之故曰法象所出矣　注四時本名也　解云凡四時先春次夏次秋次冬百代所不變故言春者四時本名矣　注昏斗指東方曰春指南方曰夏指西方曰秋指北方曰冬也者皆春秋說文也　注歲者摠號其成功之稱　解云四時皆於萬物有功歲者是摠其成功之稱也若以當代相對言之即唐虞曰載夏曰歲殷曰祀周曰年若散文言之不問何代皆得謂之歲矣等取一名而必取歲者蓋以夏數爲得天正故也亦有一本云歲者摠號成功之稱也　注尚書以閏月定四時成歲是也　解云此堯典文彼鄭注云以閏月推四時使啓閉分至不失其常著之用成歲曆將以授民時且記時事是也注欲言時王則無事

解云時王即當時平王也若是當時平王應如下文秋七月天王使宰咺來歸惠公仲子之賵是其事也今無此事直言王故疑非是當時之王矣　注欲言先王又無謚者正以死謚周道故也　注以上繫王於春知謂文王也　解云春者端始文王者周之始受命制法之王理宜相繫故見其繫春知是文王非周之餘王也　問曰春秋之道今有三王之法所以通天三統是以春秋説云主者孰謂謂文王也疑三代謂疑文王而傳專云文王不取三代何　答曰大勢春秋之道實兼三王是以元命包上文揔而疑之而此傳專云謂文王者以見孔子作新王之法當周之世理應權假文王之法故偏道之矣故彼宋氏注云雖大略据三代其要主於文王者是也　注文王周始受命之王　解云即我應瑞云季秋之月甲子赤雀御丹

書入豐止于呂尸呂再拜稽首受之又禮說云文王得白馬朱鬣大貝玄龜是也　注天之至天端　解云天端即春也故春秋說云以元之深正天之端以天之端正王者之政是也　注方陳至王法　解云孔子方陳新王受命制正月之事故假取文王創始受命制正朔者將來以爲法其實爲漢矣　注不言至共之　解云死謚周道文王死來已久而不言謚者正言法其生時政教正朔故曰法其生不法其死也言與後王共之者不言謚可以通之於後王後王謂漢帝也　注人道之始也　解云何氏以見上文亦始尊重天道皆傳自始文故不須注云天道之始今此實天下之始但略於人事無始文故須注云人道之始也　注王者至於人　解云王者受命必徙居處者則堯居平陽舜居蒲坂文王受命作邑於

豐之屬是也其改正朔易服色殊徽號異器械者禮記大傳文鄭注云服色車馬也徽號旌旗之名也器械禮樂之器及兵甲也然則改正朔者即正朔三而改下注云是也易服色者即明堂位云鸞車有虞氏之路也鉤車夏后氏之路也大路殷路也乘路周路也夏后氏駱馬黑鬣殷人白馬黑首周人黃馬蕃鬣之屬是也其殊徽號者即明堂位云有虞氏之旂夏后氏之綏殷之大白周之大赤之屬是也其變犧牲者即明堂位云夏后氏牲尚黑殷白牡周騂剛之屬是也其異器械者器即明堂位云泰有虞氏之尊也山罍夏后氏之尊也著殷尊也犧象周尊也注云泰用瓦著著地無足夏后氏之鼓足彼注云足謂四足也殷楹鼓彼注云楹謂之柱貫中上出也周縣鼓注云縣縣之簨虡也其械者

即兵甲也何氏莊三十二年注云有攻守之器曰械是而
言異者即釋器云弓有緣者謂之弓無緣者謂之弭蓋
以爲異代相變故云異也所以止變此等者其親親尊尊
之屬不可改即大傳云其不可得變革者則有矣親親
也尊尊也長長也男女有别此其不可得與民變革者
也是也　注夏以至尚赤　解云凡草物皆十一月動萌而
赤十二月萌牙始白十三月萌牙始出而首黑故各法之故書
傳略說云周以至動殷以萌夏以牙注云謂三王之正也至動
冬日至物始動也物有三變故正色有三天有三生三死故
土有三王特一生死是故周人以日至爲正殷人以日至三十日爲
正夏以日至六十日爲正是故三統三王若循連環周則又始
窮則反本是也　問曰若如比說則三王所尚各自依其

時物之色何故禮說六若尚色天命以赤尚赤以白尚白以黑尚黑宋氏云赤者命以赤烏故周尚赤湯以白狼故尚白禹以玄珪故尚黑也以此言之三代所尚者自是依天命之色何言法時物之牙色乎　荅曰凡正朔之法不得相因滿三反本禮則然矣但見其受命將王者應以十一月爲正則命之以赤瑞應以十二月爲正則命以白瑞應以十三月爲正即命之以黑瑞是以禮說有此言豈道不復法其牙色乎

注据定公有王無正月　解云定公元年春王三月晉人執宋仲幾於京師是有王無正月凡十二公即位皆在正月是以不問有事無事皆書王正月所以重人君即位之年矣若非即位之年正月無事之時或有二月王或有三月王矣但定公即位在六月正月復無事故書三月王也其正月時

不得書王矣　大一統也　解云所以書正月者王者受命制正月以統天下令萬物無不一一皆奉之以爲始故言大一統也　注揔繫之辭　解云凡前代既終後主更起立其正朔之初布象魏於天下自公侯至於庶人自山川至於草木昆蟲莫不繫於正月而得其所故曰揔繫之辭　注故云政教之始　解云亦以傳不言始故足之　注据文公言即位也　解云文元年春王正月公即位是也　問曰桓公元年春亦書即位傳所以不從始而遠据文公何　荅曰正以文公正即位之始故也桓公篡而即位非其正故雖即位在文公前猶不据之　注即位者一國之始　解云亦以傳無始文故言此也　注政莫大於正始　解云爲下作文勢也言凡欲正物之法莫大於正其始時是以春秋作五始令之相正也

注乃天人之大本云云
解云元年春者天之本王正月公即位者人之本故曰天人
之大本也言萬物之所繫者春秋以之爲始令萬物繫之
故不可不察其義　注以不至公意　解云下十一年
傳云隱何以無正月隱將讓乎桓故不有其正月也然則
正月者是公縣象魏出教令之月今公既有讓門故從二
年已後終隱之篇常去正月以見之故曰不有正月也然
則令此　注云不有正月者謂從二年恒去正月也今元
年去即位故知成公意矣今元年言正月者公時實行
即位之禮故見之然則公意讓而行即位者厭民臣之
心故也舊云以有正月而去即位云無不字言凡書正月爲
公即位出也以元年有正月即公實行即位禮而孔子去

即位知其成公讓意者非注據剌欲救紀而後不能
解云莊三年冬公次于郎傳曰其言次于郎何剌欲救紀
而後不能也然則欲救紀是善事公不能救紀是不終善事
而春秋書次于郎以剌之今隱公有讓心實是善事但終
讓不成爲他所殺亦是善心不遂而春秋善之故以爲難也
注禮年二十見正而冠　解云若以襄九年左傳言魯襄
公年十二而冠也依八代記即少昊亦十二而冠則知天子
諸侯幼即位者皆十二而冠矣是以異義古尚書說云武王
崩時成王年十三後一年管蔡作亂周公東辟之王與大
夫盡弁以開金縢之書時成王年十四言弁明知已冠矣
是其證也但隱公冠當惠公之世從士禮故二十成人乃冠
是以何氏即引士冠禮以解之所以必二十冠者異義今禮

戴說云男子陽也成於陰故二十而冠是矣而言見正者欲道庶子不冠於阼階故也　注士冠禮曰嫡子冠於阼以著代也醮於客位加有成也

解云鄭彼注云每加於阼則醮之於客位所以尊敬之成其爲人也是矣凡此士冠禮及禮記冠義郊特牲亦有此文鄭注冠義云阼謂主人之北也適子冠於阼若不醴則醮用酒於客位敬而成之也戶西爲客位庶子冠於房戶外又因醮焉不代父也鄭注昏義云酌而無酬酢曰醮醮之禮如冠醮與　注三加彌尊諭其志也　解云此士冠記文三加者先加緇布冠次加皮弁次加爵弁也彼記云始冠緇布之冠也大古冠布齊則緇之鄭注云大古唐虞以上重古始冠冠其齊冠也諭其志者彼鄭注云彌猶益也冠服後加益尊諭

其志者欲其德之進也是以矣　注郊特牲云冠益尊則志益大也　注冠而字之敬其名也　解云彼記之文鄭注云名者質所受於父母冠成人益文故敬之是也　注公侯之有冠禮夏之末造也　解云此亦士冠禮記文彼鄭注云造作也自夏初以上諸侯雖父死子繼年未滿五十者亦服士服行士禮五十乃命也至其衰末上下相亂簒弑所由生故作公侯冠禮以正君臣也引之者見當時公侯有冠之言　注天子之元子猶元士也天下無生而貴者　解云此亦記文鄭注郊特牲云儲君副主猶云士也明人有賢行著德乃得貴也引之者見隱公冠時年已二十宜從士禮明矣　注國人謂國中凡云云　解云古者一娶九女一嫡二媵分爲左右尊卑權寵灼然

則朝廷之士理應悉知今此傳云國人不知明是國內凡人也雖然事大非小若早分別亦應知悉故注言惠公不早分別是其義也

注禮男至如之々

解云男子六十陽道閉藏若仍無世子其正夫人必無有生世子之理故命貴公子以爲世子也若未滿六十則無立庶子爲世子之法何者立而復黜是乃亂道故也然則言閉房者行房之事閉也知男子六十陽道閉藏者家語云男女不六十者不閒居閒居不禁閉房明矣言將薨亦如之者謂未滿六十者將薨之時亦命貴公子矣

注諸大夫立隱不起者在春秋前

解云公子翬弒隱立桓公仲遂弒赤立宣公皆貶去公子以起見之今此諸大夫廢桓立隱亦是不正何故不作文貶之以見

罪正以在春秋前欲明王者受命不追治前事故也

注不戒視成謂之暴　解云此堯曰文何氏以不先告戒比視之而責其成功爲暴矣　注是時公子非一

解云隱公疑桓不知得立以否故知公子非一　注凡者凡上所慮二事　解云已若辭立則未知桓之將得立以否是其一慮也假令使桓得立又恐諸大夫不能相幼君是其二慮也　注据賢繆公與大夫　解云文十二年經書秦伯使遂來聘傳云秦無大夫此何以書賢繆公也何賢乎繆公以爲能變也　注云感而自變悔遂霸西戎故因其能聘中國善而與之使有大夫也今此亦善隱能讓何故不與使得立乎故難之　注貜且長以得立

解云文十四年晉人納接菑于邾婁傳曰貴則皆貴矣雖

然貜且也長彼以貜且長故傳與邾婁人立之今此隱亦長何故不宜立乎故難之然則傳言長据貜且傳言賢据繆公而何氏先解繆公者以其事在前故注夫人成風解云即文四年冬十有一月壬寅夫人風氏薨五年三月辛亥葬我小君成風是也

春秋公羊疏卷第一

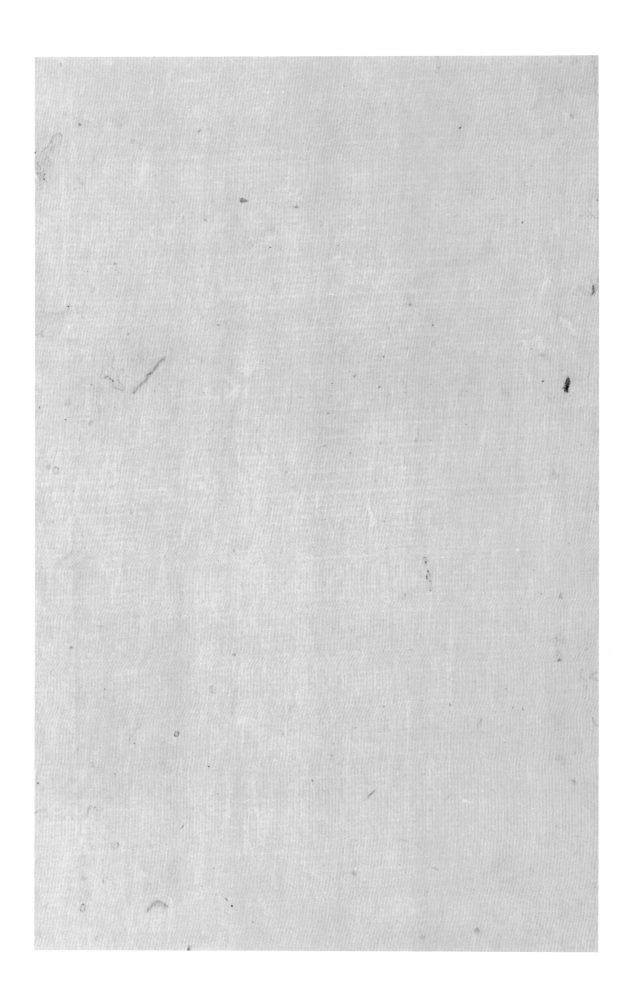

春秋公羊疏卷第二　　隱公二

起元年　盡二年

○及者何　解云欲言汲汲及公仍在喪欲言非汲汲及是欲文故執不知問云曷爲或言會者即下六年公會齊侯盟于艾之徒是也云或言暨者即昭七年春暨齊平定十年宋公之弟辰暨齊仲佗石彄出奔陳是也　注我者謂魯也　解云此通內外皆然但傳據內言之故言我謂魯也　注欲之者善重惡深　解云善重者即此文公及邾婁儀父盟于眛是也以其汲汲於善事故曰善重也惡深者即哀十三年公會晉侯及吳子于黃池是也以其汲汲於惡事故曰惡深也　注不得已者善輕惡淺　解云善輕則暨齊平是也惡淺者宋公之弟辰暨仲佗石彄是也

儀父者何　解云欲言其君絶不書爵欲言其臣而不没公故
執不知問　注以言公及不諱知爲君也　解云凡春秋上
下公與外大夫盟皆諱不言公故莊二十二年秋七月丙申
及齊高傒盟于防傳云公則曷爲不言公諱與大夫
盟也之屬是也今此不没公故知是君矣其莊九年公及
齊大夫盟于暨之屬不没公者皆傳注分明不煩逆說
注据齊侯以禄父爲名者即桓十四年冬齊侯禄父卒是
言齊侯以禄父爲名故疑邾婁君亦以儀父爲名是以難也
注以當褒知爲字　解云春秋以隱新受命而王儀父
慕之故知當褒是以春秋說云襃儀父善趣聖者是也
注据諸侯當稱爵　解云六年夏公會齊侯盟于艾之屬
是也　注以宿與微者盟書卒　解云所傳聞之世

微國之卒本不合書而此年九月及宋人盟于宿爲地主與
在所知以其與内微者盟故至八年得變例書卒見恩矣
云有土嘉之曰襃者謂加爵與字即儀父滕侯之屬是
也云無土建國曰封者即封邢衛之屬是也　注傳不至顧之
解云此傳應言爲其始與公盟今不與其文句言始者若
言始與公盟即恐下三國不是始是以顧之不得與其文
注據戎齊侯莒人皆與公盟　解云二年秋八月公及戎
盟于唐六年夏公會齊侯盟于艾八年秋公及莒人盟
于包來是也　注傳不足至據衆也
解云傳若鄉者足其文句云道爲其始與公盟之時義勢
即盡矣道理不得復言與公盟者衆矣曷爲獨襃乎此
但上傳既無始與之文而得襃賞猶自可疑故更據衆

難之云託始者言隱公實非受命之王但欲託之以爲始也
注漸者至之辭　解云言物事之端者猶言物事之首也
言先見之辭者見讀如見其二子焉之見也若公子陽生
闖然之類也云去惡就善曰進者言能去惡就善即是行
之進也　注不可造次陷於不義　解云桓十五年夏邾
婁人牟人葛人來朝桓惡人而貶稱人責狄之也者是其
造次陷於不義之矣　眛者何　解云春秋之始弟子未解
地期之義故執不知問　注凡書盟者惡之　解云此言與
公盟而得褒何言惡者直善其慕新王之義而得褒豈善
其盟乎　注胥命於蒲善近正是也　解云即桓三年
夏齊侯胥命于蒲傳云胥命者何相命也何言乎相命
近正也此其爲近正奈何古者不盟結言而退是也

注君大夫盟例日惡不信也　解云言内君與大夫共佗外
盟之時其書日皆是惡其不信也即下二年秋八月庚辰
公及戎盟于唐文八年冬十月壬午公子遂會晉趙盾盟
于衡雍之屬是也　注故爲小信辭也者邾婁儀父歸于
新王而見褒賞不爲大信者以下七年秋公伐邾婁是其
背信也功不足録但假託以爲善故爲小信辭也
注大信者時柯之盟是也　解云即莊十三年冬公會齊
侯盟于柯傳曰桓公之信著乎天下自柯之盟始焉是
也　注故春秋以臣子書葬者皆稱公　解云謂以其
臣子之辭書其葬者悉皆稱公即桓十年夏五月葬
曹桓公僖四年秋葬許繆公之屬是也若然桓十七年
秋八月癸巳葬蔡桓侯不稱公者彼注云稱侯者亦奪

臣子辭也有賢弟而不能任用反疾害之而立獻舞國幾并於
蠻荊故賢季抑桓稱侯所以起其事是也
注凡以事定地者加于例　解云謂先約其事乃期于某
處作盟會者加于即僖二十八年夏五月盟于踐土之屬是
也　注以地定事者不加于例　解云言先在其地乃
定盟會之事者不加于即莊十九年公子結媵陳人之婦
于鄄遂及齊侯宋公盟襄三年夏六月公會單子晉
侯以下同盟于雞澤陳侯使袁僑如會叔孫豹及諸侯
之大夫及陳袁僑盟之屬是也　○克之者何
解云欲言其殺而經書克欲言非殺克者大惡之文故執
不知問　注加之至之焉　解云訓詁者即不言殺而
言克是也所以不直言克克者何而并言之者非直問其

變殺爲克弗欲問其袍于鄢之所爲矣而不荅乎　鄢之
意者欲下力解爲當國故此處未勞解之弟子以其不
荅乎鄢之意是以下文復云其地何以離之　注以弗克
納大郤缺之善　解云文十四年秋晉人納接菑于邾婁
弗克納傳云其言弗克納何大其弗克納也是也
注据晉侯殺其世子申生不如克以大之者在僖五年春
注明鄭至誅之　解云鄭伯爲人君之法當如傳辭
不與其國而已不宜忌戾其母而親殺之其誅之者自是執
政大夫之事　注禮公至哭之　解云皆出文王世子
也其文云公族有罪獄成有司讞于公其死罪則曰某之罪
在大辟其刑罪則曰某之罪在小辟彼注云讞之言白也
公曰宥之有司又曰在辟公又曰宥之有司又曰在辟及三宥

不對走出致刑于甸人注云對荅也先者君每言宥則荅之以將更宥之至于三罪定不復荅走往刑之爲君之恩無已公又使人追之曰雖然必赦之有司對曰無及也注云罪既正不可宥乃欲赦之重刑殺其類也又命于公注云白已刑殺公素服不舉爲之變如其倫之喪無服注云素服於凶事爲吉於吉事爲凶非喪服也君雖不服臣卿大夫死則皮弁錫衰以居往弔當事則弁絰於士蓋疑衰同姓則緦衰以弔之今無服者不往弔也倫謂親疏之比也素服亦皮弁矣親哭之注云不往弔爲位哭之而已君於臣使有司哭之是也　段者何　解云欲言世子母弟無世子母弟之文欲言大夫復目鄭伯以殺故執不知問　注據天王殺其弟年夫稱弟者在襄三十年夏　注據齊人殺無知不地

解云即莊九年春齊人殺無知是也　注明當國者在外乃地爾　解云下四年九月衛人殺州吁于濮及此皆是也　注不當國雖在外禍輕故不地也　解云昭四年秋七月楚子云伐吳執齊慶封殺之昭八年夏楚人執陳行人干徵師殺之皆是也　注月者責、臣子不以時討與殺州吁同例　解云下四年九月衛人殺州吁之下注云討賊例時此月者久之也　注不從討賊辭者主惡以失親親故書之　解云若作討賊辭當稱人以討如齊人殺無知然今不如此者經本主為惡鄭伯失親親而書故目鄭伯而不稱人也宰者何　解云以其言宰與周公同疑宰為官以其言名又與宰周公異復疑非官故執不知問　注以周公加宰知為

官也　解云僖九年夏公會宰周公已下于葵丘是也　咺者何　解云繫宰是官言名又單稱故執不知問　注别何之者以有宰周公本嫌宰爲官　解云所以不言宰咺者何而别何之者正以周公加宰爲周公身上官故别何之令相遠若然上注云以周公加宰知爲官而此注又云本嫌宰爲官者言宰周公宰爲周公身上官令此言宰咺亦嫌宰爲咺之身上官也不謂二注異宰即非咺之身上官而繫宰言之者次士以官録言其是宰下之士故也　注據石尚　解云定十四年秋天王使石尚來歸脤石尚亦是士而不以官録之故以爲難也　注天子至稱人
解云天子上士以名氏通者即石尚來歸脤是也云中士

以官錄者言以所繫之官錄之即此是也云下士略稱
人者即僖八年春公會王人以下盟于洮是也
惠公者何　解云春秋從隱至哀魯無惠公歸賵
言來故執不知問　注生稱父　解云即下曲禮云生
曰父是也廣雅云父者矩也以法度威嚴於子言能與子
作規矩故謂之父　注死稱考　解云即下曲禮曰死
曰考是也周書謚法大慮行節曰考爾雅云考成也
言有大慮行節之度量堪成以下之法故謂之考鄭
注曲禮云考成也言其德之成也義亦通於此　注入廟稱禰
解云即襄十二年左傳曰同族於禰廟是也舊說云禰字示
傍爾言雖可入廟是神示猶自最近于己故曰禰　仲子禰
解云正以上不見仲子卒文而得歸賵故執不知問

注以無謚也　解云凡春秋之義妾子爲君者其母得稱謚即文公九年冬秦人來歸僖公成風之襚是也今桓未爲君故其母不得稱謚也是以見其不稱謚即知桓之母也　注仲字至同姓　解云字者本國所加故稱字見其不忘本國也所以稱姓者示不適同姓矣　注生稱母死稱妣者即下曲禮云生曰父曰母死曰考曰妣是也　問曰考與妣是死稱父與母是生稱惠公仲子之卒俱在春秋前何故此傳惠公言隱之考擧死名仲子言桓之母擧生名乎　荅曰仲子已葬訖之後實合擧死稱但禮家本意母死曰妣者比於父之義也故鄭彼云妣之言媲媲于考也但仲子是妾桓未爲君其母不得爲夫人卑不得比于父故還以母言之　注此雖生

時之稱也　解云文九年冬秦人來歸僖公成風之襚
舉風之謚案經成風生時傳稱夫人何者禮妾賤不得
有謚故也今仲子不舉謚不與成風同明生時不得稱
夫人可知故傳家遲難之　賵者何　解云初入春秋弟
子未曉賵義故執不知問　注此道周制也　解云知者
正以上云以馬與士既夕禮同下言乘馬與士異明知周之
禮大夫以上皆有四馬矣　注以馬者謂士不備四也
解云以下言乘馬明上文直言以馬者士禮兩馬可知故即
引禮爲證矣　注禮大夫以上至天子皆乘四馬所以通
四方也　解云案異義古毛詩說云天子至大夫同駕四
皆有四方之事士駕二也詩云四騵彭彭武王所乘龍旂承
祀六轡耳耳魯僖所乘四牡騑騑周道倭遲大夫所乘書

傳云士乘飾車兩馬庶人單馬木車是也　問曰若然異義公羊說引易經云時乘六龍以馭天下也知天子駕六與此異何　答曰彼謹案亦從公羊說即引王度記天子駕六龍諸侯與卿駕四大夫駕三以合之鄭駮云易經時乘六龍者謂陰陽六爻上下耳豈故爲禮制王度記云今天子駕六者自是漢法與古異大夫駕三者於經無以言之者是也然則彼公羊說者自是章句家意不與何氏合何氏此處不依漢禮者蓋時有損益也　注天子馬曰龍高七尺以上　解云月令天子駕倉龍是其高七尺者漢制也其六尺亦然　注諸侯曰馬云云　解云魯頌曰魯侯戾止其馬蹻蹻是也　注卿大夫士曰駒云云　解云詩云皎皎白駒食我場苗是也　注束帛謂玄三纁二

解云雜記上云魯人之贈三玄二纁是也　注玄三云云
解云天數不但三地數不但二而取三二者因取足以共事故也
注此者春秋制也　解云上陳周制訖下乃言賵賻禭此
三者是春秋之内事故云此者春秋制也　注知生者賵賻
知死者贈禭　問曰案既夕禮云知死者贈知生者賻鄭注
云各主於所知以此言之賵專施于生者何　荅曰賻專施于
生禭專于死賵實生死兩施故何氏注知生知死皆言
賵矣而既夕禮專言知生者對贈言之故也　問曰何知賵生
死兩施乎　荅曰案既夕禮云兄弟賵奠可也注云兄弟有
服親者可且賵且奠許其厚也賵奠於死生兩施又云所知
則賵而不奠鄭注云所知通問相知也降於兄弟奠施於死
者為多故不奠以此言之明賵與奠皆生死兩施也云云奠

於死者爲多故知賵生死等矣　注據非禮
解云桓公未爲君則其母猶妾故諸侯賵之爲非禮
注故傳但言諸侯　解云諸侯之賵及事則在春秋之前
故不書矣然則諸侯有相賵之道隱以桓母成爲夫人告天子
諸侯天子猶來何況諸侯乎故傳舉以言焉　注據歸含至
言來　解云文五年春王使榮叔歸含且賵是
注比於至云爾　解云公羊之例若其奔喪會葬不問來之
早晚及事不及事皆言來矣故文元年春天王使叔服來
會葬夏四月葬我君僖公者是其及事言來也文五年
三月葬我小君成風下乃言王使召伯來會葬注云去天
者不及事是不及事亦言來矣故元年傳云其言來會
葬何會葬禮也注云但解會葬者嫌言來者常文之不

爲早晚施也定十五年夏邾婁子來奔喪傳云其言來奔喪何奔喪非禮也彼注云但解奔喪者明言來者常文不爲早晚施也以此言之則知奔喪會葬之例不問早晚悉言來矣若其含賵禭及事不言來不及事則言來是以惠公仲子之葬悉在春秋前至此乃來歸賵傳曰其言來何不及事也又注云比於去來爲不及事特以葬事畢無所復施故云爾去來所以爲及事者若已在於内者是也若含不及事亦須言來也故文四年冬十有一月壬寅夫人風氏薨五年春王使榮叔歸含且賵彼注云不從含晚言來者本不當含也以此言之明諸侯含晚須言來矣何者諸侯鄰國禮容有含故也若其禭也文九年秦人來歸僖公成風之禭亦是不及事言來也何氏不注者以

其不知有文故也所以如此作例者以奔喪會葬所以通哀序志必有所費容其事故稽留不必當責其及時也其含賵襚之等皆是死者所須若其來晚則無及於事故須作文見其早晚矣　注言之賵者起兩賵也

解云以此言之則文九年秦人來歸僖公成風之襚言之襚者亦起兩襚矣　注据及者別公夫人尊卑文也

解云即僖十一年夏公及夫人姜氏會齊侯于陽穀是也

注月者爲內恩録者此文及文五年春王正月王使榮叔歸含且賵皆是內恩録之也　注諸侯不月比於王者輕

解云即文九年冬秦人來歸僖公成風之襚是也　注會葬皆同例　解云若王使人來則書月爲內恩録之若諸侯使人來即不月以爲比王者爲輕故文五年春三月王使召

伯來會葬，文元年二月天王使叔服來會葬皆是也。其諸使人來會葬不日者，春秋之內偶爾無之。其襄三十一年冬十月滕子來會葬，定十五年九月滕子來會葬，皆書月者，彼是諸侯身來會葬，非使人，仍自非妨也。以此義勢言之，則鄉解王與諸侯者皆是使人，非身自來也。而舊云襄三十一年月者，爲下癸酉葬襄公出之，會葬不蒙月；定十五年月者，爲下葬定公出之，會葬亦不蒙上月者，非也。

注春秋不正者因以廣是非　解云：若正之，當直言王；今不正之而亦言天者，所以廣見是非故也。何者？若單言王，是其正稱；今兼亦言天，見其非正矣。

注稱使者王尊敬諸侯之意也

解云：成二年傳云"君不行使乎大夫"，由尊卑不敵故也。今

天子與諸侯亦尊卑不敵所以言使者天子見諸侯與
已分職俱南面而治有不純臣之義故尊敬之而使歸
賵故曰尊敬諸侯之意也　注有不純臣之義
解云喪服斬衰章云臣為君諸侯為天子既言臣為君
而別言諸侯為天子明其與純臣者異其異者即不居殯
官是　注故異姓謂之伯舅叔舅同姓謂之伯父叔父者
下曲禮及覲禮記文　注言歸者至之辭也　解云春秋
大例先是已物乃言歸即歸讙及闡之屬是也今此賵
之車馬先非魯物而言歸者與魯有之辭　注所傳聞
之世外小惡不書者來接內也　解云春秋之義所傳
聞之世外小惡皆不書今此緩賵是外之小惡當所傳聞
之世未合書見而書之者由接內故也　注微者謂士也

解云正以公羊之例大夫悉見名氏與卿同今此不見名氏故
知士也　注明宿當自首其榮辱也　解云理是則
主人先榮理非則主人先辱故曰首其榮辱也
注微者至敍録也　解云春秋之例若尊者之盟則大信
時小信月不信日見其責也若其微者不問信與不信皆
書時悉作信文以略之即僖十九年冬會陳人蔡人楚人鄭
人盟于齊之屬是今此書月者義如注釋○祭伯者何
解云欲言王臣不言王使欲言諸侯復不言朝欲言失
地之君復不言奔故執不知問　注以無所繫言來也
解云外諸侯臣來聘宜繫國稱使即文四年秋衛侯使
甯俞來聘之屬是也若直來亦有所繫如閔元年冬齊
仲孫來之屬若外諸侯之臣來奔當繫國言來奔即文

十四年秋宋子哀來奔襄二十八年冬齊慶封來奔之屬是也今無所繫直言來故知宜是天子之大夫也

注據凡伯稱使　解云即下七年天王使凡伯來聘是也

注以不稱使而無事知其奔　解云下三年武氏子來求賻文九年毛伯來求金是無使文而有事也上文秋七月天王使宰咺文元年天王使叔服之徒皆是有使有事也今此無使復無事故知其正是奔也　注據齊慶封來言奔者在襄二十八年冬　注故去至絕義　問曰若王者以天下為家無絕義故不言奔何故襄三十年夏王子瑕奔晉昭二十六年冬尹氏召伯毛伯以王子朝奔楚成十二年春周公出奔晉皆言奔乎　荅曰春秋進退無一義若來奔者若見王者以天下為家無絕義故不言奔別國即見

春秋黜周與外諸侯例故言奔既以魯爲王而不尊
黜周者若尊黜周則非遜順之義故也　注主書者以罪舉
解云一則罪蔡伯之去王一則罪魯受叛人故曰以罪舉　注由
外皆書者重乖離之禍也　解云内書者閔二年秋公
子慶父出奔莒是也又在外奔書者昭二十年冬十月
宋華亥向甯華定出奔陳之屬是也　注當春秋
時廢選舉之務置不肖於位　解云王制云凡官民材必先
論之論辨然後使之任事然後爵之位定然後祿之爵人於朝
與士共之是擇人之法也當春秋之時不問賢與不肖悉皆世
位故言此　注輒退絶之以生過失　解云君若退絶其臣
不聽世祿以生過失云矣　注至於君臣忿爭出奔云云
解云由不肖者在位故有忿爭出奔之事矣

注伯者字也　解云知伯非爵者正見桓八年經云冬祭公來遂逆王后于紀公是其爵明伯是其字矣

注當案下例當蒙上月日不也　解云一月有數事重者皆蒙月也若上事輕下事重輕者不蒙月重者自蒙月若上事重下事輕則亦重者蒙月輕者不蒙月故言當案下例當蒙上月矣日不者謂一日有數事即不得上下相蒙故桓十二年冬十一月丙戌公會鄭伯盟于武父丙戌衛侯晉卒彼下注云不蒙上日者春秋獨晉書立記卒耳當蒙上日與不嫌異於篡例故復出日明同是也

注奔例特　問曰襄三十年夏五月王子瑕奔晉昭二十六年冬十月尹氏召伯毛伯以王子朝奔楚悉書月何言例特乎　答曰案襄三十年五月甲午宋災伯姬卒天王殺其弟年夫

王子瑕奔晉昭二十六年冬十月天王入于成周尹氏召伯毛伯以王子朝奔楚以此言之則似月爲上事其二處出奔仍不蒙月是以襄三十年五月甲午之下注云外奔例時此日者爲伯姬卒日昭二十六年冬十月之下注云月者爲天下喜録王者反正位是其月爲上事之明文不妨出奔仍注云月者爲下卒奔例時也舊云春秋王魯是以王臣來奔魯者悉與外諸侯之臣來奔同書時故與襄二十八年冬齊慶封來奔同書時矣若王臣奔他國者悉皆書月見别于諸侯之臣矣是以王子瑕毛召之徒悉皆書月　　問曰若然成十二年春周公出奔晉亦是出奔何故不月　　答曰王臣之例實不言出亦不書時但周公自其私出奔故自從小國例言出書時矣凡諸侯出奔

大國例月小國時　注据臧孫辰書日　解云即文十年春王三月辛卯臧孫辰卒者也　問曰下五年冬十二月辛巳公子彄卒亦書日所以不據之而遠據文十年之篇何　荅曰下五年何氏云日者隱公賢君宜有恩禮於大夫益師始見法無駭有罪俠又未命也故獨得於此日以義言之正由同在所傳聞之世非常書日之限故不據之所聞之世大夫日卒者非一正據辰者以其是所聞之始故也

注所見者謂昭定哀已與父時事云云　解云孔子親仕之定哀故以定哀爲己時定哀既當於己明知昭公爲父時事知昭定哀爲所見文宣成襄爲所聞隱桓莊閔僖爲所傳聞者春秋緯文也

注時恩衰義缺　解云謂時子弒父父殺子爲恩衰也臣弒君君殺臣爲義缺故喪服四

云爲父斬衰三年以恩制爲君斬衰三年以義制是也

注將以理人倫序人類因制治亂之法　解云孔子見時始此遂制春秋理人倫者斷理君臣之倫次令得所也序人類謂父子序父子之恩使之厚也因以制治亂之軌式矣

注故於至卒是也　解云隱如遂君而書日即定五年丙申季孫隱如卒是也若非罪書日即昭二十五年冬十月戊辰叔孫舍卒二十九年四月庚子叔倪卒是也而此注不言之者從省文也

注於所至日録　解云無罪書日者即襄五年冬十有二月辛未季孫行父卒襄十九年八月丙辰仲孫蔑卒是無罪而書日者録之故也若然文十四年九月甲申公孫敖卒于齊敖實有罪而書日者彼注云已絶卒之者爲後齊脅魯歸其喪有恥故爲内諱使若尚爲大夫

是也　注有罪者不日略之叔孫得臣卒是也
解云宣五年九月叔孫得臣卒何氏云不日者知公子遂
欲弑君爲人臣知賊而不言明當誅是有罪而不日者略之
故也　注於所至卒是也　解云公子益師無罪而不日
即此是也無駭有罪而不日即下八年冬十有二月無駭卒
是也若然莊三十二年秋七月癸巳公子牙卒僖十六年
三月壬申公子季友卒秋七月甲子公孫慈卒並是所傳
聞之世而得書日牙卒之下何氏云莊不卒大夫而卒牙
者本以當國將弑君書日者録季子之遏惡也其季友之
下何氏云日者僖公賢君宜有恩禮於大夫故皆日也其
公孫慈之下何氏云一年喪骨肉三人故日痛之是也
録大略小者謂隱大國卒葬小國卒葬不録是也

解云内離會者即下

注内離會書外離〻白是也

二年春公會戎于潜桓元年春公會鄭伯于垂〻〻也

外離會不書者桓五年齊侯鄭伯如紀傳云外相如

不書此何以書離不言會也何氏云特紀不與會故略

言如也　注於所聞之世見治升平者升進也稍上進

而至於大平矣　注宣十一年秋晉侯會狄於欑函者

即此一經而當是二義也　注小国有大夫襄二十三年邾婁

鼻我來奔是也　解云若然莊二十四年冬曹羈出奔

陳莊二十七年冬莒慶來逆叔姬皆非所聞之世而小國

得有大夫書名者曹羈之下傳云曹無大夫此何以書

賢也莒慶之下傳云莒無大夫此何以書譏爾大夫

越境逆女非禮也然則一譏一賢故變例書之爾

注至所見之世著治大平　解云當爾之時實非大平但春秋之義若治之大平於昭定哀也猶如文宣成襄之世實非升平但春秋之義而見治之升平然　注書狄進至於爵者即哀四年夏晉人執戎曼子赤歸于楚十三年夏公會晉侯及吴子于黄池是也　注晉魏曼多仲孫何忌是也　解云哀十三年晉魏多帥師侵衛傳云此晉魏曼多也曷為謂之晉魏多譏二名二名非禮也定六年仲孫忌圍運傳云此仲孫何忌也曷為謂之仲孫忌譏二名二名非禮也何氏云春秋定哀之間文致大平欲見王者治定無所復為譏唯有二名設譏之此春秋之制也

注所以三世者禮為父母三年者母雖不斬衰哀痛與斬同故連言之　注為曾祖父母齊衰三月者不言高祖父母

者文不備　注立　自親始者即祭義云子曰立愛自親始教人睦也立敬自長始教人順也鄭注云親長文兄之睦厚也是　注故春秋據哀錄隱上治祖禰者即大傳云上治祖禰尊尊也下治子孫親親也旁治昆弟合族以食序之昭穆別之以仁義人道竭矣鄭注云治猶正也竭盡也　注取法十二公天數備足著治法式者孝諸舊本皆作式字言取十二公者法象天數欲著治民之法式也若作戒字言著治亂之法著治國之戒矣　注諸侯之子稱公子公子之子稱公孫者出喪服傳也　二年注凡書會者惡其虛內務特外好也者以其非自求多福之義故也　注言者諸侯非朝時不得踰竟

解云案曲禮下云諸侯相見於隙地曰會故定十四年注云

古者諸侯將朝天子必先會閒隙之地以此言之則會合於禮言會為惡之非朝時不得踰竟者正以春秋之會非為天子而作之故得然解　注王者不治夷狄録戎者云云　解云言當是所傳聞之世王者草創夷狄有罪不暇治之即先書晉滅下陽未書楚滅穀鄧是也而此經録戎者來者勿拒故也　注東方曰夷南方曰蠻西方曰戎北方曰狄者下曲禮及王制皆有此文注朝聘會盟例皆時　解云朝書時者即文十五年夏曹伯來朝昭十七年春小邾子來朝之類是也其聘書時者即文四年秋衛侯使甯俞來聘文六年夏季孫行父如陳之屬是也其會書時者即莊十三年春齊侯宋人〻〻卜會于北杏十四年冬單伯會齊

侯宋公以下于鄄之屬是也盟書時者即莊十三年冬
公會齊侯盟于柯之屬是也其有書日月者皆列著
義即不信者日小信者月之屬是也　入者何
解云侵伐戰圍入皆是用兵之文而不言帥師故執不知問
注凡書兵者正不得也者言春秋之内凡書兵事者皆
欲言正之道其理不合然　注諸侯至是也　解云傳
伍連帥者即禮記王制云五國爲屬屬有長二屬爲
連連有帥是也言本有用兵征伐之道者謂禮五國爲
屬屬有長二屬爲連連有帥三連爲卒卒有正七
卒爲州州有伯若州内有無道者則長帥正伯當征
之若其不征則與同罪故曰有征伐之道知非大惡者正
以春秋之義内大惡皆諱不書而魯嘗入杞者即僖二十

七年秋公子遂帥師入杞者是也若然禮法諸侯賜弓矢然後專征伐而保伍連帥得有征伐之道謂隨州伯故也　注入例時傷害多則月　解云入例時者即成七年秋吳入州來定五年夏於越入吳之屬是也傷害多則月者此文及僖三十三年春王二月秦人入滑是也若然僖二十七年秋八月乙巳公子遂帥師入杞而書日者彼注云日者杞屬脩禮朝魯雖無禮君子躬自厚而薄責於人不當乃入之故録責之者是其不引者以此求之　無駭者何　解云欲言其君經不書爵欲言大夫又復無氏故執不知問　注据公子遂帥師入杞氏公子也者在僖二十七年秋注据公子遂俱用兵入杞不貶也者欲決隱八年庚寅我入邴非用兵

也　注以終其身不氏知貶疾始滅　解云即下八年
無駭卒傳曰何以不氏疾始滅也故終其身不氏然則
若直欲起此入爲滅止應此經貶之而已不應終身貶之
故知并欲起其疾始滅也　注昉適也齊人語　解云胡
毋生齊人故知之若鄭譜云然則詩之道放於此乎之類
注據傳言撥亂世　解云哀十四年傳云君子曷爲
爲春秋撥亂世反諸正莫近諸春秋是也既言作春秋
治亂世明知往前相滅非一矣而此經爲疾始滅是以據而
難之　注謂宋滅郜是也　解云桓二年夏四月取
郜大鼎于宋傳云此取之宋其謂之郜鼎何器從名
彼注云從本主名名之宋始以不義取之故謂之郜鼎是
也然則宋滅郜在春秋前故如此解　注據戰伐不言

託始　解云隱二年鄭人伐衛桓十年齊侯衛侯鄭伯來戰于郎傳皆不言託始焉爾故難之而注先言戰者直漫據春秋上下戰伐之事而已故意及則言不爲次第矣　注言疾始滅者云云　解云諸滅復見不復疑即定四年蔡公孫歸姓帥師滅沈定六年鄭游遬帥師滅許之屬是也　注據齊師滅譚不言入者在莊十年冬　注滅例月云云　解云莊十年冬十月齊師滅譚廿莊十三年夏六月齊人滅遂之屬是也　注常案下例當蒙上月日不　解云元年祭伯來之下已有此注而復言之者正以彼月爲下公子益師卒其祭伯來奔不蒙月今此夏五月二事皆蒙之嫌其異故重發之　注後不相犯日者云云　解云來

[illegible]例不信者日故云後不相犯日者言爲後皆隱而善桓能自復爲唐之盟者即桓二年秋九月公及戎盟于唐是也言皆隱者桓是弑君之賊而與桓盟是背隱之義矣言善桓能自復者戎與桓同好相隨繼其所能故善其得國矣若左氏之義以極是戎國都棄此經傳及注似非一物而舊解曰以爲戎能自復者非也　紀履緰者何解云不書爵又不言使君臣不明故執不知問

注以逆女不稱使知爲大夫　解云正以桓三年秋公子翬如齊逆女之屬皆是大夫爲君逆女而文皆不言使今此履緰逆女不言使故知是大夫也或者使爲爵字誤也　注据宋公使公孫壽來納幣稱使者在成八年夏　注爲養廉遠恥也者謂養成其廉遠其

輒恥也　辭窮者何　解云弟子未解辭窮之
義故執不知問　注禮有母當命諸父兄師友者即
昏禮記云宗子無父母命之是　注稱諸父兄師友
以行者謂使者稱之而文不言使者以其非君故也
注宋公無母莫使命之辭窮故自命之者即昏禮
記云親皆没已躬命之是也　注據伯姬歸于宋不書
逆人者在成九年春　注禮所以必親迎者所以示男
先女也者出昏義文　注於廟者告本也夏后氏逆於庭
殷人逆於堂周人逆於戶者即書傳云夏后氏逆於廟、
庭殷人逆於堂周人逆於戶者是也注以惠公妃匹不正
不嫌無前也者不以正妃匹者是不重昏姻之禮故知
御前宜有不親迎之事矣　注夫婦正則父子親文

子親則君臣和者出賢義疏注　云言子受氣秉性純
則孝孝則忠是也注内逆女常書者即桓三年公子
翬宣元年公子遂成十四年叔孫僑如之屬是也
女曷爲或稱女者即此經是也或稱婦者莊十九年陳人
之婦是也　注在塗見夫服從之辭
解云案僖二十五年宣元年傳皆云其稱婦者何有姑之辭也者
兼二義故也何者在塗稱婦者服從夫辭其至國猶稱婦者
對姑生稱也　注入國則尊尊有臣子之辭夫人姜氏入是
也者在莊二十四年秋也　注月者不親迎例月重録之親迎、
例時　解云不親迎例月者即此文及桓三年秋七月公子
翬宣元年正月公子遂之屬是也其親迎時者即莊二十
四年夏公如齊逆女莊二十七年冬莒慶來逆叔姬之屬是

也有不如此者別見義即文四年夏逆婦姜成十四年秋叔孫僑如之屬是也當文自有解不能逆説也 ○伯姬者何 解云欲言内女於紀言歸欲言外女文無所繫故執不知問 注不稱公子者云云 解云正以莊元年傳云羣公子之舍則已卑矣明有得稱公子之道故注者決之 注婦人生以父母爲家者謂始生時 注明有二歸之道也者即此伯姬歸于紀宣十六年秋郯伯姬來歸之屬是也

注禮男之將取云云女之將嫁云云皆出禮記曾子問

注内女歸例月恩録之者即此文冬十月隱七年三月叔姬歸于紀成九年二月伯姬歸于宋之屬是也 ○紀子伯者何 解云欲言紀君經不稱侯欲言大夫復叙人君之上故執不知問 ○夫人子氏者何 解云欲言曾

夫人終無葬處弟子未識故執不知問　注以不書葬
者今隱公欲表已讓故宜屈卑其母不成夫人之禮是以見
其不書葬知其是隱公母也　注据姒氏書葬者即定十
五年九月辛巳葬定姒是也彼定姒之子哀公者未踰
年之君也其母亦得書葬今隱公雖欲讓桓不作成君
應比未踰年之君今其母不書葬故據而難之　注子
者姓也夫人以姓配號義與仲子同　解云上文仲子之下
而注云仲字子姓婦人以姓配字不忘本國示不適同姓今
此稱姓者亦是示不適同姓之義故云義與仲子同其不
稱字之義乃自異故注云以姓配號號即夫人是也
注書者與入向同　解云即上注云凡書兵者正不得也
外內深淺皆舉之者因重兵害衆是也　注侵伐圍入

例皆書時　解云侵伐書時者即僖二十八年春晉侯侵曹晉侯伐衛之屬是也入例時者已說於上而注言此者正以文承日月之下故須解之

春秋公羊疏卷第二

春秋公羊疏卷第三　　隱公三

起三年　盡十一年

三年　注二月三月皆有王者　解云二月有王即此是三月有王者即定元年王三月之屬是也　注使統其正朔者統者始也謂各使以其當代之正朔為始也　注所以尊先聖通三統云云　解云春秋黜杞而言通三統者黜杞為魯也通三王之正者為師法之義　注諸言何以書者問主書　解云至此乃解之者正以有所据下言何以書者還在据彼難此之例故不得然解也即上二年傳云外逆女不書此何以書是也今此直言何以書上無所据則是問主書故如此解　注是後衛州吁弒其君完者在四年春

注諸侯初僭者下五年秋初獻六羽傳云何以書譏何譏爾譏始僭諸公也始僭諸公昉於此乎前此矣前此則曷爲始乎此僭諸公猶可言也僭天子不可言也是也　注魯隱係獲者即下六年春鄭人來輸平傳云狐壤之戰隱公獲焉是也　注公子翬進諂謀者下四年秋翬帥師及宋公以下伐鄭傳云公子翬諂乎隱公謂隱公曰百姓安子諸侯說子盍終爲君矣是也此爭諸事皆是陰陽之象故取之日食　日食則曷爲或日或日者即此是也或不日者莊十八年三月日有食之是也或言朔者桓三年秋七月壬辰朔日有食之是注此象君行外彊内虛云云　解云外彊者謂外有威嚴其民臣望而畏之内虛者虛心以受物正得爲君之道故食

失正朔也登義云虛中以治之鄭注云虛中言不兼念
餘事是也　注不傳天下異者從王內錄可知也解云
正以僖十四年沙鹿崩成五年梁山崩傳皆云何以書
記異也外異不書此何以書爲天下記異也今無此傳
故須解之也彼不從王內錄者以其皆在晉竟內故也
注平王也知者以本紀當之故也　注据書葬桓王者
即莊三年五月葬桓王是也　注設有王后崩當越
紼而奔喪者何氏以意言之不言天子崩者舉輕以明
重故也　○尹氏者何　解云欲言諸侯不言國爵欲
言外臣而書其卒欲言內臣內無尹氏故執不知問
注以尹氏立王子朝也者在昭二十三年秋　注据
宰渠氏官者即桓四年夏天王使宰渠伯糾來聘

是注劉卷卒名者在定四年秋　注据俱卒也者据劉卷之　世卿非禮也　解云詩序云古之仕者世祿也於賢者言之也　注齊崔氏世弑其君光　解云崔氏世者即宣十年齊崔氏出奔衛傳云崔氏者何齊大夫也其稱崔氏何貶曷為貶譏世卿世卿非禮也者是也言弑其君光者在襄二十五年夏　注君子疾其末者即襄二十五年與昭二十三年是也　注則正其本者即此及宣十年是也　注見譏至絶之　解云必因過卒絶之者過即崔氏出奔衛尹氏立王子朝是也卒即此文是也若然尹氏立王子朝還言尹氏而崔杼弑其君光不復言崔氏者正以大夫弑君例稱其名故也　注明君案見勞授賞云云　解云衆譽者若

共工鯀等迭相爲譽之類是也云案見惡必誅此衆讒不能退無罪者謂君有明德察見惡行誅則刑不濫也故雖衆讒亦不能退黜無罪之善人也舊云言不能退無罪者謂不能退使無罪非也　注據原仲不卒者即莊二十七年秋公子友如陳葬原仲而經不書原仲之卒是也　注時天王崩魯隱往奔喪云之解云魯隱奔喪而不書者蓋以得其常故也若遣大夫往則書之即文九年二月叔孫得臣如京師辛丑葬襄王是也彼傳云王者不書葬此何以書不及時書過時書彼注云重錄失時我有往者則書彼注云謂使大夫往也惡文公不自往故書葬以起大夫會之是也　注恩隆於王者則加禮錄之

解云言隱公恩隆於王者則加禮録其償賵之人也
武氏子者何　解云欲言王臣不言王使欲言諸
臣文無繫國故執不知問　注據宰渠氏官者即桓
四年夏天王使宰渠伯糾來聘是也　注仍叔不
稱氏者即桓五年天王使仍叔之子來聘是也　注時雖
世大夫　解云知者正見尹氏之屬故也
注緣孝至
宗廟　解云知如此者正以此經譏父卒子未　命而
使爲大夫故也　注據南季稱使者即下九年春天
王使南季來聘是也　注未君至伯同　解云即文九
年春毛伯來求金傳云何以不稱使當喪未君也踰
年矣何以謂之未君以天子三年然後稱王緣民臣
之心不可一日無君故踰年即位緣孝子之心

三年不忍當是故三年乃稱王命使大夫矣

注不但至求賻　解云上二事者即父卒子未命當喪未君是也嫌言父卒子未命何以書當喪未君何以書故須連言之注上爲求賻書也者嫌爲上二事書故也　注求則皇傷孝子之心　解云言制禮本意所以喪事無求者恐傷孝子之心故也何者正以孝子本意無心求矣　蓋通于下　解云蓋詁爲皆若似蓋云歸哉之類或者不受於師故疑之　注故貶外言卒所以褒内也　解云魯得尊名不與外諸侯同文即是尊魯爲王之義　注禮天子七月而葬以下云云皆隱元年左傳文　注孔子曰葬於北方北首三代之達禮也之

幽之故也者檀弓下篇文云孔子曰之下無禮字
注渴喻急也云云　解云即僖二十七年六月庚寅
齊侯昭卒八月乙未葬齊孝公是也而言渴葬者
謂更無他事但孜孜於葬故不待五月矣　注慢薄
不能以禮葬也云云　解云即下八年夏六月己亥
蔡侯考父卒八月葬蔡宣公是也言但自慢薄不
依禮故不待五月也注隱痛也云云　解云即僖十
七年冬十二月乙亥齊侯小白卒十八年秋八月
丁亥葬齊桓公是也　注解緩不能以時葬云云
解云即下四年二月戊申衛州吁弒其君完至五年
夏四月葬衛桓公是也　注六月葬陳惠公是也
云即定四年二月癸巳陳侯吳卒六月葬陳惠公

退也　當時而日危不得葬　自此年八月
宋公和卒十二月癸未葬宋繆公是也而注不言之
者以下有閒不注可知也　以吾愛與夷則不若愛女
解云若如也言吾愛於與夷則不止如女而已言其甚也
云以爲社稷宗廟主則與夷不若女者言不如女道其
不賢云盡終爲君矣者何不遂爲君不聽其反讓
注馮與督共弒殤公在桓二年者即桓二年春王正、
月戊申宋督弒其君與夷及其大夫孔父是也
注死乃反國非至賢之君不能不爭也者至賢之君
謂受國者正以與夷不賢故終見篡矣　故君子大居
正　解云言由是之故君子之人大其適子居正不勞
違禮而讓庶也　注言死而讓開爭原也　解云言

後人見其死乃讓己疑非誠心至意是以還讓其子
終　致後禍故曰開爭原也　注繆公至反正也　解云
其繆公之功即桓二年去馮弒君是也　注所以哀死
閔患也　解云哀死者即慢之屬是也　閔患者隱之
是也　四年　牟婁者何　解云外相取邑例所不書
疑非凡取故執不知問　注據楚子伐宋取彭城不書
者即襄元年傳曰魚石走之楚楚為之伐宋取彭
城以封魚石是也　注內取邑常書者即下十
年取郜防昭三十二年取闞之屬是也　注義與上
逆女同者即上注云內逆女常書外逆女但疾始不常
書者明當先自正躬自厚而薄責於人故略外是也
注傳不託始去　解云何故不發傳云取邑昉

於此乎前此矣前此則曷爲始於此託始焉爾曷爲託始焉爾春秋之始也凡不託始之義有四一則見其經而不託始即上二年彼注云據戰伐不言託始納幣不託始之類是也二則其大惡不可託始即五年初獻六羽之下傳云始僭諸公昉於此乎前此矣前此則曷爲始於此僭諸公猶可言僭天子不可言彼注云傳云爾者解不託始也三則省文不假託始即此是也四則無可託始即桓七年焚咸丘之下注云傳不託始者前此來有無所託也是也　注取邑例時　解云即下六年冬宋人取長葛之屬是然則取邑平婁雖在月下不蒙上月也　注據齊公子商人弒其君舍氏公子者在文十四年秋也商人所以得稱公子者

正以商人次正當立其罪差輕故也　注與段同義者、
即上元年注云欲當國爲君故如其意使如國君氏
上鄭所以見段之凶逆是也　注曰者從外赴辭以賊聞
例　解云公羊之例合書則書不待赴告而言從外赴
辭者謂其君被弒此君之臣即以其日赴於天子諸侯
望天子諸侯早來赦已是以春秋悉皆書日故云曰者從
外赴辭也言以賊聞例者言以賊弒君聞於天子諸侯例日
如此故下八年傳云卒何以日而葬不日卒赴何氏云赴天
子也緣天子閔傷欲其知之義亦通于此　遇者何
解云欲言會聚又不言會故執不
知問　注言及者起公要之明非常遇也　解云
正以及者汲汲之文故也其常遇者即朝天子罷朝

交時相遇〻〻〻　注遇例時者即隱八年春
宋公衛侯遇于垂莊三十冬公及齊侯遇于魯濟
及此之屬皆是而僖十四年夏六月季姬及鄫子遇
于防書月者彼注云甚惡内是也　〇翬者何
解云無公子故執不知問　注以入桓稱公子者即桓
三年秋公子翬如齊逆女是也　注据叔老會鄭伯
伐許不貶者在襄十六年夏　注以終隱之篇貶知
與弑公　解云即此及十年夏翬帥師會齊人
鄭人伐宋傳云此公子翬也何以不稱公子貶曷爲
貶隱之罪人也故終隱之篇貶也是也　注不以成公意
者云云　解云上元年傳云公何以不言即位成公意
也此傳何以不言營塗裘何以不書成公意也言隱非

正君直爲他守國而已邑非己有不當擅取之取之非是以不得作成公意解也　注口猶口語相發動也　解云語讀如子語魯大師之語　注謚者傳家所加　解云死謚周道也今始請謚已言隱公者公羊子從後加之所以至此乃注者嫌是傳語故明之　注男曰覡女曰巫者楚語文也　注傳道此者以起淫祀之無福　解云直言弑隱公義勢已盡而必言於鍾巫之祭焉者以起淫祀之無福故也注据晉殺其大夫里克者在僖十年夏　注討賊例時此月者久之也　解云討賊例時者莊九年春齊人殺無知是也桓六年秋八月蔡人殺陳佗亦書月者與此同也　○晉者何　解云欲言次正而文言立欲言非以舉衆立之故執不知問

衛侯晉卒又言立　解云以有衛侯晉卒則知此文衛人立晉者是先君之子今姑立之為君矣又言立者篡文知非正大子故知公子矣其衛侯晉卒在桓十二年冬

立者何　解云諸侯之立例所不書今特言立故執不知問

注據尹氏立王子朝也者在昭二十三年秋　注不剌至權重也　解云剌桓公嗣子失位者即不書晉之立矣故襄十四年衛侯衎出奔齊襄二十六年傳云曷為不言剽之立不言剽之立者以惡衛侯也彼注云欲起衛侯失衆出奔故不書剽立剽立無惡則衛侯惡明矣今書晉立則不剌嗣子可知　注月者至國時　解云大國篡公例月者即此文冬十二月衛人立晉莊六年夏六月衛侯朔入于衛哀六年秋七月齊陽生入于齊之屬是也而

莊九年夏齊小白入于齊不月者彼注云不月者移惡
于魯也其小國時者即僖二十五年秋楚人圍陳納頓
子于頓昭元年秋莒去疾自齊入于莒之屬是也
注立納入皆爲篡　解云立爲篡者此文衛人立晉
昭二十三年尹氏立王子朝之屬是也其納爲篡者納
頓子于頓及文十四年晉人納捷菑之屬是也其入爲
篡者小白陽生之屬是也　注卒日至大國例
解云隱八年夏六月己亥蔡侯考父卒秋八月葬蔡宣
公之屬是也　注主書從受位也者謂主惡晉之從立矣
五年　注據浚洙也　解云莊九年冬浚洙傳曰洙者
何水也浚之者何深之也曷爲深之畏齊也注云洙在魯
北齊所由來然則一國北自有洙水何設法一至棠地而

觀漁乎故譏之　注得來之者齊人語也　解云舊名
求得爲得來而云此者謂齊人急語之時得聲如登矣
注由口授也者謂高語之時猶言得來之至著竹帛時乃
作登字故言由口授矣　注解言登來之意也者正以價直
百金故言得來之　注障谷之屬也者僖三年傳云桓公
曰無障谷云云是也　注觀例時者莊二十三年夏公如
齊觀社及此是也彼此非禮故言從行賤略之　○棠者何
解云正以棠非水名而於之觀魚故執不知問　注江
河淮濟爲四瀆者即釋水云江河淮濟爲四瀆四、
瀆者發源注海者也　○夏四月葬衛桓公　解云即
上三年傳云過時而不日謂之不能葬也何氏云解緩不
能以時葬夏四月葬衛桓公是也然則桓公見弒在去

年之春過期乃葬故以解緩言之　注將尊者謂大夫也　解云公羊之例大夫見名氏故云此　注二千五百人稱師者大司馬序官文注無駭帥師入極是也者在上二年夏　注天子六師云云　解云天子六師者即周王于邁六師及之是也方伯者九州牧也即王制云千里之外設方伯是也二師者即昭五年春王正月舍中軍舍中軍者何復古也是矣然則魯之初封地方七里百至於僖公復伯禽之宇更爲州牧而以二軍爲復古是爲方伯二師方伯之屬而以二師爲正則知凡平諸侯一師明矣然則論語云子曰三軍可奪帥之屬其指王官之伯乎　注衛孫良夫云云者成三年晉郤克衛孫良夫伐將咎如是也不言郤克

者科舉以言之　注鄭人伐衛是也者在上二年冬也　注分别至小大　解云責元帥者凡書兵者是正不得故責之也因録功惡有小大者即將尊師衆而有功小將卑師少而有功大將卑師少而無功爲惡小將尊師衆而無功爲惡大是也　注救徐至是也　解云僖十五年春公孫敖率師及諸侯之大夫救徐桓五年秋蔡人衛人陳人從王伐鄭是也公孫敖救徐者將尊師衆無功是其惡大也蔡人等從王伐鄭稱人而行義是其功大也　○考宫者何　解云上無文而經言考春秋之内更無考禮故執不知問　注猶生人入室必有飲食之事者即下雜記云路寢成則考之而不釁釁鄭注云言路寢者生人所居不釁者

不神之也考之者設盛食以落之檀弓曰晉獻文子、成室諸大夫發焉張老曰美哉輪焉美哉奐焉歌於斯哭於斯聚國族於斯文子曰武也得歌於斯哭於斯聚國族於斯是全要領以從先大夫於九原北面、再拜稽首者是也 注禮妾廟子死則廢矣者即喪服小記云慈母與妾母不世祭鄭注云以其非正即引穀梁傳云於子祭于孫止是也 注不言立者得變禮也者欲決成六年立武宮定元年立煬宮皆言立者以其非禮故也 注加之者云云 解云言宮、廟尊卑共名者尊亦言宮故武煬是君仲子是妾是妾是尊卑共名號稱者即仲子是也武煬是君配宮言之正是其宜仲子是妾不宜與宮廟連文故

加之以絶之矣　注据無子不廟也者即上解云孫止
是也其子死訖猶尚不祭其子未君之時不祭明矣
故難之然則妾母之貴正由其子爲君即元年傳云母以
子貴是也若子未爲君之時義與未踰年之君相似莊
三十二年傳云未踰年之君也有子則廟無子不廟義
亦通於此　初者何　解云獻羽是常而反言初故執
不知問　六羽者何　解云諸侯仍用四此又言六羽故執
不知問　初獻六羽何以書　解云不但言何以書嫌覆
問上文始與舞故復舉句而問之不注之者與三年求
賻同故省文　諸公者何　解云正以諸公有二等故執不知
問　諸侯者何　解云漫言諸侯明是五等揔名文次公
下復疑偏指七命故執不知問所以不待荅訖而連句問

之者正以上文并解諸公六諸侯四故也　注大國謂百里也　解云公侯方百里王制文也侯與公等者據有功者言之矣小國稱伯子男者王以上已有侯故不復言之其實凡平之侯正與伯等　注小國謂伯七十里子男五十里者王制文彼注云此地殷所因夏爵三等之制也春秋變周之文從殷之質合伯子男以為一則殷爵三等者公侯伯也異畿內謂之子周武王初定天下更立五等之爵增以子男而猶因殷之地以九州之界尚狹也周公攝政致大平斥大九州之界制禮成武王之意公地方五百里侯四百里伯三百里子二百里男一百里諸侯亦以功黜陟之其不合者皆益之地為百里焉是以周世有爵尊而國小爵卑而國大者唯天子畿內不增　天子三公者何

解云正以春秋上下無三公之文故執不知問　注據經但有祭公周公　解云即桓八年祭公來云云僖九年公會宰周公是也經但有二公而傳言三公故難之　注司馬主兵云云　解云上傳云諸公者何天子之相天子之相則何以三云云不道二王之後者何二王之後何以二也者正以天子三公主燮陰陽故偏取言之是以注者解其意　注傳云爾者解不託始也　解云其託始者即上二年傳云無駭者何展無駭也何以不氏貶曷為貶疾始滅也始滅也始滅昉於此乎前此矣前此則曷為始乎此託始焉爾曷為託始焉爾春秋之始也今傳亦宜云前此則曷為始乎此託始焉曷為託始焉爾春秋之始也而言僭諸公猶可言僭天子不可言　解不得託始意也　注前僭八、

僣於惠公廟者謂自此以前不必要指春秋前也而言惠公廟者欲道於周公廟時不爲僣故也　注本所至傳上也　解云由非六之故是以不得復發傳云上古已有六矣　注羽者至化疾　解云知鴻羽者時王之禮且以舉則沖天所以象文德之風化疾故也詩云右手秉翟者其兼用之乎　注夫樂本起於和順和順積於中然後榮華發於外者樂記文也　注故聞宮聲則使人溫雅而廣大云云　解云溫雅而廣大者土之性也方正而好義者金之性也惻隱而好仁者木之性也整齊而好禮者火之性也樂養而好施者水之性也　注樂從中出禮從外作也者樂記文樂由中出和在心是也禮自外作敬在貌是也此注皆出樂記　注取先王之禮

樂宜於今者用之者謂同其文質也王者治定制禮功成作樂功成治定同時爾功主於王業治主於教民故明堂位曰周公治天下六年朝諸侯於明堂制禮作樂　注失禮鬼神例日云云　解云失禮鬼神例日者成六年二月辛巳立武宮之屬是也言考宮與獻羽竝同日若置日於考宮上則嫌獻羽不蒙之獨自考宮以非禮書而已故從下事言初初是非禮辭則獻羽非禮亦可知然考宮得變禮而不置於獻羽上者嫌別日故也知初是非禮者正以初稅畝同文矣　注邾婁小國序上者主會也　解云伐宋而言主會者謂相共伐宋時邾婁為首故也　注螟者有害於人物隨事而至者欲對異為先事而至故也　注先是隱公云云

解云苛令急法者即三年春王二月己巳日有食之注云此象君行暴急外見畏是也　注日者隱公賢君宜有恩禮於大夫者正以所聞之世例不合日故也　注益師始見法　解云元年十二月公子益師卒是所傳聞之世初始欲見三世之法故不書日也　注無駭有罪者即八年冬十有二月無駭卒傳云何以不氏疾始滅也故終身不氏是也　注俠又未命也者即九年三月俠卒傳云俠者何吾大夫之未命者是也　注据伐於餘丘不言圍者即莊二年夏公子慶父帥師伐於餘丘是也

○六年

○輸平者何　解云正以言異於常例故執不知問　注据翬會諸侯云云　解云上四年秋翬帥師會宋公陳侯蔡人衛人伐鄭是也注翬

伐鄭後云云　解云魯與鄭平而言外平者謂伐鄭之後時公子翬在外與鄭平不得公命是以不書故曰外平不書耳　曰吾成敗矣者稱魯人之辭故加曰　注此傳發者解鄭稱人爲共國辭　解云傳發此吾與鄭人未有成一段事者非直解鄭擅獲諸侯爲有罪而魯侯不能死難亦當絶故令鄭稱人言輸平則魯侯亦合稱人矣一箇人字兩國共有故云稱人爲共國辭　注戰者内敗文也　解云即桓十年齊侯衛侯鄭伯來戰于郎傳云何以不言師敗績内不言戰言戰乃敗矣彼注云春秋託王於魯戰者敵文也王者兵不與諸侯敵戰乃其已敗之文故不復言師敗績是也　注据鞌戰君獲言師敗績　解云成二年季孫行父以下帥師會晉郤克云云及齊侯戰

于鞌齊師敗績秋七月齊侯使國佐如師云云傳云君不行使乎大夫此其行使乎大夫何佚獲也注云佚獲者已獲而逃亡也然則彼獲言敗績則知此時魯侯被獲亦宜言戰設難之　注君獲云云　解云君獲不言師敗績即僖十五年晉侯及秦伯戰于韓獲晉侯傳云此偏戰也何以不言師敗績注云舉君獲爲重也是也然則此由魯公見獲是以不得言戰設以輸平諱之　注與安鞌戰云云　解云成二年傳云君不行使乎大夫此其行使乎大夫何佚獲也注云當絶賤使與大夫敵體以起之君獲不言師敗績等起不去師敗績者辟内敗文也然則鞌戰之時實齊侯被獲宜去敗績直言戰而已但時内大夫在焉辟内敗文故不得言戰矣今此輸平之經自由魯公見獲

是以不得言戰故云與妾華戰辟內敗文、　注戰例時
偏戰日者即桓十二年丁未戰于宋傳云此偏戰也何以
不言師敗績云云是也　注詐戰月者即莊十年春王
正月公敗齊師于長勺之屬是也　注不地者深諱也
解云若地宜言輸平于狐壤似若戰于之類　○夏五月
云云　解云下無相犯之處而書日者以下八年三月庚
寅我入邴傳云其言我何言我者非獨我也齊亦欲之然
則雖不復侵伐亦有爭邑之隙故書日矣　外取邑不
書此何以書者據與四年牟婁同　○七年　注叔姬者
云云　解云知如此者正見上二年冬伯姬歸于紀自爾
以來不見紀伯姬卒之文今叔姬又歸之明知是其媵矣
注婦人云云者書傳文　注媵賤云云　解云春秋

之内例不書媵以其賤故今此書者以其後爲嫡終有賢
行也知後爲嫡者正以莊二十九年冬十二月紀叔姬卒三十
年八月癸亥葬紀叔姬卒葬皆書爲嫡明矣而成九年
伯姬歸于宋書二國媵者彼傳云録伯姬是也　注紀侯
爲齊所滅者即莊四年夏紀侯大去其國是也
注紀季以酅入于齊者在莊三年　注叔姬歸之云
云　解云莊十二年春王三月紀叔姬歸于酅傳之云
其言歸于酅何隱之也何隱爾其國亡矣徒歸于叔爾
也是也　注据蔡侯考文卒名者在下八年夏　注据
大至子男者上五年傳文案彼大國非直侯而　注特言
大國稱侯者案彼傳之成文故也　注下常稱子
解云桓二年滕子來朝因茲已下常稱子矣　注齊亦

稱侯　解云不云晉者晉爵未大故　注微者亦
稱人者隱元年九月及宋人盟于宿之屬是也
注皆有起文　解云滕侯卒不名下恒稱子起其微
也齊侯恒以宋公之上起其大也宋人盟于宿不書日
亦起微也鄭人來輸平稱人者其國辭起其貶之故曰皆有
起文也　注貴賤不嫌同號是也者不論貴賤不嫌者
通其同號稱由是之故春秋同其號也　注若繼體君
亦稱即位者文成之屬是也　注繼弒君亦稱即位
者桓宣是也　注皆有起文　解云前君之薨書
地者起其後即位者是繼體之君也若前君薨不地
者起其後即位者非是繼體之君也　注美惡不嫌
同辭是也謂美惡不嫌者通其同辭由是之故春秋

同其辭矣　注滕子先朝隱公云云者在十一年即此
君之子也滕子薛侯俱朝隱公滕并薛褒其文而薛否
者薛侯文卒在春秋之前故無褒之文　○中丘者何
解云楚丘同皆直云城文無別故執不知問　注城
邑例時者即下九年夏城郎襄十三年冬城防之屬是
也　母兄稱兄者昭二十年秋盜殺衛侯之兄輒是也
注上言聘此言伐者謂聘伐辭異嫌其非一人也　注据
出聘云云　解云昭二十三年晉人圍郊傳云郊者何天
子之邑也曷爲不繫乎周不與伐天子也宣元年
晉趙穿帥師侵柳傳云柳者何天子之邑也曷爲
不繫乎周不與伐天子也然則郊柳皆是天子之
邑猶有言其侵圍今此聘大夫不應得言伐故難

之先言郊者文便言之故不次也　注問伐加之者云云　解云桓十二年及鄭師伐宋丁未戰于宋傳云戰不言伐此其言伐何彼問輕重兩舉不言之故知此言之者辟問輕重兩舉之　注据執云云　解云昭十三年平丘之會晉人執季孫隱如以歸是也　注据王子云云　解云莊六年春王三月王人子突救衛傳云王人者何微者也子突者何貴也貴則其稱人何繫諸人也是也等是王臣一伸一屈故難之　注順上云云　解云莊二年夏公子慶父帥師伐於餘丘傳云於餘丘者何邾婁之邑曷爲不繫乎邾婁國之也者是

八年

注宋公序上者云何氏以爲會盟則以大小爲序遇則以不虞爲先故如此解是以莊三十二年經云夏宋公齊侯遇于

梁丘齊在宋下是其一隅耳　注置上云云　解云若
言八年春王宋公衛侯遇于垂即嫌桓王亦與之遇故言
則嫌爲事出事謂遇事也或者嫌爲遇事之故出此王
故云則嫌爲遇事出也　注置下云云者天法即春、
是也　○宛者何　解云欲言大夫經不言氏欲言微者書
名見經故執不知問　○邴者何　解云欲言魯物先無取
文欲言鄭邑於魯言歸故執不知問　注歸邴云云
解云正以將所傳聞之世外小惡不書故也　注録使者云
云者正決哀八年齊人歸讙及僤之屬不録使故也
注故三年一使三公黜陟者書傳文注五年親自巡守者
堯典文　注尚書云云　解云推是一字注者言之以上
皆堯典文也鄭注歲二月者正歲建卯之月也巡守者

行視所守也岱宗者東嶽名也柴者考績燎也望秩于山川者徧以尊卑祭之五嶽視三公四瀆視諸侯其餘小者或視卿大夫或視伯子男矣秩次也東后東方之諸侯也協正四時之月數及日名備有失誤者度丈尺量斗斛衡斤兩五禮公侯伯子男朝聘之禮矣五玉瑞節執之曰瑞陳列曰玉也三帛所以薦玉也受瑞玉者以帛薦之帛必三者高陽之後用赤繒高辛氏之後用黑繒其餘諸侯皆用白繒周禮改之為繅也二生一死贄者羔鴈生也卿大夫所執雉死士所執也如者以物相授與之言授贄之器有五卿大夫上士中士下士也器各異飾未聞所用也周禮改之飾羔鴈飾雉執之而已皆去器卒已也復歸也巡守禮畢乃反歸矣每歸用特牛告于文祖矣五月不言初

者以其文相近八月十一月言祊者文相遠故也
注入者非以至之文者直就而入之非是將歸之辭也
注据取邑不日者即隱四年春王二月莒人伐杞取牟
婁之屬也　注据吳伐我以吳伐故言我者在哀八年春
注時齊與鄭魯比聘會者亦欲得之　解云即
上三年冬齊侯鄭伯盟于石門六年夏公會齊侯盟
于艾七年夏齊侯使其弟年來聘九年冬公會齊
侯于邴十年春王二月公會齊侯鄭伯于中丘之屬是
也　注宿男先與隱公交接者即上隱公元年秋九
月及宋人盟于宿是也　注鳥小云云者即上七年
春滕侯卒不書其葬傳云何以不名微國也者是
注人事云云　解云言從正者謂卒日葬不日者是卒

葬之正法　三年經云癸未葬宋繆公而書日即失其
正也其衛桓公葬不發傳者桓公者初則見弑于州吁終
有簡慢之失侵小國之略故發傳於此　注据與云云
解云莊二十二年秋及齊高傒盟于防傳云齊高傒者何
貴大夫也曷為就吾微者而盟公也公則曷為不言公
諱與大夫盟也是也　注言莒云云　解云行微者其行
卑微不肖者鄭注昏禮記云不肖者不似是也　注狐
壤之戰者在上六年春　注今輩云云者皆以其行微不
肖卒無廉恥故也　注又見獲云云　解云見獲諱不
明者即言輸平是也受邑諱不明者即庚寅我入邴是也
何者書日入者見其重難言我者見其非獨我故也言
因與上相起者比經著其不日起其事實甚惡矣

注有狐壤之戰也者在六年 注中丘之役者在上七年

此展無駭也者正以上二年師 解云展無駭

故此弟子因難之 注據公子彄卒者在五年

九年注雷當云云 解云月令二月雷乃發聲故知正月

之時聞於地中矣其雉雊雞乳雉起季冬之月此時猶

然故得言此也亦有一本云雷當聞於雉雊誤也

注凡災云云 解云一日者日即此文是歷日者月即

桓八年冬十月雨雪之屬是也歷月者時即桓元年

秋大水之屬是也歷時者加自文烏異者即文二年

自十有二月不雨至于秋七月之屬是也 使者何

解云欲言大夫經不書氏欲言微者而記其卒故執不

知問 注以無云云 解云無氏降於大夫書卒隆於

佚者故知其未命耳　〇十年　注犯而不校者謂校接
之文不謂爲報也　此公子翬也者正以上四年師
解云言公子翬故此弟子因以難之　注據楚云云
解云成二年公及楚人已下盟于蜀彼傳云此楚公子
嬰齊也其稱人何得壹貶焉爾至成六年書楚公子嬰
齊率師伐鄭是也　注嫌上云云　解云上一貶謂四
年時也　注據取闞不日也者即昭三十二年春王
正月取闞是也　注據取云云　解云哀二年春王二
月季孫斯叔孫州仇仲孫何忌帥師伐邾婁取漷
東田及沂西田是也　注據國言滅者僖五年滅弦之屬
是也　注又徐人取舒不言伐者在僖三年夏　注不日
云云者正以滅日月故也　注日者云云者正以入例時

傳害多則月今此云日故　解也云再見入者謂五年秋
衛師入盛及此爲再入者　十一年注據内言如者即
成十三年春公如京師之屬是　注傳言來者解内
外也者謂内御外不言來外御内乃言來今言諸侯來曰朝
大夫來曰聘者據外卿内言之故云解内外也　注與聘
同義者即上七年夏齊侯使其弟年來聘注云不言
聘公者禮聘受之於大廟孝子謙不敢以已當之歸美
於先君是也　注據鄧云云　解云桓七年夏穀伯綏
來朝鄧侯吾離來朝是也　注日者云云　解云上二
年夏五月莒人入向彼注云入例時傷害多則月此
書日故決之　注諂佞進謀者上四年傳云百姓安子
諸侯說子是也　注據莊公廿四葬者即閔元年夏六

月辛酉葬我君莊公是也　注据桓公書葬
解云桓十八年冬十二月己丑葬我君桓公是也桓亦被
弑而書葬故難之　注道春秋云云　解云言文武
之時周之盛德既無諸侯相犯寧有臣子弑君文者
是以古典無責臣子討賊之義春秋撥亂而作時則
有之因設其法故言與文武異　注沈子稱云云　解云
知子沈子為己師者正以下文宣五年傳云子公羊
子曰故也　注不但云云者即昭十二年傳云子曰我
乃知之矣之屬是也　注不忍云云　解云不終天年者
非人所欲故謂被殺之處為偃尸之處讀如齊人強之
強非強弱之強　注嫌上諸成公意云云者即元年傳
曰公何以不言即位成公意歸賜之下傳云然則何言

爾成公意二年子氏薨之下傳云何以不書葬成公意

五年考仲子之宫下傳云然則何言爾成公意非止

一處故言諸也

春秋公羊疏卷第三

# 春秋公羊疏卷第四

起元年　盡六年

元年　繼弑君不言即位　解云莊元年傳云繼弑君子不言即位而此不言子者欲見桓無臣子之道不念其君父故也寧知不由桓非隱子故不言子者正見僖元年傳云公何以不言即位繼弑君子不言即位此非子其稱子何臣子一例也正以僖是閔兄而言子故知桓公若有臣人之道言子矣　注據莊公不言即位者即莊元年經云元年春王正月不言公即位是也　注直而不顯諱而不盈　解云繼弑君者無即位之文今此書其即位直是桓弑但不顯道其弑故曰直而不顯也言諱而不盈者桓之弑隱是爲內諱而書其即位以見其弑

不盈滿其諱而不盈也注先謂宗廟明繼祖云云皆時王之禮也　注桓公會皆月者危之也　解云即此文及下二年三月公會齊侯已下于稷三年春正月公會齊侯于嬴六年夏四月公會紀侯于成之屬是也而十年秋公會衛侯于桃丘弗遇不書月者彼是公欲要衛侯衛侯不肯見公以非禮動見拒有恥是以不復見其危矣　注不致至文也　解云即下二年　注云凡致者臣子喜其君父脱危而至今不致之若其受誅致故曰奪臣子辭成誅文也　注据取邑不爲恭辭　解云即哀八年齊人取讙及僤之屬是　注故即位系聘　解云此孝經說文聘義亦云天子制諸侯比年小聘三年大聘相厲以禮也是與此合　注五年一朝

解云虞傳文　注尚書曰云云　解云此逸書也言群
后四朝者謂諸侯順四時而朝也敷奏以言者謂諸侯來
朝之時徧奏以言語也言明試以功者國功曰功謂明試以
國事之功也言車服以庸者民功曰庸若欲賜車服之時
以其治民之功高下矣　注宿者先識之辭　解云宿
可以轉訓為肅也是以祭統云先期旬有一日宮宰宿
夫人夫人亦散齊七日致齊三日鄭注云宮宰守宮官也
宿讀為肅肅猶戒也戒輕肅重是也　諱取周田
解云謂魯人諱取周田而專用之近許也　解云魯頌
云居常與許復周公之宇以此言之似魯國界內舊自
有許何言近許而繫之許也彼注云常許魯南鄙
西鄙此在王圻之內則非此許也　田多云云

解云田多邑少稱田者謂邑外之田多邑内家數少如此之時則稱田即此是也言邑多田少稱邑者謂邑内家數多而邑外之田頃畝少如此之時則稱邑即哀八年齊人取讙及僤是也注分别之者云云 解云知古有分土無分民者正以詩云逝將去汝適彼樂土論語云四方之民襁負其子而至矣皆是樂就有德之義故也 ○夏四月云云 解云所以日者正以十年冬齊侯衛侯鄭伯來戰于郎相負故也 注災傷云云 解云自經曰以下訖是莊七年傳文也彼傳云曷爲先言無麥而後言無苗一災不書待無麥然後書無苗彼注明君子云云至麥苗獨書者民食最重是也以此言之則知此經災傷二穀以上故不書穀名直言大水而已而莊二十八年經云

冬築微大無麥禾不兼言大水者傳云冬既見無麥禾矣曷為先言築微而後言無麥禾諱以凶年造邑也彼注云諱使若造邑而後無麥禾者惡愈也此蓋秋大水所傷就築微下俱舉水則嫌冬水者是也　注陰逆云云　解云陰逆者專易朝宿之邑是怨氣者百姓痛傷悲哀之心是也

○二年　及其大夫孔父　解云此經之下亦有注云賢者不名故孔父稱字督未命之大夫故國氏之者但考諸舊本悉無此注且與注違則知有者衍文也　注以公夫人言及者即僖十一年夏公及夫人姜氏會齊侯于陽穀是也　注仲子云云　解云隱元年秋天王使宰咺來歸惠公仲子之賵傳云何以不言及仲子微也彼注云比夫人微故不得並及公是也　注上下云云　解云哀六年夏

齊國夏及高張來奔是國夏上大夫高張下大夫仇牧云　解云仇牧之事在莊十二年秋荀息之事在僖十年春　注叔仲惠伯是也　解云應在文十八年但成十五年傳乃言之　注据叔云云　解云成十五年傳云叔仲惠伯傳子赤者也文公死子幼公子遂謂叔仲惠伯傳子赤者也文公死子幼公子遂謂叔仲惠伯曰君幼如之何願與子慮之叔仲惠伯曰吾子相之老夫抱之何幼君之有公子遂知其不與謀退而殺叔仲惠伯弑子赤而立宣公彼注云殺叔仲惠伯不書者舉弑君爲重叔仲惠伯事與荀息相類不得爲累者有異也叔仲惠伯直先見殺爾不如荀息死之以此言之則叔仲惠伯不與謀而見殺非衛君而死春秋不賢之是以不

書故此注云叔仲惠伯不賢也　孔父云云　解云孔父事
君之正義形見於顔色矣　注大夫稱家者即定十二
年孔子行乎季孫三月不違曰家不藏甲邑無百雉之
城是也　注文者字也　解云穀梁傳文　注禮臣云云
解云臣死君不名之稱謚若字也者出玉藻文　注設使
云云　解云莊公三十二年傳云莊公病將死以病召季子
至授之以國政曰寡人即不起此病吾將焉致乎魯國
云云是也　注故常用不免者謂宋殤公不免死魯
莊公不免亂　注督不氏云云　解云春秋之内當國不
氏者無知州吁之屬是也今宋督實戴公之孫而不言
公孫者正欲起其取國與馮故也　注不得爲讓者云云
解云昭二十年傳云何賢乎公子喜時讓國也昭平

一年傳云何賢乎叔術讓國也繼公之傳不言讓國者死乃反之非所以全其讓意也　注所以復發傳者解云隱元年公子益師卒之下已有傳故言復矣　注益師云云　解云彼以臣之故欲見臣恩之薄厚故曰以臣見恩也此以君之故欲見君恩之厚薄故曰以君見恩也　注故多微辭　解云定元年傳云定哀多微辭彼注云定公有王無正月不務公室喪失國寶哀公有黃池之會獲麟故揔言多是其定公有王無正月得為微辭者即定公元年傳云定何以無正月者正即位也定無正月者即位後也彼注云雖書即位於六月實當如莊公有正月今無正月者昭公出奔國當絕定公不得繼體奉正故諱為微辭使若所位在正月後故不書正月者是也其不務公

寔者即定二年冬十〻　作雉門及兩觀其言新作之何脩大也脩舊不書此何以書譏何譏爾不務乎公室也彼注云務勉也不務公室亦可施於久不脩亦可施於不務如公室之禮微辭也者是也其喪國寶得為微辭者定公八年盜竊寶玉大弓傳云寶者何璋判白彼注云不言璋言玉者起圭璧琮璜璋五玉盡亡之也傳獨言璋者所以郊事天尤重書大弓者使若都以國寶書微辭也謂之寶者世世保用之辭是也其黃池之會得為微、辭者哀十三年公會晉侯及吳子于黃池傳云其言及吳子何會兩伯之辭也不與夷狄之主中國則曷為以會兩伯之辭言之重吳也曷為重吳吳在是則天下諸侯莫敢不至也彼注云不書諸侯者為微辭使若天下盡

會之而魯侯蒙佐會之者惡愈是也其獲麟得爲微辭
者哀十四年春西狩獲麟不言爲漢之將興不言爲周
之將亡故得爲微辭也　注所聞至武宮日是也
解云立煬宮不日者即定元年九月立煬宮是也立武宮
日者成十六年二月辛巳立武宮是也公羊之義失禮鬼
神例日故言此注所傳至卒日是也　解云子赤卒不
日者文十八年冬十月子卒傳云何以不日隱之也何隱爾
弑則何以不日不忍言也　注云所聞世臣子恩痛王父深
厚故不忍言其日與子般異是也其子般卒日者莊
三十二年冬十月乙未子般卒彼注云日者爲臣子恩
錄之也敘不去日見隱者除子赤也者是　注據
觀魚諱　解云隱春公觀魚于棠彼注云實

譏張魚而言觀譏遠者恥公去南面之位下與百姓爭
利匹夫無異故諱使若以遠觀爲譏者是也　注古者
諸侯至有伯也者至制及春秋説文　注加以云云
解云下十四年傳云以者何行其意也彼注云以已從人曰行
言四國行宋意也今此言以成宋亂者若言公爲三國所
以遂行其意而成　宋亂非公本意故云加以者辟直成亂
也　注据莒云云　解云隱四年莒人伐杞取牟婁
昭五年莒牟夷以牟婁來奔是也　注据錯者二理、
相違故謂之錯　非有而有者謂非有就而有之
爾宋始以不義取之者謂滅郜取之也注如以義應得
者謂若　天賜之也
注周家至育癸者謂殷衰之時鼎没于泗水及武

王克殷之後鼎乃出見故漢書云鼎於周出是也
注禮祭云云　解云春秋說文而膳夫云王日一舉鼎
十有二物何氏不取也而士冠禮士喪禮皆一鼎者士冠士喪
略於正祭故也若楚云云　解云媢音奸貴以妹爲妻終
妻終無所時似若器從今主之名地取使爲己有亦無所
時故言此也本更散亡雖所指據未知此君名號云何
注明其云云　解云若作名字言器不可從今主之名地不可
作後主之有也考諸古本名作多字雖落意取之亦不
得多有也若如此解以覆上爲取之義
注經不云云　解云地不得爲今主之有而經不繫本國以
正之者從可知省文　注納者入辭也即莊九年傳云
納者何入辭也是也　注設爲之追宗廟以寃亨之者孝

經文　注故曰齊之至所嗜者皆祭義文也彼注云所嗜素
所欲飲食是也　注祭之日至息之聲者亦祭義文彼
注云周還出户謂薦設時也無尸者闔户若食間則有
出户而聽之是也　注質家至尊尊者春秋說文祭義
篇末云建國之神位右社稷而左宗廟所謂一隅也
注稱侯者云云　解云知天子將娶於紀者正以下八年冬
遂逆王后于紀九年春紀季姜歸于京師之文也知其元非
大國者正以隱二年紀子伯莒子盟于密伯子並稱之故
知此侯非本爵也知非輯得襃賞而已而知封之百里者
正以自今以後恒稱侯故也即下六年夏公會紀侯于成
十三年春公會紀侯鄭伯之屬是也　注月者云云
解云凡朝例時以其尊而不臣故書月令與朝異

注蓋以云云　解云此欲道諸侯不得專封是以不敢于大夫以下即文四年夏逆婦姜于齊略之也彼注云賤非所以奉宗廟故略之是也　注據齊云云　解云五年齊侯鄭伯如紀當時紀不與會是以齊侯鄭伯爲離會也但離不言會故變言如矣　注尚書曰三人議則從二人之言者洪範文　注故與隱相違也　解云即隱二年秋八月庚戌盟于唐不書日是也　注明前云云　解云隱公之盟書日故言不信也不書致故言猶可安　注今桓云云　解云不日故爲信書致故言危也　注二年云云　解云即二年春王正月戊申宋督弑其君與夷是也　注十年有王者數之終也者即十年春王正月庚申曹伯終生卒是　注十八年有王者終也者即十八年春王正月公會

齊侯于濼是　不誌云云　解云元年春王正月初即
位之時自知已簒弒懼畏民討未敢無王是以春秋於正月之
際不得見始須臾之後還復爲惡擅易天子之田儀然
無憚故至二年正月言王以見始　注二月無王者即七年
二月己亥焚咸丘十有三年春二月公會紀侯鄭伯云云
十五年春二月天王使家父來求車之屬是也
胥命者何　解云春秋上下更無胥命之文故執不知問
注時盟云　解云亦相誓勑但不歃血而已故謂之盟也
近正也　解云古者不盟而言近正雖不歃血口相誓
勑不若古者結言而退故言近正而已　既者何　解云
與例不同故執不知問　注是後楚滅鄧穀者即下
七年夏穀伯綏來朝鄧侯吾離來朝傳云皆何以名

失地之君也是也　注上僭稱王　解云春秋說云桓三年秋七月壬辰朔日有食之既其後楚僭號稱王滅穀鄧政教陵遲是也　注以言姜氏也　解云讙若齊地宜言齊侯送子孟姜于讙今言姜氏故知越竟也　注禮送女父母不下堂姑姊妹不出門者時王之禮　猶曰吾姜氏解云若有言子孟姜者子孟姜爲衍字也　注從文母辭云解云孟姜者即詩云彼美孟姜正謂此也孟字亦有作季字者誤也　注据遂以夫人婦姜至自齊致者在宣元年注不就讙上致者婦人危重故据都城乃致解云若就讙致即鄉者至讙之時書之宜在公會齊侯于讙上　注見者爲夫人至例危重之　解云即宣元年三月遂以夫人婦姜至自齊成十四年九月僑

如以夫人婦姜氏至自齊是也　注謂五云云　解云舊本如是其穀下云皆有不熟大成熟多少二字或衍文也若少存字解之多謂麥禾少謂豆之屬是本皆有但不能大熟也

四年

狩者何　解云正以春而言狩故執不知問

注田者云云者即尚書云文王不敢盤于遊田　注言者云云　解云此言者謂三皇之時也故禮運道二皇時云昔者先王未有火化食草木之實鳥獸之肉飲其血茹其毛未有麻絲衣其羽皮後聖有作然後脩火之利治其麻絲以為布帛以養生送死以事鬼神又下繫辭云黄帝堯舜垂衣裳而天下治彼注云始去羽毛故鄭注易說云古者田漁而食之因衣其皮先知蔽前後知蔽後王易之以布帛而猶存其蔽前者重古道不忘本以此言

之則黃帝以後始有火化而去毛羽則此古者三皇時可知　春曰苗　解云周禮春田謂之蒐何氏所不取　注不以至側也者正以周禮四時皆田故也　注以其云云　解云十年冬齊侯衛侯鄭伯來戰于郎傳云郎者何吾近邑也莊三十一年春築臺于郎傳云何以書譏何譏爾臨民之漱浣也以此言之則郎爲近邑也者蓋以郎邑在郊内其屬地在郊外若據邑言之則爲近若據地言之則爲遠也故哀十一年左氏郊之戰檀弓謂之戰于郎也者是郎邑之郊内之證也則此言狩于郎者据郊外屬地言之故言遠是以此注云以其地遠禮諸侯田狩不過郊下五年大雩之下注云去國遠狩是也而舊曰

云以其去大野遠故言遠者非　注據有囿也　解云即成十八年築鹿囿之屬是也　注自左膘射之達于右髃云者時王之禮古制無文　注天子云云者自下大夫六以上禮器文也其士三者何氏差之案聘禮致饔餼于上大夫堂上八豆設于房西則知此皆堂上豆數也公食大夫禮曰宰夫自東房薦豆六設于醬東則食下大夫之禮而豆六則知食上大夫亦八明矣周禮公之豆四十侯伯之豆三十有二子男之豆二十有署蓋普言之　二曰賓客解云言以爲賓俎實爲犧作也　注狩例時者即莊四年冬公及齊人狩于郜僖二十八年冬天王狩于河陽是也　注此月者云云　解云在哀十四年孔子欲夏之孟冬以爲田狩之月　宰渠伯糾者何　解云欲言微者而經稱

伯糾言會尊鄭連名言之故難不知問　注據劉云云者在定四
年也劉是其采卷是名也　注天子云云　解云言繫宰官
以爲氏渠是名糾是且字也　注是以云云　解云祭義云
食三老五更於大學天子親袒而割牲執醬而饋執爵而
酳冕而揔干所以教諸侯之弟也鄭注云割牲制俎實也冕
而揔干親在舞位以樂侑食也教諸侯之弟次事親是也
樂記亦有此文　注先王至子弟也者皆祭義文也
注禮君至伯糾是也者皆何氏之意欲皆取經以當之
注諸文云云　解云宣十五年王札子殺召伯毛伯傳云
王札子者何長庶之號也注云天子之庶兄札者冠且字
也禮天子庶兄冠而不名所以尊之是也　注上大夫云云
解云隱元年祭伯來傳云祭伯者何天子之大夫也是也

注遜德云云　解云宣十七年公弟叔肸卒彼注云稱字者賢之宣公篡立叔肸不仕其朝不食其祿終身於貧賤故孔子曰篤信好學守死善道危邦不入亂邦不居天下有道則見無道則隱此之謂也是　注宰渠云云　解云渠是其名而言不名者謂計其官爵之時實合氏官名而且字但以其年老故兼稱伯示有不名之義也故知之矣　○五年注君子云云　解云正以哀十四年傳云君子曷為為春秋故也　注據蔡侯言卒者在昭二十三年夏也案襄二十六年許男甯卒于楚是

在蔡侯之前而不據之者科取一以當之不以前後見義或者正以蔡是大國齊之類故取之　注書內離會者即隱二年公會戎于潛是也注不書外離會者

年晉侯會狄于欑函是也　注嫌外云云　解云若不載此事以略言如則嫌所傳聞之世合書外離會但遇無之而已故曰嫌外離會常書也故書而變其文見所傳聞之世不書外離會之意故曰變文見意也所以別其嫌而明其疑故曰以別嫌明疑也　仍叔之子者何　解云欲言大夫而文言之子欲言未仕而天王使之故執不知問　注据宰渠氏官者即上四年夏天王使宰渠伯糾來聘是也
注武氏至加之者即隱三年秋武氏子來求賻是也
注尹氏不稱子者即隱三年夏四月辛卯尹氏卒是也　注禮七十縣輿致仕　解云案春秋說文謂之縣輿者淮南子曰日至於悲谷是謂晡時至於淵隅是謂高舂至於連石是謂下舂至於悲泉爰止其女爰息其

焉是謂縣輿舊說云日在縣輿一日之暮人年七十亦一世之暮而致其政事於君故曰縣輿與致仕也亦有作車字者　注不言云云　解云言仍氏子則與武氏子文同嫌亦無父故曰起父在　注加之云云　解云若言仍叔子則與僖二十二年百里子與蹇叔子之類是人故曰加之者起子辟人　注不月云云　解云正以卒日葬月乃是大國之例今書時故決之　注傳曰葬生者之事隱十一年傳文　注据河陽云云　解云僖二十八年冬公會晉侯以下于溫天王狩于河陽壬申公朝于王所彼舉王狩此不舉之彼別出公朝之文其文不連上王今言從王伐鄭經連王言之故難之或者上會于溫諸侯之文連王言之　注王師不道所加　解云成元年秋王師敗績于貿戎不道伐某今言伐鄭

故難之　注猶莒稱人則從不疑也者所隱八年公及莒人盟于包來傳曰公曷爲與微者盟稱人則從不疑也注云從者隨從也實莒子也言莒子則嫌公行微不肖諸侯不肯隨從公盟而公反隨從之故稱人則隨從公不疑矣是也　注不使王者首兵者云云　解云若使王者首兵宜言王以蔡人衛人陳人伐鄭似若僖二十六年公以楚師伐齊取穀然　注君親之南郊以六事謝過自責曰云云皆韓詩傳文　注政不一與者謂政不專出自權臣之門　注民失職與者謂廢其農業　注宮室榮與者謂若丹楹刻桷之屬　注婦謁盛與者謂所請亂國　注苞苴行與者謂受人之饋政以賄成　注讒夫倡與者謂若魯任鄭

賠　注使童云云　解云論語云冠者五六人童子

六七人與此異者彼言暮春者春服既成明魯人正
雩故其數少復不言男女今此書見于經非正雩也
凡脩雩者皆為旱甚而作之故其數多又兼男女矣是以
司巫職曰若國大旱則率巫而舞雩是也春秋説云冠
者七八人童子八九人者蓋是天子雩也
注不地者常地也者謂在魯城南沂水上　注据日食
鼓用牲于社者莊二十五年經彼擧日食乃言鼓用牲
于社此不言旱直言大雩故据難之　注與大水同禮云
云者諸言日食與大水皆鼓用牲也即莊二十五年秋大水
鼓用牲于社是也　注比為天子所聘者即上四年
夏天王使宰渠伯糾來聘是也　注去國遠狩者即
四年春公狩于郎是也　注大城祝丘者在今年夏

正以山崩壞敗然後發衆城之故曰大城　注稱公云云　解云天子三公稱公王者之後稱公州國非此二者必非是公但今過魯自尊若公故如其意書之曰公以起其無禮也但諸文不知本爵是何諸家之意左氏已具也　○六年寔來者何　解云不書其人而經言寔來故執不知問　注据葵云云　解云僖九年九月戊辰諸侯盟于葵丘傳云桓之盟不日此何以日危之也何危爾桓公震而矜之叛者九國震之者何猶曰振振然注云亢陽之貌矜之者何猶曰莫若我也注云色自美大之貌然則桓公振矜侵人而書日危之本魯慢州公非敬逆之道是以据而難之　注行過云云　解云今州公過魯而慢之傳言化我故知化我是行過無禮之言是以襄六年

傳云陳乞曰常之母有魚菽之祭願諸大夫之化我也諸
大夫皆曰諾於是皆之陳乞之家亦是行過無禮之事
注月者云云　解云凡朝例時此不朝故書月以見危不
書日以見其危者無禮之人亦備責故也　大閱者何
解云敎言習兵而不言狩敎言他事而經書大閱
故執不知問何以云云　解云大閱之禮三年一爲桓
公忽忘武備過於三年是以書之　注孔子曰云云者何氏
之意與鄭別　注故比年簡徒謂之蒐者卽昭八年秋
蒐于紅之屬是也　注三年簡車謂之大閱者此文是
也　注五年大簡車徒謂之大蒐者卽定十四年大蒐
于比蒲之屬是也知其年數者漢禮猶然　注不地
者常地也者蓋在郊內而賈　注經云簡車馬于

廟也若何氏不取　注蒐例時者昭八年秋蒐于紅是
十四年夏大蒐于比蒲之屬是也　注此日者云者例合
書時而乃書日故以爲尤危録也　陳佗者何　解云欲
言陳君經不書葬歟言大夫又不言氏故執不知問　注
以躍卒不書葬也　解云十二年八月壬辰陳侯躍卒
注云不書葬者佗子也佗不稱侯者嫌貶在名例不當
絶故復去躍葬也是以昭十一年楚師滅蔡執世子有以歸用
之傳云此未踰年之君也其稱世子何不君靈公不成其子
也不君靈公則曷爲不成其子誅君之子不立以此言之正由
陳佗不君而見絶故去其子葬是故以躍不書葬知佗是
陳君若其不然不知陳侯躍何以不書葬矣　注据殺云云
解云昭十一年楚子虔誘蔡侯般殺之於申是也

宣十八年邾婁人戕鄫子稱子稱子亦云
名是也　注猶律云云者猶言對子姦母也　注不日不書云
云　解云陳佗是君而見弒例合書日即隱四年戊申衛
吁弒其君完之屬是也君被外國殺者不責臣子不討賊
例合書葬即桓十八年葬我君桓公是也今不書日
不書葬者從賊文故也　子同生者孰謂　解云春
秋之內魯侯多矣皆不書生今特書故問爲誰　注以夫人言
同非吾子者即莊元年傳云夫人譖公于齊侯公曰同非
吾子齊侯之子也者是也正以道公疑非己子則是其長
子同既繫體是常故知莊公也　注据君云云　解云
莊三十二年冬十月乙未子般卒傳云子卒云子卒此
其稱子般卒何君存稱世子君薨稱子某既葬稱〻

子隱乎稱公是也　注而不云云　解云若以正稱
書宜言世子同生也同賓世子而以不正稱書之是其以正見
無正之義桓由不正而負簒弑故曰疾惡桓公也　注曰者云
云　解云與由數也由生數來日故書丁卯而録之凡人謂
方至爲來已過爲往故云生與來日死與往日也鄭注曲
禮上篇云生數來日謂成服杖以死明日數也死數往日謂
殯斂以死日數也者與何氏異
注禮世至告之者皆出内則文

春秋公羊疏卷第四

春秋公羊疏卷第五　桓公二

起七年　盡十八年

○七年　焚之者何　解云咸丘是邑而又焚之故執不知問

樵之者何　解云雖言焚言樵仍非攻邑之義故執不知

問咸丘者何者欲言是國經典未有欲言非國文無所繫

故執不知問　注据邾婁鄑部繫紀者莊元年冬齊師遷

紀郱鄑部是　注日者重録以火攻也者正以侵伐例時

即隱七年秋公伐邾婁之屬是也故決之　注据滕薛

不名也者即隱十一年春滕侯薛侯來朝是也　失地

之君也者即曲禮下云諸侯失地名是　注無後云云

解云知如此者正以郊特牲云諸侯不臣寓公故古者寓

公不繼世彼注云寓寄也寄公之子非賢者世不足

尊也是其義又云繼世以立諸侯象賢也注云賢者子孫恒能法其先父德行　解云朝例時春秋常典所文十五年夏曹伯來朝是也而此責其月者以文十二年春王正月盛伯來奔傳云盛伯者何失地之君彼書月見其奔重宜厚遇之此不月者朝惡人輕故也僖二十年夏郜子來朝僖公非惡人而不月者正以朝輕于奔故也然則此注因桓惡人故言此者若其不然正宜直云失地之君來朝輕矣　注名者云云

解云郜子盛伯皆不名者兄弟故也○八年　烝者何

解云欲言宗廟之祭而文無所繫欲言祭天天無烝名故執不知問　注薦尚韭卵又注薦尚麥魚云云

春薦韭夏薦黍冬薦稻韭以卵麥以

黍以豚稻、鴈　注無牲云云　解云謂無牛羊豕之牲
也而中霤禮云祭五祀于廟用牲有尸皆薦于奧何
以薦用牲彼謂正祭之時先薦于奧仍自無牲其正
祭五祀乃用牲有尸耳　注天子四祭四薦云云者皆時
王之禮中霤禮亦然　注殷人云云者即郊特牲云
殷人先求諸陽周人先求諸陰是也　注禮天子、
諸侯卿大夫牛羊豕云云已下皆時王之禮也　注王制云
注天子至宗牛者皆指祭宗廟之牲也仍不妨王制云
祭天地之牛角繭栗賓客之牛角尺之文也
注屬十云云　解云烝者冬祭之名明去年十二月已有烝
但得常不書今正月復作烝故言亟　注不異云云
解云烝者冬時祭名前已作訖今宜易名而猶言烝故

說之也　注君子生則敬養死則敬享祭義文也彼鄭注云享猶祭也　注故將祭至百宮者皆出祭義何氏差約言之也　注散齋七日者即祭統云故散齋七日以定之注云定之注云定者定其志意也定其志意者謂齋之日不御不樂不吊是也　注致齋三日即祭統云致齋三日以齋之是致齋者即鄭氏云致之言至謂深也審也之屬是也

注夫婦至奠酒者案今祭義酒作盎字鄭注云奠盎設盎齊之鐏蓋所見異或何休以義引之不取正文

注君獻尸至事死如事生者皆出祭義唯孝子之至百注者之言也　注禮本下為士制者即士喪禮士虞士相見之屬　上已言此者欲道庶人無禮備故依家備

舉言之即曲禮上篇禮不下庶人鄭注云爲其遽於事
且不能備物義亦通於此　注天子云云　解云上大夫
稱伯仲者即祭伯南季之屬是也次大夫不稱伯仲
者即此是也下大夫稱官氏名且字者即宰渠伯糾
是也　注與上云云　解云周之三月乃是夏之孟月
自有春祠之禮今周之五月乃夏之三月也猶與上祠
同在一時而復爲烝故曰與上祀同爲亟也
注是後云云者謂師即下十年齊侯衛侯鄭伯來
戰于郎是也其龍門之戰者即下十三年公會紀侯
鄭伯己巳及齊侯宋公衛侯燕人戰云云是也春秋說
云龍門之戰民死傷者滿溝故此注云流血尤深也
祭公者何者欲言諸侯而逆王后欲言大夫而經文言

公敎執不知問　注天子云云　解云春秋說云立三台以
爲三公北斗九星爲九卿二十七大夫內宿部衛之列八十
一紀以爲元士凡百二十官焉下應十二子宋氏云十二辰
上爲星下爲山川也此言天子立百二十官者非直上紀星
數亦下應十二辰故曰下應十二子也
注三公氏采稱爵者卽祭公周公是也上大夫卽例稱
五十字卽祭伯南季榮叔之屬是也次大夫例稱二十
字卽家父之屬是也下大夫繫官氏名且字卽宰渠
伯糾是也上士名氏通石尚是也次士以官錄卽宰咺是
下士略稱人公會王人于洮是也其劉子單子之屬不
稱字而稱子者謂侯入爲天子大夫故設文非王臣之常
[illegible]之　公周公官爵適等而僖九年夏公會宰

周公特加之者彼傳云宰周公者何天子之爲政者
也注云宰猶治也三公之職號尊名以加宰知其職大尊
重當與天子參聽萬機而下爲諸侯所會惡不勝任
故加宰仍非常稱也　注据宰周公稱使者即僖卒
年天王使宰周公來聘是也而稱宰者義與九年同
注据侍君云云　解云成十七年十一月壬申公孫嬰齊
卒乎貍軫傳云非此月日也曷爲以此月日卒之待君
命然後卒大夫曷爲待君命然後卒大夫前此者嬰
齊走之晉公會晉侯將執公嬰齊爲公請公許之反爲
大夫歸至於貍軫而卒無君命不敢卒大夫公至曰吾固
許之反爲大夫然後卒之者是也　注不言云云
解云外相如者例所不録言如紀即外相如故諱

有外文也　女在其國稱女者即隱二年紀履緰
來逆女上三年公子翬如齊逆女之屬是也九年京師者
何　解云欲言天子之居而文不言王欲言凡國而爲
王后所歸故執不知問　京者云云　解云京師之居理須
訓解故分而問之　注地方千里者即詩云邦圻千里
是也　注周城千雉者　解在定十二年注即春云云
解云春秋據魯爲王故内魯若周公制禮内京師然也
諸侯來曰朝　解云隱十一年解云爾故此弟子執而難
之注據隱云云者僖元年傳文　注在齊云云即襄九
年冬公會晉侯已下齊世子光滕子薛伯小邾邾婁
子伐鄭十一年公會晉侯已下齊世子光莒子邾婁子
云云伐鄭是也　注時曹云云者正以十年春辛今

世子代其朝前知其疾也　注作是　者即

正月庚申曹伯終生卒夏五月葬曹桓公是也　注故

序云云　解云世子代朝明亦合譏世子序諸侯之上明亦

合譏而傳云未知在齊曹者正以其卒葬詳録故依違

之不信言耳　○十年　注小國云云　解云所傳聞之

世未録小國卒葬所聞之世乃始書之其書之也卒月

葬時文九年秋八月曹伯襄卒冬葬曹共公者是也今

卒日葬月者正以新者重恩故也云云說當文皆自有解

會者何　解云經既書會作聚集之名尋言弗

遇是未見之稱故執不知問　郎者何　解云欲言是

邑戰於其内欲言非邑經有城郎之文故執不知問

注以言來也　解云凡言來者鄉内之辭今經言來

故知近邑也而僖四年楚屈完來盟于師是時在召陵而言來者据師道楚故得言來　注據齊云云者在

莊十年　注公敗云云　解云隱十年公敗宋師于菅莊十年公敗宋師于乘丘莊十一年公敗宋師于鄑凡有二經宜隱十年以當之　注龍門云云者即下十三年春公會紀侯鄭伯已巳及齊侯宋公衛侯燕人戰云云依春秋說云是龍門之戰而不言戰于龍門是近也云云者近讀如附近之近國讀如圍言兵圍都城相似故言近守圍也考諸古本圍皆作國字而舊解以國為圍　注据十云云者即龍門之戰齊師宋師衛師燕師敗績是也

○十有一年　注月者云云　解云正以微者盟例合時今而書月故須解之　注莊公云云　解云

春秋之例君殺無罪大夫皆去其葬即成十年晉侯獳卒注云不書葬者殺大夫趙同等是今即有罪故也公書葬也然則此言不得與殺大夫同例者謂不得與殺無罪大夫同例耳　祭仲者何　解云欲言無罪聽魯立篡欲言有罪襃而稱字故執不知問　注祭仲死云云　解云下十五年秋九月鄭伯突入于櫟傳云櫟者何鄭之邑曷為不言入于鄭末言爾曷為末言爾祭仲亡矣然則曷為不言忽之出奔言忽為君之微也祭仲存則存矣祭仲亡則亡矣者是　注祭仲探宋莊公本弑君而立者在桓二年　君可以生易死者謂易去死也　國可以存易亡者易去亡也則突可故出者突可以此之故出之也而忽可故反者

言忽可以此之設而反之也是其可得則病　解云言已終能出突而反忽則為權之成若不能如是乃為其病矣

然後有鄭國　解云言突有賢才已計不行雖然勿須勉力討之令忽有國雖費功力猶愈於國之亡也

注古人至之道者出書序長義云若令臣子得行則閉君臣之道啓篡弒之路解云權之設所以扶危濟溺舍死亡無所設也若使君父臨溺河井寧不執其髮乎是其義也

權者何　解云欲言正逐君立廢欲言不正令又言權設執不知問

注皆所云云者言上辭死辭亡皆為忽設也注宋不云云者決成十五年晉侯執曹伯歸于京師稱爵也即僖四年傳云稱侯而執者伯討也稱人而執者非伯討是也

注祭仲不稱行人者云云

決定六年秋晉人執宋行人樂祁犂屬稱行人也
注執例時者即祁犂言秋是也而僖十九年六月己
酉邾婁人執鄫子用之而書日者彼注云日者魯不能
防正其女以至於此明當痛其女禍而自責之然則凡執、
例時而在日月下者皆當文有解　注据忽復歸于
鄭俱祭仲所納繫國稱世子不但名也者即十五年鄭
世子忽復歸于鄭是　注欲明祭仲至使與外納同也
解云言與外納同者即繫祭仲言于鄭是也言似僖二十五
年楚人圍陳納頓子于頓文十四年晉人納接菑于邾
婁之屬是也　注据小白言入者即莊九年齊小白入
于齊是也　注順其云云　解云下十五年傳例云歸者
出入無惡故言比　注据宋云云　解云僖九年三月

宋公禦說卒夏公會宰周公齊侯宋子已下盟于葵丘是也若然案僖經文宋公禦說三月卒夏則公會宋子于葵丘計應未葬故注云宋未葬不稱子某者出會諸侯非居尸柩前故不名也此云宋子既葬稱子者謂以其非居尸柩之前故將既葬之稱而言子况此鄭忽之父久已葬訖而反名故難之　注夷狄云云　解云襄廿九年吳子使札來聘哀十三年公會晉侯及吳子于黄池之屬是也　注名者云云　解云言君薨稱子某既葬稱子者正以既葬稍殺故不得名也然則初薨所以名者降於既葬也今鄭忽書名者緣君薨而名之義也　注天道本下親親而質者已下至反之於質皆出於樂說文　注質家爵三等法天之有三光也已

下皆春秋說文也　柔者何　解云欲言大夫經不言
夫欲言微者而書其名故執不知問　注以俠卒也
解云隱九年春俠卒傳云俠者何吾大夫之未命者也
彼注云以無氏而卒之也然則此亦無氏而書見故知未命
之大夫也注輒發云云　解云凡内大夫不書氏有二義若
未命大夫亦無氏而此與俠是也貶者亦無氏即無駭與
翬之屬是也故此注云無氏嫌貶也　注所以云云
解云欲道俠之卒當隱公之世故得書之　注盟不云
解云春秋之例不信者日下十二年及鄭師伐宋丁未
戰于宋是其違信矣不日者正以未命大夫故責之略也
注蔡稱叔至貶在字例者正以隱八年蔡侯考父
卒故有其姑姊妹淫於陳侯佗之事在上六年

○十二年　注不蒙云云　解云春秋之例篡不明者至卒時合去日以略之即僖二十四年冬晉侯夷吾卒襄十八年冬十月曹伯負芻卒于師之屬是也若其篡明有立入之文者不嫌非篡故不勞去日即僖十七年冬十二月乙亥齊侯小白卒莊二十一年夏五月辛酉鄭伯突卒之屬是也今此衛侯晉亦隱四年有立文不嫌非篡當日若不重言丙戌則嫌不蒙上日以其篡故略之是以重言丙戌以明嫌也而言獨晉書立者鄭突齊小白皆上有入文不言立故言獨　注宋不云云　解云上十年來戰于郎注云魯不復出主名者兵近都城明舉國無大小當戮力拒之是也此偏戰也云云　解云上十年郎戰之下已有此傳今復發之者上經來戰于魯此魯往戰于宋

媟其異說明之　○十三年　注据鞌云云　解云成二年六月癸酉云云及齊侯戰于鞌是也　注据公敗宋師于菅者在隱十年　注据戰云云者即七十二年也于時有鄭人不書敗績之文矣　注据在下句者即下云郎亦近矣郎何以地　郎猶可地也者即上十年齊侯衛侯鄭伯來戰于郎是也　注郎雖近猶尚可言其處者謂郎雖在郊内仍非攻城猶可以舉其地　注今親云云　解云春秋說云龍門之戰民死傷者滿溝也者主說此經故知之　注績功云云　解云凡書兵者正得奉王命伐無禮乃有戰事故言非義不戰　注少出萬死者若武王萬人致死而定天下之類　注燕戰云云　解云蓋師不

盡戰故言戰少敗時悉是故言敗多而莊二十八年齊人伐衛衛人及齊人戰衛人敗績傳即據此經云敗者稱師衛何以不稱師未得乎師也彼注云未得成列爲師也詐戰不言戰言戰者衛未有罪方欲使衛主齊見直文也者是　注背殯用兵云云　解云隱三年傳云當時而不日正也當時而日危不得葬也然則衛宣公去年十二月卒至今三月正當五月之際而又背殯用兵宜書日以見危而不日者正以量力不責故也　○十四年夏五者何　解云正以文異常例故執不知問　注莅盟云云　解云其莅盟書時者僖三年冬公子友如齊莅盟定十一年冬叔還如鄭莅盟之屬是也其來盟書時、者宣七年春衛侯使孫良夫來盟之屬是也而文十五

年春三月宋司馬華孫來盟書月從注之月者文公微
弱大夫專政宋亦蔽于三世之黨二亂結盟故不與信
辭是也然則來盟之例例不言月而此言夏五師所
不說何氏以五字或衍文故如此解　御廩者何
解云欲言宫室而文言御廩欲言倉庫今被災之於義
不强故執不知問　注廩者釋治穀名者謂廩之言
藁之義故也　注禮天子親耕東田千畝云云皆出祭
義之文　御廩災何以書者嫌覆問上粢盛委之所
藏故不但言何以書　注火自出燒之曰災
解云公羊之例内悉言災而復言火自出燒之者入
春秋始有此災欲通人火不書之義也　注知不云云
解云周之八月非夏之盡秋而久爲嘗故以不時言

之、以者何　解云正以宋非強國而以齊衛敵執
不知問　注宋前納突求賂者上十一年宋人執鄭
祭仲突歸于鄭是　注突背恩伐宋者上十二年
及鄭師伐宋丁未戰于宋是　何以書
云　解云隱三年武氏子來求賻之下傳云何以書
譏何譏爾喪事無求求賻非禮也然則彼已有傳
而重發之者正以彼云喪事無求恐此吉時得求故明
之　注諸侯貪大夫鄙士庶盜竊者相對為優劣
之稱也　注求例時　解云隱三年秋武氏子求賻
文九年春毛伯來求金之屬是也　注當時云云
解云去年十二月齊侯卒至今年四月是為當時隱
三年傳云當時而不日正也當時而日危不得葬今

此書日啟日危也其背殆伐鄭者即去年冬十二月宋
人以齊人已下伐鄭是　注據衛侯出奔楚不名者在僖
二十八年夏　注不連鄙問之者云云　解云正以下十
六年傳云衛侯朔何以名哀八年傳云曹伯陽何以名
故決之　注上已云云　解云敢言十一年已書名故
言復也　注著其奪正不以失衆錄也者決襄十四年
夏四月己未衛侯衎出奔齊之屬書其名者為失衆、
錄之故也　注月者云云　解云下十六年十一月衛
侯朔出奔齊及此書五月之屬皆是　注小國例時
也者昭三年冬北燕伯款出奔齊之屬是也　注據
上出奔不稱世子者上十一年鄭忽出奔衛是也
注欲言云云　解云莊九年夏齊小白入于齊傳云曷

爲以國氏當國也者是也注以放祭仲之權者即上十
一年傳云而忽亦故文是也　曷爲或言歸者僖三
十年衛侯鄭歸于衛之屬是　或言復歸者此
經是也復入者出無惡入有惡者襄二十三年晉欒
盈復入于晉之屬是也　入者出入惡者下文許
叔入于許鄭伯突入于櫟之屬是也　注稱叔至字
例　解云正以莊十六年同盟于幽經書許男故也
注不書出時者略小國者正以上文忽與突出入並書故
注据言朝也者正以隱十一年傳云諸侯來曰朝
櫟者何　解云欲言國鄰不言鄭欲言入于鄭獲
言櫟邑故執不知問　注据齊云者在哀六年彼
傳云景公死而舍立陳乞迎陽生于諸其家諸大夫

不得已皆逡巡北面再拜稽首而君之[illegible]

于陳乞家而言入于齊今突入于櫟而不言于鄭故

難之　注皆所云云　解云上云祭仲亡則亡矣者所以

效十一年君必死國必亡之文今此傳云言忽爲君之微

也已下者可以終十一年國可以存易亡之文故言皆所以

終祭仲之言也十一年雖不出祭仲之口但傳家爲祭仲而

爲此辭故得云祭仲之言　注解不云云　解云權者危

險之事祭仲比來欲爲君存國非徒然也但國內凡人嫌其

虛設故作經傳以解之故曰解不虛設危險之嫌

注月者云云　解云正以隱七年秋公伐邾婁之屬則

言征伐例時而此書月故決之　○十六年　注致者云云

解云猶是篡賊動作有危今能疾篡脫危而至故

致之

注致例時者即上二年冬公至自唐之屬是

衛侯朔何以名　解云嫌問出奔之屬何以名

故復連句問之　注據衛侯出奔楚不名者在僖二十

八年注明天子云云　解云其五國者莊五年冬公會齊

人宋人陳人蔡人伐衛是　注天子至負薪者皆漢禮

之名豫詁為樂諸侯言負茲者謂負事繁多故致

疾大夫言犬馬者代人勞苦行役遠方故致疾士稱負

薪者祿薄不足代耕故致疾　○十七年　注本失云云

者正以隱元年得褒乃書字故也　注中朝云云者即

上十五年邾婁人牟人葛人來朝是　注蓋以云云者

隱元年公及邾婁儀父盟于眛是也　注有誅云云

解云有誅者十五年稱人是責之無絕者今還其字

無絶其功故也　注此戰云云　解云莊元年傳云公曰同非吾子是然則夫人姜氏三年至魯六年則莊公乃生桓公何云同非吾子蓋夫人譖之也或云蓋在齊之日已共私通魯侯知之憚振之言耳　注魯季云云者即閔元年季子來歸莊三年紀季以酅入于齊是也　注唯卒云云　解云即僖十六年公子季友卒宣十七年公弟叔肸卒是也　注稱侯云云　解云正以諸侯之葬皆稱公故決之　注去日者云云　解云若以隱三年傳言之即某月某日朔日有食之者食正朔若言某月某日有食之者謂二日食也若言某月日有食之者謂食在晦也今此言朔而不書日故此解之

十八年

注据公云云者在僖十

年　注若言云云者欲言不敢言及是外之意
注不書齊誘殺公者深諱恥也　解云如此注者
正決昭十一年楚子虔誘蔡侯般殺之于申之文也
注地者在外云云　解云魯侯被殺例不舉地故隱
公薨公直言薨而已今此言齊故如此解　注凡公薨外
致日者危痛之者即此及定元年夏六月癸亥公之喪
至自乾侯之屬是也　注諱與齊狩是也　解云莊
四年冬公及齊人狩于郜公曷為與微者狩齊侯也齊
侯則其稱人何諱與讎狩是也　注禮諸云云
解云即曾子問曰賤不誄貴幼不誄長禮也鄭注云誄累
也累列生時行迹讀之以作謚謚當由尊者成　又云唯天子
稱天以誄之　注云以其無尊焉　又云諸侯相誄非禮也是

注蓋以至是也

解云所以知祖祭乃謚者正以公之喪至自齊亦有謚丁巳葬我君定公欲葬遇雨不得葬經書定公故知直是作祖祭時為之也禮記檀弓下篇云公叔文子卒其子戍請謚於君云日月有時葬矣請所以易其名者義亦通於此

注上葬云云　解云考諸古本皆無上字衍文隱三年傳過時而日隱之注云隱痛賢君不得以時葬丁亥葬齊桓公是也然則此君四月薨至于今十二月亦是過時而日者亦是痛其賢君不得以時葬非其辭貞故曰起生者之事言其非為臣子矣或者上葬為此上文之葬若昭三年葬滕成公之下注云月者襄公上葬諸侯莫肯加禮獨滕子來會葬故恩錄

春秋公羊疏卷第五

# 公羊傳疏

二

# 春秋公羊疏卷第六　莊公一

起元年　盡六年

元年　公何以不言即位　解云隱元年傳云公何以不言即位注云據文公言即位然則彼已注解是以此處不復注之

春秋云云　解云而言春秋者欲道孔子意春秋之內皆爾非止此處故舉其大號言之是以隱元年傳云公何以不言即位繼弒君子不言即位此非子也其稱子何臣子一例也然則宣公之傳不言子直以其世臣子之道不忍其君父亦不由宣公非子亦之子故不言子　孰隱云云　解云莊公既踰年即位之後合稱成君而言子者凡諸侯於其封內三年稱子故也若表臣子之心不可曠年無君乃稱公耳　孫者何

解云欲言初出實先在齊欲言非初出而與公孫文同故執不

知尚　孫猶云云　解云凡言孫者孫遁自去之辭令此言孫與尚書序云將孫於位讓於虞舜義同故言孫猶孫也猶彼文也而注云孫猶遁也者欲解彼此之孫皆為孫遁自去之義故曰遁也　内諱云云　解云据百二十國寶書以為春秋非獨魯也而言内者託王於魯故言内猶言内其國外諸夏之義也然則内魯為王王者無出奔之義故謂之孫矣而僖二十四年冬天王出居于鄭言出者彼傳云王者無外此其言出何不能於母也注云不能事母罪莫大於不孝故絶之言出也者是　注言于云云　解云凡言于某者從此往彼之辭今此夫人實非始往而言于齊與昭二十五年公孫于齊文同者盖爲其諱文若今始然故云言于齊者盖諱文耳　注据公云云　解云公夫人遂如齊在桓十八年言未有來文

者欲決文九年春夫人姜氏如齊夫人姜氏至自齊之文耳若然案下二年注云不致者本无出道有出道乃致是也若然則何氏桓文九年夫人姜氏如齊亦無出道而責未有來文者夫人如齊之時得公之命非無出道故如此解　解云存君者即襄二十九年注云正月歲終而復始臣子喜其君父與歲終而復始執贄存之然則今此練祭者亦是臣子閔君父往年此日沒今年復此日存而禮祭之取法存君矣言夫人當首祭事者謂夫人當為首而營其祭事也言時莊公練祭者謂桓公去年四月薨今年三月方為練祭而欲迎母　非謂此時已為練矣注据夫人姜氏孫于邾婁者閔二年經文　公曰同非吾子齊侯之子也者夫人加誣此言非謂桓公實有此言何者正以夫人之至在桓三年秋子同之生乃在六年九月故也

注禮飲酒不過三爵者玉藻云君子之飲酒也受一爵而色洒如也注云洒如肅敬貌也二爵而言言斯注云言言和敬貌禮已三爵而油油注云油油悅敬貌以退注云禮飲酒過三爵則敬殺可以去矣也者是也　於其出焉使公子彭生送之者與下句絶讀　於其乘焉搚幹而殺之者二句連讀之　注扶上車以手搚折其幹者折音如字念母者所善也者謂念母者宜春秋之所善也　注据貶必於其重者即僖元年傳云夫人何以不稱姜氏貶曷為貶與弒公也然則曷為不於弒焉貶貶必於其重者莫重乎其以喪至也注云刑人于市與衆棄之故必於其臣子集迎之時貶之所以明誅得其罪是也　注故絶文姜云云者謂貶氏是也距蒯聵不為不順者哀三年傳云曼姑受命乎靈公而立輒以曼姑之義為固可以距之也注云

曼姑出惡文者起曼姑得拒之曼姑臣也拒之者上為靈公命下為輒故者是也　注脅靈社不為不敬者即莊二十五年傳云日食則曷為鼓用牲于社求乎陰之道也注云求責求也以朱絲營社或曰脅之注云脅之與責求同義社者土地之主也月者土地之精也上繫于天而犯日故鳴鼓而攻之脅其本也朱絲營之助陽抑陰也是脅靈社不為不敬之道也

注蓋重云云者此蓋詁為皆也　謂脅社以重陽距父以尊祖皆是尊行於卑上行於下之義　注至此云云　解云注言此者欲道桓十八年公始如齊之時不貶意也言又欲以孫為內見義者正言道魯臣子不合誅夫人之意

注非實云云　解云閔二年九月夫人姜氏孫于邾婁彼注云凡公夫人奔例日此月者有罪然則此書月者正是其時而言

月者起練祭左右者謂此夫人非礼〻今乃書礼〻書三月起其練祭在左右故也若直言春世以起其練祭矣單伯者何　解云若言內臣而逆王女若言王臣文世王使故執不知問　注以稱字也　解云諸侯之大夫例合稱名若貢于天子理宜尊異是以見其稱字知其貢于天子　注諸侯云云　解云皆書傳文射義云古者天子之制諸侯歲獻貢士于天子天子試之於射宮鄭注云歲獻〻國事之書及計偕物也三歲而貢士舊說云大國三人次國二人小國一人者是與此同　注据公云云　解云公子遂如京師者僖三十年經文也言如者內稱使之文者欲道傳云何以不稱使者問經不道單伯如京師之意逆之者何　解云天子之臣其數非一而魯大夫使逆其女故執不知問　注其行婚姻之禮

者謂敵偶行事　注行君臣之禮者謂君坐于上而臣立于下

注必使云云者謂於女有血脉之親屬　注禮尊至之道

解云凡猶放也言使卑者待已放其命云道有女可嫁然後

卑者乃敢求婚也云亦不可斥言之者亦不可斥言嫁於某國

所以然者正以申陽倡陰和之道故也　注天子至之禮

解云知者見十九年傳諸侯娶一國則二國往媵之以姪娣從

若其禮異當有别文　注義不至之路　解云注知如此

者正見十年傳下文云諸侯壹聘九女諸侯不再娶然則既不

得再娶適夫人没世姪娣即是絶嗣之義故云此

注禮齊云云　解云義取穀梁之文仇讎之人非所以接婚

姻衰麻非所以接弁冕之言也所以然者正由吉凶不相求矣

今莊公主婚于齊相犯二事是以春秋主書者天子耳注以言

外知有築内之道也者正以經言于外以為非禮則知于内是禮明矣　注必闕地于夫人之下君公子之上也者取下傳文為義　注据諸侯宮非一者即下云路寢小寢之屬是也於路寢則不可者謂外内無別　小寢則嫌者嫌褻瀆注築例時者即此年秋築王姬之館二十八年冬築微三十一年春築臺于郎秋築臺于秦之屬是也　錫者何　解云正以變賜言錫與禮九賜之文異故執不知問　命者何　解云正以生生時有功而受褒賜令死乃賜命故執不知問　注禮有至不能　解云此禮緯含文嘉文也彼注云諸侯有德當益其地不過百里後有功加以九賜進退有節行步有度賜以車馬以代其步其言成文章行成法則賜以衣服以表其德其長於教誨内懷至仁賜以樂則以化其民其居處脩理房内不泄賜

以朱户以明其别其動作有禮賜以納陛以安其體其勇猛勁疾執義堅強賜以虎賁以備非常其内懷至仁執義不傾賜以弓矢使得專征其亢陽威武志在宿衛賜以斧鉞使得專殺其孝慈父母賜以秬鬯使之祭祀皆如有德則陰陽和風雨時四方所瞻臣子所望則有秬鬯之草景星之應是也

注禮百里不過九命云云者案周禮典命云上公九命侯伯七命子男五命者是也　注据錫云云者即文元年夏四月天王使毛伯來錫公命不言謚是也　注不言云云　解云如此注者欲決文元年稱天王也　注内女云云　解云即隱二年冬十月伯姬歸于紀隱七年春王三月叔姬歸于紀成九年二伯姬歸于宋之屬是也然則此事亦在月下而言不月者何氏以意斟酌故如此　解而莊十一年冬王姬歸于齊而不書月者

彼則魯不主婚自著天子有恩于王姬故也　遷之者何
解云欲言實遷不言處所欲言取之而經書遷故執不知問
注据莒人伐杞取牟婁者即隱四年經文　○二年於餘丘
者何　解云欲言是國天下未聞欲言是邑而不繫國故執不
知問　曷為云云　解云桓七年傳云咸丘者何邾婁之邑也
曷為不繫乎邾婁國之也曷為國之君存焉爾然則彼已有傳
而復發之者正以邑不繫國凡有二種故須解之即昭三十二
年取闞傳云闞者何邾婁之邑也曷為不繫乎邾婁諱亟也注
云與受濫為亟是　注慶父云云　解云正以桓六年九月丁
卯子同生則莊公年十五矣慶父之年宜十二三故云幼少將
丘矣所以不書月以譏之者正以不言帥意亦起之何者文元
年注云不稱王子者時天子諸侯不務求賢而專貴親故尤其

在位于弟刺其早任以權也魯得言公子者方録異辭故獨不言弟也諸侯得言子弟者一國失賢輕然則魯不言在位之弟者刺其專貴親親而早任以權令慶父實是公之母弟若於凡平諸侯之國則合言弟但是魯公之弟故于例不得言之既不言弟刺其專貴親親早任以權則於幼以將兵義亦自見年文云從不言弟意亦起之也杜氏云慶父者莊公異母兄何氏知其幼者正見稱仲非兄明矣　注内女云云　解云即僖十六年四月丙申鄫季姬卒成八年冬十月癸卯杞叔姬卒襄三十年夏五月甲午宋災伯姬卒之屬是也而莊四年三月紀伯姬卒莊二十九年十二月紀叔姬卒之屬此不日莊四年下文注云卒不日葬日者魯本宜葬之故移恩録文於葬是也

注不致者云云　解云即文九年春夫人姜氏如齊三月夫人

姜氏至自齊注云奔父母之喪也不言奔喪者尊内也岀獨致者得禮故與臣子辭是　◎三年　溺者何　解云欲言内臣經不書氏欲言外臣復不繫國故執不知問　吾大夫之未命者也　解云隱九年傳云俠者何吾大夫之未命者也桓十一年柔會宋公以下于折傳曰柔者何吾大夫之未命者注云輒發傳者嫌氏嫌貶也然則今復發傳者嫌會讎人而致貶故也　注所伐云云　解云稱名爲將大夫不書卒者正以莊公薄於臣子之恩故也知未命大夫得書卒者正見隱九年經書俠卒也彼注云未命所以卒之者賞宜從重無氏者少略也者即其義　注與桓同義　解云桓十一年柔會宋公已下于折傳曰柔者何吾大夫之未命者也彼注云所以不卒柔者深薄桓公不與有恩禮於大夫也今溺亦

然故云與桓同義　注月者云云　解云正以侵伐例時即上二年夏公子慶父伐於餘丘之屬是也今此月者背叛出奔罪重故也其背叛出奔之事者即桓十六年衛侯朔出奔齊是也　注天子新立衛公子留者世本及史記並有其事　注莊公云云　解云春秋之例篡不明者皆貶去其葬以見篡即僖二十四年晉侯夷吾卒注云篡故不書葬明當絶也又宣九年秋晉侯黑臀卒于扈彼注云不書葬者篡也之屬是也其篡明者不嫌非篡故不去葬以見篡即隱四年衛人立晉桓十二年冬衛侯晉卒十三年春葬衛宣公又莊九年齊小白入于齊至僖十七年冬齊侯小白卒十八年秋葬齊桓公又哀六年秋齊陽生入于齊至哀十年春齊侯陽生卒反葬齊悼公此等皆由其初有立入之文不嫌非篡故書其葬今宋公馮初篡不明所

以亦書其葬者正以其父繆公有讓國之善故計其父功而除其篡罪故云篡以計除也襄十四年夏衛侯衎出奔齊至二十六年春甯喜弒其君剽衛侯衎復歸于衛傳云然則曷為不言剽之立不言剽之立者以惡衛侯也注云起衛侯失衆出奔故不書剽立剽立無惡則衛侯惡明矣又宣六年傳言而立成公黑臀彼注云不書者以惡夷獋也然則剽與成公之篡皆不惡者以惡衎與夷獋矣是為以起他事不見今宋莊公之立不書惡之者自以計除之不見也既以計除則迴然無罪故得書葬何則晉侯重耳亦篡不明而僖公三十年得書葬晉文公者春秋為賢者諱也　此未有言崩者　解云桓十五年經書三月乙未天王崩何言未有言崩者正以此年事不相接故也　蓋改卜牛也　解云案宣三年郊牛之口傷改卜牛經即書其

改卜𠃵若改葬經宜書改而不書改者蓋以天王之崩去此七
年是改可知何勞書改乎其改卜牛須書改者若直言卜牛·兼
卜前口傷之牛故須言改以明之傳必知改葬者正見春秋說
云恒星不見周人榮奢改葬桓王冢死尸復擾終不覺之文故
也　注改葬云云　解云言改葬服輕者即喪服云改葬緦
是也言不當月月者欲決昭二十二年六月叔鞅如京師葬景
王之文也言時無非常之變者即決禮有非常之變者將亡失
尸柩之時改葬也言榮奢改葬者即春秋說云恒星不見夜明
周人榮奢改葬桓王冢死尸復擾終不覺之文也若然案春秋
說改葬在恒星不見之後即宜在七年[illegible]未而在三年者宋氏
云由三年改葬故七年恒星不見夜明者正由今日榮奢改葬
故也云故惡錄之者謂由此之故惡而深錄之也　注書者云云

解云文九年傳云王者不書葬此何以書不及時書過時書注云重録失時我有往者則書注云謂使大夫往也惡文公不自往故書葬以起大夫會之然則此改葬桓王非彼之類而得書者欲見諸侯當有恩禮故也　紀季者何　解云欲言其君經不書爵欲言大夫又不言氏故執不知問　魯子曰云云　解云傳所以記魯子者欲言孔氏之門徒受春秋非唯子夏故有他師矣其隱十一年傳記子沈子者欲明子夏所傳非獨公羊氏矣故輒記其人以廣義也季為附庸而得有五廟者舊説云比諸侯之禮故也直言以存姑姊妹不言兄弟子姪者謙不敢言之欲言兄弟子姪亦隨國亡但外出之女有所歸趣而已

注故以至於齊　解云凡言首者先服之辭紀國未滅令以往服故謂之首服也先祖有罪於齊者即四年傳云哀公

享年為紀侯諱之是也　注言入者云云　解云正以襄二
十六年二月衛孫林父入于戚定十三年晉荀寅士吉射入于
朝歌之屬皆是不獲已故以為難辭也　注男謂女先生為姊
云云皆釋親文　注次者兵舍止之名者正以僖元年齊師宋
師曹師次于聶北救邢之文故也　注國內云云　解云公斂
處父師師而至者定八年傳文　案昭十三年春叔弓師師圍
費定十二年冬公圍成之屬是也　注諸侯云云　解云言此
者欲道春秋善齊襄復讎不書其滅而刺魯侯不救紀者以諸
侯本有相救之道所以抑強消亂是以刺不相救也而善齊襄
復讎者所以申仁孝之恩名自為義豈相妨奪乎　注次例時
　解云即此及三十年夏師次于成之屬是也而八年春王
正月師次于郎云云書月者自為下文甲午祠兵出之次仍不

蒙月也十年夏六月齊師宋師次于郎公敗宋師于乘丘書月者自為下文敗宋師出之次仍不蒙月也 ○四年 注書者與會郜同義者即二年冬十有二月夫人姜氏會齊侯于郜彼注云書者婦人無外事外事則近淫今此亦然故云同義 注牛酒曰犒加飯羹曰饗者時王之禮也 注月者云云 解云案上二年經云冬十有二月夫人姜氏會齊侯于郜一出亦書月而言再出重者正以下文三出四出皆無月故也而上二年月者自為下經乙酉宋公馮卒其會仍自不蒙月矣言三出不月者即下五年夏夫人姜氏如齊師是也 注禮天子諸侯絕期者正見不杖期章無天子諸侯服故也 解云欲言其奔而經言大去欲言其滅又無滅文故執不知問 為襄公諱也春秋為賢者諱者言所以為襄公諱者正由春秋為賢者諱故也

[illegible]据楚莊王亦賢滅蕭不為諱者即宣十二年冬十有二
月戊寅楚子滅蕭彼注云日者屬上有王言今反滅人故深責
之是也若然莊十年齊師滅譚莊十三年齊人滅遂之屬不為
賢者諱滅而不據之者滅遂之下注云不諱者桓公行霸不任
文德而尚武力又功未足以除惡然則桓公是時賢德未著不
為諱適是其宜寧得据之乎楚莊是時已有王言賢德已著宜
為之諱而書其滅故据之也　哀公享乎周云云即鄭氏云
懿始受譖而享齊哀公是也周語亦有其事盡者何
解云以襄公淫泆行同鳥獸而言事祖禰之心盡故執不知問
　卜之曰師喪分焉者卜之者謂襄公之辭　注龜曰卜
蓍曰筮者曲禮文　寡人死之不為不吉也者皆齊侯之語
故注云荅卜者之辭所以謂死為吉事者以復讎以死敗為榮

故也　注百世云云　解云蓋以百十者數之終施之於彼則無罪施之於己則無義故謂之大言耳　古者云云　解云從康王已下歷宣主之世而言無明天子者蓋以宣王之德駁而不純故也

號辭必稱先君以相接者正以號辭必稱先君之故是以齊紀不得並立于天下古若有明天子則須去其不直是以上文云古者有明天子則紀侯必誅也　故將去紀侯者不得不去紀也者若不去紀則有紀侯故也　襄公得為若行乎者衍讀如有子行之之行　注猶易曰闚其無人者豐卦上六爻辭也

緣恩疾者可也　解云時無明王賢伯以誅無道緣其有恩痛於先祖者　可以許其復讎矣故曰緣恩疾者可也

注賢襄至之惡　解云擅滅同姓合書而絕之今不書

注不當取有有明乱文也者謂
者以讎除罪故也
但當推逐而已不當取而有之明其乱正義矣然則襄公亂義
而不悪者正復讎除之　注不為云云　解云凡
為文實者皆初以常事為罪而貶之然後討功除過是以僖元
年經云齊師宋師曹師次于聶北救邢傳云曷為先言次後言
救君也君則其稱師何不與諸侯專封也曷為不與實與而文
不與文曷為不與諸侯之義不得專封也諸侯之義不得專封
則其曰實與之何上無天子下無方伯天下諸侯有相滅亡者
力能救之則救之可也者是文實之義耳今此若作文實經宜
言齊師滅紀或言齊人滅紀傳曰孰滅之襄公滅之曷為不言
襄公滅之不與諸侯擅滅曷為不與實與而文不與文曷為不
與諸侯之義不得擅滅諸侯之義不得擅滅則其曰實與之何

上無天子下無方伯緣恩疾者可若其如此即經不免貶惡襄公則不名為之諱是以不得作文實之義矣而後桓公得作文實者桓公非滅人其罪惡輕也　注據鄫季姬也者即僖公十六年鄫季姬卒卒無葬文是　注從者無臣子亂也者正以從詁為空　注卒不云云　解云卒不日者即上經書三月紀伯姬卒是也春秋之義內女卒例日而紀伯姬卒不日故如此解其隱三年傳云不及時而日者渴葬也不及時而不日慢葬也者自施於諸侯非夫人之例故此文雖不及五月不得以渴隱解之　注夏后至寘之也者檀弓上篇文

注據與高傒盟諱者即莊二十二年秋及齊高傒盟于防傳云公則曷為不言公諱與大夫盟也是也　注此競逐恥同者謂與微者競逐禽獸與大夫盟不異矣

注以不沒公知爲齊侯也者正以盈即沒公此不沒公者
齊侯故也　注禮父至市朝[illegible]出曲禮上篇與檀弓上
篇何氏差約而爲此言也檀弓云從父昆弟之讎故此何氏以
九族言之曲禮云交遊之讎故此何氏以朋友言之定四年傳
云朋友相衛古之道也義亦通於此鄭氏云交遊或爲朋友是
也　注溺會齊師伐衛是也者在上三年春　注師及齊
師圍盛是也者在莊八年文　注其餘輕者從義與重者同
謂皆是與讎交接矣　注不復譏都矣　解云一則省文
二則達其異義矣其異義者圍盛不稱公者諱其滅同姓溺會
齊師伐衛不稱氏者見未命大夫故也若不省文世以見此義
故曰所以省文達其異義矣　注凡二同故言同同　解云輕者
不譏見與重者同一同也都與無讎同文論之二同也故曰凡

二同矣考諸古本傳及此注同字之下皆無重語有者衍文且理亦宜然○五年　郳者何　解云欲言是國而名欲言非國經言來朝故執不知問　注據僖七年稱子者即僖七年夏郳犂子來朝是也　注此取云云　解云時未能為附庸故謂之最微矣言為僖七年張本文者即彼注云至是所以稱爵者時附從霸者朝天子旁朝罷行進齊桓公白天子進之固因其得禮著其能以爵通是也　注據納頓子于頓言納者即僖二十五年秋楚人圍陳納頓子于頓是也　注下朔入公入致伐者即下六年衛侯朔入于衛公至自伐衛是也然則衛侯朔入于衛之下即言公至自伐衛亦一隔也　注齊人來歸衛寶者即下六年冬齊人來歸衛寶是也　○六年　王人者何　解云欲言微者書其善字欲言其貴而人言之故執不知問

子突者何　解云稱字尊卑未分故執不知問
注別何云云　解云所以不言王人子突者何而別何之者正
以稱人序在子突之上又僖八年公會王人以下于洮單稱王
人不稱字尚者之意嫌此王人與子突別人故別何之然則言
嫌二人者猶言疑二人矣　注据王子瑕不稱人者即襄三
十年天王子瑕奔晉是也　注本當至責之也者言王子
則是王之親親所以責諸侯違王命之深　注据不以微及大
者即定二年傳云然則曷為不言雉門災及兩觀主災者兩觀
也主災者兩觀則曷為後言之不以微及大也是也然則彼不
以微及大而此以子突繫諸人故難之王人耳
解云欲道子突但是微者矣　注刺王至可誅者即桓十
六年冬衛侯朔出奔齊　傳曰衛侯朔何以名絕曷為絕

之得罪于天子也其得罪于天子柰何見使守衛朔而不能使衛小衆越在岱陰齊屬負茲舍不即罪爾者是其朔在岱陰齊時之事也言當爾之時微弱至甚一使可攝取一夫可就誅故曰一使可致一夫可誅耳　注而緩至自納者即上五年冬公會齊人宋人陳人蔡人伐衛者是其交通五國之兵矣言伐天子所立者在上三年耳彼　注云天子新立衛公子留是也

注王遣貴子突卒不能救　解云王遣貴子突者此文是也卒不能救者下文朔入衛是也　注因為內殺惡者謂犯微人之命惡淺犯貴者之命惡深故也　注救例時者即僖六年秋諸侯遂救許僖十八年夏師救齊之屬是　注據衛侯入于陳儀不名者在襄二十五年秋　注據頓子不復書入　解云即僖二十五年秋楚人圍陳納頓子于頓是而言不復書

入者謂彼經直連圍陳而言納不復另書入也今此衛朔之事去年已書伐衛訖今復别言入故如此　注上辟王不得言納者即上五年傳云此伐衛納朔也曷為不言納衛侯朔辟王也者是　注故從篡辭書入也者正以公羊之例立納入皆為篡辭故也　注不直言篡者事各有本也者欲道春秋上下所以不直言衛晉篡齊小白篡衛世子篡而書其立入納者事各有本故也　注殺而立者不以當國之辭言之者即文十四年秋齊公子商人殺其君舍不去公子是也所以然者正以其弑君取國不嫌非篡故也　注非殺而立者以當國之辭言之者衛晉言立蒯聵言納小白言入是也所以然者以其非殺而立恐不成篡故也　注國人立之曰立者隱四年衛人立晉是也　注他國立之曰

納者即哀二年夏晉趙鞅納衛世子于戚是也　注從外曰入者即莊九年夏齊小白入于齊是也　注諸侯有屬託力加自文也即昭元年秋莒去疾自齊入于莒昭十三年夏楚公子比自晉歸于楚之屬是也　注因為天子諱微弱者公子留本天子所立故也其立公子留之事說在上三年也　曷為或言致會者即襄十一年公至自會是也　注所伐至之時　解云即襄十一年秋公會晉侯宋公衛侯曹伯齊世子光以下伐鄭會于蕭魚公至自會是也　注所伐至從來　解云即襄十一年夏公會晉侯宋公衛侯曹伯齊世子光已下伐鄭秋七月己未同盟于京城北公至自伐鄭是也僖四年春公會齊侯宋公已下侵蔡蔡潰遂伐楚次于陘秋八月公至自伐楚傳云楚已服矣何以致伐楚叛盟之

衛是也若然成十六年秋公會尹子晉侯齊國佐邾婁人伐鄭冬十二月公至自會又成十七年夏公會尹子單子晉侯齊侯宋公衛侯曹伯邾婁人伐鄭六月乙酉同盟于柯陵秋公至自會又成十七年冬公會單子晉侯宋公衛侯曹伯齊人邾婁人伐鄭十一月公至自伐鄭以此言之則十六年秋伐鄭十七年又伐鄭皆是鄭人不服而致會者正以十六年時鄭人始叛晉師諸侯伐而討之當是時實服明年乃叛是以致會也其十七年又公會單子已下伐鄭者正以比年用兵不能服故以得意為文其十七年冬公會單子已下伐鄭以伐致者至於三伐事實當見故言公至自伐鄭矣若然桓十六年夏四月公會宋公衛侯陳侯蔡侯伐鄭秋七月公至自伐鄭從此之後鄭不背何故不致會而致伐者桓元年三月公會鄭伯于垂彼注云不

致之者柏弑賢君篡兹兄與人 交接則有危故奪臣子辭成誅文然則柏是惡人本不合致而柏十六年注云致者善柏公能疾惡同類比与諸侯行義兵伐鄭也者是其得致之由而致伐者諸侯本意正欲助忽以誅突〻終得國忽死不還以其不得伐力故致伐 注公与至致伐 解云其獨出用兵得意不致者即隱七年秋公伐邾婁僖三十三年冬公伐邾婁哀七年秋公伐邾婁之屬皆不致是也其与一國用兵不得意致伐者即僖二十六年冬公以楚師伐齊取穀公至自伐齊傳云此已取穀矣何以致伐未得乎取穀也曰患之起必自此始也是也其公獨出用兵不得意致伐者即下二十六年春公伐戎之公至自伐戎是也其公与一國用兵得意不致春秋之內偶爾之春秋既無而知然者正以用兵得意兵不復用何勞致伐

亦不致會者離不成會故也其不得意所以致伐者兵將復用
重録兵所從來故也　注公與二國云云　解云其二國以上
出會盟得意致會者即哀十三年夏公會晉侯及吴子于黄池
秋公至自會是也其不得意不致即宣七年冬公會晉侯宋公
衛侯鄭伯曹伯于黒壤之屬是也其得意致會者以其成會也
其不得意不致者無功可言故也　注公與一國云云
解云其得意致地者即桓二年秋公及戎盟于唐冬公至自唐
之屬是也其不得意不致之者即隱二年秋八月庚辰公及戎
盟于唐之屬是也其得意所以致地者離不成會故也其不得
意所以不致者無功可致矣注皆例時　六年冬公至自伐齊哀
十三年秋公至自會之屬是也其僖四年八月公至自伐楚彼
注云月者凡公出滿二時月危公之久然則彼以公正月出會

齊侯伐楚至八月乃反故云滿二時矣成六年春王正月公至自會何氏云月者前魯大夫獲齊侯令親相見故危之是也而襄十一年公至自伐鄭公至自會不滿二時而皆在日月下何氏不注蓋以為不蒙月故也成十六年公至自會亦不滿二時而在日月下是不蒙月明矣成十七年十一月公至自伐鄭彼注云月者方正下壬申故月之然則公至亦不蒙月矣

注與上辟王同義　解云上五年五國伐衛之時實納衛侯朔所以不言納衛侯朔者辟王者兵使若伐而去不留納朔者所以正其義因為内諱也今此實得意所以不致會而致伐者不敢勝天子使若更以他事伐衛不為納朔然所以正其義因為内諱故曰同義

注不月者云云　解云僖四年八月公至自伐楚注云月者凡公出滿二時月危公之久然則令此兵歷

四時而不月者不與伐天子故不為危錄故也

注兵歷四時者謂從五年冬訖于此年之秋故也　注以稱人共國辭　解云注言此者欲決三十一年齊侯來獻戎捷不言人也言以稱人共國辭者謂稱齊人可以兼得兩國人之辭也　注故善起其事者言春秋善齊侯之讓是以不言衛人而稱齊人所以起其讓事矣

注不為大惡者云云　解云所傳聞之世內大惡諱之今此書見故知不為大惡矣　注寶者玉物之凡名者猶言玉物之總名耳定八年傳云寶者何璋判白弓繡質龜青純是也

春秋公羊疏卷第六

春秋公羊疏卷第七　　莊公二

起七年　盡十三年

○七年　恒星者何　解云欲道星稱宿無恒星欲言非星而連星言之故執不知問　注恒常也云云　解云恒者常也天之常宿故經謂之恒星矣言以時列見于天故傳謂之列星矣列星不見何以知夜之中者謂其所准度故也注反者星復其位者謂星反附在半夜之後則知鄉者不見之時是夜中矣如雨者何　解云欲言是雨不應言如其實非雨而文言雨故執不知問　注不脩春秋　解云据此傳及注言則孔子未脩之時已謂之春秋矣而舊云孔子脩之春作秋成謂之春秋者失之遠矣云云之說在首卷　注分守度諸侯之象　解云言分者謂十二之分野矣言守度者守三十度為一次矣言諸侯

之象者謂星度有多少若諸侯之國有大小耳　注昬參伐狼注之宿當見者正以參伐狼注為西南之維候故也　注參伐主斬艾立義者以其在西方金主斷割之義故也　注狼注主持衡平也者正以其在南方南方主禮故也　注而夜中星反者房心見其虚危斗解云火見於周為五月者謂昬時今在周之四月是以半夜之後乃房星見其虚危斗者謂在夜半時明矣　注房心天子明堂布政之宫也者即上備云房為天子明堂文耀鉤云房心為中央火星天王位若相對言之則房為明堂心為天王矣既有天王復有明堂布政之象也注其後至王事解云齊桓行霸者虚危斗也有王事者房心見也　一災不書者一穀之災不書于經也　注明君子不以一過責人者謂災傷五穀者皆人行致之故也　注水旱至穀名　解云大水

傷二穀書於經者即桓元年秋大水傳云何以書記災也彼注云災傷二穀以上書災也其旱傷二穀以上書者即僖二十一年夏大旱是也其螟螽書者即隱五年經書螟傳云何以書記災也文八年經書螽之類是也注至麥至最重　解云災傷麥苗常書即此及莊二十八年大無麥禾之屬皆是也麥禾比於餘穀最重故言民食最重矣　注先是莊公伐衛納朔用兵踰年者即五年冬公會齊人宋人陳人蔡人伐衛六年秋公至自伐衛是也　注夫人數出淫泆者即五年夏夫人姜氏如齊師七年春夫人姜氏會齊侯于防冬夫人姜氏會齊侯于穀之屬故言數出耳　○八年　注据次于陘云云　解云即僖四年經云遂伐楚次于陘傳云其言次于陘何有俟也孰俟屈完也是也然則彼但録其次而不書俟與此異故據之　注陳蔡屬與

魯伐衛者即其經云公會齊人宋人陳人蔡人伐衛是也　注同心又國遠者欲對齊宋雖亦同心而近魯是以不得託待齊宋　注所以辟下言及也者即經下云夏師及齊師圍成是也凡言及者汲汲之辭若此時已出師其間更無所待即下文言及及是汲汲之甚者便是魯人欲得滅同姓孜之深是以託待陳蔡以辟之　注加以者辟實俟　解云若其實俟宜但云師次于郎俟陳人蔡人而已何須言以乎今言以俟陳人蔡人明更有由以乃始俟之故言加以者辟實俟也　祠兵者何解云凡出師之禮皆有祠兵之事而此特書故執不知問出曰祠兵　解云何氏之意以為祠兵有二義也一則祠其兵器二則殺牲享士卒故曰祠兵矣　注禮兵不徒使故將出必祠於近郊者時王之禮也　注五百人曰旅者大司馬敘官文　注

据不書解云今此書之而言据不書者正謂他處皆不書即例不書矣而此書之者是以致難　注為久稽留之辭者為猶作言作久稽留之辭　注据取長葛久之　解云隱五年冬宋人伐鄭圍長葛六年冬宋人取長葛傳云外取邑不書此何以書久也是然則彼所以書者譏其久今以祠兵者為久稽留之辭似於義反故難之　注因見至邑也　解云出曰祠兵即爾雅出曰治兵之文也今書祠兵即是出竟之義則知下言圍成者非內邑明矣成者何　解云成為內邑孟氏所有而與齊圍之故孰不知問　注以上至來奔　解云文十二年春王正月盛伯來何失地之君也何以不名兄弟辭也是也　注因魯有云云解云定十二年十有二月公圍成者是魯有成邑之文　注据戰至歸鄭　解云桓十二年十有二月及鄭師伐宋丁未戰于

宋是也彼則不言宋歸于鄭此言成降于齊師故難之其歸字有作販字者誤也　注言及者至滅之　解云以及者汲汲之文故也　注不月者順諱文　解云凡滅例月即莊十年冬十月齊師滅譚莊十三年夏六月齊人滅遂之屬是也今此亦滅而不書月者順諱文使若不滅矣　注不書至諱之　解云如此注者正欲決莊十年冬十月齊師滅譚々子奔莒之屬書其出奔也今成被滅至文十二年春乃書盛伯來奔於所傳聞世不言所奔者深諱故也　還者何　解云欲言其惡還是善辭欲言其善齊滅同姓故執不知問　注明君之使重在君者所以慰勞師之罷病者明君之滅同姓非師之罪其重在于君也　注因解非師自汲汲者正以及者汲汲之辞故也　○九年　注据與至言公　解云莊二十二年秋七月丙申及齊高傒

盟于防傳云齊高傒者何貴大夫也曷為就吾微者而盟公也公則曷為不言公諱與大夫盟也者是　注不月云云解云公羊之例大信時小信月不信日經令不月使若信者謂若大信也不謂日非信辭也　注不致者魯地也者正決桓二年秋公及戎盟于唐冬公至自唐之文也若然定十二年十有二月公至自圍成然則成是内邑而書致者彼注云成仲孫氏邑圍成月又致者天子不親征下土諸侯不親征叛邑公親圍成不能服不能以國為家甚危若從他國來故危録之是也　注子糾至録之　解云如此注者正決桓十一年鄭忽出奔衛書之故也子糾出奔魯宜言來奔而言出奔者據齊言之亦傷矣

夏公伐齊納糾　解云莒子字者与左氏經異　納者何解云欲言得國下有齊人取殺之文欲言不得國納者入辭故

執不知問　其言伐之何　解云案隱七年冬戎伐凡伯于楚丘以歸傳云此聘也其言伐之何彼注云加之者辟問輕重兩舉之然則此傳非問輕重兩舉而亦言之下十年傳云觕者曰侵精者曰伐戰不言伐圍不言戰入不言圍滅不言入書其重者也然則侵伐戰圍入滅數者相對是其輕重之名今以納問伐直据納接菑不言伐而已實非輕重兩舉故得言之矣　注据晉至言伐者即文十四年經云晉人納接菑于邾婁是也

注伐者至云爾　解云下十年傳云觕者曰侵精者曰伐然則伐者雖重於侵仍非入國之義是以此經兼舉其伐見不能納矣糾者何　解云欲言已臣納於他國欲言齊臣文不繼齊故執不知問　注据下至子糾　解云下經云九月齊人取子糾殺之傳云其稱子糾何貴也其貴奈何宜為君者也彼注云故

以君薨稱子某言之者著其宜為君則下經言子見其貴則知
此經單言糾者非當國之辭既不作當國之辭故今宜但去國
言公子糾見挈於魯侯而已是以問其名不稱公子　注禮公
至國義　解云然則禮有三諫不從待於去者其異姓之臣乎
公子者同姓之臣本無去國之義矣　注納不至可知　解云
上六年注云公與一國及獨出用兵得意不致不得意致伐今
此納糾而不之亦是不得意而不言公至自伐齊者謂此經既
言公伐齊糾納言伐者不得意明矣何勞致伐見不得意乎故
云納不致者言伐得意不得意可知矣　注猶遇弗遇例也
解云上六年注云公與一國出會盟得意致地不得意不致然
則春秋之內亦有遇禮所以不致地以見得意者正以經書亦
有遇弗遇之文則知書遇得意明矣何勞致地以見之乎則知

隱四年夏公及宋公遇於清言遇得意可知桓十年秋公會衛
侯于桃丘不遇不得意明矣故云猶遇弗遇例也　注不月至
篡辭　解云隱四年冬十有二月衛人立晉注云月者大國篡
例月小國時立納入皆為篡然則莊六年夏六月衛侯朔入于衛
哀六年秋七月齊陽生入于齊之屬皆是也今此亦書納而不
月者子糾次正宜立非篡故也非篡而言納者納者入辭子糾
不得國魯公之由是以書伐納見其伐而不能納以刺魯侯矣
注据宋至子也者即定十一年春宋公之弟辰及仲佗石彄
公子池自陳入于蕭以叛是也　注不月至魯也者正以大國
篡例月故言此矣而言移惡于魯者正以小白成篡魯由魯人
不早送子糾故也　其言入何　解云据桓十七年秋八月蔡
季自陳歸于蔡不言入今言入故難之不注言者文不足也

秋七月丁酉葬齊襄公　解云隱三年傳曰過時而日隱之也彼注云隱痛也痛賢君不得以時葬則襄公去年十一月見殺至今年秋七月整九月也而書日葬之明是痛賢君不得以時葬故也而注不言之者從可知省文也其襄公之賢見於上四年　注据郎之戰　解云桓十年冬十有二月丙午齊侯衛侯鄭伯來戰于郎傳云此偏戰也何以不言師敗績内不言戰言戰乃敗矣然則彼文師有成解故此弟子据而難之　注高齊襄者即上四年夏紀侯大去其國傳云曷為不言齊滅之為襄公諱也春秋為賢者諱何賢乎襄公復讎也襄公將復讎乎紀卜之曰師喪分焉寡人死之不為不吉也者是高齊侯復讎以死敗為榮之事矣注賢仇牧是也者即下十二年秋宋萬弑其君捷及其大夫仇牧傳云何以書賢也何賢乎仇牧仇牧可謂

不畏彊禦矣其不畏彊禦奈何云云萬怒搏閔公絕其脰仇牧
聞君弒趨而至遇之於門手劒而叱之萬辟摋仇牧碎其首齒
著乎門闔仇牧可謂不畏彊禦矣是賢仇牧復讎以死敗為榮
之義　注即大夫當有名氏者公羊之義以大夫得見名氏謂
謂士為微故言此　注据諱与讎狩　解云即上四年冬公及
齊人狩于郜傳云公曷為與微者狩齊侯也齊侯則其稱人何
諱與讎狩也然則公與讎人狩則以為不善而諱之今復讎于
齊宜以為善而反與故難之　注書敗者起託義　解云春秋
之例内不言戰言戰乃敗今乃經上文云戰于乾時即内敗明
矣而又言我師敗績者起託以敗為榮故也　注戰不至知例
解云六年不得意致伐之下注云公與一國及獨出用兵得
意不致不得意致伐今此亦不得意合致伐而不致伐者既有

我師敗績之文不得意明矣故言可知例　注據楚至言取者宣十一年冬十月楚人殺陳夏徵舒是也　注執齊至執也者即昭四年秋七月楚子蔡侯陳侯以下伐吳執齊慶封殺之是也　注以稱至殺之　解云謂不言齊鮑叔子糾殺之而言齊人則知一人之號二國共有一人之號既二國共有則知齊魯皆有殺子糾之惡明矣是以注者約之　注時小白得國云云已下皆世家及齊語之了　注據不立也者正以下三二年冬十月乙未子般卒傳云君存稱世子君薨稱子某然則子糾者嗣君之稱令竟不立得言子糾故難之　注故以君薨稱子某言之者取三十年傳文　注明魯至弒君　解云魯所以當坐弒君即穀梁傳云十室之邑可以逃難百室之邑可以隱死以千乘之魯而不能存子糾以公病矣是　注因解至嫌疑　解

云此經若不言子糾上納言糾有當國之嫌淺人疑其篡矣今
作嗣君之稱則知上經單言糾作君前臣名之故也故言所以
理嫌疑也　注月者從未踰年君例　解云隱公四年
春王二月戊申衛州吁弒其君　注云日者從外赴辭以賊聞
例然則弒成君者例皆書日即宣二年秋九月乙丑晉趙盾弒其
君夷獋宣四年夏六月乙酉鄭公子歸生弒其君夷之屬是也
今此子糾見弒而書月故知從未踰年君例若然僖九年冬晉
里克弒其君之子奚齊傳云其言弒其君之子奚齊何弒未踰
例當月不月者不正遇禍終始惡明故略之是也若然僖十年
春正月晉里克弒其君卓子及其大夫荀息其踰年而不日者
彼注云不日者不正遇禍終始惡明故略之是也鄉來所述皆
是外者言一例若其内例則異于此是以莊三十二年冬十月

乙未子般卒文十八年十月子卒皆是未踰年之君而日或月者彼自依三世之義云云之說已備于上　注主書者從齊取也者言主書此事者正欲從而深齊但因見魯之惡耳

洙者何　解云欲言城邑而無營築之文欲言小水更無比例故執不知問　注以言浚也者正以與尚書濬畎澮之文同故知水名

浚之者何　解云正以洙是舊水今始言浚故執不知問　注据本非人功所為者正言畎澮之屬是人功為之故也　注据伐敗也者即上傳云內不言敗此其言敗何伐敗也注云自誇大其伐而取敗是也　注亦所以起上讐也者言今此畏齊者由前被齊而殺子糾因茲失操遂深洙水矣

○十年

曷為或言侵或言伐者即此文公侵宋及上九年夏公伐齊納糾之屬是　注以過侵責之者以其犯過而侵責之　注侵責

至益深者推猶舉也言淺侵不服則更舉兵深入其竟而伐擊之益深於前　注月者至危之　解云正以侵伐例時即上九年夏公伐齊之屬是也今書月故如此解是以穀梁傳曰侵例時此其月何也乃深其怨於齊又退侵宋以衆其敵惡之故謹而月之是也遷之者何　解云欲言其遷不言于某欲言不遷經書遷宿故執不知問　注以其不道所遷之地者正以不言于某知非實遷矣注宋逆詐邪者謂宋人逆慮其不服預詐而遷之　注宿窮從宋求遷者謂宿君服去矣　注故從國辭稱人也端拱取宿不煩兵武人人皆欲故以國辭稱人矣　注月者至絕也者春秋之例大國之遷例月即僖三十一年十有二月衛遷于帝丘小國時者即昭九年春許遷于夷之屬是也今此宿是小國宋人遷之而反書月故云月者遷取王封當與滅

人同罪也　其滅國書月即下冬十月齊師滅譚十三年夏六月齊人滅遂之屬是也若然宋僖元年夏六月邢遷於陳儀邢是小國而書月者彼注云遷例大國月重煩勞也小國時此小國月者霸者所助城故與大國同是也　注主書者從宋也者言主書此事者正欲從而罪宋遷取王封但因見宿君不死社稷之惡耳　注据齊至言次者即哀十一年春齊國書師師伐我是也　注敗言乘丘者正　以敗言乘丘反次在郎於義似乖故難之　齊與伐而不與戰故言伐也　解云若齊本與宋共伐而但不與戰故直書其伐耳　注折衝當遠者謂折服衝禦之心當遠也　注至於近邑者即桓十年傳云郎者何吾近邑是也　注且明至其惡者孝經及襄十四年左氏傳文也言爲臣子之法宜行君父之義順君父之美即此上　注云賴能速勝之是也

若見君父之惡當正而救之即上注云魯微弱深見犯至於近

邑是也　荆者何　解云欲言是國由來未有欲言非國而敗

蔡師故執不知問　注州謂至梁雍　解云案禹貢冀州既載

之言事々謂作徒役也兩河間曰冀州不書其界者時帝都之

使若廣大然濟河惟兖州鄭注云兖州之界在此兩河間海岱

惟青州鄭注云今青州界自海至岱東岳曰岱山海岱及淮惟

徐州鄭注云徐州界又南至淮水淮海惟楊州鄭注云楊州界

自淮而南至海以東也荆及衡陽惟荆州鄭注云荆州界自荆

山南至衡山之南荆河惟豫州鄭注云豫州界自荆山而北至

河華陽黒水惟梁州鄭注云梁州界自華山之南至于黒水也

黒水西河惟雍州鄭注云雍州界至黒水而東至西河也然則

何氏此注九州之名及次第皆依禹貢之州界不敢依職方與

爾雅何者正以禹貢為正典故也案爾雅釋地云兩河間曰冀
州李巡云兩河間其氣性相近故曰冀州冀近也河南曰豫州
孫氏郭氏皆云自東河至西河之南曰豫州李巡曰河南其氣
著密厥性安舒故曰豫々舒也河西曰雝州李氏云其氣蔽壅
受性急凶故曰雝々壅塞也漢南曰荆州其氣慘剛稟性強梁
故曰荆々強也江南曰楊州李氏云江南其氣慘勁厥性輕楊
故曰楊州也孫氏郭氏曰自江至南海也濟河間曰兖州李氏
云濟河間其氣專質厥性信謹故曰兖々信也燕曰幽州李氏
云燕其意氣悪厥性慓疾故曰幽々悪也孫氏郭氏曰自易水
至北狄也齊曰營州李氏曰齊其氣清舒受性平均故曰營々
平也今為青州孫氏郭氏曰自岱東至海濟東曰徐州李氏曰
濟東至海其氣寛舒稟性安徐々舒也孫氏郭氏曰濟東至海

也然則爾雅九州有幽營無梁青蓋是郡制故與禹貢不同案今禹貢則有梁青無幽營蓋是夏之法矣其舜改九州而置十二者則幽并及益是案周禮職方氏云東南曰揚州正南曰荆州河南曰豫州正東曰青州河東曰兖州正西曰雍州東北曰幽州河内曰冀州正北曰并州然則周禮有青幽并也若對尒雅則長青并無徐營若對禹貢則去幽并無徐梁矣但職方周法何氏不取故此注不依之耳　州不若國者言荆不如言楚國不若氏者言楚不如言潞氏甲氏　氏不若人者言潞氏不如言楚人　人不若名者言楚人不如言介葛盧名不若字者言介葛盧不如言邾婁儀父　注皆取精詳録也者正以貴重者詳録輕賤者略之也　字不若子者言邾婁儀父不如言楚子矣　注春秋至王法者即孔子曰我欲託諸空言不如載

諸行事是也　注善善至其罪　解云若其善善可正言其善但以惡惡不可正言其罪若正言其罪則非孫順之義故此何氏偏以其罪言之若其備文宜云不可正言其善惡矣　注因周至之科者即隱元年注邾婁儀父云稱字所以得爲褒者春秋前失爵在名例之屬是也　注故加州文云云　解云所以必備七等之法者正以北斗七星主賞罰示法春秋者賞罰之書故則之故說題辭曰北斗七星有政春秋亦以七等宣化運斗樞曰春秋設七等之文以貶絕録行應斗屈伸是也　注主人至尒定元年傳文彼注云此假設而言之主人謂定哀也習其經而讀之問其傳解詁則未知已之有罪於是是也　注据獲晉侯不名者僖十五年晉侯及秦伯戰于韓獲晉侯是也絕　解云禮諸侯不生名則書名者絕之不以爲諸侯也

不與至中國也　解云秦亦夷狄而得獲晉侯者非真故也是以爵得稱伯居舊土耳　注與凡伯同義者即隱七年注云中國者禮義之國也執者治文也君子不使無禮義制治有禮義故絶不言執正之言伐也所以降夷狄尊天子爲順辭然則此亦獲者治文君子不使無禮義制治有禮義故絶不言獲正之所以降夷狄尊中國爲順辭矣故云與凡伯同義然則彼已有傳此復發之者彼是天子大夫此則諸侯嫌其異故同之夷狄至極始也　解云注言此者欲道楚屬荆州吳屬揚州所以抑楚言荆不抑吳言揚者正以楚近中國恐爲中國之害故欲進之以漸先從卑稱進之若先得貴名而後退之則恐害於諸夏故也選斗樞曰抑楚言荆不使夷狄主中國者義亦通於此載氏云荆楚一物義能相發吳揚異訓故不得州名也者與何氏

異穀梁傳曰荆者楚也何爲謂之荆狄之也何爲狄之聖人立
必後服天子弱必先叛故曰荆狄之也與此異不得合也　注
注据衛侯出奔也者即僖二十八年衛侯出奔楚襄十四年衛
侯衎出奔齊之屬是也　注者欲据二人故不道所奔國也　○十
一年注据漷移不書也者即襄十九年取邾婁田自漷水傳云
其言自漷水何以漷爲竟也何言乎以漷爲竟漷移也注云魯
本與邾婁以漷爲竟漷移入邾婁界魯隨而有之者是也
注時魯亦有水災云云　解云案襄九年春宋火傳云外災不
書此何以書爲王者之後記災與此異者正以此言大水水者
流通之道可以及兩國故得書外以明内矣彼是火災無及内
之理而得書見明爲王者之後記災故也若然襄十九年傳云
漷移也亦是水災何不書邾婁大水以見及内者彼直移入邾

婁竟內故魯隨而侵之實不及魯寧得類此　注先是二國比興兵相敗者即上所云敗宋師于鄑十年夏公敗宋師于乘丘之屬是也　注在塗稱婦者云云者正以隱二年傳云女在其國稱女在塗稱婦入國稱夫人今此在塗而不稱婦故如此注也云王者無外者桓八年傳云女在其國稱女此其稱王后何王者無外其辭成矣是也○十二年　注据國滅來歸不書者即上四年紀侯大去其國不書叔姬來歸是也叔姬來歸所以不書者江熙云叔姬來歸不書非歸寧且非大歸是也然則紀國之滅在莊四年至此乃歸酅者江熙云叔姬守節積有年矣季雖有酅入于齊不敢懷二然襄公犲狼未可嘗信桓公既立德行方宣於天下是以叔姬歸于酅魯喜其女得申其志也　注酅非紀國而言歸者謂非國都今又屬齊如此注者意決隱七

年叔姬歸于紀之經矣　注婦人謂夫之弟為叔者爾雅文郎
曲禮上篇云嫂叔不通問是也　注鄰不至廟存也　解云如
此注者正欲決昭二十一年宋華亥等自陳入于宋南里以畔
之文矣　注月者恩録之　解云即上元年注云內女歸例月
外女不月者聖人探人情以制恩實不如魯女然則內女之歸
皆書月者悉為恩録故也是以此注云月者恩録之　宋萬弑
其君接者正本皆作接字故賈氏云羊穀梁曰接是也　及者
何　解云尊卑灼然而言及以殊之故執不知問　孔父荀息
皆累也　解云孔父之累在桓二年荀息之累在僖十年
曰有者欲桓文公十八年叔仲惠伯被殺之事　注復反至之
善也者謂桓二年已有此傳矣　注孔子曰云云者樂皆是發
心之樂唯有禮下一樂是禮樂之樂耳言樂節禮樂者言樂得

禮樂之節言樂道人之善者謂口道之道言樂佚遊者樂欲遊從言樂宴樂者樂欲安樂而好內矣　注據與孔父同也者案桓二年傳云何賢乎孔父注云據叔仲惠伯不賢今此傳云何賢乎仇牧者亦與孔父同据故言据與孔父同　注以下至月也者即下文冬十月宋萬出奔陳注云月者使與大國君奔同例明彊禦也是　注戰者乘丘時者即上十年公敗宋師于乘丘是也　注獲不書者士也者公羊之例大夫見經故也歸反為大夫於宋者歸而反國乃為大夫於宋矣　𢪔音蘇節反　注猶乳至之至也者言仇牧知力不敵而有討心亦有精誠之至也似若產乳之大不憚猛虎伏雞愛子投命敵狸之類故比之　注手摶弒君云云解云當國者即言宋萬是也故隱四年衛州吁弒其君完傳云曷為以國氏當國也者是也　注萬弒君

所以復見者云云欲道春秋上下但是弑君之賊皆不重見即宋督鄭歸生齊崔杼之屬是也而宋萬趙盾之屬復見者當文皆有注更不勞重說　注月者云云　解云春秋之例云大國君奔皆悉書月即桓十六年十有一月衛侯朔出奔齊之屬是也今此大夫而書月者明彊禦之甚故也若然昭二十年冬十月宋華亥向寧華定出奔陳亦是大夫而書月彼注云月者危三大夫同時出奔將爲國家患明當防之是也而范氏此處注云宋久不討賊致令得奔故謹而月之也者與何氏别

○十三年　注桓公時至會也者言未爲諸侯所信任而歸鄉之是以諸侯皆使微者會即宋人陳人之屬是也　注不諱者至武力

解云春秋爲賢者諱而不諱者正以不任文德而尚武力故也其武力者即此滅遂是也繁露云論功則桓兄文弟論德則

文兄桓弟是也而論語云齊桓公九合諸侯不以兵車之力謂自此以後　注又功未足以除惡者春秋襃貶皆以功過相除計桓公之立雖有北杏之會前有篡逆滅譚之非論其功不足而惡有餘故不爲諱也而言未者欲道其九合之後功足以除惡也　注据唐之盟日者即隱二年秋八月庚辰公及戎盟于唐是也桓之至信之也者謂桓公諸會皆如是也以不日爲信者公羊之例不信者日故也以不致爲信者凡致者臣子喜其君父脫危而至其會皆危故以不致爲信也　注曹子至慙色者注者之意也注自傷至復也者桓十八年公薨于齊莊九年及齊師戰于乾時我師敗績是也　注伐齊納糾不能納者即上九年夏公伐齊納糾傳曰伐而言納者猶不能納也是也注反復至殺之者即上九年齊人取子糾殺之是也　注土基

至曰壇者時王之禮也必為三等者正以公為上等侯為次等伯子男為下等故也　注稱先君以相接者即四年傳云古者諸侯必有會聚之事相朝聘之道號辭必稱先君以相接是也　注曹子云云見莊有不能之色者亦注者之意也　注桓公至此言者正以劫桓公而管子對故也　注莊公至曹子者正以問莊公而曹子對故言此　城壞壓竟者謂齊比來攻魯城令至壞敗抑壓魯竟以為已物也管子曰然則君將何求者意欲少還而已　曹子曰願請汶陽之由者舉其大畔言之欲盡取之故注云欲復魯竟矣　注諸侯至許諾　解云即曲禮下篇云國君去其國止之曰若何去社稷矣是也去國之文不言若之何去田邑故知不死邑也　注下壇至莊公也者猶言定約束其盟誓莊公也　注必下壇者為殺牲不絜者不字亦

作清字者　注又盟本非禮者即桓三年傳云古者不盟結言而退是也　注時曹子端劔守桓公云者端猶始也言曹子從始持劔而守桓公矣及其盟訖乃摽劔而置于地乃與桓公相去離者釋傳云而去之之文　注再會于鄄者即下十四年冬及十五年春比會于鄄是也　注同盟于幽者即下十六年冬同盟于幽是也　注劫桓至劫人也者正以成二年書取汶陽之田故也

春秋公羊疏卷第七

# 春秋公羊疏卷第八　　莊公三

起十四年　盡二十六年

○十四年　注据伐國不殊　解云與上諸侯俱是伐宋事不殊異何嫌別生會文乎故難之　注曹伯襄言會諸侯者即僖二十八年冬曹伯襄復歸于曹遂會諸侯圍許是也　注本期至舉會者若其不後宜言單伯會齊人陳人曹人伐宋如下文單伯會齊侯宋公衛侯鄭伯于鄄之文　注從義兵而後者功薄者即此是　注從不義兵而後者惡淺者無經可據但言理當然也　○十五年　夫人姜氏如齊者復與桓通也　秋宋人至伐郳　解云范氏云宋主兵故序齊上也班序上下以國大小為次征伐則以主兵為先春秋之常也　○十六年　同盟者何解云欲言同善不見襃賞之文欲言同惡復無刺譏之處故執

不知問　注小國至進也　解云正以所傳聞之世未錄小國卒葬故也　注不日者至二十八年者即二十八年經云夏四月丁未邾婁子瑣卒注云日者附從霸者朝天子行進是也然則此亦行進而不日者但始與霸者有尊天子之心未朝天子故也其始與霸者之事即上十三年春齊侯宋人陳人邾婁人會于北杏是也

○十七年　鄭瞻者何　解云欲言尊卿名氏不具欲言微者書名見經故執不知問　注据獲至執文　解云上十二年傳云萬嘗與莊公戰獲乎莊公　注云獲不書者士也然則以獲微者不罪坐故不書今書齊稱人作坐執之文故難之　注不得為伯討者云云　解云僖四年傳執者曷為或稱侯或稱人稱侯而執者伯討也稱人而執者非伯討也今稱人而執故云不得

爲伯討矣　注孔子曰放鄭聲遠佞人者論語文樂記魏文
侯問子夏曰敢問溺音何從出也子夏對曰鄭音好濫淫志宋
音燕女溺志衛音趨數煩志齊音敖辟喬志此四者皆淫於色
而害於德是以祭祀弗用也然則四國皆有淫聲蓋遂甚者言
之故許氏云鄭詩二十篇説婦人者十九此之謂也或何氏云
鄭聲淫與服君同皆謂鄭重其手而音淫過非鄭國之鄭也
殲者何　解云正以異於常例故執不知問　注殲者至衆
多也者即曲禮下篇云羽鳥曰降四足曰漬鄭注云異於不也
降落也漬謂相瀸汙而死是也　注齊人滅遂者在上十三年
注古者有分土無分民者説在桓元年注文也　注重言來者
道經主書者若傳云爾者經所以主書此事者正惡佞人之來
恐其作禍矣　注蓋痛魯知而受之者春秋痛傷魯人知其佞

人惡而受之　注信其計策以取齊淫女者即下二十四年夏公如齊逆女秋夫人姜氏入是也知取齊淫女是鄭瞻之計者春秋說文云　注丹楹刻桷者即下二十三年秋丹桓宮楹二十四年春刻桓宮桷是也　注卒為後敗也者即淫二叔殺二嗣子是也　注加逃者抑之也者謂逃是辟事不應見經而見逃于經者抑之故也或者子哀慶封之屬皆言奔今此加逃故決之　注上執稱人嫌惡未明者謂稱人為坐執文非伯討之義故也　注子貢問曰云云　解云一鄉之人皆好此人何如子曰未可即以為善何者此人或者行與衆同或朋黨矣子貢又曰若一鄉之人皆惡此人此人何如子曰未可即以為惡也何者此人或若行與衆異或孤特矣不若鄉人之善行者善之惡行者惡之與善人同　惡人異道理勝于前故知是實善云云

之說備于鄭注　注言魯為鄭瞻所迷惑也者感精符文　注
言多者以多為異也者魯舊有麋但今乃多耳十八年　注是
後戎犯中國者即下文夏公追戎于濟西是也　注魯蔽鄭瞻
者下文秋有蜮是　注夫人如莒云云者即下十九年秋夫人
姜氏莒之屬是也是陰勝陽之象是以日為之食　注据公至
齊侵也者即僖二十六年齊人侵我西鄙公追齊師至巂弗及
是也　注以其至國追也者公追齊師至巂限其所至乃是自
為已追故如如此　注言大者云云　解云公追齊師至巂弗
及不言于今言于者謂公有大功於王法當賞矣　注追例時
者即此文是而僖二十六年公追齊師雖在正月已未下不蒙
日月　注蜮之猶言惑也者即五行志　蜮猶惑也者是　注
其毒害傷人者即五行志云能射人甚者至死是也　注形體

不可見者即草木志云在水中射人影即死是也　注言有者以有為異也謂魯先無蠹今乃有之案昭二十五年經書有鸜鵒來巢今此不書來者亂氣所生不從外來故也　○十九年

媵者何　解云媵是碎事例不見經今而書之故執不知問

姪者何　解云昭穆異等而與嫡俱行故執不知問　娣者何　解云與嫡同倫在姪下故執不知問　諸侯至再娶　解云傳言此者解所以有媵之意言諸侯娶女非一者正由不得再娶故也　注必以至人喜也者即穀梁傳云一人有子三人緩帶范氏云歆其享其祿是也　注所以防嫉妬者謂三人不相疾也　注令重繼嗣也者謂三人不相疾共保其子　注因以備云云者謂備姪所以尊〻備娣所以親〻其上尊下親皆指嫡也　注九者極陽數也　對一三五七以為極矣也　注聞媵路

者謂亦有之也　注據伯姬歸于紀者在隱二年冬
注為下有遂事善也即遂及齊侯宋公盟是也　注故書所以
不當書者謂書媵是也　注以起將有所詳録者正欲見盟
事之善合詳而録之　注猶伯姬書媵也者即成八年衛人来
媵傳曰媵不書此何以書録伯姬也九年晉人来媵傳曰媵不
書此何以書録伯姬也十年齊人来媵傳云媵不書録伯姬也
三國来媵非禮也曷為皆以録伯姬之辭言之婦人以衆多為
侈也者是也　注言公子結如陳遂及齊侯宋公盟于鄄亦是
其得書之文也　注先是至不至即上十五年春齊侯宋公陳
侯鄭衛侯鄭伯會于鄄十六年冬會齊侯宋公以下同盟于幽
是也正以彼二經皆不言公會故知魯侯不至矣　注欲深謀
伐魯者正以善而詳録之故知欲伐矣　注先書地者謂書鄄

是也　注明出竟乃得專之也者正以鄆爲衛地故也　注此
陳至在塗也者卽隱二年傳云在塗稱婦是　注加之者禮未
成也者正以此婦未成爲夫人故加之絶之若其已配禮宜言
媵陳夫人不假言之以絶也　注冬齊至鄗者卽下經是也
注而盟不日者云云　解云以公羊之例不信者書日故如此
解二十年　注月者再出也者欲對上十九年秋夫人姜氏如
莒之文也　注不從至異國　解云卽上四年經云春王二月
夫人姜氏饗齊侯于祝丘彼注云月者再出重也三出不月者
省文從可知例然則此經不從四年之例而復出月者正爲齊
莒異國不得相因故也大災者何　解云欲言大疾疫而經書
災故執不知問　注以曰大知非火災也者正以襄三十年宋
災昭九年陳火之故也案襄九年傳云大者曰災

小者曰火注云大者謂正寢社稷宗廟朝廷也下此則小矣然
彼是兩火自對故以災火別之此則非火故更言文耳　注與
宋大水同義者即上十一年宋大水傳云何以書記災也外災
不書此何以書及我也　注云時魯亦有水災書魯則宋災不見
兩舉則煩文不省故詭例書外以見內也是也　注齊侯至七
人者晏子春秋文案彼齊景公問於晏子曰吾先君桓公淫女
公子不嫁者九人而得為賢君何又此解言七人者彼此其有
誤矣然則襄公霸諸侯唯淫妹而已齊人猶作南山崔崔以刺
之桓公　小相淫九人而齊人不刺之者蓋以功多足以除惡故
也或者遇爾不作或采之不得寧可尚乎　二十一年　注
春秋至書葬解云言春秋者欲見通例如此矣篡明者謂有立
入之文即隱四年冬衛人立晉桓十三年春葬衛宣公上九年

夏齊小白入于齊僖十八年秋葬齊桓公之屬是也今此鄭突入于鄭桓十五年秋亦有入櫟之文即是篡明書其葬耳若篡不明者則去其葬以見其篡不合為諸侯是以僖十年里克弒卓子之時惠公無入文至僖二十四年晉侯夷吾卒下不書葬晉惠公矣若有立入之文者不嫌非篡何勞去葬以見篡若然案文公重耳亦當篡文而僖三十年經書葬晉文公者正以文公功蓋天下春秋為賢者諱故書其葬若其不篡然也若然齊侯小白是賢者而書其入又録其葬見其篡明不為之諱者僖十年傳云桓公之享國也長美見乎天下故不為之諱本惡也文公之享國也短美未見乎天下故為之諱本惡也是也○二十二年　肆大省　解云肆讀如自放肆也省音所景反讀如減省之省也　肆者何　自者何者皆以異於當例故執不知問

注先王至忍舉　解云此先王謂夏郡之後成禮者以是夏郡
吉故省吉事而已不忍舉而行之　注又大至此行乎者又若
似見不賢而內自省之義矣　注當若至災省也者釋傳云災
省之文也言間有災輙自省察若為行而致之乎　肆大省何
以書　解云不但言何以書者恐人以為但問大省云大自
省勑何以書故復舉句而問之　注故禮至卯日　解云案士
喪禮既殯之後云朝夕哭不辟子卯是也引之者證不以忌日
事也　注不與至忌省　解云不與念母者即上元年三月夫
人孫于齊傳曰夫人固在齊矣其言孫于齊何念母也念母者
所善也則曷為於其念母焉貶不與念母也彼注云念母則忘
父背本之道也是也　注猶為至討賊　解云文十四年九月
齊公子商人弒其君舍然則商人者是篡弒之賊也齊之臣子

理宜討之而反臣事失其所也及文十八年夏齊人弒其君商人而不書其葬者以責臣子不討賊也似文姜罪實宜絶之公旣不絶宜盡子道而反忌省故得責之　葬我小君文姜　解云穀梁傳曰小君非君其曰君何也以其為公配可以言小君也者是　文姜者何　解云欲言莊母謚異其父欲言非母備禮葬之故執不知問　注輙發至子恩　解云隱元年傳云仲子者何桓之母也今假令不發亦是桓之夫人莊公之母可知而云文姜者何莊公之母故言輙矣今此經云葬我小君文姜傳云文姜者何莊公之母也者正欲録子之恩故備禮而葬之　注凡母至繫子也者即此傳云文姜者何莊公之母是適母繫子也宣八年傳云頃熊者何宣公之母也襄四年傳云定弋者何襄公之母也皆是庶母繫子也而僖二年傳云哀姜者

何莊公之夫人也在子年而繫夫者蓋以僖公非所生為其非
子故也　注不在至繫夫者即僖二年哀姜是也　注庶母繫
子也者即文五年傳云成風者何僖公之母也是也定十五年
秋姒氏卒傳曰姒氏者何哀公之母也者亦是庶母不在子年
而繫于子然則卿來所言傳皆葬上乃言某公之母而姒氏特
于卒上發傳者正以姒氏之葬直云葬定姒不得稱小君是以
傳家亦於葬略之矣定姒所以葬不得稱小君公羊之義母以
子貴哀公爾時未得為君是以定姒未得全同夫人矣　注欲
使終不忘本也者本即姓是也　注書者殺君之子重也者正
以不言大夫而得書殺則知由其是君之子故也　齊高傒者
何解云欲言其貴魯侯恥之欲言微者名氏見經故執不知問
注据暨與公盟也者即上九年春公及齊大夫盟于暨是也注

以其日至得日者即隱元年九月及宋人盟于宿傳曰孰及之内之微者也彼注云宋稱人者亦微者也微者盟例時不能專正故責略之此月者隱公賢君雖使微者有可采取故録也是其微者不得日矣其微者盟例時者即僖十九年冬會陳人蔡人楚人鄭人盟于齊之屬是也　注大夫至名氏者即成元年臧孫許及晉侯盟于赤棘之屬是也　注納徵至天地也者即隱元年注云束帛謂玄三纁二玄三法天纁二法地是也何者玄纁者是天地之色故也　注儷皮者鹿皮所以重古也者正以古者食肉衣皮服捕禽獸故也儷者兩也兩皮者二儀之數　注凡公至致也者即下二十三年春公至自齊夏公如齊觀社公至自齊二十四年夏公如齊逆女秋公至自齊之屬是也凡書至者臣子喜其君父脱危而至故也　◎二十三年注据

柯至不致者即上十三年冬公會齊侯于不書日不致是也注
公如至如一也者即桓六年蔡人殺陳佗傳云陳佗者何陳君
也陳君則曷為謂之陳佗絶也曷為絶之賤也其賤奈何外淫
也惡乎淫淫于蔡〻人殺之是也　注不稱使者云云　解云
如此注者正欲決隱七年天王使凡伯來聘九年天王使南季
來聘等是王使而皆稱使今此獨不稱使故決之何氏知不稱
使是我無君之文者正見閔二年高子來盟傳云何以不言使
我無君是也若然案桓四年夏天王使宰渠伯糾來聘桓五年
夏天王使仍叔之子來聘桓八年春天王使家父來聘然則桓
公篡逆經猶稱使而不絶之莊公時淫絶之者桓四年伯糾之
下何氏云下去二時者桓公無王而行天子不能誅反下聘之
故為貶見其罪明不宜也然則桓公惡甚故去二時以明不宜

莊公罪輕故不言使以見絶困不與天子下聘小人而已春明秋見義非唯一種未可然怯也　注諱淫至同義者謂實以淫泆大惡不可言因其有事于觀社故以觀社譏耳　注天子至羊豕者時王之禮　注据上稱州者即上十六年秋荊伐鄭之屬是也　注稱人至而足　解云正以十年傳云州不若國知進稱人宜繫國矣文九年楚子使椒來聘傳云椒者何楚大夫也楚無大夫此何以書始有大夫也始有大夫則何以不氏許夷狄者不一而足也又襄二十九年傳云札者何吴季子之名春秋賢者不名此何以名許夷狄者不壹而足也是以此注引之耳　注据公至朝公者即隱十一年春滕侯薛侯來朝之屬是也　注在外言會者莊十四年邾婁子來會公及公會某侯之屬皆是也　注時公至朝云　解云隱七年注云不言聘

公有禮聘受之於大廟孝子謙不敢以己當之歸美於先君且重賓也隱十一年注云不言朝公者礼朝受之於大廟與聘同義今此言公故如此解　注礼天子至首本也皆外傳晉語張老謂趙文子椽之制穀梁傳曰天子之桷斲之礱之加密石焉諸侯之桷斲之礱之大夫斲之士斲本今此何氏於丹楹之下揔言之矣斲本者正謂全以樹本而行斲之　注失禮宗廟例時者正謂此文是也下經二十四年三月刻桓宮桷而書月者以其功重故也此謂失禮脩營之例也若其祭祀失禮者則書日是以隱五年初獻六羽之下何氏云失禮鬼神例日是也若始造宗廟而失禮者亦書日即成六年春王二月辛巳立武宮是也而定元年九月立煬宮亦為非禮而不書日者所見之世其恩尤厚故不為書日使若得禮然　注曹達春秋常卒月

葬時也者即文九年秋八月曹伯襄卒冬葬曹共公昭十八年春王三月曹伯須卒秋葬曹平公之屬是也其有卒葬在月下者不蒙日月矣其文各自有解　注始卒日葬月者即桓十年春王正月庚申曹伯終生卒夏月葬曹桓公是也所以然者敬老重恩故也　注後卒而不日者正以對桓十年曹伯終生卒以為後矣　注入所聞世可日不復日者即文九年秋八月曹伯襄卒是案曹為小國入所聞之世正合卒月而言可日者正以傳聞之世已得録之故所聞世可以書日但以嫌同大國故不日矣　注汚貳之行者謂莊公之行既不清絜又不專一故謂之汚貳矣　○二十四年　注與丹楹同義者即上注云丹之者為將娶齊女欲以誇大示之是也　注月者功重於丹楹者正以失禮宗廟例時故如此注○葬曹莊公者雖在月下

不蒙上月也　何以書親迎禮也　解云魯侯如齊本實淫通
非為親迎而往但春秋之意以其大惡不可言之要以言其逆
女使若得礼善而書見矣是以注云諱淫故使若以得禮書也
注禮諸侯至婦禮　解云注言此者欲道莊公夫人未至于國
而行婦事既非正禮明矣　注据夫至言入者即桓三年九
月夫人姜氏至自齊是　注夫人要公云云　解云正以所傳
聞之世内之大惡皆諱不書今而書之故知然也　宗婦者何
解云欲言大夫之妻文不言及欲言非妻相與俱見故執不
知問　覿者何　解云欲言是禮男女無別欲言非禮而在用
上故執不知問　用者何　解云初至之覿禮則有之而經書
用乃是不宜之稱故執不知問　見用幣非禮也者言其見夫
人之法卿大夫宜用羔鴈宗婦宜用棗栗腶脩而皆用幣是為

非禮也　注以文至非礼也者若其是禮宜言大夫宗婦用幣覿也　注腵脩者脯也者正以穀梁傳云束脩之肉不行竟内以肉言之故知脩為脯矣又下曲禮婦人之贄脯脩棗栗謂之脯脩其義益顯　注禮婦人見舅姑以棗栗為贄云云者時王之禮且以其文先言棗栗故也　注凡贄至用雉者皆下曲禮文彼言諸侯用圭此言玉者蓋所見異也　注大夫不世不得專宗者欲道大夫之妻所以謂之婦人之義　注重教化自本始也者正以宗子者宗族之本故也　注夫人至二叔者即下二十七年傳云公子慶父公子牙通乎夫人以脅公是也　注明年復水也者即二十五年秋大水云云是也　曹羈者何　解云欲言曹君經不稱伯欲言大夫單名無氏故執不知問　注以小至大夫者即襄二十三年邾婁鼻我來奔昭二十七年

邾婁快來奔之屬是也若其大國大夫不書名氏者或有未命
或有罪見貶矣　注据羈無氏者解曹羈大夫之文也言問者
見羈無氏知曹羈大夫既無大夫何以特書曹羈故難之　三
諫不從遂去云云　解云然則下二十七年傳云君子辟内難
而不辟外難者謂三諫不從之屬是也而曲禮下篇云三諫不
聽則逃之蓋士不待放故言逃之　注諫必三者云云者即此
及鄉飲酒義云讓之三也象月之三日而成魄是也　注諫有
五至墮之是也者即定十二年傳云孔子行乎季孫三月不違
曰家不藏甲邑無百雉之城於是師師墮費是也　注二曰順
諫者即此文是也　注三曰直諫子家駒是也者昭二十五年
傳云昭公將弒季氏告子家駒曰季氏為無道僭於公室久矣
吾欲弒之何如子家駒曰諸侯僭於天子大夫僭於諸侯久矣

昭公曰吾何僭矣哉子家駒曰設兩觀乘大路朱干玉戚以舞大夏八佾以舞大武此皆天子之禮也是也 注四曰爭諫子反請歸是也者即宣十五年傳云外平不書此何以書大其平乎已也何大其平乎已莊王圍宋軍有七日之糧爾盡此不勝將去而歸爾於是使司馬子反乘堙而闚宋城宋華元亦乘堙而出見之子反曰子之國何如華元曰憊矣曰何如曰易子而食之析骸而炊之司馬子反曰嘻甚矣憊雖然吾聞之也圍者柑馬而秣之使肥者應客是何子之情也華元曰吾聞之君子見人之厄則矜之小人見人之厄則幸之吾見子之君子也是以告情于子也 司馬子反曰諾勉之矣吾軍亦有七日之糧爾盡此不勝將去而歸爾揖而去之反于莊王莊王曰何如司馬子反曰憊矣曰何如曰易子而食之析骸而炊之莊王曰嘻甚

矣儥雖然　吾今取此然後而歸爾司馬子反曰不可臣已告之矣軍有七日之糧爾莊王怒曰吾使子往視之子曷為告之司馬子反曰以區區之宋猶有不欺人之臣可以楚而無乎是以告之也莊王曰諾舍而止雖然吾猶取此然後歸爾司馬子反曰然則君請處于此臣請歸爾莊王曰子去我而歸吾孰與處于此吾亦從子而歸爾引師而去之故君子大其平乎已也者是也　注五曰至子是也　解云僖三十三年傳云秦伯將襲鄭百里子與蹇叔子諫曰千里而襲人未有不亡者也秦伯怒曰若爾之年者宰上之木拱矣爾曷知師出百里子與蹇叔子送其子而戒之曰爾即死必於殽之嶔巖是文王之所辟風雨者也吾將尸爾焉子揖師而行百里子與蹇叔子從其子而哭之秦伯怒曰爾曷為哭吾師對曰臣非敢哭君師哭臣之子

也者是也　赤者何　解云欲言曹伯經不書爵欲言微者復有郭公之號故執不知問　曹無赤者云者謂此郭公實非曹人故也言蓋郭公者蓋郭之公矣　郭公者何　解云欲言郭君經無其事欲言曹伯而文言郭公故執不知問　注不言至出奔　解云謂不言郭公赤奔曹者假作微人之文即從微者例寧得錄其奔正得言道赤歸于曹　二十五年注稱字者敬老也者正以稱字異於諸侯大夫之例故知其老也　注孝經曰云云　解云注言此者欲道春秋假魯以為明王謂女叔為小國之臣矣　注春秋至國同　解云篡明者謂經有立入之文也不嫌非篡則書其葬隱四年冬衛人立晉桓十三年春葬衛宣公莊九年夏齊小白入于齊僖十八年秋葬齊桓公之屬是也若篡不明者則去其葬以見其篡不合為諸侯即晉

惠公之屬是也今此衛朔於上六年經云夏六月衛侯朔入于衛既有入文即是簒明當合書葬而不書葬者若其書葬則嫌與簒明者同例但身合絶而已其國不合絶故亦去其葬明其犯天子之命罪重不得書葬與盜國同盜國即簒是也朔犯天子命在上六年　注据日食在天者謂日食在天上何由于地而鼓用牲乎　注或曰至説非也　解云知其非者正以日食者陰氣侵陽社官五土之神理宜抑之而反營衛失抑陰之義故也　注不言至非禮　解云公羊之義救日食而有牲者以臣子之道接之故也與左氏天災有幣無牲異矣僖八年秋七月禘于大廟用致夫人彼注云以致文在廟下不使入廟知非禮也然則此經若鼓用牲之文在于社之下不使在社上則用牲爲非禮若然上二十四年傳云用者不宜用也而此注復

以用牲為得禮者公羊之義以用為時事不必著不宜也注書者至嗣子也者謂經書日食善內之得禮若夫人遂不制以下是其日食之義言通於二叔者下二十七年傳云公子慶父公子牙通乎夫人以脅公是也言殺二嗣子者子般閔公是也　注大水與日食同禮者云云者同禮謂同鼓用牲矣　注朝京師大國善有加録文者凡朝聘例時加録謂書月是也即成十三年三月公如京師彼注云月者善公尊天子者是其朝京師有加録之文矣襄二十一年春王正月公如晉彼注云月者澳梁之盟信中國方乖離善公獨能與大國者是朝大國有加録之文矣　注如楚有危文者即襄二十八年冬十有一月公如楚彼注云如楚皆月者危公朝夷狄也是也　注聘書月者比於朝輕也者即春秋上下內聘京師及大國悉書時是也而襄

三十年春王正月楚子使薳頗來聘書月者彼注云月者公數
如晉希見荅今見聘故喜録之是也然則此云聘無月者據内
言之矣　二十六年春公伐戎夏公至自伐戎者即上六年注
云公獨出用兵不得意致伐者即此是也　注據莒至恢名
解云知莒小於曹者正以春秋上下曹伯恒叙於莒上故也其
莒殺公子意恢名者即昭十四年冬莒殺其公子意恢是也
注據殺三郤名者即成十七年晉殺其大夫郤錡郤犨郤至是
也言晉殺三郤亦是衆殺之而皆書名此曷為衆殺而復不稱
其名乎　注凡書至罪舉　解云春秋之義諸侯之君不得專
殺大夫若殺有罪大夫春秋書之者責君專殺矣其他無罪君
枉殺之而書之者欲以罪君之故而舉之其罪君者即去其君
之葬是也　注據胡子髠滅者即昭二十三年云胡子髠沈子

極滅云云 是也此注不言沈子極者省文故也　注如上語尒

爲戰者即上謂不死于曹君是也　注故爲至意也者謂曹羈

之意唯恐其滅欲其不戰是故諱其戰滅之文所以使若諫得

其君然也　注曹無大夫者上二十四年傳文　注起當誅也

者言大夫之義理合死於君今不死君當合誅討是以經書殺

其大夫欲起其合誅矣注異與上日食略同者上二十五年日

食之下注云是後夫人遂不制通于二叔殺二嗣子也今此日

食之異亦爲此事故云異與上日食之說相似是以不復指解之

春秋公羊疏卷第八

# 春秋公羊疏卷第九　　莊公四

起二十七年　盡閔公二年

○二十七年　注凡公出在外致者即哀十三年夏公會晉侯及吴子于黄池秋公至自會是其公與二國以上得意致會也桓二年秋公及戎盟于唐冬公至自唐是其公與一國出會盟得意致地也其不得意皆不致矣　注在内不致者即隱五年公觀魚于棠不書公至自棠之屬是也　注其與至不致者春秋上下無會婦人于外之經而注言雖在外猶有不致者但遇爾無之　注伯姬至無服　解云凡諸侯之女嫁於[illegible]者為之期若嫁於大夫者則不服矣其有服者春秋皆書其卒以録恩即紀伯姬宋伯姬之屬是若無服者則略之今此伯姬春不記其卒者蓋以其嫁於大夫故云不與卒于無服矣注女會來例

皆時者即此經書春公會杞伯姬于洮下文云冬杞伯姬來之屬是也　原仲者何　解云欲言陳君其稱異常欲言大夫不合録葬故執不知問　注据益師等皆不書葬者即隱元年冬十二月公子益師卒之屬皆无葬文是也　注稱子者葬從主人也者若五等諸侯之卒例書本爵及其葬時悉皆稱公亦是葬從主人之稱故取尊名矣　注私行至告糴者　解云即下二十八年經云冬築微大无麥禾臧孫辰告糴于齊傳云何以不稱使以為臧孫辰之私行是也　注不嫌至國文也　解云成二年傳云君不使乎大夫此其行使乎大夫何者是其文也又閔二年傳云高子者何齊大夫也何以不稱使我无君也亦是也今此葬原仲不嫌使乎大夫者正以上有如陳之文故也无國事言如陳者文九年注云大夫繫國是也　注禮記曰云

云者喪服四制文也案彼文事作治字下擇作斷字蓋以所見異也　內難者何　解云正以弒君之事乃在莊三十二年冬今已辟之故執不知問　注語在三十二年者即公曰牙謂我曰魯一生一及君已知之矣慶父也存是也故於是復請至于陳者案上二十五年冬公子友如陳今又請往故復也　冬杞伯姬來者即上二十五年夏伯姬歸于杞者是也非謂此年春公會杞伯姬于洮者杞伯姬自是大夫之妻然則此伯姬是其女洮之伯姬是其姊妹故今得並稱伯矣　注据有來歸者即宜十六年秋郯伯姬來歸是也　注諸侯至得反者即此文直來曰來是也其大故者奔喪之謂文九年夫人姜氏如齊彼注之奔父母之喪也是也　注唯自大夫妻雖無事歲一歸宗者自從也言從大夫妻以下即詩云歸寧父母是也案詩是后妃

之事而云大夫妻者何氏不信毛叔故也　注不背德也者言
已賤時彼已事已是其恩德也若貴而棄之即是背德而不報
非禮也　注逆家至人倫也者謂仍見其家不行正直而行頑
嚚廢其尊卑之倫次故不可娶　莒慶者何　解云欲言莒君
經不稱子欲言大夫莒豈大夫故執不知問　大夫至非禮也
解云大夫所以不得越竟逆女者正以大夫任重於政事有
所損曠故也若士則得越竟娶妻正以其任輕故也是以士昏
禮云若異邦則贈丈夫送者以束錦是也　注言叔至乖離也
解云若不與歸同文宜言莒慶來逆叔姬歸于莒矣然則
言叔姬者是其歸文也又云重乖離者謂書其逆女與歸文同
也何者嫁于大夫賤不合録而書其逆叔姬者重其乖離矣
注杞立後不稱公者　解云意正以尊云王者之後稱公今而

稱伯故怪之　注黜而至三年　解云傳二十三年十有一月杞子卒注云始見稱伯卒獨稱子者微弱為行莒所脅不能死位春秋伯子男一也辭无所貶〻稱子者春秋黜杞不明故以其一等貶之明本非伯乃公也又因以見聖人子孫有誅无絶故貶不失爵是也言方以子貶者方以僖二十三年貶之稱子今與伯共為一等故於此處不得稱侯耳　二十八年　注据鄭人伐衛不日者在隱二年冬案彼文雖在十二月乙卯夫人子氏薨之下不蒙其日月故得据之　戰不至伐何者正以上十年傳云戰不言伐云云書其重者故此弟子据而難之　春秋伐者為客者謂伐人者必理直而兵強故引聲唱伐长言之喻其无畏矣　伐者為主者謂被伐主必理曲而寡援恐得罪於鄰國故促聲短言之喻其恐懼也公羊子齊人因其俗可以

見長短故言比　注据宋至主齊者即僖十八年春王正月宋公會曹伯衛人邾婁人伐齊夏五月戊寅宋師及齊師戰于甗齊師敗績傳云戰不言伐此其言伐何宋公與伐而不與戰故言伐春秋伐者為客伐者為主曷為不使齊主之與襄公之征齊也曷為與襄公之征齊桓公死豎刀易牙爭權不葬為是故伐之也是也　注蓋為至故　解云上二十七年夏公會齊侯宋公陳侯鄭伯同盟于幽是也案上二十五年夏五月癸丑衛侯朔卒至二十七年六月幽之會時始二十六月未盡今傳復以為無罪故知正為父喪未終是以不至則幽之會不至之衛侯惠公朔之子蓋懿公也　注据桓至稱師也者即彼經云十三年春二月公會紀侯鄭伯己巳及齊侯宋公衛侯燕人戰齊師宋師衛師燕師敗績是　注詐戰不言戰者通例如此　注日

者至行進者欲次上十六年冬十二月邾婁子克卒不書日故也正以行進而書日故知附從霸者朝天子賢於會霸者於北杏而已但外相如例所不書故無其文何氏以理知之故如此解　注此蓋至秋水　解云既言無麥是建未之前事故知秋水所傷也若其經云冬築微大水無麥禾即大水在冬下嫌是冬水矣則嫌推尋此秋無麥禾之事若使冬水傷殺之者矣若不言大而但言無麥禾則嫌此秋但地氣不養而麥禾不成不起見此秋實有水矣因欲疾莊公之行不制夫人令其陰盛類於水故加大以見之　告糴者何　解云欲言買穀不見將物之文欲言非買穀而經書糴者故執不知問　注當言如也者正以如者內稱使文故也　注危亡切近故諱者謂危亡之事切於國家理應不遠矣　二十九年　新延廄者何　解云欲

言新造不見作名欲言脩舊脩舊不書故執不知問　注繕故曰新即此是也　注有所增益曰作者即傳二十年新作南門是也　注始造曰築者即上築微傳云凶年不造邑也之屬是也　注据新至不書者即成三年二月甲子新宮災三日哭於此以後不見脩作之文是也　注不諱至造邑　解云上二十八年築微之事實在大無麥禾後而在前言之者諱以凶年造邑故也然則去年無禾麥今茲凶歲而脩廄不諱者正以功費輕也　注國滅至以初也　解云桓七年夏穀伯綏來朝鄧侯吾離來朝傳云皆何以名失地之君也其稱侯朝何貴者無後待之以初也然則今此叔姬其國已滅而書卒正以本貴為夫人今雖國滅猶以夫人之禮待之而書其卒故云待之以初也案隱七年則此叔姬乃是伯姬之媵而言從夫人行者正以十

二年春叔姬歸于酅傳云其言歸于酅何隱之也何隱爾其國亡矣徒歸于叔爾也然則初去之時雖為媵妾至莊四年三月伯姬卒之後紀國未滅之前紀侯立之為夫人其年夏紀侯大去其國叔姬乃歸于魯至十二年春歸于酅之時為夫人故曰從夫人行也　注諸君至邑　解云知如此者正以昭五年夏莒牟夷以牟婁及防茲來奔傳云其言及防茲來奔何不以私邑累公邑也彼注云公邑君邑也私邑臣邑也累次也義不可使臣邑與君邑相次序故言及以絶之然則鄣邑言及別公私故知此言城諸及防者是君臣邑故也　注言父至定矣者所以君臣之義正則天下定可以為王者之法矣　〇三十年鄣者何　解云欲言是國春秋未有欲言非國復世所數故執不知問　降之者何　解云欲言自服文道齊人欲言兵加而

文又言降故執不知問　注月者重於取邑者以取邑例時即
隱六年冬宋人取長葛之屬是　徒葬乎叔爾者謂不得與夫
合葬故言徒者空也案上四年齊侯葬紀伯姬傳云外夫人不
書葬此何以書隱之也何隱爾徒葬于齊爾而此全發之者正
以彼則于齊此則于叔故重言之　注是後魯比弒二君者謂
下三十二年子般卒閔二年公薨是也　注狄滅邢衛者謂僖
元年次聶北救邢僖二年春王正月城楚丘之屬是也　注据
下至戎捷者即下三十一年六月齊侯來獻戎捷是也　注据
齊至不貶者即僖十年夏齊侯許男伐北戎是也若然而此注
不道許男者正以其解齊人伐山戎之故省文　春秋敵者言
戰者謂軍人衆寡相敵者不謂將之尊卑等是以僖二十八年
晉侯已下及楚人戰于城濮宣十二年晉荀林父師及楚子戰

于郳之屬雖君與大夫亦言戰乎　注故去至不仁也者謂貶去其戰以見力不得等惡齊侯之不仁也　注行進故錄之者謂言山詳錄之耳

◎三十一年

臨民之所潄浣也者謂郎臺近泉側故知如此是以文十六年傳云泉臺者何郎臺也郎臺則曷為謂之泉臺未成為郎臺既成為泉臺彼注云既成更以所置名之者即其近泉之證也　注無垢加功曰潄者謂但用手矣既無垢而加功者蓋亦少有但無多垢故謂之無非全無也又取其斗潄耳音蘇口反若似里語曰斗潄也　注去垢曰浣者蓋用足物是以舊說云用足曰浣是也故內則云冠帶垢和灰請潄衣裳垢和灰請澣鄭注云手曰潄足曰澣和漬也是也　注禮天至士簾者禮說文也注天子至四時者皆是禮說文也文王受命之後乃築靈臺亦是天子曰靈臺之義正候天地故以

靈言之諸侯候四時故謂之時臺　注四方而高曰臺者爾雅釋宮文　注卒者至去就也　解云所傳聞之世小國卒例不合書而今書之故解之耳言薛与滕俱朝隱公者即隱十一年滕侯薛侯來朝是也言滕朝桓公者即桓二年滕子來朝是也言知去就者謂知去惡就善矣　注禮諸侯之觀不過郊者正以郎為近邑而在郊內鄉者上傳不譏其遠今此云薛傳云遠也故知禮法不得過郊矣　注旗軍幟名各有色者即禮大帛以即戎之屬是也　注與金鼓俱舉者謂以金鐸和鼓金鐸通鼓之時而建之　注旗獲至過魯也　解云凡言過者謂道所經過之稱今齊侯伐山戎而得過魯則此山戎不在齊北可知蓋戎之別種居于諸夏之山故謂之山戎耳　注言獻捷繫戎者云云者正決僖二十一年冬楚人使宜申來獻捷無所繫矣

注諸侯交格而戰者云云者格猶距也謂與交戰而距王令人謂不順之處為格化之類　注楚獻捷時此月者云云者即僖二十一年冬楚人使宜申來獻捷是也而云恃盈者謂自恃盈滿之道而侮諸侯失謙虛之義故月之　注先是比築三臺者即上文于郎于薛于秦之屬是也　注慶父專政者即上二十七年傳云公子慶父公子牙公子友皆莊公之母弟也公子慶父公子牙通乎夫人以脅公　季子起而治之則不得與于國政坐而視之則親親因不忍見也故於是復請至于陳而葬原仲也下三十二年傳云季子至而授之以國政然則上既言二子脅公季友不得為政下文始言授季子國政即於是時慶父為政明矣　㊣三十二年　城小穀者二傳作小字與左氏異文宋公齊侯至梁丘　解云隱八年注云宋公序上者時衛侯

要宋公使不虞者為主明當戒慎之然則今宋公序上亦為齊侯要故也　注据公弟叔肸卒者即宣十七年冬十有一月壬午公弟叔肸卒是也　注据公至言卒者即僖二十八年公子買戍衛不卒戍剌之傳云不卒戍者何不卒戍者内辭也不可使往也不可使往則其言戍衛何遂公意也是也　注据叔至遂弒也者即宣五年九月叔孫得臣卒注云不日者知公子遂欲弒君為人臣知賊而不言明當誅是也然則季子若其發揚牙之罪惡誅之正是臣人之道今而諱殺故難之　注季子至明疑　解云季子仁者不忍用刑其兄是失事君之道然則季子之過在於親其親者故曰過在親親春秋以掩過牙之惡與周公行誅于兄異是以疑其非正禮耳故為之諱剌文所以別嫌者謂諱剌別於親親失臣道之嫌明疑者明於掩惡非正禮

之疑耳　注召之於陳者正以上二十七年傳云因不忍見也故於是復請至于陳而葬原仲也之文故也　注至不至而書者謂通例如此宣八年夏公子遂如齊至黃乃復書其乃復者彼傳云何言乎有疾乃復譏何譏爾大夫以君命出聞喪徐行而不反彼注云喪尚不當反況於疾乎是也宣十八年秋公孫歸父如晉冬歸父還自晉至檉遂奔齊書其還者彼傳云還者何善辭也何善尒歸父使於晉還自晉至檉聞君薨家遣墠帷反命于介自是走之齊彼注云主書者善其不以家見逐怨懟成踊哭君終臣子之道起時莫能然也言至檉者善其得禮于檉是也昭十四年春隱如至自晉又昭二十四年春叔孫舍至自晉皆書至者正由被執而得歸是以重而書至猶非正歸當書之例也閔二年秋季子來歸書者初出亦不書不得難此也

慶父也存者莊公辭　注再言至病人也者謂反覆思惟踟躕之間故再告此言夫何敢使病者意安耳　注孔子曰君子有九思云云　解云引之者欲言季子反覆思惟合於君之道言見得思義者得謂利祿也　注藥者酖毒也傳曰酖之是也者即下云然則曷為不直誅而酖之云云者是　則必可以無為天下戮笑者言不為天下所共戮不為天下所共笑矣　注時世大夫者欲道古禮大夫不世矣　飲之無傫氏者或是大夫家或是地名言飲酖毒之藥于無傫氏矣舊云飲之無傫氏者言飲此毒不累其子孫謂當立其氏族也者非也　至乎王堤而死者王堤蓋地名　注辭傳序經辭　解云知如此者正以經書公子牙卒無誅殺之文傳云曷為不言刺之云是將為亂乎故知此辭與親弒者同但是傳序經辭非為經也　殺

世子母弟直稱君者甚之也者即僖五年春晉侯殺其世子申生襄二十六年秋宋公殺其世子痤之屬者是殺世子直稱君之經也隱元年夏五月鄭伯克段于鄢襄三十年夏天王殺其弟年夫之屬者是殺母弟直稱君之經也　注唯人至之恩者欲道殺世子母弟所以直稱君甚之之義言得申親親之恩而不申之故甚其惡耳　隱而逃之者言隱匿辟殺是以不誅而酖之矣　注明當以親親原而與之者明春秋之道當親其親而原季子之心而與之故善之耳　注於治至從輕　解云注言此者欲道春秋者撥亂之書是以原其親親而貰季氏即賞疑從重也當所傳聞之世天下未平是以升平疑獄不得不誅故云於平世乃可罰疑從輕矣　注莊不至弑君　解云上三年春王正月溺會齊師伐衛傳云溺者何吾大夫之未命者也

彼注云所代大夫不卒者莊公薄於臣子之恩故不卒大夫與桓同義是也今牙書卒者本以當國將弒君故也　注書日至遏惡也者正以春秋之義於所傳聞之世大夫之卒不問有罪无罪皆不書日以略之因示其恩淺即隱元年冬十二月公子益師卒隱八年冬十有二月无駭卒之屬是也今而書日故解之言録季子遏惡也者正以為季子遏其惡之故是以詳録之耳路寢者何　解云欲言正寢公存之時經文无路寢之名欲言非正寢而公薨於内故執不知問　注天子至小寢者皆時王之禮矣若春秋定十五年夏五月壬申公薨于高寢僖三十三年冬十二月乙巳公薨于小寢之屬是也然則諸侯有三寢而薨其内者是正矣而文十八年二月丁丑公薨于臺下襄三十一年夏六月辛巳公薨于楚宮之屬皆為失處而无譏文者

蓋以不在三寢非禮自見故也而云父居下寢者蓋以寢中最尊若父子並薨之時父殯于高寢矣其嗣君亦薨乃居於路寢若其孫又薨則從正父母小寢所以不再言母者妻從夫寢故也其夫人若存定居于寢内之三宮矣若非有並喪則三寢之中科薨其一而謂路寢爲公之正居者以其治正之常處也　注在寢地者加録内也者正決外諸侯之卒不地故也　注故出乃地者即僖元年秋七月戊辰夫人姜氏薨于夷是也　注据子赤不言子赤卒者文十八年冬十月子卒傳云子卒者孰謂謂子赤也是也　君存稱世子者内外同矣而猶六年九月丁卯子同生不言世子者彼注云而不以世子正稱書者明欲以正見世正疾惡桓公是也　注緣民臣之云　解云子者嗣君之稱是以稱子其明其嗣父也既不可世君令之繼父而書

名者正以尸柩尚存猶君前臣名故也其緣民臣之心不可一日無君者文九年傳文　注不名者云云　解云正以先君既葬更無所屈所以不稱爵而言子者一年不二君矣其緣終始之義一年不二君者文九年傳文　注不可曠年無君者文九年傳文　注据定姒俱稱卒而書葬者即定十五年秋七月壬申姒氏卒九月辛巳葬定姒然則定姒稱卒而書葬今子般稱卒不書葬故難之　注未踰年之君禮臣下無服云云　解云案喪服不杖期章之內有為君之長子臣下猶服之況為嗣君而言無服者正以為長子之時其臣下從君而服之若其為嗣君則無從服之義是以知其無服矣不但如此作君長子之時其臣皆吉故得為之服期若作未踰年之君臣下皆為前君服斬寧得更為之服乎若還服期即是廢重服輕若為斬衰三年

即違一年不二君之義故也注稱卒不地云云　解云案隱公閔公皆是成君而亦不地故隱十一年傳云公薨何以不地不忍言也故彼注云不忍言其僵尸之處令子般亦殺死正合不書地而言降成君者欲道好死者亦不書地所以降成君故也其好死者即襄三十一年秋九月癸巳子野卒是也　注殺不至子赤也即文十八年冬十月子卒傳云子卒者孰謂謂子赤也何以不日隱之也何隱爾弑也弑則何以不日不忍言也彼注云所聞世臣子恩痛王父深厚故不忍言其日與子般異是也然則子般猶是所傳聞之世恩降于子赤是以忍言日也注慶父雖歸獄鄧扈樂者其歸獄鄧扈樂之事在閔元年傳也

閔公元年　注復發傳者云云　解云即莊元年傳云公何以不言即位春秋君弑子不言即位君弑即子何以不言即位

隱之也孰隱々子也然則莊元年已有此傳今復發之者正嫌此繼未踰年之君異于成君故也其異一成一未而不異之者明臣子隱痛之當如一矣若然案莊公繼弑々是齊侯令閔公繼弑々是慶父何氏寧知不嫌此異而知為所繼之君成與不成者正以解即位之義欲道後君痛其見弑不忍即其位慶明据恩之深淺並弑者內外之義故也　注論季子云云謂季子緩縱慶父之事當從周礼小司徒議親之法非其罪也　注當与叔孫得臣有善者即宣五年叔孫得臣卒注云不日者知公子遂欲弑君為人臣知賊而不言明當誅則得臣与遂不宜相隱是以罪之令慶父季友親則親矣得相首匿是以舍之故言當与叔孫得臣有差矣　注据師還也者即莊八年秋師還傳云還者何善辭也此滅同姓何善尔非師之罪也注云明君之

使重在君然則莊八年專者使師滅同姓而歸善於師今則尊
者使樂殺子般而反歸惡於樂故難之　樂曾淫于宮中者即
左氏傳云雩講於梁氏女公子觀之圉人犖自牆外與之戲也
者得與此合　注故季子如齊閔之者正以下經云季子來歸
故知時如齊矣　注書歸者云云　正以大夫歸例不書而下經
書歸故如此解也　注主書者起託君也者謂主書此盟又下
文即書季子來歸者欲起季子託君于齊侯矣所以不書公至
自洛姑者桓之會不致故也　注據如陳云云　即莊二十七年
公子友如陳葬原仲是也　注卒不稱子者即僖十六年三月
壬申公子季友卒是也　注嫌季云云　嫌有趙盾不誅趙穿而
獲弒君之惡故曰甚惡也　注所以至其功　解云所以輕歸
獄者欲輕季子往前縱慶父歸獄之過矣言顯所當任者謂書

曰季子來歸明託君而還欲顯當存國之任矣言達其功者欲達其存國之功矣　注不稱云云　解云以僖十六年卒時稱季友故決之但當稱季足得起其賢而稱子者以故也何者案下二年冬齊高子來盟傳云高子者何齊大夫也何以不名喜之也何喜尓正我也其正我奈何莊公死子般弑閔公弑比三君死曠年無君設以齊取魯不與師徒以言而已矣桓公使高子將南陽之甲立僖公而城魯魯人至今以為美談曰猶望高子也然則齊侯所以遣高子存魯而立君繼之者由此治始之託故令季子與高子同稱子起見其事矣　注據召歸不書者即莊二十七年公子友如陳葬原仲莊三十二年傳云莊公召季子至而授之以國政彼注云至不書者内大夫出与歸不兩書是也　注隱如言至者即昭十四年隱如至自晉是也

注蓋與賢相起者謂稱字所以賢之亦見其喜矣變至言歸所以喜之亦起其賢故云與賢相起耳　注桓之盟云莊十三年傳文　齊仲孫者何　解云欲道齊人經不言使欲言已臣而繼于齊故執不知問　注据變云云即襄二十一年秋晉欒盈出奔楚至襄二十三年反晉欒盈復入于晉入于曲沃是也　注為季云云謂季子是閔公之親親而反受其賊故為諱耳　注以史記氏族為春秋者謂以史記人之氏族而為春秋　注言古謂云者夫子脩史記為春秋今言以春秋為春秋則史記舊有春秋之名是言古者謂史記為春秋矣　注齊有高國崔者即國夏高固高弦崔杼之屬是矣　注魯有仲孫氏者即仲孫蔑仲孫羯之屬是也　注主書云云正以經書其來見不宜來則知上如齊者是其犯罪而去矣莊三十二年冬公子慶父

如齊者即上如齊之經矣　三年　春王正月齊人遷陽　解
云莊十年三月宋人遷宿彼注云月者遷取王封當與滅人同
罪然則春秋之例大國之遷例月小國書時即僖三十一年十
有二月衛遷于帝丘昭九年春許遷于夷之屬是也而今陽為
小國齊人遷之亦是遷取王封當與滅人同罪故云月矣云云
之說在莊十年　注不為云云　解云莊十年冬十月齊師滅
譚莊十三年夏六月齊人滅遂今遷取王封因而臣之雖當時
未滅終不得在故云比滅人之惡矣如此注者正決僖十七年
夏滅項傳云孰滅之齊滅之曷為不言齊滅之為桓公諱也春
秋為賢者諱桓公嘗有繼絕存亡之功故君子為之諱然則彼
經不言齊而此言齊人故決之　注據禘于云云即僖八年七
月禘于大廟用致夫人是也　注都未可云云者言在三年之

内莊公及始祖之廟皆未可以吉祭故言都尔　注經舉重不
書者　解云春秋之義常事不書有善惡者乃始録而善刺之
今既已舉重特書于莊公不書於大廟則嫌莊公一廟獨不當
禘大廟便可禘矣然莊公卑于始祖而言舉重者言三年之内
作吉祭之時莊公最不宜吉故言舉重不謂莊公尊于始祖也
注据三年也者莊三十二年八月公薨至今年月已入三年
之竟故言据三年也　未三年也者諸未滿二十五月也　注
禮禘祫從先君數者謂為禘祫之祭合從先君死時日月而數
之若滿三年已後遭禘則禘遭祫即祫因　注朝聘從今君數
者謂從今君即位以後數其年歲制為朝聘之數　注所以云
云　解云二十五月是再期矣故曰取期再期矣父母之喪倍
於期者之恩正當其禮數故曰其恩倍矣言漸三年也者謂二

十五月漸得三年之竟故云漸二年也議如得漸二君之遺教
注禮士虞記曰期而小祥曰薦此常事者彼注云小祥祭名
祥吉也古文期皆作基常者期而祭禮古文常爲祥 注又期
而大祥曰薦此祥事者亦彼文注中月而禫是月也吉祭猶未
配者亦彼文彼文彼注云中猶間也禫祭名也与大祥間一月
自喪至此凡二十七月禫之爲言澹澹然平安意也是月是禫
月當四時之祭月則祭猶未以某妃配某氏哀未忘也 注据
禘于云云即僖八年秋七月禘于大廟用致夫人是也 注祫
僖云云 解云祫僖公不言僖宮定八年從祀先公傳云從祀
者何順祀也文公逆祀去者三人定公順祀叛者五人彼注云
諫不以禮而去曰叛云不書禘者後祫亦順非獨禘也不言僖
公者閔公亦得其順是其祫僖公不言僖宮者即文二年八月

丁卯大事于大廟躋僖公傳云大事者何大祫也者是也　注
据言禘也正以禘是吉祭之稱既得言禘何故不得稱宮廟故
難之　注未可以鬼神事之者正言以宮廟者鬼神居之之稱
故也　注云云託始同義　解云案隱二年九月紀履緰來逆女
傳云外逆女不書此何以書譏何爾譏始不親迎也始不親迎
昉於此乎前此矣前此則曷為始乎此託始焉爾曷為託始焉
爾春秋之始也然則此亦宜云始不三年昉於此乎前此矣前
此則曷為始乎此託始焉爾曷為託始焉爾春秋之始也故云
云云託始同義矣而傳不言託始蓋省文從可知也　公薨何以
不地　解云隱十一年傳云公薨何以不地注云据莊公薨于
路寢然則此傳云公薨何以不地者亦据莊公但從彼注省文
故也　注云云不探云云即上元年傳云孰弒子般慶父也殺公

子牙今將尒季子不免慶父弒君何以不誅將而不免遏惡也旣而不可因獄有所歸不探其情而誅焉親親之道也　注不書葬賊未討者即隱十一年冬十有一月壬辰公薨傳云何以不書葬隱之也何隱尒弒也弒則何以不書葬春秋君弒賊不討不書葬以為無臣子也是也而言未者欲道於後討得之即僖元年傳於是抗輈經而死者是也　注不如文姜云云

解云莊元年三月夫人孫于齊傳云夫人何以不稱姜氏貶曷為貶与弒公也是於出時貶之之文也為內臣子明其義不得以子絕母者正謂此處見其義而已不謂此夫人卒竟不絕也故僖元年夫人氏之喪傳云夫人何以不稱姜氏貶曷為貶与弒公也然則曷為不於弒焉貶貶必以其重者莫重乎其以喪至也者是其亦貶之矣　注凡公云云　解云正以昭二十五

年九月己亥公孫于齊而書日則知夫人之孫亦宜然而此不
文姜之孫皆書月案此二人皆有罪故如此注之耳　注慶父
云云　解云知弑君之人不合復見者正見宣六年春晉趙盾
衛孫免侵陳傳云趙盾弑君此其復見何彼注云据宋叔鄭歸
生齊崔杼弑其君後不復見傳又曰親弑君者趙穿也彼注云
復見趙盾者欲起親弑者趙穿非盾是　注不日云云　解云
襄二十三年冬十月乙亥臧孫紇出奔邾婁是無罪書日也其
有罪書月者即昭十二年冬十月公子整出奔齊之屬及此文
皆是而文八年公孫敖如京師不至復丙戌奔莒案傳云不可
使往也則是有罪而書丙戌者彼注云日者嫌敖罪明則起君
弱故諱使若無罪者是也其外大夫奔例皆時者不問有罪与
無罪即襄二十七年夏衛侯之弟鱄出奔晉二十八年夏衛石

惡出奔晉冬齊慶封來奔之屬是也　高子者何　解云欲言齊侯而經稱子欲言大夫名不書見經故執不知問　注以有云云　解云即莊二十二年秋七月丙申及齊高傒盟于防是也　注据鄭伯至來盟者在桓十四年夏　注所謂君云云者成二年齊侯使國佐如師之下傳云君不行使乎大夫此其行使乎大夫何佚獲是也　注据國佐云云者即成二年及國佐盟于袁婁者是也　注与贖年世君世異者正以莊公死時子般即位子般弑後閔公即位閔公弑後僖公即位君常不絕而傳言贖年世君者正以三年之內三君比死與贖年世君世異非實世君也　注明得子云云　解云凡人子之道宜繼祖禰之功不絶之令桓公繼于魯正得續父功德之義故尊其使而稱子耳言明其得人子賁其人父功德之道也　鄭棄其師者

何者正以言異常例故執不知問　注猶趙盾加弑者謂實逐克但舉棄師為重實趙穿弑君但舉加弑為重相似趙盾加弑在宣二年　注子未三年者謂莊三十二年八月薨至閔二年八月薨時始二十五月故曰未三年也　注傳曰則曷為於其封內三年稱子緣孝子之心則三年不忍當也者文九年傳文也

春秋公羊疏卷第九

春秋公羊疏卷第十　僖公一

起元年　盡十年

○元年　注据夏師云云即下十八年夏師救齊是也　不及事
者何　解云正以次者間暇之名而言不及事似於義違故執
不知問　注以上有狄伐邢者即莊三十二年冬狄伐邢者是
注据狄滅温言滅者即下十年春狄滅温温子奔衛者是
注据徐人取舒者即下三年夏徐人取舒者是也　注晉滅
夏陽者即下二年虞師晉師滅夏陽是也　注楚滅黄者即下
十二年夏楚人滅黄是也然即彼三事皆不為桓公諱者取舒
之下何氏云不為桓諱者剌其不救也是也今此實救故為之
諱耳　上無至方伯　解云上無天子下無方伯莊四年何氏
云有而無益于治曰無猶易曰闚其無人者是也　注以治世

自任者猶言以天子治世為己任矣　注据叔孫豹先言救者
即襄二十三年秋齊侯伐衛遂伐晉八月叔孫豹帥師救晉次
于雍榆是也　注不書所云云ノ解云昭十三年秋蔡侯廬歸
于蔡陳侯吳歸于陳傳云此皆滅國也其言歸何不与諸侯專
封也彼注云故使若有國自歸者也名者專受其封當誅然則
彼經書所封歸是不与楚專封則知此經不書所封歸者与齊
桓專封明矣若書所封宜言邢侯歸于邢矣　而文不与者
連上句讀之　注此道大平制者正以春秋作義實与齊桓專
封而言諸侯之義不得專封故知是大平制也　注主書者云
云　解云謂雖文不與其義實與故言起文從實也　遷者何
解云欲言自遷實齊遷之欲言齊遷而作自遷之文故執不知
問　注謂宋人遷宿也者即莊十年三月宋人遷宿是也　案彼

傳云遷之者何不通也以地還之也今又發之者正以此有自
遷之文故取此對之也　注王者封諸侯必居土中者謂各処
其土中不謂据天下　注其後為衛所滅是也者即二十五年
春王正月丙午衛侯燬滅邢是也　注遷例大國月者即下三
十一年十有二月衛遷于帝丘之屬是也　注小國時者即昭
九年春許遷于夷之屬是也　注据首戴前目而後凡者即下
五年夏公齊侯宋公陳侯衛侯鄭伯許男曹伯會王世子于首
戴秋八月諸侯盟于首戴是也　注言諸師云云　解云首戴
之會歷序齊侯宋云之屬下文揔道諸侯便是實諸侯今此亦
上歷序齊師之屬若下文直揔言諸師則与首戴同嫌是實師
非必齊侯宋云等是以復序之以順上文也　注言諸侯云云
解云即下十三年云會齊侯宋云陳侯衛侯鄭伯許男曹伯于

鹹十四年春諸侯城緣陵是時會諸侯冬自還國至十四年春乃來城之故此復注云言諸侯則嫌与緣陵同嫌歸國其還乃與諸侯來城之未必反故人也　注故順上文云云者宿音須就反留音盧冑反案十四年穀梁傳曰其曰諸侯散辭也范氏云直曰諸侯者大小之序是名自欲城者揔一之者非伯者所制故曰散辭傳又曰聚而曰散何也范氏云据言諸侯城則是聚傳又云諸侯城有散辭也桓德衰矣范氏云言諸侯城則非伯者之為可知也齊桓德衰所以散也何休曰案先是盟亦言諸侯非散也又穀梁善九年諸侯盟于葵丘即散何以美之於義穀梁為短然則何氏彼如廢穀梁不聽為散辭而此所引似作散辭者何氏之意直以言諸侯者見桓德衰待諸侯然後能城之故嫌穀梁以為散辭耳今此注正道緣陵之諸侯十三年鹹之會名

自歸國十四年復來城之仍自不道十四年請侯為散辭矣康
者何 解云夫人之薨例不言地今言于夷故執不知問 注
邾婁人云云即下十九年夏六月宋人曹人邾婁人盟于曹南
鄫子會盟于邾婁已酉邾婁人執鄫子用之是 注主書者從
内不絶録者即閔二年九月夫人姜氏孫于邾婁注云不如文
姜千出奔貶之者為内臣子明其義不得以子絶母者是 注
楚稱人者欲對莊二十八年秋荆伐鄭之經也 注為傳之諱
与夷狄交婚者即下八年秋七月禘于大廟用致夫人傳云夫
人何以不稱姜氏譏以妾為妻也其言以妾為妻奈何蓋脅于
齊媵女之先至者也彼注云僖公本聘楚女為嫡齊女為媵齊
先致其女脅僖公使用為嫡故從父母辭言致不書夫人及楚
女至者起齊先致其女然後脅魯使立之也楚女未至而豫廢故

皆不得以夫人至書也者是其与夷狄交婚之事　注故進使若中國者正以稱人為楚進稱故也八月公會云云　解云朾字左氏作檉亦有作朾字　注月者至辨也者正以月非大信辞故也知与邾婁有辨者即下文公敗邾婁師于纓是也既出尊者之側而有私争故危之　九月公敗邾婁師于纓者左氏作偃字　注有夫人云云　正以僖三十三年晉人及姜戎敗秦于殽下傳云襄公親之則其稱人何貶曷為貶君在乎殯而用師危不得葬也然則彼皆殯用兵貶而危之今此經云九月公貶邾婁師于纓與莊十年春王正月公貶齊師于長勺又六月公敗宋師于乘丘之屬無異者時於喪事無薄故也然則公敗邾婁者為哀姜復讎也若然案莊九年及齊師戰于乾時亦是為桓公復讎于齊經不言公此言公者彼傳云此復讎于大國

曷為使微者公也公[illegible]為不言公不與公復讎也曷為不與
公復讎復讎者在下也注云時實為不能納子糾伐齊諸大夫
以為不如以復讎伐之於是以復讎伐之非誠心至意故不与
也然則此言公者本出公意故也　莒挐者何　解云欲言莒
君經不稱子欲言大夫莒無大夫故執不知問　將由字齊者
欲從齊而自安矣　舍于汶水之上者舊本皆作洛誤也何者
今齊魯之間有汶洛也　注嘻發痛語首之聲者諸發心自痛
傷而以嘻為語之首也　注諾已皆自畢語者猶似今人云休
一生罷去已　自畢竟之辞故云自畢語矣畢作卑字誤耳　於
是抗輈經而死者鄭氏云慶父輈死者正取此文　注傳云至
之道　解云此待之以偏戰者即經書敗文是也敗者內戰文
耳莒人可怨而能結日偏戰偏戰是其不加暴之義故得君子

之道　注經有至去氏者夫人婦姜之文即宣元年三月遂以
夫人婦姜至自齊是也　注与慶云云　解云不言子般者据
成君言之省文　注据酖牙於卒時貶者即莊三十二年公子
牙卒傳云何以不稱弟殺也是傳言殺者言由其見殺貶之矣
注刑人於市與衆棄之者禮記文　注所以明云云　解云
季子之遏慶父齊桓之討哀姜二義相違而皆善之者誅不辟
親王者之道親親相隱古今通式然則齊桓之討哀姜得伯者
之義季子之縱慶父因獄有所歸遂申親親之恩義各有途不
可為難矣　注貶置氏者謂貶而留置其氏矣　注殺子云云
解云言殺子差輕於殺夫者欲道莊元年夫人孫于齊姜氏
並去者正猶殺夫罪重故也言別逆順者言殺夫之逆甚於殺
子二事相對而言之不謂哀姜殺子得為順是以晉侯宋公殺

世子皆直稱君而甚之　注致者從書薨以常文録之者謂不
書殺而書薨作常文是以於歸亦作常文録之若公之喪至自
齊至自乾侯之屬　注言自云云者其實從夷來而言至自齊
正以上文云薨於夷齊人以歸故言至自齊順之二年　注据
内云云　解云内城不月者即隱七年夏城中丘襄十九年冬
城西郛之屬是也其内城有在日月下者皆不蒙日月　注據
遷云云　解云舊本易為之下有不言二字今世者脫也言以
前之經未有遷衛于楚丘之文今此城之固當言城衛不應言
城楚丘故難之固字亦有作故字者言由是之故當言城衛
滅也者言正由是時衛國已滅故不得言衛矣　注以上有狄
入衛者即閔二年冬狄入衛是也　注不繫云云者欲決襄十
年冬戍鄭虎牢繫鄭矣　注不書遷云云　解云正決元年經

次于聶北救邢邢遷于陳儀之文　注主書者起文從實也者
謂經文雖不與當從其實理與之　哀姜者何　解云欲言其
妾經書小君欲言適妻與夫別謚故執不知問　注誅當云云
者即元年夫人氏之喪不言姜者是其誅文也上既誅之即當
合絶不以夫人之禮書葬而書葬者欲正齊桓討得其賊故也
而言辟責內難齊者公羊之例君弒賊不討不書其君葬責臣
子不討賊令君喪無所繫矣今若不書葬即似責魯臣子不討
齊桓故言正齊桓討賊辟責內難齊耳　注據稱云云　解云
即隱五年秋邾婁人鄭人伐宋注云邾婁小國序上者主會也
然則邾婁小國稱人無加文而得序于鄭上者正由主會故也
今虞爲小國而得稱師是有加文則知序于晉上者不爲主會
既不爲主會而在大國之上故難之知稱師之稱故也　注据

楚人巴人云云　解云即文十六年秋楚人秦人巴人滅庸是
案彼經有秦人而不言之者直取巴爲小國不序在上之意故
省文　寢不至者與者言直置寢自不安與爲侍御之人有不
在側者亦其諸蓋爲辞矣故桓六年傳云公羊子曰其諸以病
桓与彼注云其諸辞也則知論語云其諸異乎人之求之與者
其諸亦爲辞矣　注以手通指曰揖者蓋謂揖而招之言用拱
揖幷招引近已若文七年傳云眹晉大夫使與公盟彼注云以
目通指曰眹大結反又丑乙反　注屈産出名馬之地者謂屈産爲地名
不似服氏謂産爲産生也　注如虞可得猶外府藏也者本藏
下有之字　虞公貪而好寶者謂之性貪賄於寶甚也　請終
以往者請君終竟齎馬以往不欲令其難之　注明郭云云
者欲道序虞于晉上令其首惡之義也　還四年反取虞者言

晉人滅郭還歸其四年反往滅虞矣　注以馬齒長戲之喻荀
息之年老者雖有謀年老必昏耄不任使故言蓋戲之　注晉
至此云云者即莊十年秋九月荊敗蔡師以蔡侯獻舞歸
是先書楚小惡而治之也以前不見晉之小惡者後治同姓故
也　注以滅云云　解云以前楚滅穀鄧不書之而先書此晉
滅夏陽者先治同姓之大惡欲見骨肉之親大則誅小則隱故
言親疏之别耳　夏陽者何　解云欲言是國天下未有欲言
是邑而不繫國故執不知問　江人黄人者何　解云欲言是
君經不稱子欲言微者得敵齊侯故執不知問　注江黄附從
霸者當進不進者恠其不稱爵矣　注方為偏至之辭　解云
言方為偏至之辭故直以遠國辭稱人若進而稱爵無以見偏
至之義　注說與前同者即莊三十一年冬不雨傳云何以書

記異也彼注云京房易傳曰旱異者旱久而不害也斯禄去
公室福由下作故陽雖不施而陰道獨行以成萬物也先是比
築三臺慶父專政之應今此亦是僖公喜於得立委任陪臣不
恤政事故有此罰耳故言說與前同。○三年　注太平一月不
雨即書者正以太平之時陰陽和調若一月不雨足以為異故
知然也　注當滿一時乃書者即莊三十一年冬不雨傳云何
以書記異是也　注此致三旱者即上二年冬十月不雨三年
春王正月不雨夏四月不雨是也　注即能退辟正殿至而得
澍雨者皆感精符文　注故一月即書者即去年十月不雨今
年正月不雨夏四月不雨是也　注不從上發傳者即上年十
月不雨之下已發云何以書記異也今不從其例而又發之者
欲着人事之備積于是故也　注据國言滅者即莊十年齊師

滅譚十三年齊人滅遂之屬是也　注不為桓公云云　解云
決上元年二年狄滅邢衛皆為桓公諱不書其威也　注据上
得雨不書者即十二年十一月十二月三年二月三月五月之
屬皆不書不雨是其得雨故也　注宣公復云云　解云謂宣
十五年初稅畝其冬蝝生宣公受過變寤明年復古行中十
六年冬大有年是也　注明天云云　解云謂人行德天報之
福人行惡天報之禍兩令相及故言之際矣此大會也曷為末
言尒者上二年齊侯宋公江人黃人盟于貫澤傳云大國言齊
宋遠國言江黃則以其餘為莫敢不至也此經亦書齊侯宋公
江人黃人故弟子言此大會也以難之　注据貫澤言盟者謂
貫澤亦大會言盟故据之　注水注川云云　解云釋水文李
巡云水出于山入於川為谿水相屬曰谷是　盟者何　解

云欲言誓盟例不言莅欲言非盟而書盟見經故執不知問來盟者何　解云即文十五年春宋司馬華孫來盟宣七年春衛侯使孫良夫來盟之屬是也但此經既有莅盟之文故引來盟以對之　注不加云云　解云正以一經言莅者見尊魯爲王之義令此來盟者已是就魯之文足見尊魯矣何勞言莅以見之乎若其加莅宜直云莅孫良夫盟也　四年　潰者何　解云侵者淺辭潰者深辭二者並書故執不知問　國曰潰者即此及文三年春正月沈潰之屬是也　邑曰叛者即襄二十六年衛孫林父入于戚以叛定十三年秋晉趙鞅入于晉陽以叛冬晉荀寅等入于朝歌以叛之屬是也　注月者善義兵者正以侵伐例時故也　注潰例月者即此經書正月文三年沈潰書正月是也成九年經云庚申莒潰彼注云日者録責中國世

信同盟不能相救至爲夷狄所潰是也　注叛例時者即晉趙
鞅書秋荀寅書冬之屬是也　注据召陵侵楚不言次者即定
四年三月公會劉子晉侯已下于召陵侵楚是也　注來盟不
言莅者即下文云楚屈完來盟于召陵是也　注善其至有功
解云言生事有漸者即先犯于蔡乃遂伐楚是也　言敏則有
功者敏審也言舉事敏審則有成功矣　注不言至莅者決
成十三年曹伯廬卒于師之屬皆以其有危故言于師矣　注
不月至大信　解云正以莊二十三年冬十有一月曹伯射姑
姑卒然則許與曹等而不月者若會盟之例大信者時若不去
月恐其盟不爲大信故也屈完者何　解云欲言楚子經不書
爵欲言大夫文不言使故執不知問　注据陳侯云云　解云
即襄三年六月公會單子晉侯已下同盟于雞澤陳侯使袁僑

如會是也　注增倍使若得其君者倍讀如倍益之倍矣　注
以醇霸德成王事也者即下傳云桓公救中國而攘夷狄卒怗
荆以此爲王者之事也　注据戊寅云云者在襄三年文也彼
經不言陳袁僑來盟于會于雞澤与此異故難之　注据齊侯
云云者在成二年秋言俱從地者謂國佐從晉于袁婁也　注
孔子曰至美者亭者春秋說文　注据服蔡世〻喜文者即上侵
蔡〻潰是也　注桓公不脩其師先叛盟是也者即下經云八
月公至自伐楚傳云楚已服矣何以致伐楚叛盟也彼注云若
桓公不脩其師而執濤塗故也者是　注數侵滅中國者即莊
二十八年秋荆伐鄭者是數侵中國之文其數滅中國者即滅
鄧穀之屬是也而經不書者後治夷狄故也　注南夷云云
解云楚滅鄧穀不書而此言者正以上桓七年夏穀伯綏來朝

鄧侯吾離來朝傳云皆何以名失地之君也故知之伐蔡鄭者
謂蔡鄭服從楚即上經齊侯侵蔡蔡潰遂伐楚者蓋是蔡爲楚
之屬矣其鄭爲楚屬者蓋見莊十五年鄭人侵宋十六年夏宋
人齊人衛人伐鄭之文也何者莊十五年時正是桓公爲霸宋
爲齊屬而鄭侵之豈不從楚故也莊十六年齊人助宋伐之豈
不怒乎其從楚而侵宋也蓋于時鄭人又服于齊是以十六年
秋荆伐鄭故此作注云蔡鄭矣　注北夷謂云云　解云狄滅
邢衛在閔元年二年狄滅温在僖十年温言至于者以其在後
故言至于僖十年又滅温也或者温是圻内之國去京師近故
言至于矣　注謂城邢衛是也者即上元年夏六月齊師宋師
曹師城邢二年春王正月城楚丘孰城城衛也是　注謂城緣
陵是也者即下十四年春諸侯城緣陵是　注近海道

者趨猶鄉也謂鄉近海之道也　注草棘曰沛漸洳曰澤者尓
雅世文也　執者曷為或稱侯者即下二十八年晉侯執曹伯
畀宋人成十五年晉侯執曹伯歸之于京師之屬是也　注此
道黜陟之時也正以諸典不見周公西討之文故也　注凡書
至專執者言雖有罪方伯所宜討要須白天子乃可執之　秋
乃江人黃人伐陳者內之微者矣　楚已至致伐　解云莊六
年傳云得意致會不得意致伐今此楚已服而致伐故難之注
凡公出云云　解云即此僖公春去秋乃還而云八月公至自
伐楚又襄二十八年冬公如楚二十九年夏五月公至自楚之
屬皆是危而久之久字亦有作之字者案莊五年冬公會齊人
已下伐衛至六年秋公至自伐衛兵歷四時而不月者彼注云
久不月者不与與伐天子也故不為危錄之者是　注得卒云

云　解云所傳聞之世微國卒葬例不錄之今許得書葬故須
注解也何者正以曹許雖非大國亦非微故得錄見也知許大
小次曹後者案僖五年夏公及齊侯宋公陳侯衛侯鄭伯許男
曹伯會王世子于首戴許在曹上者正是會盟之序皆是主會
次之非孔子之意未必得其正故何氏不以為妨矣若然案昭
十二年傳云春秋之信史也其序則齊桓晉文彼注云唯齊桓
晉文會能以德優劣國大小相次序傳又云其會則主會者為
之也彼注云非齊桓晉文則如主會者為之雖優劣大小相越
不改更信史也又云其詞則丘有罪焉尒彼注云丘孔子名其
貶絕譏刺之辭有所失者是丘之罪然則首戴之會正是齊桓
為伯之時而云許在曹上皆是主會者次之未必得其王者案
下五年之會注云世子所以會者時桓公德衰諸侯皆叛故上

假王世子示以公義然則桓公德衰故曹在許下仍自不妨小于曹則知昭十二年傳云其虔則有桓晉文者據其盛時大判言耳　注月者刺桓公不云云　解云正以侵伐例時今此書月故須注解也言因見患誰者言因是不脩其師之故而為陳之所苦患遂為所謂誰矣　◎五年　注据鄭云云者即下七年反鄭殺其大夫申侯是也　注非謂以殺明其但怪何故稱晉侯以殺耳　注令會國體者謂不直言晉殺申生也　注据微者云云　解云即隱十一年傳云諸侯來曰朝大夫來曰聘是也　注連來者云云　解云直來者即莊二十七年冬紀伯姬來傳云其言來何直來曰來注云直來無事而來是也今此傳文何故不云其言朝其子何而連來問之者欲問伯姬來者為是無事而來為是有事言來者為且朝其子而出之　注禮外

至之道　解云正以士冠禮冠記曰乃見于母見于兄弟入見于姑姊乃易服玄冠玄端爵韠奠摯見于君遂以摯見于鄉大夫鄉先生鄭氏云易服不朝服者非朝事也摯雉也鄉先鄉中老人為鄉大夫致仕者然先生猶尚見之況其外祖乎故言外孫初冠有朝外祖之道　注微世至非實　解云正見桓九年曹伯使其世子射姑來朝彼言使來朝則有君命今既是微人復不言使而經書朝明其非實也　注据宰周公不殊別也者即僖九年公會宰周公齊侯宋子已下于葵丘是也　注使若諸侯為世子所會也者使若世子為會主致諸侯於此而會之設言使諸侯為世子所會也　注自王者云云　解云何氏引喪服者欲言三公臣有為之斬衰世子則無是異於二公之義　注自諸侯云云　解云即殊与不殊是也何者世子於諸侯將有

君臣之義故也　注言及云云　解云及汲之文，隱元年傳
云及猶汲汲，及我欲之。然則此言及者，因會王世子之經，得見
齊侯汲汲于齊桓矣　注時桓公云云　解云即上四年傳文
桓公不脩其師，楚叛盟，下文鄭伯逃歸不盟，九年葵丘之盟書
日以見危之屬，皆是也　注間無事云云　解云昭十三年秋
公會劉子、晉侯已下于平丘，八月甲戌，同盟于平丘。然則彼經
以其間無事，不重言諸侯，今重言諸侯盟于首戴，故解之　注
會盟一事云云　解云文十四年公會宋公、陳侯、衛侯已下，同
盟于新城。然則彼是會盟一事，舉盟以爲重，不言會于某。今此
會盟並舉，故須解之也。言時世子不與盟者，若不言諸侯，則恐
世子亦與之盟，故須言諸侯盟于首戴，則世子不與可知　注
据上言云云者，亦有無据字者，非正本　注時鄭伯云云　解

云知古不盟者正見桓三年夏齊侯衛侯胥命于蒲傳云胥命者何相命也何言乎相命近正也此其為近正奈何古者不盟結言而退是也　注楚逐背叛者即下六年秋楚人圍許之屬是也　注狄伐晉滅溫者即下八年夏狄伐晉十年春狄滅溫之屬是也　注晉里克弒其二君者即下九年晉里克弒其君之子奚齊十年春晉里克弒其君卓子是也　注據滅言以歸者即定六年鄭游遬師師滅許以許男斯歸之屬是也　注上傳云四年反取虞者在上二年　注知去云云　解云注言此者欲解傳家得知虞已滅矣之義耳　六年　注事遷至得意　解云莊六年傳云得意致會不得意致伐今此以伐致故云舉不得意然伐鄭救許皆不得意故以伐致或者但伐鄭不得意兵將復用於鄭故舉其不得意者言之即下七年春齊人

伐鄭是也　〇七年　注至是云云　解云如此注若欲決莊五年秋倪黎來來朝之文　注時附從云云　解云正以得進而稱爵故如此解小邾婁子朝天子不書者例所不録也今朝魯而謂之旁朝者正以諸侯之法五年一朝天子但是常事故不書之欲對朝王爲正朝故謂之旁朝案隱十一年滕侯薛侯來朝皆以其來朝新王故進稱侯今此知不由朝新王而得進者正以僖公非受命之王故也注据晉侯云云　解云在上五年春〇八年　注寗母云云　解云在上七年傳也其常會者不至正以衛侯許男已下不至也　注而陳鄭又遣世子者即世子欵世子華之屬是也　乞盟者何　解云正以盟是常事自應得與令而言乞故執不知問　注不盟不爲大惡者　解云知非大惡者正以鄭伯不貶不絶故也若其是大惡宜如陳佗

之貶爵而書名也知古者不盟者桓三年傳云古者不盟結言而退是也　用者何　解云欲言失禮而經不明欲言得禮而文言用故執不知問　致者何　解云見夫人見廟禮當特祭禘而言致故執不知問　注禮夫至特祭者正以三月見廟見廟期限明其不得因事為之故知然也　注不日云云　解云正以隱五年考仲子之宫下注云失禮鬼神例日然則此亦失禮而不書日故知用在廟下失　禮已明不勞舉日也　注据夫人云云　解云即莊二十四年八月丁丑夫人姜氏入是也　注以逆不書者欲道傳家知以妾為妻者正以初逆不書与桓莊之屬夫人文異故也　注入廟當云云言入廟當稱婦者正以婦者服也對男姑服從之辝也今而稱夫人作不能之稱明其有篡嫡之心欲得為夫人是以稱之曰夫人見其當有篡嫡之

衆矣猶如桓宣篡弒得即位是以春秋亦如其意書其即位明其本意耳　注妾之事云云　解云注言此者欲道妾之篡嫡欲得為夫人而春秋書之曰夫人猶如臣子篡君欲得即而春秋亦書其即位之義矣　注僖公至為媵春秋説文　注故從父母辭言致者即成九年夏季孫行父如宋致女是也　注起齊云云　解云皆欲道若齊女未至而已脅魯之時可以書其至今先致其女乃後脅魯為夫人其初至之時仍為媵妾是以不得書其至矣　○九年　何以不書葬者正隱十一年公薨之下傳云何以不書葬彼注云据莊公書葬然則彼已有解故不重釋　注襄公至周公者在下經文　注後有云云　解云即下十八年傳云曷為不使齊主之與襄公之征齊也桓公死豎刀易牙爭權不葬為是故伐之也是為能齊之文也寧[illegible]公者

何　解云欲言三公而文加宰欲言卿士經書周公故言不矣
問　注宰猶治也者正以宰者和治之名得為治事之義　注
而下云云　解云如此注者欲決上五年首戴之會摠序諸侯
乃言會王世子若以世子為會主致諸侯于此會而會之然也
令此宰周公丈与彼異故知下為諸侯所會　注宋未葬云云
解云莊三十二年傳云君存稱世子君薨稱子某既葬稱子
踰年稱公然則宋未葬宜稱子某而單稱子者非尸柩之前甚
文前子名君前臣名之義知宋未葬者正以宋公之卒在上三
月下有七月之文當此之時未滿五月是以知其未葬若然案
桓公十一年鄭忽出奔傳云忽何以名注云探宋子既葬稱子
者正以其非居尸柩前故作既葬之稱非謂葬訖其說在彼
此未適人何以卒者正以文無所繫知其未適人　注据杞

叔姬不卒　解云宜作伯姬字即莊二十七年春公會杞伯姬
于洮注云伯姬不卒者蓋不與卒于無服此未適人何以卒字
故難之也案春秋之内唯有杞叔姬來歸成八年冬杞叔姬卒
更無叔姬不卒之事故如此解　注字者至遠別也者正以字
尊於名故言若而不泄所以遠別者正以内之公子爲大夫者
卒皆稱名而内女許嫁卒而稱字者所以遠別之故也　注婚
禮曰云云　解云士婚禮記文彼注云許嫁已受納徵禮也笄
女之禮猶冠男也使主婦女賓執其禮是也　注許嫁卒者當
爲諸侯夫人者則知許嫁於大夫者不卒之何者爲大夫妻者
賤雖至其家卒猶不書況其許嫁乎　注猶俠卒也者在隱九
年春三月俠卒彼傳云俠者何吾大夫命者也彼注云未命所
以卒之者賞疑從重然則未命大夫所以卒之以六將

有即貴之漸賞疑從重故録之令此許嫁之女亦一〻〻
夫人之漸故得書之　注日者云云　解云以俠卒不日故言
月者恩尤重於未命大夫故從諸侯夫人之卒例皆書日咸八
年冬十月癸卯杞叔姬卒之屬是也故言從諸侯夫人例　貫
澤之會者即上二年秋九月齊侯宋公江人黄人盟于貫是也
而此言于貫澤者蓋地有二名然則案彼經盟此言會者與其
初會而言也彼直書盟者舉重故也　注下伐厲云云　解云
即下十五年秋七月齊師曹師伐厲注云月者善録義兵厲葵
丘之會叛天子之命也者是也　注會不書者叛也者言厲等
九國亦在于會而葵丘之會不書之者以其叛天子之命故不
録之但書曹伯以上于會　注會盟云云者正以文十四年公
會宋公已下同盟于新城然則彼是會盟一事舉盟以為重不

言會于某令此會盟並舉故須兩解之言宰周公是時實不与
盟若言公會宰周公諸侯已下盟于葵丘則是文害其義不舉
盟直書上會會輕於盟失舉重之例矣以此之故必須兩舉書
云諸侯盟于葵丘則知周公不與盟矣　震之者何　解云欲
言是善而盟書曰欲言其惡賢伯所為故執不知問　矜之者
何　解云既名賢伯美見天下而反夸矜異于本行故執不知
問　注色自美大之貌者謂其顏色有自美大之勢　注不書
葬者殺世子也者在上五年春凡君殺無罪大夫例去其葬以
絶之　注据弒至先君者即文十四年齊公子商人弒其君舍
是也　注連名至未明也　解云言名未明者弟子本意正欲
問弒其君之子而連奚齊何之者恐人不知奚齊之名為是先
君未葬稱子某似若子般子野之屬是其亦是被弒之也

似若諸兒卑子之屬是也是將名連弑閒之欲使似人子
名之義　注則弑至見矣者言罪差於成君與弑之夫異矣
注加之者云云者若不加之嫌是君子為一人故　注不解名
者云云者正以傳云弑未踰年君之號止荅上云其言弑其君
之子何之文故云不解名矣既解言弑則書吳者之名由弑之
故明矣是以不復荅之　注弑未踰云云者正以隱四年春戊
申衛州吁弑其君完注云日者從外赴辭以賊聞例然則弑成
君者例書日即莊八年冬十一月癸未齊無知弑其君諸兒之
屬是弑成君者例既書日知弑未踰年君當月明矣今此不月
故須解之　十年　注故如京云云　解云即成十三年春三
月公如京師彼注云月者善公于天子是　注如晉云云
解云即襄二十一年春王正月公如晉彼注云月者溴梁之盟

後中國方乖離善公獨能與大國是也　注如楚則月危之者
即襄二十八年十一月公如楚彼注云如楚皆月者危公朝夷
狄也必如此注者正以朝聘例時而書月故須解矣　注明當
尊賢慕大者正覆如者晉則月安之　注莫友不如己者覆如
楚則日危之　及者何　解云君之與臣号卑異等今而言及
故執不知問　累也者桓二年注云累從君而死者人語也則
彼已有解故此處不復注之　曰有者桓二年注云叔仲惠伯
是也　何賢乎荀息注據與孔父同者桓二年傳云何賢乎孔
父注云據叔仲惠伯不賢然則此言據與孔父同者謂与孔父
同據叔仲惠伯矣　注以美者皐子皆立者欲指不食其言之
事狀矣注禮諸侯云云者皆藝文志文也注云小道小節正謂
始甲典不見師受業大道之節　胥專迴

解云桓二年宋督弑其君與夷及其大夫下[illegible]及者使上及其君若附大國以名通明當封為附庸不絕其祀所以重社稷之臣也今荀息一受君命終身死之言及亦使上及其君若附大國以名通明當封為附庸不絕其祀所以重社稷之臣故云與孔父同義　注不日者云云正以成君見弒者例書日今此不日故解之　注据衛人殺州吁者即隱四年九月衛人殺州吁于濮是也　注文公與惠公云云正以同姓之臣尚無去義況於兄子乎且惠公文公庶子假令不去亦不殺之故知出父宜當絕矣　傳冬大雨雹者左氏作雪　注夫人專愛之所生也者蔽障楚女而專取君愛故生此雹災

春秋公羊疏卷第十

# 公羊傳疏

三

羊疏卷第十一　僖公二

起十一年　盡二十四年

○十一年　丕鄭父者左氏經無父字　○十二年　注是後楚滅

黃者在今年夏　注狄役衛者在十三年春夏楚人滅黃　解

云莊十年冬十月齊師滅譚十三年夏六月齊人滅遂然則滅

例月而此不月者所傳聞之世始錄夷狄滅小國也　○十三年

注由陽云云解云謂上十一年夏公及夫人姜氏會齊侯于

陽穀是　○十四年　注諸侯云云　解云案上二年春王正月

城楚丘傳云孰城城之彼注云据內城不月故問之然彼經書月

故得此經不月傳云孰城之注漫道諸侯無所指据緣陵之號由

來有故恠而問之未　注以下皆云云　解云即下十五年冬

楚人敗徐于婁林注云謂之徐者爲滅杞不知尊先聖法度惡

重故狄之也文七年冬徐伐莒彼注云謂之徐者前并滅王者後不知尊先聖法度今自先杞文對事連可以起同惡莒在下不得狄故復狄徐也一罪再狄者明爲莒狄之爾是也　注外城不云云正以隱七年夏城中丘襄十九年冬城西郛城武城之屬是内城不月外城月者即上元年夏六月城邢二年春王正月城楚丘之屬是也今外不月正以文言諸侯非内城可知故省文而昭三十二年冬城成周不月蓋以城天子與内同　注下書歸是也者即下十五年季姬歸于鄫是也　注禮男不親求者即昏禮不稱主人之屬是也　注女不親許者即致女之禮是也　注以絶賤之者謂絶而賤之不以爲諸侯也　注月者云云　正以遇例時即隱四年夏公及宋公遇于清八年春宋公衛侯遇于垂莊三十年冬公及齊侯遇于魯濟之屬是也

今此月者甚惡内也范氏云魯女無故遠會諸侯遂得淫通此亦事之不然左傳曰鄫季姬來寧公怒之以鄫子不朝遇于防而使來朝此近合人情何氏以爲鄫魯相近信使泆通男女之情風流應合末世無禮容或有之若姜氏如莒之流寧可然問也　沙鹿者何　解云欲言是邑邑無崩道欲言其山文無山稱故執不知問　注據梁山言崩者即成五年夏梁山崩是也　注襲者嘿陷入于地中者謂嘿然而陷矣　注據長狄之齊晉不書者即文十一年傳云狄者何長狄也兄弟三人一者之魯一者之晉其之齊者王子成父殺之其之魯者叔孫得臣殺之則未知其之晉者也何以書記異也然則長狄之齊晉皆不書之是外異不書也　注宋襄云云者即下二十二年冬十一月己巳朔宋公及楚人戰于泓宋師敗績是也　注不月云云

者正以大國之卒例合書日即隱八年　夏六月己亥蔡侯考父卒之屬是也今此不月者故言略之甚也其父者即蔡侯獻舞莊公十年爲楚所獲而卒於楚故謂楚爲父讎上四年齊侯已下侵蔡潰遂伐楚是其背中國附父讎之事　于五年

注月者云云者即上十年春王正月公如齊彼注云月者僖公本齊所立桓公德衰見叛獨能念恩朝事之故善録之是也

注又合云云　解云何氏以爲古者天子五年一巡守諸侯亦五年一朝天子分天子諸侯爲五部部朝一年五年而徧其小國事大國亦然故以十年朝齊今又往朝是爲合古桓元年傳云諸侯時朝乎天子天子之郊諸侯皆有朝宿之邑焉注云緣臣子之心莫不欲朝朝莫夕王者與諸侯别治勢不得自專朝故分位比年使大夫小聘三年使上卿大聘四年又使大夫

小聘三年一朝王者亦貴得天下之歡心以事其先王因助祭
以述其職故分四方諸侯爲五部部有四輩輩主一時孝經曰
四海之内各以其職来助祭尚書云群后四朝敷奏以言明試
以功車服以庸是也　注旦不至省文者正以上言公會齊侯
以下是殊尊魯之文今若不舉内大夫名氏即因君鄉者殊尊
之經而省文　注月者善録義兵者正以侵伐例時故也其例
時者即上十一年冬楚人伐黄之屬是也　晦者何　解云欲
言月晦例所不書欲言晝冥亦非常録故執不知問　震之者
何　解云欲言天震文不言天欲言地震又無地稱故執不知
問加之者以震有二種故也且避問輕重兩舉云云之説在僖
九年　注據陽虎稱盗者即定八年盗竊寳玉大弓是也　注
不月云云者正以敗例書月即莊十年春王正月公敗齊師于

長勺秋九月荊敗蔡師于莘是也以其非兩夷故書月　注釋不書云云正決下二十一年釋宋公之經矣然莊十年荊敗蔡師于莘以蔡侯獻舞歸傳云曷爲不言其獲不與夷狄之獲中國也然則秦楚同類得獲晉侯者正以爵稱伯非真夷狄故與楚異十六年　注据星云云即莊七年夜中星霣如雨是也是月者何者正以言異常例故執不知問　注是月邊也魯人語也者案上十年傳云踊爲文公諱何氏云踊豫也齊人語若關西言渾矣是以春秋之内於此乎悉解爲齊人語而此一文獨爲魯人語者以是經文孔子作之孔子魯人故知魯人語彼皆是諸傳文乃胡毋生公羊氏皆爲齊人故解爲齊人語注在正月之幾盡者謂晦日乃在正月之欲盡矣　注据五石言日者等是災異何故五石書言戊申朔而六鶂不書日乎故難之

注凡災云云即莊十八年三月日有食之之屬是也今此亦晦故不書日　注日食云云　解云案隱三年王二月己巳日有食之傳云日食則曷爲或日或不日或言朔或不言朔曰某月某日朔日有食之者食正朔也注云桓三年秋七月壬辰朔日有食之是也傳又云其或日或不日或失之前或失之後失之前者朔在前也注云謂二日食己巳日有食之是也傳又云失之後者朔在後也注又云謂晦日食莊十八年三月日有食之是也然則日食亦有二日食此注何言日食常於晦朔乎二日食者雖非正朔若欲比晦言之亦得謂之朔矣言若正朔食朔日並言若二日食則言日則知日朔並不言是晦日明矣故云不日晦可知也　注平居無他卓佹者謂無他卓異恑戾平常之事也　注無所至戰是也者即桓十七年二月丙午及邾

婁儀父盟于趡春秋說以爲二月晦矣五月丙午及齊師戰于奚春秋說以爲五月之朔也然則此傳云春秋不書晦謂平常之事下文朔有事下文朔有事則書晦雖有事不書者謂卓佹之事合書晦朔矣　注若泓云云即下二十二年冬十有一月己巳朔宋公及楚人戰于泓及此經皆書朔是其卓佹之事書朔也　注卒以五年見執者即下二十一年執宋公以伐宋是計有六年而言五年者據實日月言之以合五石之數故也又六年終敗者即下二十二年戰于泓宋師敗績是也計有七年而言六年者如上說　注天之與人昭昭著明甚可畏也者春秋說文也　注据犂戰名不稱季者即上元年冬十月壬午公子友帥師敗莒師于犂是也　注來歸不稱友者閔二年季子來歸是也　注閔公云云者正以君弑賊不討惡臣子不討賊君

喪之所繫徃前閔公不書葬恐季子有甚惡故書字見其賢

注不稱子云云者即閔元年歸之下注云不稱季友者明齊繼

魯本感落姑之託故令與高子俱稱子起其事是也　注日者

云云　解云以所傳聞之世大夫之卒不問有罪以否例不日

隱元年十二月公子益師卒是也今此季友公孫慈之卒皆書

日者正以賢君宜有恩禮於大夫故也然則言皆者皆季友與

公孫慈也其鄫季姬之卒例自合日即上九年秋七月乙酉伯

姬卒之屬是也　注一年至痛之者言由其是賢君故宜痛骨

肉之卒若直見是賢君宜有禮于大夫但當是季一人書日故

知宜痛其頻死故也　注月者云云　正以盟會之例大信書時

今而書月故如此解知任豎刀易牙者下十八年傳文言墮功

滅項者謂墮毀霸功而滅項即下十七年夏滅項是也　○十七

年　注伐國而云云解云若其主名即爵等是也　注以言滅知非内也者案經直言滅不載主名何知非内滅之正以春秋之例内大惡諱今言滅知非内矣　注以不諱知齊滅者春秋之例爲賢者諱故上十二年楚人滅黄不爲諱今諱不言齊人故知齊滅之　注据齊師滅譚者在莊十年冬也　注立僖公也者即元年是也　注存邢衛杞者存邢上元年城邢是也存衛上二年城楚丘是也存杞上十四年城緣陵是也　注傳不言服楚云云　解云其服楚在上四年傳云曷爲再言盟喜服楚也是也　注明繼云云　解云殺子糾者即莊九年九月取子糾殺之是也滅譚即莊十年冬十月齊師滅譚是也其滅遂者即莊十三年夏六月齊人滅遂是也以繼絶除殺子糾以存三亡國除其三滅故云覆終身之惡　注服楚云云　解云即

莊九年齊小白入于齊是其簒文也而言之表者取以蓋藏之
注不月云云　解云言滅國例書月者惡其簒而罪之今桓
公功足除其滅是以不月故云不坐滅也而滅譚滅遂皆月者
是時未足以覆之也略小國者欲道既諱不言齊知是誰滅而
不書月又以略小國故也　十八年　注月者與襄公之征齊者
正以侵伐時故也戰不言伐者莊十年師解故難之　宋公與
伐而不與戰故言伐者謂宋公但與伐而不與戰故不得舉重
是以兩舉之　注据甲云云　解云即莊二十八年春王三月
甲寅齊人伐衛衛人及齊人戰衛人敗績傳云春秋伐者爲客
伐者爲主故使衛主之也彼注云戰序上言及者爲主是也
與襄公之征齊也者謂使征而正之征是上討下之辭　注据
齊云云即莊二十八年春衛人及齊人戰是也　注不爲文實

者云云其爲文實者即上元年春齊師宋師曹師次于聶北救邢傳云曷爲先言次而後言救君也君則其稱師何不與諸侯專封也曷爲不與實與而文不與文曷爲不與諸侯之義不得專封則其曰實與之何上無天子下無方伯天下諸侯有相滅亡者力能救之則救之可也其二年城楚丘之下亦復發文實之傳矣今此經何以不言宋師伐齊傳云此公也其稱師何不與諸侯專征曷爲不與實與而文不與文曷爲不與諸侯之義不得專征諸侯之義不得專征則其曰實與之何上無天子下無方伯天下諸侯有不道者力能征之則征之可也正以諸侯本無專封之道是以元年二年之經皆爲文實以保伍連率本有用兵征不義之道是以不貶宋公稱師矣注狄稱云云　解云案穀梁傳狄救齊傳云善救齊也又云邢人狄人伐衛傳云

其稱人何也善累而後進之伐衛所以救齊也何氏廢之曰即伐衛救齊當兩舉如伐楚救江矣又傳以爲江遠楚近故伐楚救江今狄亦近衛而遠齊其事一也於義穀梁爲短以此言之則何氏之意適自伐衛不爲救齊之故而此注又以狄稱人者善能救齊者謂以其上能救齊是以於此進之不謂此時伐衛爲救齊也所以不於救時進者不使義兵壅塞也　○十九年注名者云云　解云即上九年夏公會宰周公齊侯宋子衛侯鄭伯許男曹伯于葵丘九月戊辰諸侯盟于葵丘傳云桓公震而矜之叛者九國是也　注不得爲伯討者上四年傳云稱侯而執者伯討也稱人而執者非伯討也今此不稱侯故解之注月者錄責之者正以執例書時即上四年夏齊人執陳袁濤塗五年冬晉人執虞公之類是也今此書月者錄責之也　注

因本會云云　解云言此盟之前相與會于曹南矣其實此盟在邾婁故言實邾婁矣　注据外云云　解云舊本皆無及字言外諸侯會盟不録者正以竟春秋上下無外諸侯會盟之文若存及亘下句讀之　注說與會伐宋同義者即莊十四年春齊人陳人曹人伐宋夏單伯會伐宋傳云其言會伐宋何後會也彼注云本期而後故但舉會書者刺其不信　注君不會大夫者案莊九年春公及齊大夫盟于暨傳云公曷為與大夫盟齊無君也然則何以不名為其諱與大夫盟也使若衆然又莊二十二年秋及齊高傒盟于防傳云曷為不言公諱與大夫盟也皆是君不會大夫之辭　注起實君也者言起上宋人曹人之屬實是宋公曹伯耳　注地以邾婁者正以二十八年夏公會晉侯以下盟于踐土陳侯如會傳云其言如會何後會也然

則彼言陳侯如會此亦宜言鄫子如會而言于邾婁起爲邾婁
事也　注不言君者上曹南之盟不言宋公等是也　注季姬
淫泆云云者即上十四年夏六月季姬及鄫子遇于防使鄫子
來朝傳云鄫子曷爲使乎季姬來朝内辭也非使來朝使來請
己也　注不於上云云上經云盟于曹南者實是盟于邾婁故
以此解之所以不於經地以邾婁者深爲襄公諱使若不爲邾
婁事盟而鄫子自就邾婁所見執者也　注上盟不云云解
云春秋上下微者之盟例皆書時而下文冬會陳人蔡人楚人
鄭人盟于齊之屬是今此乃以不日爲微者例者正以宋襄賢
君雖使微者有可采取故宜書月隱元年注云微者盟例時不
能專正故責略之此月者隱公賢君雖使微者有可采取故錄
也是也　注會盟云云正以春秋之例不信者日故也言自其

正文也者謂既言會盟即是不信之正文不勞書日以見之注日者魯云云正以凡執例時即上四年夏齊人執陳袁濤塗之屬是也今日故解之　注因宋征云云謂上十八年襄公征齊齊與宋有間隙齊遂構會諸侯之人而爲此盟以謀宋矣霍之會執宋公即下二十一年秋宋公楚子陳侯蔡侯鄭伯許男曹伯會于霍執宋公以伐宋是也　注据蔡云云即上四年春公會齊侯云云侵蔡蔡潰是也　魚爛而亡也注云梁君隆云云史記春秋說有此文也〇二十年　注惡奢云云　解云言其直是奢泰不依古法非僭天子也隱五年傳云始僭諸公昉於此乎前此矣前此則曷爲始於此僭諸公猶可言也僭天子不可言也定二年雉門及兩觀災之下何氏云立雉門兩觀不書者僭天子不可言雖在春秋中猶不書然則此新作南門書之

知不僭天子也　注夫有存云云　解云桓二年夏四月取郜
大鼎于宋僖二年傳云始滅昉於此乎前此矣何氏云前此者
在春秋前謂宋滅郜是也然則宋人滅郜在春秋之前是以桓
二年取郜大鼎于宋自爾以來不見存在之文若然則是失地
之君例合書名而來朝不名故執不知問　注据鄧穀名者即
桓七年夏穀伯綏來朝鄧侯吾離來朝傳云皆何以名失地之
君是也　注不忍云云即不書其名是也何者若非兄弟宜書
其名絶而賤之　注明當尊云云正以穀鄧書名而此不名也
西宮者何　解云欲言是廟不書其謚欲言居寢而書宮舉災
故執不知問　注西宮者云云案襄九年春宋火傳云曷爲或
言災或言火大者曰災小者曰火何氏云大者謂正寢社稷宗
廟朝廷也此西宮者小寢內室楚女所居也何故不言火而書

災彼傳文云內何以不言火內不言火者甚之也彼注云春秋以內爲天下法動作當先自克責故小有火如大有災是以雖小言災耳 注禮夫人居中宮者王者之制也 ○二十一年會于霍 解云左氏作盂穀梁作雩蓋誤或所見異 注以下獻捷聚者即下文冬楚人使宜申來獻捷傳云此楚子也其稱人何貶曷爲貶爲執宋公貶是也 注据溴梁盟者即襄十六年春公會晉侯宋公以下于溴梁晉人執莒子邾婁子以歸是也注劫質諸侯者言劫諸侯以爲質而求其國事當起也是以執伐兩舉見其外貪利也下云楚人謂宋人曰子不與我國吾將殺子君矣是也 注蓋鹿上之盟者即上文春宋人齊人楚人盟于鹿上是也言鹿上盟爲此約 君雖不言國云云者即言君假令不道是臣之國當是爲臣之國矣所以堅宋公意啓

使宋公乃心在楚不急宋還　注絶彊楚之望者欲絶楚人使知宋難取不復望之　注走之衛云云正決襄十四年夏衛侯衎出奔齊也　注凡出奔云云者正以桓十五年夏鄭伯突云云彼傳云曷爲或言歸或言復歸者出惡歸無惡復入者出無惡入有惡入者出入惡歸者出入無惡不應益國益國即入與復入是也春秋皆録其歸以別之其執獲而歸不書者本未失國無義可著何録之有案下二十八年三月丙午晉侯入曹執曹伯畀宋人冬曹伯襄復歸于曹晉人執衛侯歸之于京師三十年衛侯鄭歸于衛哀七年秋公伐邾婁八月己酉入邾婁以邾婁子益來八年夏歸邾婁子益于邾婁然則三者皆執獲而歸所以書之者曹伯之下注云執歸不書書者名惡當見其曹伯名者刺天子歸有罪也衛侯歸下注爲殺叔武惡天子歸有

罪也執歸不書主書者名惡當見也邾婁子益之下注云善魯能悔過歸之　注不月者因起其事者正以獻戎捷書六月也起事者正以春秋之義滅國例月莊十年冬十月齊師滅譚十三年夏六月齊人滅遂之類是也今此宋公幾之國是以爲諱之去其月以起其賢邑爲不言其圍者案舊本傳注三者皆作圍字唯有守下知上二國字以其有皆作圍字者誤守國即上傳設守械而守是也　注設權云云　解云救君者即上傳宋公釋乎執走之衛是也解圍者楚人釋宋公去而不復圍也　注起霍之會諸侯也者即上文是上文序之下文揔之故得起其上會諸侯也不序者若其序之云　公會某侯某侯即無以見公從旁別來今諸侯不序并作一文別言公會則知魯公從旁而来是以不序諸侯以起其義　注會盟一事云云上言會于

霍下言盟於薄明其但是一出之行而更言公會諸侯者因以殊諸侯矣　釋宋公　解云不言楚子釋宋公者何氏廢疾公羊以爲公會諸侯釋之故不復出楚耳　注據執云云者即上十九年春王二月宋人執滕子嬰齊是也　公與議爾者言魯公與爲釋宋公之事也　○二十二年　注據奚云云即桓十七年五月丙午及齊師戰于奚春秋說以爲五月朔日也　○二十三年　注襄公云云即九年春王三月丁丑宋公禦說卒傳云何以不書葬爲襄公諱也　彼注云襄公背殯出會宰周公有不子之惡後有征齊憂中國尊周室之心功足以除惡故諱不書葬是也　注以後諱加微封者謂以至功薄微故加而爲之諱而封之其封字亦有下句讀之非也　注内娶云云者下二十五年夏宋殺其大夫傳云何以不名宋三世無大夫三世内娶也

彼注云三世謂慈父王臣處臼也内娶而責其去日者正以文七年夏四月宋公王臣卒　注云不日者内娶略文十六年冬十一月宋人弑其君處臼彼注云不日者内娶略賤之然則三世内娶二人皆略此獨書日者明是覆之　注桓公云云正以所傳聞之世小國之卒未合書見故解之　注始見稱伯者即莊二十七年冬杞伯來朝是也　注爲徐莒所脅者即十四年傳云曷爲城杞滅也孰滅之蓋徐莒脅之是也　注貶稱至不明者正以春秋之前周王舊有黜陟之法隱元年儀父稱字上十七年春莢氏稱氏之類今杞公之爵雖爲伯仍恐春秋之前周王黜之非爲新周故曰不明　注故以其一等貶之者謂伯之與子、春秋合以爲一而已杞君從伯至子乃是同事之内故云一等　注明本非伯乃公也者正以一等貶之明是王者之

後本非伯爾莊二十七年杞伯來朝之時所以不稱侯正欲此
處以一等貶之故彼不稱侯也聖人子孫有誅無絕稱侯正欲
者若其有過但當誅責不合絕去其爵是以雖微弱見貶仍但
從伯至子不失其爵矣　注不名不日云云謂所傳聞之世也
小國如此若曹許之屬仍自書名書葬即上四年許男新臣卒
秋葬許繆公彼注云得卒葬於所傳聞世者許大小次曹故卒
少在曹後也　二十四年王者無外　解云桓八年傳云女
在其國稱女此其稱王后何王者無外其辭成矣是也　注據
王子云云即襄三十年王子瑕奔晉是也　注明母至母命正
以襄王之母於今仍在亦非繼母與左氏異也鄭氏發墨守云
聖人制法必因其事非虛加之孟子曰夫人自侮而後人侮之
家而自毀而後人毀之國必自伐而後人伐之今襄王實不能

孝道稱惠后之心令其寵專於子失教而亂作出居于鄭自絕于周故孔子因其自絕而書之公羊以毋得廢之則左氏已死矣是也襄王正是惠后所生非繼母又云失教而亂作自絕於周從左氏鄭氏雜用三家不苟從一　注灼然異云云公羊以為此天王出居于鄭不事其母而自出居于鄭春秋惡其所為是以書出以絕之實非出奔故云灼然異居不復供養者與

注篡故不書明當絕也者正以惠公無　入之文於例去葬以絕之　注不日月云云大國之卒例書日月上十七年冬十有二月乙亥齊侯小白卒之類是也　注猶薛伯定也者即定十二年春薛伯定卒彼注云不日月者子無道當廢之而以為後未至三年失衆見弑危社稷宗廟禍端在定故略之然則惠公之子亦是不肖而以為後未期之間文公奪之是以不書日月

春秋公羊疏卷第十一

金澤文庫

春秋公羊疏卷第十二　僖公三

起二十五年　盡三十三年

二十五年　滅同姓也　解云曲禮下篇云滅同姓名是也以
此言之則知公羊何氏以爲齊人滅萊楚滅隗晉滅下陽之屬
皆非同姓是以不名耳　注曰者爲魯憂内録之者凡滅例月
即莊十年冬十月齊師滅譚之屬是而此書日也　宋蕩伯姬
者何　解云欲言歸人而來逆婦欲言大夫而言伯姬故執不
知問　注蕩氏宋世大夫者正以稱蕩氏若崔氏尹氏之屬文
同也　注連來者云云　解云弟子本意據莒慶逆叔姬難此
逆婦之文宜云其言逆婦何而連來言之者正以伯姬是内女
嫌經言來逆婦爲殺直來之耻非實逆婦是以連來問之似若
上五年杞伯姬來朝其子傳云其言來朝其子何彼注云連來

者問爲直來乎爲下朝出之類其直來者即莊二十七年冬杞伯姬來傳云其言來何直來曰來彼注云直來無事而來也是也其稱婦何　解云隱二年傳云在塗稱婦今此非在塗而稱婦故難之不注者彼省文可知也　注宋魯至兄弟者蓋時猶然公羊子齊人而取宋魯間語者正以蕩伯姬來逆婦宋魯之事故取解之亦何傷　注主書者無出道也者言伯姬無逆婦之道是以書而譏之　注三世謂慈父王臣處臼者即上二十三年夏宋公慈父卒文七年夏宋公王臣卒文十六年冬宋人弑其君處臼是也　注外小惡正之者所傳聞之世外小惡不書故也　注威權下流者謂君之威權下流于臣而臣下用之也　注頓子至例也正以春秋之例小國出入不兩書桓十五年夏午叔入于許　注云不書出時皆小國是例也　注不

見挈者故君不可見挈於臣者桓十一年九月宋人執鄭祭
仲突歸于鄭傳云突何以名挈乎祭仲也彼注云挈猶提挈也
突當國本當言鄭突欲明祭仲從宋人命提挈而納之故上繫
於祭仲不繫國者使與外納同也案莊九年夏公伐齊納糾傳
曰何以不稱公子彼注云据下言子糾知非當國本當去國見
挈言公子糾此若作挈文宜言楚人納某甲于頓去其國爵以
見挈于楚矣故君不可以見挈於臣　注不月者云云　解云
卒日葬月大國之常案桓十二年冬十一月丙戌衛侯晉卒十
三年三月葬衛宣公之類是也　注書莒慶者尊敬壻之義也
者即莊一十七年冬莒慶來逆叔姬傳云大夫越竟逆女非禮
也是　注公與未云云案莊六年　注云公與二國以上出會
盟得意致會不得意不致謂與諸侯會時然也今也衛子莒慶

皆是早者得意不得意亦可知故言不別得意耳今逃是內也
但不合致假假令在外亦不致之何者正以其與早者會盟得意
不假別之如定十二年冬公至自圍成成是孟氏之邑而書致
彼注云天子不親征下土諸侯不親征叛邑公親圍成不能
服不能以一國爲家甚危若從佗國來故危錄之是也　二十
六年　注不直言大云云　解云案莊十八年公追戎于濟西
傳云此未有言伐者其言追何大其爲中國追也此未有伐中
國者則其言爲中國追何大其未至而豫禦之也其言于濟西
何大之也彼注云大公除害恩及濟西也言大者當有公賞也
然則彼爲諸侯追於王法當有功賞故得云大此則自爲己追
但臣子得褒之故傳不言大以見義云言師者侈大公所追也
者正以上言齊人侵我西鄙下言公追齊師與上文異故也

乞者至君辭　解云案成十六年夏晉侯使欒黶來乞師十七年秋晉侯使荀罃來乞師外亦言乞師也　注據泓之戰不重師　解云上二十二年十有一月己巳朔宋公及楚人戰于泓宋師敗績傳云宋公與楚人期戰于泓之陽楚人濟泓而來有司復曰請迨其未畢濟而擊之宋公曰不可吾聞之也君子不厄人吾雖喪國之餘寡人不忍行也既濟未畢陳有司復曰請迨其未畢陳而擊之宋公曰不可吾聞之也君子不鼓不成列已陳然後襄公鼓之宋師大敗故君子大其不鼓不成列臨大事而不忘大禮有君而無臣以爲雖文王之戰亦不過此也然則宋公守古敗師而春秋善之也是其不重之文　注戰必當勝　解云以義言之此句亦宜云戰不正勝者不正自謂戰當必勝但何氏省文不復備言　注乞師例時者正以據文年夏

下又成十三年春晉侯使郤錡來乞師之屬皆書時故也　注不月者略夷狄者正以莊十年冬十月齊師滅譚十三年夏六月齊人滅遂之類皆書月故也　注不名者云云案上二十三年杞子卒之下注云又因以見聖人子孫有誅無絶故貶不失爵也以此言之似誅輕絶重此注云但絶不誅自相違者凡誅有二種一是誅責之誅若齒路馬有誅於予與何誅之類一是誅絶之誅似武王誅紂誅君之子不立之類然則上言有誅無絶聖人子孫但當誅責而已不合絶去此言但絶不誅者謂所傳聞之世責小國略今此不書其名但欲絶去一身不聽爲君不合誅滅其國哀七年八月己酉入邾婁以邾婁子益來傳云邾婁子益何以名絶之又莊十年以蔡侯獻舞歸傳曰蔡侯獻舞何以名絶之以此二文言絶之則似書名爲絶之此注云不

名者匿絶而不誅又以不名爲絶者蓋以絶亦有二種一是絶
去其身一是絶滅其國蔡侯獻舞大國之君不能死難爲楚所
獲春秋之義不與夷狄得志于諸夏是以不得書獲故名蔡侯
起其當合絶滅矣邾婁正當所見之世爲魯所獲春秋之義内
獲人皆諱不書故名邾婁子以起不死難當絶滅矣　今此
隗子既是微國復當傳聞之世若其書名恐如二君亦合絶滅
故不名見責之略也但合一身絶去而已　邑不云云者案隱
五年宋人伐鄭圍長葛之下傳云邑不言圍此其言圍何彼已
注云据伐於餘丘不言圍然則彼已有注故此不復解耳注稱
人者楚未有大夫知楚是時未能有大夫者以文九年冬楚子
使椒来聘彼傳云椒者何楚大夫也楚無大夫此何以書始有
大夫也始有大夫則何以不氏許夷狄者不一而足也然則文

九年始有大大則知今時未有然上四年夏楚屈完來盟于師下二十八年夏楚殺其大夫得臣在椒來聘之前而有大夫者屈完之下傳云屈完者何楚大夫也何以不稱使尊屈完也曷爲尊屈完以當桓公也　注云增倍使若得其君以醇霸德非常事子玉之下注云楚無大夫言其大夫者欲起上楚人本當言子玉得臣所以詳録霸事　注楚自道用云云　解云欲道下文公以楚師得稱楚師而此不得者以楚自道用之故從楚文也　注言以者行公意者桓十四年冬宋人以齊人衛人蔡人陳人伐鄭傳云以者何行其意也彼注云以已從人曰行言四國行宋意也　注魯内虚而外乞師　解云言内虚者謂自無師　注會齊侯昭卒者即下二十七年齊侯昭卒是也　注晉文行霸者即二十八年侵曹伐衛敗楚師于城濮盟于踐

土是也故得意猶致伐也者莊六年注云公與一國及獨出用兵得意不致不得意致伐然則此文公以楚師伐齊取穀是得意宜合不致今致伐作不得意之文故解之 ○ 二十七年　注與稱子者云云　解云杞本公爵但春秋黜杞新周故宋而黜之稱伯即莊二十七年冬杞伯來朝是也至二十三年經書杞子卒者但以微弱爲徐莒所脅不能死位故以其一等貶之見聖人子孫有誅無絕而已至於此經復稱子者起其無禮故左氏皆有魯入之文也　注楚前執宋公者即二十一年秋執宋公以伐宋十二月公會諸侯盟于薄釋宋公傳云執未有言釋之者此其言釋之何公與議爾也彼注云善僖公能與楚議釋賢者之厄 ○ 二十八年　注据楚人圍云云者在上二十五年秋也非兩之也　解云上二十五年頓子之下傳云何以不言遂

兩之也　注云微者不別遂但別兩稱耳　別之者惡國家不重民命一出兵爲兩事也　以此言之初發國即有兩伐之意　注據侵蔡遂伐楚言遂者即上四年春王正月公會齊侯塗則固將先伐之其意猶自欲得侵曹矣　注曹有至征之　解云言征之者謂伐而正之上討下之辭　如上十八年傳云與襄公之征齊也　不卒戍者何　解云欲言實戍乃有不卒戍之文欲言不戍　而經書戍衛故執不知問　剌之者何　解云欲言不殺文言剌之欲言實殺文不言殺故執不知問　注有罪云云　解云孟子言大夫者天子命之輔助其政諸侯不得專殺大夫也然則孟子之文論有罪故此何氏云有罪無罪皆不得專殺也　注內殺大夫例有罪不日無罪日者其有罪不日即此文是而不月者與上同月故也無罪日者成十六年冬十二月乙酉

剌公子偃是也　注外殺大夫皆時者即上七年夏鄭殺其大夫申侯下三十年秋衛殺其大夫元咺之類是也　畀者何　解云欲言是與文不言歸欲言非與畀者與義故執不知問　注據下云云者即下經云冬晉人執衛侯歸之于京師是也然則彼言歸于京師是也然則彼言歸于京師比言以畀宋人故難之　注傳曰晉侯至是也者即下三十一年春取濟西田之下傳云惡乎取之取之曹也此未有伐曹者則其言取之曹何晉侯執曹伯班其所取侵地于諸侯是也　注恩惠當先施者即堯典云九族既睦平章百姓是也　注刑罰當後加者即小司寇議親賢之辟是也　注故著其甚惡者即執而言畀宋人使治其罪是　注晉文伯討者即稱侯以執是也　注不坐獲者謂諸侯言獲者皆是惡其擅獲是以上十五年獲晉侯之下傳

云君獲不言師敗績也注云舉君獲爲重也釋不書者以獲君爲惡書者以惡見獲與獲人君者皆當絶也主書者從獲人例是其坐獲之文今晉侯伯討故不坐獲　注据秦稱師　解云案文十二年秋秦伯使遂來聘傳云秦無大夫此何以書賢繆公也然則至文十二年秦始有大夫則知此時未合稱師今乃稱師録功故知大戰既是大戰則明知必不應使微者云楚雖無大夫者文九年冬楚子使椒來聘傳云楚無大夫此何以書始有大夫也以此言之則知此時未有大夫故曰楚雖無大夫矣云齊桓行霸書屈完也者即上四年夏楚屈完來盟于師傳云屈完者何楚大夫也何以不稱使尊屈完也曷爲尊屈完以當桓公也注云增倍使若得其君以醇霸德成王事也者是子玉得臣也　解云傳及注意似子玉爲得臣之氏　注齊桓先

朝天子者正以莊十三年冬柯之盟桓公之信著于天下豈不
朝天子而待然乎但以外朝不書是以無經可指耳但何氏以
理知之故言先朝天子言先者欲道至僖四年乃服楚之意
云所遭遇異者謂齊桓初霸之時楚未彊大雖侵諸夏未能爲
伯者之害是以桓公養成其晦至僖四年乃往討而服之至晉
文之時楚人孔熾圍宋救衛與之爭威是以未暇朝王先討子
玉矣時事不同故云所遭遇異矣　注擇立其次解云立叔武
是也叔武衛侯之弟故曰其次耳惡不如出奔重者言文公逐
人之惡廿於衛侯出奔之罪　注据曹伯襄者即下文曹伯襄
復歸于曹遂會諸侯圍許是也　注盟日者譎也　解云正以
春秋之例不信者日今而書日故解之而言譎者正以孔子謂
之譎而不正故取其文　注衛稱子至之意　解云衛侯爲王

伯所逐而立叔武叔武即是成君何不稱侯而作未踰年之君
號欲起其本無即位之心故也無即位之心者即下云文公逐
衛侯而立叔武叔武辭立而他人立則恐衛侯之不得反也故
於是已立然後爲踐土之會治反衛侯是也　注時晉云云
解云皆春秋說文及史記文檀弓下篇云晉獻公之喪秦穆公
使人弔公子重耳且曰喪亦不可久也時亦不可失也孺子其
圖之鄭玄注云孺稚也孺子猶稚子則於僖九年獻公卒時仍
謂之稚子今得稱云年老者正以禮記非正典何氏不醇取之
云明王法雖非正起時可與者言明王之法雖以爲非正欲見
當時事勢不得不然是故遂書其朝云公朝于王所言因正其
義者欲道臣無召君之義故不言王之所在云不書至不書者
正以諸侯朝王不在京師亦是其惡但非大惡當所傳聞之世

見在不録之限是以特書公朝故隱元年公子益師卒之下何氏云於所得聞世見治起於衰亂之中用心尚麤觕故内其國而外諸夏先詳内而後治外内小惡書外小惡不書是也　注不書如不言天王者從外正君臣所以見文公之功者春秋之例内朝言如外來言朝今此魯侯不言如反言朝故云從外正君臣所以見文公之功也不言天王所以得正君臣見文公之功者以隱元年秋七月天王使宰咺來歸惠公仲子之賵下何氏云天王者時吴楚上僭稱王王者不能正而上自繋于天也春秋不正者因以廣是非然則稱王爲正稱加天則非禮今此經書不言天王者亦是正君臣以見文公之功也　注言復歸者天子有命歸之者春秋説文是以傳云然後爲踐土之會治反衛侯何氏云叔武訟治於晉文公令自王者反衛侯使還國

也天子有命歸而言復歸者正以衛侯出惡歸無惡故也何者正以衛侯初出之時晉文以王事逐之是其出惡及其歸國得天子之命是其歸無惡矣桓十五年傳曰復歸者出惡歸無惡是也

注名者至罪也　解云諸侯不生名若其生名皆欲絕之不以爲諸侯是以莊十年蔡侯獻舞之下傳云蔡侯獻舞何以名絕也今此衛侯王事不供而爲伯者所逐故當合絕但天子歸之失誅臣之義是以書名剌天子也　注言自楚者爲天子之諱也者正以自者有力之文故言自楚得爲天子諱者若似自得楚力而歸然云復歸至出也者案桓十七年秋蔡季自陳歸于蔡下三十年秋衛侯鄭歸于衛之屬是歸書時也其復歸書時者即下冬衛元咺自晉復歸于衛之類是例合時而此月故知爲他事出也　注卒不日者以大國之卒例書日已說

於上　㬎近而戝土遠也者近讀如附近之近遠讀爲遠外之遠
注公以云云　解云正以上朝不日而下朝始日危録内再
失禮則知此書狩者不與再致天子也故言上説是　歸之于
者何　解云欲言伯執晉不稱侯欲言非伯而云歸之于京師
似得伯執之義故執不知問　注此以伯討而何貶者　解云
上四年齊人執陳袁濤塗之下傳云此執有罪何以不得爲伯
討然則此傳亘云此執有罪何以不稱侯而云此晉侯也其稱
人何問其貶者正以言歸之于者罪定已可知即是伯討明矣
知稱人更有所爲故問其稱人之義　注文公本逐之非者上
注文公以王事逐之而言非者雖王事不供罪不至逐而文公
逐之疾惡大甚故以爲非也案論語云人而不仁疾之已甚亂
也　注以起文公逐之者其主書者即文公執衛侯之事是也

今執衛侯貶文公稱人見其失所是故貶以起文公遂之　自
者何　解云文公賢伯而有力於惡人似非其義故執不知問
曹伯襄復歸于曹　解云天子歸之以得天子之命其罪可以
除故言復歸作入無惡之文矣上衛侯之下注云言復者天子
有命歸之不言衛侯而此處著言曹伯者正以文承元咺復歸
之下辨嫌也　注執歸云云正以上二十一年宋公被執而歸
經不書之故知執歸不書今書者其名之惡當須見之　注又
不更舉曹伯者謂何以不言曹伯遂會諸侯圍許正以言遂又
不更舉曹伯皆是風疾之義故可以見悔過即時從霸者征伐
也　注欲服許云云正以上文温之會許男不至是不慕霸者
而從于楚之　已而服之　云卒不能降者正以二十九年春經書
公至自圍許作不得意之文莊六年秋公至自伐衛之下傳云

得意致會不得意致伐今此不至會知卒不能降也　○三十九
年　介葛盧者何　解云欲言諸侯文不言朝欲言大夫文不
書聘故執不知問　注進稱名者　解云正以下三十年秋介
人侵蕭不名故知此稱名是其進　注月者云云　解云正以
月非大信之辭也　○三十年　其言歸何　解云正以歸者是
出入無惡也　注與入惡同王以復入者出無惡入有惡今此
衛侯未至而殺故亘與入惡同不合言歸故難之　注据師還
者即莊八年秋師還傳云還者何善辭也此滅同姓何善爾非
師之罪也彼注云明君之使重在若然則彼魯公遣師滅同姓
歸善于師而歸惡于公此衛侯即歸惡于元咺與彼義違　注
恃晉云云者即彼傳云自者何有力焉者也注云有力焉者有
力于晉也言恃晉有屬己力以歸是　注稱人者侵中國故退

之者正以上二十九年來朝稱名今不名故知此稱人者退之也　注與葵丘會同義者葵丘之會在上九年公會宰周公以下于葵丘彼注云宰猶治也三公之職號尊名也以加宰知其職大尊重當與天子參聽萬機而下爲諸侯所會惡不勝任也此宰周公亦職大尊重當與天子參聽萬機而下聘諸侯惡不勝任故云與葵丘同義　大夫無遂事者正以臣無自專之道也　三十一年　注以不月云云　解云昭元年三月取運傳云運者何内之邑也其言取之何不聽也注云不聽者叛也不言叛者爲内諱故書取以起之月者爲内喜得之故書月也此不書月與彼異知非内之邑是以傳云惡乎取之猶言何處取之　注即有兵云云　解云即文七年春公伐邾婁三月甲戌取須朐　傳云取邑不日此何以日内辭也使若他人然注云

使若公舂伐邾婁而去他人自以甲戌日取之　注据晉還之
得爲　解云上二十八年三月丙午晉侯入曹執曹伯畀宋
人是也何者稱侯以執伯討之文然此傳云晉侯執曹伯班其
所取侵地于諸侯正指上二十八年執曹伯以畀宋人之文言
晉還之者謂執曹伯而還諸侯之田矣　曷爲或言三卜者即
襄七年夏四月三卜郊不從乃免牲是也　三卜禮也者案曲
禮上篇云卜筮不過三是其舊典之遺存鄭玄云求吉不過三
魯四卜郊春秋譏之是也三卜禮謂是魯禮若天子之郊則不
卜以其常事但以魯郊非常是以卜之吉則爲之凶則已之
求吉之道三者周禮大卜掌三王之龜易義亦通于此然三卜
是禮理應不書襄七年三卜郊何以書正以魯人之郊博卜三
正襄七年乃在周之四月以其不時是以書也　禘嘗不卜者

即僖八年秋七月禘于大廟桓十四年八月乙亥嘗之類皆不見卜筮之文故言此　注禘比祫爲大　解云禘之與祫雖皆大祭但禘及功臣於祫則否故以禘爲大是以文二年大事于大廟之下傳云五年而再殷祭彼注云謂三年祫五年禘禘所以異於祫者功臣皆祭也祫猶合也禘猶禘也審諦無所遺失盤庚曰茲予大享于先王爾祖其從與享之義亦通于此也　注嘗比四時祭爲大者以此傳配禘禘既大於祫則知嘗大于四時且嘗是秋成萬物薦馨故以爲盛也　注禮天子不卜郊者欲道天子之郊以其常事故不須卜魯郊非禮是以卜之異於禘嘗耳　卜郊何以非禮者弟子之意以爲上言三卜是禮何言卜郊非禮乎荅者以爲由魯郊非正須卜何妨天子之郊不卜之　注謂之郊者云云何氏以爲郊特牲云於郊故謂之

郊禮記非正典故不從之　注不言郊天者謙不敢斥尊者合
道禘于大廟于莊公于武宫之屬皆斥尊言之若然乙亥嘗己
卯烝之屬又不斥言者以是時祭于大廟小於禘故也　注居
南郊云云者皆出禮記郊特牲文云郊之祭也大報天而主日
也兆於南郊就陽位也又云莞簟之安而蒲越稾鞂之尚酒醴
之美玄酒明水之尚器用陶匏以象天地之性也大圭不琢美
其質也大羹不和貴其質也鄭氏云明水司烜以陰鑑所取於
月之水也蒲越稾鞂藉神席也而彼文又云祭天埽地而祭
焉於其質而已矣而云稾鞂神席者正謂對不爲壇故言埽地
不全無席　諸侯祭土者欲道魯郊爲非禮之意也　注方望
謂郊云云　解云舊說云四方羣神是爲四也通日與月爲六
星是五星爲十一也辰是十二辰爲二十三風伯雨師爲二十

五五岳爲三十四瀆爲三十四餘小山川爲二是爲三十六所注故魯郊非禮也者正以其所主狹是以不得祭天地也 或言免牛者即成七年王正月鼷鼠食郊牛角改卜牛鼷鼠又食其角乃免牛是也 三望者何 解云欲言祭名文在免牲之下欲言非祭因郊天爲之故執不知問 注禮祭天至大夫者皆王制與禮說文耳其餘山川視卿大夫者小山川之屬但索牛而已 注天燎至雨升 解云爾雅祭天曰燔柴者蓋以燎柴而燔之故謂祭天爲燔柴云地瘞者即爾雅云祭地曰瘞埋李巡曰祭地以玉埋地中瘞亦埋也 云日月星辰布者即爾雅云祭星曰布孫氏云既祭布散於地位似星辰布列郭氏曰布散祭於地然則爾雅雖不言日月月月之義宜附於星故何氏連日月言之云山縣者爾雅云祭山曰庪縣郭氏云或庪或縣

置之於山李氏曰祭山以黄玉及璧以庪置几上遥遥而眡之
若縣故曰庪縣孫氏曰庪縣埋於山足曰庪埋於山上曰縣是
也云水沈者即爾雅祭川曰浮沈孫氏曰置祭於水中或浮或
沈故曰浮沈是也言風磔者即爾雅云祭風曰磔孫氏云旣祭
披磔其牲以風散之李氏曰祭風以牲頭蹄及皮破之以祭故
曰磔郭氏曰今俗當大道中磔狗云以止風此其象云雨升者
無文何氏更有所見蓋患其雨多祭使上升故祭雨曰升明上
水沈是祭川也　注燎者取俎云云者解上天燎之文其七體
者即少牢之肩臂臑肫胳正脊脡脊横脊短脅長脅代脅之屬
也　三十二年　注君殺大夫云云者正謂大夫有罪則書其
君葬若其大夫無罪則去其君葬以見惡　注唯内云云者正
其別之者即有罪不日上二十八年春公子買戍衛不卒戍刺

之是也若其無罪則書日即成十六年十有二月乙酉剌公子偃是也 ○三十三年 注據敗至稱人者即莊二十八年春王三月甲寅齊人伐衛衛人及齊人戰衛人敗績傳云敗者稱師衛何以不稱師何氏云據桓十三年己巳燕人戰敗績稱師傳云未得乎師也何氏云未得成列爲師也然則燕人敗績稱師衛人未得師稱人今此稱國故難之 注穀梁家也者正以穀梁傳云子之家木已拱矣范氏云拱合抱未知同異如何也 注介胄不拜者出曲禮上篇彼文蹲作萎字少儀亦云介者不拜鄭注云軍中之拜肅拜是也 注及吳子云云即黄池傳云吳何以稱子吳主會吳主會即曷爲先言晉侯不與夷狄之主中國也 注以既臣又危文公葬者即下經云癸巳葬晉文公是也何者隱三年傳云當時而不日正也當時而日危不得葬也

今此文公去年十二月薨至今年四月正直合葬而書其日故云危文公葬　注括桓十三年云云者即桓十三年二月公會紀侯鄭伯己巳及齊侯宋公衛侯燕人戰云云是也知彼衛侯背殯用兵者即以桓十二年十一月丙戌衛侯晉卒至十三年三月葬衛宣公然則三月乃葬先君二月而已出戰故知背殯明矣　注與衛迫齊宋畏者即彼注云背殯用兵而月不危之者衛弱於齊宋不從亦有危故量力不責也是也　取叢有作鄒字者　注取邑不致者云云　解云公與二國以上用兵之時得致會不得意致伐若與一國及獨出用兵之時得意不致不得意致伐今此取邑例皆不致不別得意者既言取邑得意明矣何勞別之　注不月者云云以隱六年注云戰例時偏戰日詐戰月今此不月故解之　注月者善公云云正以朝聘例

時故如此解而言念齊恩及子孫者正以十年春公如齊之下
注云月者僖公本齊所立桓公德衰見叛獨能念恩朝事之故
善録之十五年公如齊之下注云月者善公既能念恩尊事齊
桓又合古五年一朝之義故録之今桓公既卒能復朝齊書月
故以念恩及子孫解之　注陰威列索者正謂陰威列見而敵
萬物矣

春秋公羊疏卷第十二

春秋公羊疏卷第十三　　文公一

起元年　盡九年

元年　注是後楚世子商臣弑其君者即下經云冬十月丁未楚世子商臣殺其君髠是也　注楚滅江六者即下四年秋楚人滅六是也　注狄比侵中國者即下四年夏狄侵齊七年夏侵我西鄙之屬是也　注据奔喪云云者即定十五年夏五月壬申公薨于高寢下云邾婁子來奔喪傳云其言來奔喪非禮也是　注歸含且賵不言來者下五年春王正月王使榮叔歸含且賵是也　注但解會葬者明言來者常文不爲早晚施解在隱元年也　注常事書者　解云僖公之卒在去年十二月至今年四月葬之是爲五月而葬叔服來會附在葬前適得其所故謂之常事常事不書今書之故須注解　注文公不肖云云

正以下七年秋八月公會諸侯晉大夫盟于扈傳云諸侯何以不序大夫何以不名公失序也公失序柰何諸侯不可使與公盟眣晉大夫使與公盟也注云文公爲諸侯所薄賤不見序故深諱爲不可知之辭是其不肯諸侯莫肯會之之義也　注故書至之薄者言天子恩厚於文公而經書其會葬起諸侯之薄無恩於文公故經不書矣而襄三十一年冬十月滕子來會葬亦是常事而書之者亦起當時更無人會故彼注云此書者與叔服同義是也　注蓋以長補短也者謂書天子得禮欲以補諸侯之短令其非禮可見矣其非禮者不相會葬是也　注叔服者云云解云知叔服爲王子虎者正以下三年夏五月王子虎卒傳云王子虎者何天子之大夫也外大夫不卒此何以卒新使乎我也注云王子虎即叔服也新爲王者使來會葬在葬後

三年中卒君子恩降於親親則加報之故卒明當有恩禮也是
也　注不繫王云云　解云若繫王亘云王使王服子來會葬
似若宣十五年王札子矣今不如此者春秋王見天子之厚使
來會葬而已何須録其使人之親疏乎是以不言王服子矣宣
十五年王札子殺召伯毛伯傳云王札子者何長庶之號注云
子者王子也天子不言子弟故變文上札繫先王以明之是其
類也　注不稱云云　解云言尤其在位子弟則知聘使與會
盟之時不得稱子弟若其卒與奔猶得稱之何者卒與出奔不
復在位何須刺其早任以權乎即下三年夏五月王子虎卒襄
三十年夏王子瑕奔晉之屬是也注魯得云云　解云魯君在
位公子得言之者即桓三年公子翬如齊逆女莊二年公子慶
父伐於餘丘之屬是也言方録異辭者謂上異於天子下異於

諸侯見其爲新王之義故曰方録異辭矣故獨不言弟也者謂尤其在位之弟若其卒出奔不妨有之即宣十七年冬公弟叔肸卒之屬是也　注諸侯云云　解云諸侯在位公子得見經者即宣二年春及鄭公子歸生戰于大棘之屬是也其諸侯在侯位之弟得見經者即隱七年夏齊侯使其弟年來聘桓十四年夏鄭伯使其弟語來盟之屬是也一國失賢輕者雖是不務求賢而專貴親親要其一國失賢其罪輕故也錫者何　解云明始即位未有功美天子加錫異於常典故執不知問　注復發云云　解云莊元年王使榮叔來錫桓公命傳云錫者何賜也注云上與下之辭傳又云命者何加我服也注云增加其衣服令有異於諸侯然則若不重發即嫌悉與桓公同故復言之明有異矣彼是贈死之衣此是朝祭之服故言死生異也云

云之說在莊元年　注書者與莊云云即莊二十五年冬公子
友如陳彼注云如陳者聘也内朝聘言如者尊内也書者録内
所交接也今此亦然故曰同也　注如他云云　解云如他國
所以合識者正以聘是吉禮又非君父之國於喪宜廢故也言
就不三年一識而已者即下二年冬公子遂如齊納幣傳云納
幣不書此何以書識何識爾識喪娶也娶在三年之外則何識
乎喪娶三年之内不圖婚是也言就其重者一識而已其餘不
識從可知
注楚無云云　解云下九年冬楚子使椒來聘傳
云椒者何楚大夫也楚無大夫此何以書始有大夫也始有大
夫則何以不氏許夷狄者不一而足也然則至下九年楚始有
大夫則知此處未有大夫矣既無大夫其世子亦未當見故解
之　注曰者云云　解云如此　注者正決襄三十年夏四月蔡

世子般弒其君固何氏云不日者深爲中國隱痛有子弒父之
禍故不忍言其日是也　二年　注稱秦云云　解云正以秦
于是時未有大夫則不合稱師今而稱師故解之　注前以不
用云云者解在僖三十三年矣　注師敵云云　解云僖二十
八年夏晉侯以下及楚人戰于城濮傳云此大戰也曷爲使微
者子玉得臣也子玉得臣則其稱人何貶大夫不敵君也然則
彼是大夫嫌其與君敵故正之稱人此師者乃是秦之衆人是
以不勞正之耳　作僖公主者何　解云欲言是禮書而譏之
欲言非禮禮有作主之事故執不知問　爲僖公作主也者爲
于僞反　注主狀正方穿中央達四方天子長尺二寸諸侯長一
尺者皆孝經說文也卿大夫以下正禮無主故不言之　云云之
說備在左氏　注禮平明而葬日中而反虞者出曾子問與士虞

記也言以陽求陰者謂以日中求神是也而鄭注士虞記云草
葬而日中虞君子舉事必用辰正也者兩相須也彼鄭氏又云
再虞三虞皆質明則日中而反虞者指葬日言之　注禮虞云
云　解云自諸侯七以下雜記文其天子九虞者何氏差之耳
異義左氏說亦有成文云云之說具左氏傳疏　注謂期年練
祭也埋虞主於兩階之間易用栗也者出禮記文　注夏后氏
以松殷人以柏周人以栗者出論語也而鄭氏注云謂社主正
以古文論語哀公問社於宰我故也今文論語無社字是以何
氏以爲廟主耳注禮作練主當以十三月者即禮記云十三月
而練是也　注日者重失禮鬼神者即僖五年注云失禮鬼神
例日是也　注据晉陽處父伐楚救江者即下三年冬晉陽處
父帥師伐楚救江是也　注諱去云云　解云儀父之事在僖

元年凡五等諸侯失爵在名字之例者但直書其名字不言其氏即倪黎來蔡叔邾婁儀父之類是也今此處父無氏故云使若得其君矣　注日者起公盟也者正以微者盟例不日故也　注俱没至君也　解云高傒之事在莊二十二年彼經云秋七月丙申及齊高傒盟于防是也　注如晉不致者深諱之者正決下三年冬公如晉十有二月已巳及晉侯盟四年春公至自晉之文也　盟于無斂者左氏作無隴　注雖不能誅解云正以共討惡逆乃是義之高者若能誅之理應書見似若昭四年經書執齊慶封殺之然今無其經故知不能誅也　注不如平云云即昭十三年公會劉子晉侯以下于平丘八月甲戌同盟於平丘是也　大旱以災書者即僖二十一年經書夏大旱傳云何以書記災也是也　注不就云云解云莊三十一

年冬不雨傳云何以書記異也然則彼一時不雨是以不得爲
傳云不雨之日長此則歷四時故言最甚事著也大事者何
解云欲言大祭無禘祫之文欲言時祭而經書大故執不知問
注以言大與有事異　解云宣八年夏六月辛巳有事于大
廟彼是時祭不言大則知此言大者是大祭明矣　注又從僖
八年云云　解云春秋說文云三年一祫五年一禘爾雅云禘
大祭也孫氏云禘五年大祭也然則三年一祫五年一禘禮如
然也案僖八年秋七月禘於大廟從此以後三年一祫數則十
一年祫十四年祫十七年祫二十年祫二十三年祫二十六年
祫二十九年祫三十二年祫文二年祫也若作五年一禘數則
從僖公八年禘十三年禘十八年禘二十三年禘二十八年禘
三十三年禘文五年禘則文二年非禘年正當合祫故知此年

大事爲祫矣是以注云又從僖八年禘數之知爲大祫也若然從僖八年禘數之則十一年祫十三年禘隨次而下至僖二十三年并爲禘祫何得下傳云五年而再殷祭者蓋爲其初時三年作祫五年作禘大判言之得言五年而再殷祭其間三五參差隨次而下何妨或有同年時乎知非祫與禘相因而數爲三年五年者若從僖八年禘十一年祫十六年禘十九年祫數之至僖三十二年禘文公二年祫亦相當但於五年而再殷祭之言不合故不得然解　大祫者何　解云正以祫小于禘而文加大故執不知問　注禮取其廟室笮以爲死者炊沐者出禮記文　注禘所以異於祫者功臣皆祭也者出禮記與春秋說文　注禮天子特禘特祫者禮記及春秋說文即不主禘祫是也　注諸侯禘則不礿祫則不嘗者即禮記王制所云夏禘則

不礿秋祫則不嘗是也　注大夫有賜於君然後祫其高祖
正以於禮不得故也　躋者何　解云先君昭穆自有常次今
而言躋故執不知問　注据禘于大廟不道所升者即僖八年
秋七月禘于大廟用致夫人是也　注不言吉祫者云云　解
云閔二年夏五月乙酉吉禘于莊公傳云其言吉何言吉者未
可以吉也曷爲未可以吉未三年也然則吉禘于莊公在三年
之内今此大事亦在三年之内是不須更言吉祫以譏之但略
言大事于大廟爲下躋僖公張本而已　納幣不書者正以桓
三年秋公子翬如齊逆女不書納幣故難之　○三年　王子虎
者何　解云欲言大夫例不書卒欲言諸侯而經書王子故執
不知問　注据原仲也者即莊二十七年秋公子友如陳葬原
仲是也　注尹氏卒日此不日者在期外也　解云隱三年夏

四月辛卯尹氏卒下傳云外大夫不卒此何以卒天王崩諸侯之主也何氏云時天王崩魯隱往奔喪尹氏主儐贊諸侯與隱交接而卒恩隆於王者則加禮録之故爲隱恩痛之日者恩録之明當有恩禮然則彼天王崩尹氏四月卒仍在期恩内其恩近故書日此則已經三年其恩殺故不日是以注云在期外

注名者卒從正 解云隱八年夏六月己亥蔡侯考父卒八月葬蔡宣公傳云卒從正何氏云卒當赴告天子君前臣名故從君臣之正義言也傳云而葬從主人何氏云至葬者有常月可知不赴告天子故自從蔡臣子辭稱公然則此亦從君臣之正義言之故云名者卒從正也 雨螽者何 解云欲言是雨而特施于螽欲言非雨而文言雨螽故執不知問 注以先言雨也者正以先言雨後言螽則知死而墜者也 注不言云云欲

從天來又不及地如雨不酹故云女雨此則初從地上而還至地故不言如言其真似雨也　注是後大臣比爭鬪相殺者即七年夏宋人殺其大夫八年冬宋人殺其大夫是也　注司城蕩逃者即八年冬宋司城來奔是也　注子哀奔之者十四年秋宋子哀來奔是也　注蓋由三世内娶者僖二十五年及下七年傳皆云宋三世無大夫三世内娶也之屬是也　注据雨之當重出處父也者即僖二十八年春晉侯侵曹晉侯伐衛傳云曷爲再言晉侯非兩之也是也　注生事當言遂者即宣元年秋楚子鄭人侵陳遂侵宋是也

◯四年　夏逆婦姜于齊　解云隱二年注云不親迎例月重錄之今此書時者蓋以娶于大夫賤不可以奉宗廟故略之　注据不書逆者主名卑不爲錄使也者決宣元年公子遂如齊逆

女之經也　注稱婦云云欲道逆以夫人婦姜至自齊之經還至始言婦姜今此始言婦姜故云逆與至共文耳　注不言如齊者云云　解云莊二十七年秋公子友如陳葬原仲案彼亦是大夫無國而得言如陳者何氏云不言如陳嫌不辟國事實私行也是也　衛侯使甯俞來聘者正本作速字故賈氏云公羊曰甯速是也　五年含者何　解云欲言實曰上下無剛欲言從物而經書含故執不知問　注天子以珠諸侯以玉大夫以碧士以貝者皆春秋說文故云春秋之制也　注文象加飯以稻米者即禮記檀弓下篇云飯用米貝弗忍虛也　注據宰晅歸兩賵不言且也者即隱元年秋七月天王使宰晅來歸惠公仲子之賵是也　注連賵云云　解云若傳直言其言且何即嫌責此賵事亦當言歸故連言賵以辯嫌注含者臣子職

者正以[illegible]年[illegible]年之[illegible] 注不從含晚言來者云云 正以含者
殯前之禮遥始行之故知 晚然則宜言來以見晚而不言來者
正以本不當含[illegible]責其晚乎 注主書者從含也者言春秋
主書此事者正欲譏其含而并言且賵者因譏之成風者何
解云欲言其妾經書小君欲言夫人不同夫謚故執不知問
注風氏云云 解云風氏謂此成風即上文風氏薨者矣知任
宿等之姓者左傳文 秋楚人滅六 解云不月者略夷狄滅
小國也說在僖二十六年 許男業卒者正本作辛字○六年
注書遂者云云 解云晉侯生時公數如晉者即上二年三
月乙巳及晉處父盟彼下注云如晉不書不致者深諱之三年
冬公如晉之屬是也 言葬不自行非禮云云者異義公羊說云
襄三十年叔弓如宋葬宋共姬譏公不自行也者與此注合

注据蔡殺云云　解云事在襄二十年秋彼則復是變之同姓言恐禍及己而出奔此非同姓而亦奔故難之　注明君至坐殺也　解云襄公當坐則例去其葬而上文經書冬十月公子遂如晉葬襄公者蓋謂葬訖乃相殺不得追去葬是以穀梁傳曰襄公死處父主竟上之事夜姑使人殺之是也然則此傳雖連言之仍不妨殺之在葬後是以經書葬在殺前矣　注易曰云云者上繫辭文也　鄭氏云幾微也密靜也言不慎于微而以動作則禍變必成　不告月者何　解云欲言朔日文不言朔欲言非朔刺其不告故執不知問　注禮諸侯受十二月朔政於天子藏于大祖廟云云者出玉藻但謂禮法然非謂禮有成文　注比時使有司先告朔者比時者言比至月初之時也　注親在朝朝夕者出[illegible]禮有朝玄端夕深衣之文故也而之以

王　之云立之爲世子朝於王季日三者蓋謂越禮之高矣
猶者何　解云欲言非禮禮則有之欲言是禮而經書猶故執
不知問　注不言公者云云者欲道下十六年夏五月公四不
視朔言公矣故解之　七年　注据取叢也　解云考諸舊本
叢皆作闞字是以昭三十二年春王正月取闞傳云闞者何邾
婁之邑也若作叢字即僖三十三年夏四月辛巳晉人及姜戎
敗秦于殽癸巳葬晉文公狄侵齊公伐邾婁取叢文承日月之
下而將取邑不日據之非其義也且案彼叢字文多作鄒字耳
注内再取邑然後甚而日也者即隱十年夏六月辛未取郜
辛巳取防傳云取邑不日此何以日一月而再取也何言乎一
月而再取甚之也是也若然哀二年春王二月季孫斯叔孫州
仇仲孫何忌帥師伐邾婁取漷東田及沂西田亦是再取邑而

不日者隱公之時新王始起當先自正而比取人邑小惡之甚
者書日以甚之至定哀之時久致大平內之小惡亦諱而不書
是以不書其日矣所以不全諱之者如彼注云　注今此一取
而日故使若他人然者舊本故下有知字　注邑之盟不見序
并爲取邑故者邑之盟在下文秋八月　注不書葬者坐殺大
夫也　解云正以僖二十四年宋公王臣即位至二十五年夏
宋殺其大夫而不書葬明其坐此故也　注不日者內娶略者
正決僖九年春王三月丁丑宋公禦說卒書丁丑故也　注据
宋殺其大夫　山名者即成十五年秋宋殺其大夫山是也　宋
三世無大夫三世內娶也　解云僖二十五年傳云宋三世無
大夫三世內娶也注云三世謂慈父王臣處臼也內娶大夫女
也言無大夫者禮不臣妻之父母國內皆臣無娶道故絕去大夫

未也是也然則彼已有傳今復發之者恐大夫之
書名更有佗義故明之其有佗義者即莊二十六年夏曹殺其
大夫傳云何以不名衆殺之之類是耳　晉先眛者左氏穀梁
作先蔑　注据秦師敗績者即上二年春王二月甲子晉侯及
秦師戰于彭衙秦師敗績是也　注据新築之戰衛孫良夫敗
績不敗者即成二年夏衛孫良夫帥師及齊師戰于新築衛師
敗績是也　注不起者敵而外事可知也言所以不申作文起
見晉侯要以無功當誅之義者以其可知故也　注据楚囊瓦
俱戰而奔言出者即定四年冬蔡侯以吳子及楚人戰于伯莒
楚師敗績楚囊瓦出奔鄭也以此言之則令狐非晉地伯莒
爲楚地亦明矣　注据新成盟諸侯序趙盾名者即下十四年
夏六月公會宋公陳侯以下晉趙盾癸酉同盟于新城是　注

以目通指曰昳者言其用目眂之而并指向魯若今時瞬眼矣
注文公内則欲久喪而後不能者即上二年二月丁丑作僖
公主傳云何以書譏何譏爾不時也其不時奈何欲久喪而後
不能是也　注喪娶逆祀者其喪娶者即二年冬公子遂如齊
納幣傳云何以書譏喪娶也其逆祀者即二年秋大事于大廟
躋僖公傳云何譏爾逆祀也者是也而先引喪娶者正以納幣
之前仍有數禮不妨在大事之前故見之　注外則貪利取邑
者即上春公伐邾婁取須朐是也　注不日者順諱爲善文也
者正以日爲不信辭故也　注謂之徐者云云者即僖十四年
春諸侯城緣陵傳曰孰城之城杞也曷爲城杞滅也孰滅之蓋
徐莒脅之是也言不知尊先聖法度者謂杞有禹法度也　注
莒在下不得狄故衍　爲也者謂莒時被伐例不得出主名〻〻

以無由狄之　注徐先狄在僖十五年者即僖十五年敗徐于婁林彼注云謂之徐者爲滅杞不知尊先聖法度惡重故狄之也是也○八年　注四日不能再出不卒名者非一事再見也者欲道宣元年公子遂如齊三月遂以夫人婦姜至自齊傳云遂何以不稱公子一事而再見者卒名也注云卒竟也竟但舉名者省文者言彼是一事再見故得省文與此異也不至復者何　解云欲言不到經有如文欲言實到復有不至之稱故執不知問　注即已行當道所至乃言復如至黃矣者即宣八年夏六月公子遂如齊至黃乃復是也　注據慶父言出奔也者即上閔二年九月公子慶父出奔莒是也　注日者云云　解云閔二年九月公子慶父出奔莒彼注云不日者內大夫奔例無罪者日有罪者月是也故比作注云日者使若無罪矣

内大夫奔例曰者襄二十三年冬十月乙亥臧孫紇出奔邾婁之屬是也　注先是公如晉云云　解云公子遂不可使者即僖三十年冬公子遂如京師遂如晉傳云大夫無遂事此其言遂何公不得爲政爾注云不從公政令也時見使如京師而横生事矯君命聘晉故疾其驕蹇自專當絶之者是　司馬者何　解云欲言大夫例不官舉欲言非大夫而經有大夫之文故執不知問　司城者何　解云欲言大夫例不官舉欲言非大夫司城者宋大夫之號故執不知問　注宋變司空爲司城者辟先君武公名者桓六年左氏傳文　注据宋殺其大夫山不官舉者在成十五年秋　注子哀奔之者即下十四年宋子哀來奔是也　注大夫相殺例皆時者正以此經及下九年晉人殺其大夫先都晉人殺其大夫士穀之屬皆不别書日月故也

知彼此是又大夫相殺之經者正以下十六年傳云大夫相殺稱
人矣○九年毛伯者何解云欲言諸侯經不書朝欲言大
夫又不言使故執不知問注据南季稱使者即隱九年春天
王使南季來聘是注時王新有三年喪者即去年八月天王
崩是也踰年稱公者莊三十年師解云爾故據難之注奔
父母之喪也解云知者正以諸侯夫人尊重既在夫家終身
不反唯三年之喪乃可越竟而奔之今此夫人如齊直書不諱
故知其奔父母之喪也注故以致起得禮也者正以春秋之
例夫人違禮而出會者皆不致之唯此一文而書至故莊元年
注云有出道乃致奔喪致是也注書者大夫家危重解云欲
道夫人如齊奔父母之喪禮既許之則是常事而書之者但此
夫人所適乃是大夫之家卑于夫人有不制之義而危重之是

以書也　注言如齊者云云　解云案上四年逆婦姜之下注云不言如齊者大夫無國也與此違者正以四年經云夏逆婦姜于齊逆至其文又不書如齊見其娶于大夫矣故不言如齊正由大夫無國故也今此夫人仍彼婦姜一也經書如齊明知正由大夫繫國故也何者今既尊内不言奔喪若去如齊即文不可施是以將大夫繫國書如齊矣　王者不書葬此何以書者正以隱三年天王崩之下師作解云天子記崩不記葬必其時也故此弟子據而難之　不及時書過時書　解云其不及時書者即宣二年十月天王崩三年正月葬匡王昭二十二年夏四月乙丑天王崩六月叔鞅如京師葬景王之屬是也以其不及七月故書之其也過時書者上下無文唯桓十五年三月乙未崩至七年夏五月葬桓王蓋以當之　注重録失

時老〻ラ下共葬一人而不如禮故重録之刺其失時矣　注
日者僖公成風云云　解云如此注者正以昭二十二年六月
叔鞅如京師葬景王之屬不日故也言襄王比加禮者即元年
叔服来會葬五年榮叔歸含且賵召伯来會葬之屬是也　注
出獨致者云云　解云書致者臣子喜其脫危而致故曰與臣
子辭耳　注月者婦人危重從始至例　解云獨行無制恐有
非禮之惡故曰危重也言從始至例者即宣元年三月遂以夫
人婦姜至自齊成十四年九月僑如以夫人婦姜氏至自齊之
屬是也　地震者何　解云大陰沈重本無動性而書震故孔
不知問　注星孛之萌自此而作故下與北斗之變所感同也
者即十四年秋七月有星孛入于北斗是也言與北斗之變所
感同也者即十四年秋七月有星孛入于北斗是也言與北斗

之變所感同者即十四年注云齊晉並爭吳楚更謀競行天子之事齊宋莒魯弑其君而立之應是也　注不傳天下異者從王内録可知者僖十四年秋八月辛卯沙鹿崩傳云何以書記異也外異不書此何以書爲天下記異也今此地震爲内録之内爲新王天下明矣故言不傳天下異者從王内録可知　掓者何　解云欲言大夫不言其氏欲言微者書名見經故執不知問　注入文公所聞之世見治升平　解云知文公爲所聞之世者春秋説云文宣成襄所聞之世是也言見治升平者升進也欲見其治稍稍上進而至于平也　注内諸夏以外夷狄也者即成十五年冬叔孫僑如會晉士燮以下會吳于鍾離傳云曷爲殊會吳外吳也曷爲外也春秋内其國而外諸夏内諸夏而外夷狄是也　注屈完子玉得臣者以起霸事　解云僖

四年夏楚屈完來盟于師盟于召陵傳曰屈完者何楚大夫也何以不稱使尊屈完也曷爲尊屈完以當桓公也何氏云增倍使若得其君以醇霸德成王事也是也其子玉得臣者卽僖二十八年夏楚殺其大夫得臣何氏云楚無大夫其言大夫者欲起上楚人本當言子玉得臣所以詳録霸事是也然則彼二人皆是傳聞之世未合書之而書之者欲起齊桓晉文霸事故也

注此其正也聘而與大夫者本大國　解云等是夷狄而舒越之屬皆無大夫而楚得有大夫者正以本是大國故入所聞之世於是見法矣　其言僖公成風之襚何　解云欲言非禮禮有襚文欲言是禮而二人并致故執不知問　注据及者别公夫人尊卑文也者卽僖十一年夏公及夫人姜氏會齊侯于陽穀是也

春秋公羊疏卷第十三

# 春秋公羊疏卷第十四　　文公二

起十年　盡十八年

○十一年　注以日嫌夷狄不能偏戰故問也者正以春秋之例偏戰日詐戰月夷狄不能偏戰今而書日故執不知問　注蓋長百尺者何氏蓋取関中記云秦始皇二十六年有長人十二見於臨洮身長百尺皆夷狄服天誡若曰勿大爲夷狄行將滅其國始皇不知反喜是時初併六國以爲瑞乃收天下兵器鑄作銅人十二象之是也其文穀梁左氏與此長短不同者不可強合　注言相類如兄弟者正以別之三國不相援助是以知其非親兄弟　注不書者外異也　解云案上文狄侵齊而云不書者蓋以爲侵齊之狄非此等也　注据敗者內戰文非殺一人也者以春秋之義內魯爲王王於諸侯無敵之義但當言戰

戰則是內敗之文言敗某師則是內戰之文今敵其一人而言敗狄于鹹作內戰之經故難之　注長狄之三國皆欲爲君者正以各之一國故也何者雖非兄弟者不爲君羣行亦得即長人十二見於臨洮是也　注据日而言敗云云者即僖元年冬十月壬午公子友帥師敗莒師于犂獲莒拏傳云莒人聞之曰吾已得子之賊矣以求賂于魯魯人不與爲是興師而伐魯季子待之以偏戰是也　注魯成就周道之封者正以周公相成王而致大平竟封于魯故云爾　注齊晉霸尊周室之後者正以晉文齊桓皆率諸侯尊事天子此是齊晉之君子孫故云爾　注長狄之操無羽翮之助者謂執持此意也　注事以三成者即長狄之三國共成其異是也往弑君二十八亡國四十解云案今春秋之經自宣成以下訖于哀十四年止有弑君二

十二國三十四則知此注誤也宜云弒君二十也　是衍字也
國二十四也作四十者錯也其弒君二十即宣二年趙盾弒其
君夷獋四年歸生弒其君夷十年夏徵舒弒其君平國襄二十
五年崔杼弒其君光吳子謁伐楚門于巢卒爲巢人所弒二十
六年衛甯喜弒其君剽二十九年閽弒吳子餘祭三十年蔡世
子般弒其君固三十一年莒人弒其君密州昭八年陳招殺偃
師十一年楚子虔誘蔡侯般殺之十三年公子比殺其君虔棄
疾比十九年許世子止弒其君買二十三年吳殺胡子髡沈子
楹二十七年吳弒其君僚定四年蔡殺沈子嘉十三年薛弒其
君比哀六年齊陳乞弒其君舍之屬是也其滅國二十四者宣
八年楚滅舒蓼十二年楚滅蕭十五年晉滅潞氏十六年滅甲
氏及留吁成十七年楚滅舒庸襄六年莒人滅鄫齊滅萊十年

遂滅偪陽十三年取詩二十五年楚滅舒鳩昭四年遂滅厲八年楚滅陳十一年楚滅蔡十七年晉滅賁渾戎二十三年胡子髡沈子楹滅二十四年吳滅巢三十年吳滅徐定四年蔡滅沈六年鄭滅許十四年楚滅頓十五年楚滅胡哀八年宋滅曹之屬是其二十四也然則三國變異起自今年而注者所以不言自今以後而言自宣成以往者蓋以文公之年已過半以後既不得其初故遺去其實楚人滅庸宋弑處臼莒弑庶其之屬皆由此禍耳或者弑君二十八亡國四十者春秋說文其間亦有經不書者故不同耳　十二年　盛伯者何解云欲言諸侯不見存文欲言大夫而經書伯故執不知問　何以不名　解云桓七年夏穀伯綏鄧侯吾離來朝之下傳云皆何以名失地之之君也是以此處見首失地之君即責云何以不名然則何氏

此處不言据穀鄧名者正以僖公二十年郜子來朝之下已注
訖故也　注與郜子同義者即僖二十年郜子來朝傳云郜子
者何失地之君也何以不名兄弟辭也何氏云郜魯之同姓故
不忍言其絕賤明當尊遇之異於穀鄧也書者喜內見歸是也
然則言同義者謂尊遇兄弟異於他姓是以不忍言其名不謂
朝奔之文相似　注月者前為魯所滅今來見歸尤當加意厚
遇之者正以穀鄧郜子之屬皆書時此特書月故須解也　言前
為魯所滅者即莊八年夏師及齊師圍成成降于齊師傳云成
者何盛也盛則曷為謂之成諱滅同姓也是也　注卒者許嫁
者舊本皆無此注且理亦不須疑衍字　此未適人何以卒者
正以叔姬無所繫故知未適人也　注据伯姬卒亦許嫁不稱
子者即僖九年秋七月乙酉伯姬卒是也　注礼男子不絕婦

人之手婦人不絶男子之手者既夕礼及喪大記皆有此文
秦伯使遂來聘者左氏穀梁皆作術字經亦有作術字者疑遂
字誤　遂者何　解云欲言微者書名見經欲言大夫不録其
氏故執不知問　注荆人來聘是也者莊二十三年夏荆人來聘
傳云荆何以稱人始能聘也是也惟諓善竫言也者謂自念有
淺薄之善而撰其言也　俾君子易怠者能撰善言故謂之君
子言使此君子易爲輕惰何者自恃其善而致慢人以自尊矣
而況乎我多有之者我謂秦伯也言況於秦伯之懷其善言
無算故曰多有之　惟一介斷斷焉無他技者秦伯之善雖曰
無算若思念之皆是一槩專一之事更無奇巧異端之術言其
醇粹其善無擇矣　注斷斷猶專一也他他技奇巧異端也者
即鄭注大學云斷斷誠一之貌也他技異端之技也是與此合

注秦繆公自傷前不能用百里子蹇叔子之言者事在僖三
十三年　此偏戰者以其書日故知之　注据戰于泓不言曲
者即僖二十二年冬宋公及楚人戰于泓宋師敗績是也注書
師師云云　解云如此注者正見隱七年夏城中丘之屬皆不
言師師故也言臣下不可使者即上八年公孫敖如京師不至
復丙戌奔莒傳云不至復者何不至復者內辭也不可使往也
之屬是也　注言及者別君邑與臣邑也者正見昭五年莒牟
夷以牟婁及防茲來奔彼傳云其言及防茲來奔何不以私邑
累公邑也何氏云公邑君邑也私邑臣邑也累次也義不可使
臣邑與公邑相次序故言及以絕之是也　○十三年　注不書
至盈為諱　解云盈者相接足之辭晉文於僖二十八年之時
此朔之父陳侯款夏六月卒至冬末未葬而晉文會諸侯於溫

經有陳子是強會人孤令失子行亦是文公恥之是以春秋遂卒竟不書欵葬深爲文公諱也今若欵之子陳侯朔書葬則文公之悪還見是以此處須去朔卒使若陳國之君例不書葬然故言盈爲晉文諱故僖二十八年夏陳侯欵卒之下注云不書葬者爲晉文諱行霸不務教人以孝陳有大喪而疆會其孤故深爲恥之是也世室者何　解云欲言君寢於例不書欲言宗廟未有世室之名故執不知問　周公稱大廟者即僖八年禘于大廟文二年大事于大廟是也魯公稱世室者即此經是也羣公稱宮者即武宮煬宮之屬是也　注少差云云　解云正以廟者尊卑之名鬼神所居之稱今此稱異其名知上尊周公故也　世室猶世室也者言謂之世室者猶言世世室也　注尚書曰用命賞於祖其誓文也　注加曰者成王始受其茅土

之辭者即周書作洛篇曰封人社壝諸侯受命于周乃建大社
于國中其壝東青土南赤土西白土北驪土中央釁以黃土將
建諸侯鑿取其一面之土包以黃土苴以白茅以爲社之封孔
氏云王者封五色土爲社建諸侯則各割其方土與之使立社
燾以黃土苴以白茅茅取其絜黃取其王者覆四方者是其茅
土之文耳　注蓋以爲有王功故半天子也者正以天子千里
方百里者百周公七百里方百里者四十九大判言之故得言
半天子矣　注東征則西國怨西征則東國怨者僖四年傳文
注不以夏黑牡者嫌改周之文當以夏辟嫌也者知黑牡爲
夏牲者出明堂位文正朔三而改改天正十一月者當以十三
月爲正故言當以夏矣　注騂犅赤脊周牲也者正以山脊曰
岡故知騂犅爲赤脊矣　注不毛者不純色所以降于尊祖者

正以牲用純色祭祀之禮而言不毛故以降子尊祖解之注壽者冒也故上以新也者正以壽詁爲覆故也若似冒書壽以黄土之類也然則言周公盛者謂新穀滿其器言魯公壽者謂下故上新裁可半平　羣公廩　解云廩謂全是故穀但在上少有新穀財得相連而已故謂之廩廩者希少之名是以鄭注云廩讀如羣公廩之廩者是也　注此謂方祫祭之時序昭穆之差者正以若其時祭粢食精鑿群公之饌一何至此故知正是祫祭之時序昭穆之差所以降子尊祖故也　注以不務公室不月者知之不脩當蒙上月　解云當蒙上月者謂蒙上秋七月也不務公室月者即定二年冬十月新作雉門及兩觀傳云其言新作之何脩大也脩舊不書此何以書譏何譏爾不務乎公室何氏云務勉也不務公室亦可施於久不脩亦可施于不務

如公室之禮微辭也月者久也當即脩之如諸侯禮是也然則彼久不脩是以書月此亦久不脩故知當蒙上月爾還者何解云正以不言至而言還異於常例故執不知問　注文公前扈之盟不見序者即上七年秋公會諸侯晉大夫盟于扈傳云諸侯何以不序大夫何以不名公失序也是也　注後能救鄭之難者即上九年春楚人伐鄭公子遂會晉人宋人衛人許人救鄭是也　注不逆王者之求者即上九年春毛伯來求金經無不與之文是也　注上得尊尊之義者即不逆王者之求是也　注下得解患之恩者即公子遂救鄭是也　○十四年　注月者爲臣子喜録上事者出上文也　注至使臨葬更相篡弒者即下九月齊公子商人弒其君舍是其臨葬相篡弒之文　注盟下日者剌諸侯微弱信在趙盾者言信任在於趙盾若如

盟日定否趙盾制之然是以下日以迹之　孛者何　解云欲言是星星名未有欲言非星録爲星稱故執不知問　注据大辰不言入者即昭十七年冬有星孛于大辰是也　注又不言孛名者謂昭十七年直言孛于大辰不言所孛之星名今此言有星孛入于北斗故難之何者大辰非星名故也是以昭十七年傳云其言于大辰何彼注云据北斗言入于大辰非常名是也　注北斗天之樞機玉衡七政所出者即堯典云在璿璣玉衡以齊七政七政謂日月五星也　注齊宋莒魯弑其君而立之應者即下文九月齊公子商人弑其君舍十八年夏五月齊人弑其君商人是齊弑君事也十六年冬宋人弑其君處臼是宋弑其君事也十八年冬莒弑其君庶其是莒弑其君事十八年冬十月子卒傳云子卒者孰謂子赤也何以不日隱之也何隱

爾弑也弑則何以不日不忍言也者是魯弑其君事也　納者
何　解云欲言得國下有不克之文欲言不得國納者入辭故
執不知問　注据言于邾婁云云者即僖二十五年秋楚人圍
陳納頓子于頓是也此上言于邾婁是其得國下云弗克納自
相違故難之　注鄭伯以勝爲惡也者即隱元年夏五月鄭伯
克段于鄢傳云克之者何殺之也殺之則曷爲謂之克大鄭伯
之惡也曷爲大鄭伯之惡母欲立之已殺之如勿與而已矣注
云克者詁爲殺亦爲能惡其能忍戾母而親殺之是也　注据
伐齊納子糾恥不能納者即莊九年夏公伐齊納糾傳云納者
何入辭也其言伐之何伐而言納者猶不能納也是也　子以
其指　注指手指　解云子謂郤缺言子以手指指麾于邾婁令
使納接菑也　則接菑也四　貜且也六注言俱不得天之正性

解云地四生金于西方地六成水于北方皆非天數也言此者喻皆庶子矣貴則皆貴矣　注時邾婁再娶二子毋尊同體敵者蓋是右媵之子或是左媵之子言非姪娣所生也舊云子以其指者言凡立子之法以其手指相似則接留猶人之四指變且猶人之六指皆異於人故曰俱不得天之正性也雖然者雖皆不得正性但四不如六故長者宜立矣　注據趙鞅納蒯聵不辭者即哀二年夏晉趙鞅帥師納衛世子蒯聵于戚是也　注不復發云云者欲道僖元年救邢城楚丘之經悉是實與而文不與文與此同其傳皆云上無天子下無方伯天下諸侯有相滅亡者力能救之則救之可也今此不復言之故云爾言諸侯本有錫命[illegible]憂天下之道故者正謂保伍連帥本有共相存血之義[illegible]無天子下無[illegible]

於大夫耳　注明有亂義大夫不得專也者言大夫若有專廢
置君者即是亂義故曰明有乱義大夫不得專也正由大夫不
得專廢置故也　注接菑不繫邾婁者云云據僖二十五年納
頓子繫頓也　注不氏者云云據宣十一年納公孫寧儀行父
于陳皆言氏也　注本當言邾婁接菑見當國也者即隱元年
傳云段者何鄭伯之弟也何以不稱弟當國也注云欲當國為
之君故如其意使如國君氏上鄭所以見段之逆是也　注已
絶云云解云言已絶者即上八年公孫敖奔莒是也春秋之例
大夫出奔之後即絶於大夫之位不復書其卒即公子慶父臧
孫紇之屬是是以於此怪其書卒矣言為後齊脅魯歸其喪有
恥者即下十五年夏齊人歸公孫敖之喪傳云何以不言来内
辭也脅我而歸之是也　注据弑未踰年君之號也是也　注

商人本正當立　解云正以弑舍不書日見不正遇禍則知商人本正明矣　注從成君不日者與卓子同者即僖十年春晉克弑其君卓子彼下注云不日者不正遇禍終始惡明故略之是也　宋子哀者何　解云欲言宋君經書子哀欲言大夫文不言氏故執不知問　無聞焉爾者即隱二年注云言無聞者春秋有改周受命之制孔子畏時遠害又知秦將燔詩書其說口授相傳至漢公羊氏及弟子胡毋生等乃始記於竹帛故有所失也是也　注晉人執我行人叔孫舍是也者即昭二十三年晉人執我行人叔孫舍是　注據夫人婦姜繫公子遂者即宣元年三月遂以夫人婦姜至自齊是也　注不書云云　解云言此者欲決隱二年冬十月伯姬歸于紀之屬書歸也言深諱者正以子叔姬有罪故也言以起道淫者謂深諱不言其歸

尸足以起道淫之義何者若更爲小事而見執何須諱其歸于
齊今不言歸于齊而與單伯俱見執明其在道與單伯淫于歸
事不醒醒矣或曰不書歸于齊者深諱其起道淫故也何者若
言叔姬歸于齊人執單伯齊人執子叔姬即有道淫之理也
注齊稱人者順諱文使若非伯討也者即僖四年夏齊人執袁
濤塗之下傳云稱侯而執者伯討也稱人而執者非伯討也是
也　○十五年　注月者文公微弱大夫秉政者即公子遂是也
注宋亦蔽於三世之黨者即上九年傳云曷爲皆官舉宋三
世無大夫三世内娶也是也言爲三世内娶之故三世妃黨皆
強而爲君之所蔽故云蔽于三世之黨矣　注故不與信辭者
正以春秋之例凡莅盟來盟例皆書時所以然者欲見王者當
以至信先于天下故也是以桓十四年夏鄭伯使其弟語來盟

注云時者從内為王義明王者當以至信先天下是也今而書月故言不與信辭耳　注不稱使者宋無大夫者正決鄭伯使其弟語来盟之文也　注官舉者見宋亂也録華孫者云云解云大夫之義例不官舉而此言司馬者正以見宋之亂是以詳録華孫明其書月不與信辭者不由華孫之故也　注据齊人來歸子叔姬者在此年十二月　注故取其尸者謂取其死尸矣　注不月者不以恩録與子叔姬異者正以下十有二月齊人來歸子叔姬書月故也　注是後楚人滅庸者即下十六年秋楚人秦人巴人滅庸是也　注宋人弑其君處臼者在十六年冬　注齊人弑其君商人者在十八年夏五月　注宣公弑子赤者即十八年冬子卒傳云子卒者孰謂謂子赤也何以不日隱之也何隱爾弑也者是也　注莒弑其君庶其者在十

八年冬注大夫不致此致者喜患禍解者正以内大夫出聘例
不書至故也　注不省去氏云云者正以昭十四年春隱如至
自晉彼是被執而歸省去其氏今單伯存氏故解之　入不言
伐者莊十年師解云爾故此弟子据而難之　注据甲寅齊人
伐者衛曰伐也者即莊二十八年春王三月甲寅齊人伐衛衛
人及齊人戰衛人敗績是也　注主書與甲寅同義者即彼云
伐不日此何以日至之日也何氏云用兵之道當先至竟侵責
之不服乃伐之今日至便以今日伐之故日以起其暴也是也
然則今此郤缺亦今日至便以今日伐之故書日以起其暴也
注不序云云　解云上七年秋八月公會諸侯晉大夫盟于
扈傳云諸侯何以不序大夫何以不名公失序也公失序奈何
諸侯不可使與公盟云云何氏云文公内則欲久喪而後不能

喪娶逆祀外則貪利取邑爲諸侯所薄賤不見序故深諱爲不可知之辭不日者順諱爲善文也然則此不序者爲不可知之辭不日者順諱爲善文也何者盟不月善文也何者盟不日善文故也　注所以崇父子之親也者即言來以閔之是也　注言齊人不以云云　解云若以棄歸爲文即言子叔姬來歸不言齊人即宣十六年郯伯姬來歸之文是今言齊人來歸故謂之同文也言相發明者言叔爲齊所惡而來歸之今此亦爲齊人所歸之故曰相發明耳　注時文公母在者正以丁十六年秋八月辛未夫人姜氏薨十七年夏葬我小君聖姜傳云聖姜者何文公之母也是　注月者閔録之從無罪例者正以棄歸之例有罪者時無罪者月故也其有罪者時即宣十六年秋郯伯姬來歸是也其無罪者月成五年春王正月杞叔姬來歸之

[illegible]是也　郛者何　解云欲言城郭經無城郭之文欲言非城
郭上文言入故執不知問　入郛書乎曰不書案諸舊本此傳
之下悉皆無注有注云圍不言入入郛是也者衍字耳　十六
年　注据序云云　解云据序上會何得弗及盟乎是以問之
云嫌据盟者嫌直据盟問之　注使若至與盟　解云使若行
父會齊侯于陽穀訖即棄之而去齊侯不及盟　注亦所以起
齊侯不肯　解云若直言不及盟文體已具足見不得盟矣而
更言齊侯不及者欲道是時不肯盟者是齊侯也若直言季孫
行父會齊侯于陽穀不及盟不妨行父不及無以見齊侯不肯
矣　注視朔說在六年者即上六年注云禮諸侯受十二月朔
政於天子藏于大祖廟每月朔朝廟使大夫南面奉天子命君
北面而受之是也　注不舉不朝者云云正以視朔之時必有

朝廟之禮故上六年經云閏月不告月猶朝于廟是也今此經
直言四不視朔不道不朝廟故解之　注常以朔者重始也
解云言十二月之政令所以不在年初一受之而已必以月之
朔日受之者重月之始故也　注公有疾乃復舉公是也者即
昭二十三年冬公如晉至河公有疾乃復是也　注据有疾無
惡也者即昭二十三年傳云何言乎公有疾乃復殺恥也者是
云公自是無疾不視朔也者即鄭氏云魯自文公四不視朔視
朔之禮以後遂廢者正取此文也　盟于犀丘也者正本作菑
丘故賈氏公羊曰菑丘穀梁曰師丘是也今左氏經作郪字
泉臺者何　解云泉臺之名自前未有今而言毀故執不知問
注莊公云云　解云即莊三十一年春築臺于郎傳云何以
書譏何譏爾臨民之所漱浣也是也然則何以知泉臺爲郎臺

正以彼傳云[illegible]臨民之所漱浣書與此泉臺之義合故也　注
築毀云云　解云言築毀譏同者即上傳云築之譏毀之譏是
也言知例皆時者正以此經文承月下恐蒙月故如此解賤者
窮諸人者言士先自稱人今弑君亦稱人故曰窮諸人矣云賤
者窮諸盜者言士之賤名不過于盜故也　注故重者錄輕者
略也者謂大夫弑君罪重故稱名氏責之深若大夫相殺罪輕
於犯君故降稱盜者義之輕然也　注不曰者內娶略賤之也
者已說于上　○十七年　葬我小君聖姜也者左氏穀梁作聲
姜　聖姜者何　解云欲言夫人謚異其夫號欲言爲妾而卒
葬並見故執不知問　○十八年　注秦穆云云　解云正以秦
是戎狄春秋外之往前以來未錄其卒今乃始書故以賢解之
而左氏爲康公者與此別穀梁無解　注商人云云　解云春

秋之義諸是弑君之賊皆不復見所以賤之是以宣六年書晉趙盾衛孫免侵陳傳云趙盾弑君此其復見何注云据宋督鄭歸生齊崔杼弑其君後不復見傳又云親弑君者趙穿也注云復見趙盾者欲起親弑者趙穿非盾是也今此商人於上十四年弑其君舍而復見者王以其爲君故也與大夫異者齊人以君事之殺之宜當坐弑君然則商人弑其君舍而存之欲責臣子不討賊故也是以莊二十二年注云不與念母而譏忌省者本不事母則已不當忌省猶爲商人責不討賊義亦通於此注不舉重者云云　解云書事舉重春秋之常今而悉舉故解之穀梁傳云使舉上客而不稱介不正其同倫而相爲介故列而數之也者亦是直舉重之義也而言重録内者正以外大夫未有並見者唯有此經及定六年夏季孫斯仲孫何忌如晉

之文故知亦是重錄內也　注據子般卒日也者即莊三十二年冬十月乙未子般卒是也　注故不忍言其日與子般異者正以子般爲所傳聞之世故也是以莊三十二年子般卒之下何氏云殺不去日見隱者降子赤也是　注歸者大歸也凡言大歸一出不反之辭若紀侯大去其國之類故言歸者大歸也　注有去道書者重絕不復反者正以常事不書故也　注據莒人弑其君密州者即襄三十一年十有一月莒人弑其君密州是也　注例皆時者略之也者謂是失衆而稱國以弑者皆書時以略之即定十三年冬薛弑其君比之屬是也若然昭二十七年夏四月吳弑其君僚亦是稱國而書月者彼非衆但以見弑之義故不書時賤之是以何氏云不書闔閭弑其君者爲季子諱明季子不忍父子兄弟自相殺讓國闔閭欲其享之故

爲設其罪也月者非失衆見弑故不略之者是也

春秋公羊疏卷第十四

# 春秋公羊疏

〔唐〕徐彦 撰
郜積意 解題
石傑 校理

圖版 下

# 本册目録

## 蓬左文庫藏舊鈔本春秋公羊疏

春秋公羊疏卷第十五　　宣公一

起元年　盡八年

○元年　注桓公至發傳者即桓元年傳云繼弑君不君即位此言即位何注云据莊公不言即位彼傳云如其意也注云弑君欲即位故如其意也注云弑君欲即位故如其意以著其惡是也若然案禮未踰年之君臣下爲之無服臣爲君斬衰三年誠實自異何言嫌其義異者正以恆隱者相似故也是以閔元年何氏云復發傳者嫌繼未踰年君義異故也明當隱之如一是也　注譏喪至其文　解云何氏以爲人君喪娶者宜有異刺之文若其吉娶使卿者宜書譏之見不親迎而已即叔孫僑如之徒是也今公子遂爲君喪娶宜去公子以見譏而存公子復作不親迎之經書之者正以公子遂本是弑君之賊若去公子

即嫌爲觸弑君大惡之故諱去子即以隱四年十年公子翬之類是以不得成其娶文若然文公二年公子遂如齊納幣亦譏喪娶之經而不去公子者彼是喪未畢納幣爲失禮猶淺此乃初喪逆女固當合娶即下八年而注云元年逆女嫌爲喪娶也者義亦通於此云云之說八年注備　注有母至公文　解云下八年夏六月戊子夫人熊氏薨冬十月己丑葬我小君頃熊者何宣公之母也是其今曰有母毋不命使者婦人之命不通四方何得言如作內使之文者正以緣內無娶公之文故也何者若其去如則嫌宣公喪娶爲絕賤不成爲諸侯然也正緣此事不得去如也若然莊二十八年臧孫辰告糴于齊不言如所以不嫌莊公不能貯蓄絕而賤之者彼告糴之事可以通臧孫之私行此大夫不外娶無道私行之義故如是云據僑如以

夫人婦姜氏至自齊也者在成十四年九月注嫌據夫人氏合使去姜者即僖元年夫人氏之喪至自齊是也　注據師還也者即莊八年秋師還傳曰還者何善辭也如滅同性何善爾病之也曷爲病之非師之罪也彼公自滅同姓非師之罪是以歸惡于公書還以善師此公自喪娶非夫人之罪而娶夫人與彼義違故据而難之　注据俱有諱義者春秋之道多爲內諱何故此經不爲夫人諱而娶之乎　夫人與公一體也者初則判合終成一體是以寡妻之號稱未亡人言其事體先亡遺餘半在爾故傳以一體言之　注恥辱與公共之夫人娶則公惡明矣也者正以夫人與公共謚知榮辱同矣　注去氏云云者去姜即僖元年夫人氏之喪至自齊是也然此不諱者以其輕而僖元年去姜者則重矣而亦不諱者何氏云因正王法所加臣

子不得以夫人禮治其喪也是也　注据桓公夫人至不稱婦者即桓三年九月夫人姜氏至自齊是也　有姑之辭也者隱二年傳云在塗稱婦與此違者兼二義也言在塗見夫而服從夫故謂之婦至國對姑而服從姑是以亦謂之婦矣　注言以至遠別　解云桓十四年傳云以者何行其意也何氏云以已從人曰行然則此經云遂以夫人者欲見夫人是時進由遂故言見繫重在遂若不言以直云遂夫人則嫌在夫人男女無別故云因遠別也　注月者公不親迎危録之例也者即桓三年九月夫人姜氏至自齊之屬是也言公不親迎故書月危録之例也　放之者何　解云大夫去國於例言出奔此經言放故執不知問　近正也　解云用古放臣而言近正者正以古放臣任其所去今此晉又放之於衛故言近耳　注古者刑

不上大夫者曲禮上篇文鄭注云不與賢者犯法也
八議輕重不在刑書是也　注蓋以爲擿巢毀卵則鳳皇不翔
刳胎焚夭則麒麟不至者皆家語文是時孔子之晉聞趙簡子
殺舜華之屬故爲此言而遂還耳　注易曰至是也　解云此
坎卦上六爻辭也鄭氏云繫拘也爻辰在巳巳爲蛇蛇之蟠屈
似徽纆也三五互體艮又與震同體艮爲門闕於木爲多節震
之所爲有叢拘之類門闕之內有叢木多節之木是天子外朝
左右九棘之象也外朝者所以詢事之處也左節嘉石平罷民
焉右肺石達窮民焉罷民邪惡之民也上六乘陽有邪惡之罪
故縛約徽纆置于叢棘而後公卿以下議之其害人者置之圜
土而施職事焉以明刑恥之能復者上罪三年而赦中罪二年
而赦下罪一年而赦不得者不自思以得正道終不自改而出

圜土者殺故凶是也　注自嫌云云　解云莊二十四年曹羈之下傳云三諫不從遂去之故君子以爲得君臣之義也何氏云孔子曰所謂大臣者以道事君不可則止此之謂也諫必三者取月生三日成魄臣道就也以此言之則知待放之臣三年乃去者亦取月生三日成魄臣道就之義故也　君放之非也大夫待放正也者此二句皆是今事非古法　注禮父母之喪三年不從政齊衰大功之喪三月不從政者禮記王制文也此政謂税矣　注故孔子曰夏后氏三年之喪既殯而致事殷人既葬而致事周人卒哭而致事者曾子問文鄭云致事者還其職位於君是也　注君子不奪人之親亦不可奪親也者亦曾子問文彼云君子不奪人之親亦不可奪親也此之謂乎鄭云二者恕也孝也者是　注夏曰收殷曰冔周曰弁者即郊特生

云周弁殷冔夏收是也　注加旒曰冕者何氏以爲弁冕之形
制一耳但加旒爲異矣　注主所以入宗廟者何氏以其文冠
故也　注閔子騫以孝聞者出論語也　注禮既練男子除乎
首婦人除乎帶者間傳文孔子蓋善之也者蓋猶皆也言於此
三事孔子皆善之其三事者初則要經而服事次則謂君爲古
者後則退而致仕是也　注据曹取之不書者卽僖三十一年
取濟西田傳云惡乎取之取之曹也曷爲不言取之曹諱取同
姓之田也此未有伐曹者則其言取之曹何晉侯執曹伯班其
所取侵地于諸侯也晉侯執曹伯班其所取侵地于諸侯則何
諱乎取同姓之田久也何氏云魯本爲霸者所還當時不取久
後有悔更緣前語取之不應復將故當坐取邑其濟西田本魯
物而曹取之不書之矣　注魯所以賂遺齊故稱人共國辭者

謂一人字齊魯共有何者魯人篡弑以地賂人齊人失所取篡
者之賂皆合稱人故也　注據上無戰伐無所謝者正決哀七
年秋公伐邾婁八月己酉入邾婁以邾婁子益來八年夏齊人
取讙及僤傳云外取邑不書此何以書所以賂齊也曷爲賂齊
爲以邾婁子益來也然則此文之上不見戰伐之文應無所謝
曷爲以地賂齊乎故難之　注子赤齊外孫　解云文公四年
經書娶于齊而生也　注未之至受賂也　解云十年齊人歸
我濟西田傳云齊已取之矣　其言我何言我者未絕于我也
曷爲未絕于我齊已言取之矣其實未之齊也何氏云齊已言
語許取之其人民貢賦尚屬於魯實未歸於齊不言來者明不
從齊來不當坐取邑是以知其未之齊矣　注月者云云　解
云哀八年夏齊人取讙及僤傳云外取邑不書此何以書所以

賂齊也曷爲賂齊爲以邾婁子益來也彼注云邾婁齊與國畏爲齊所怒而賂之恥甚故諱使若齊自取然則彼爲侵奪小國而賂齊此爲篡適而賂齊罪重於彼是以書月以諱其惡故云月者惡内甚於邾婁子益矣　注微者至之遂也者正以遂者専事之文也是以僖二十五年注云微者不別遂但別兩耳是也其若大例不合遂若其竟外有利國家之事亦權許之即莊十九年秋公子結媵陳人之婦于鄄遂及齊侯宋公盟下傳云大夫無遂事此其言遂何聘禮大夫受命不受辭出竟有可以安社稷利國家者則専之可也是　注微者不能會諸侯者謂若是微者即不能爲會主以致諸侯于斐林而會之　注据公子遂會晉趙盾于衡雍伊雒戎盟再出名氏者即文八年冬十月壬午公子遂會晉趙盾盟于衡雍乙酉公子遂會伊雒戎盟

于暴是　注殊會云云　解云言殊會者正謂先序諸侯訖乃言會晉師是也所以不言宋公陳侯衛侯曹伯帥師伐鄭而先言會晉師于斐林乃言伐鄭者若以趙盾之師先在是致諸侯來會之然也故曰起諸侯爲盾所會耳柳者何　解云欲言是國又復未聞欲言是邑文無所繫故執不知問　注据王師敗績于貿戎繫　云即成元年秋王師敗績于貿戎是也注絶正其義者謂絶者不使繫之於王所以正君臣之義也　○二年宋華元帥師云云　解云宋鄭皆言師師者其將皆將尊其師皆衆故也　注秦稱至其將　解云正以文十二年秦伯使遂來聘始有大夫宜見將之名氏若其賢之宜稱人稱國而言師者正以閔其衆惡其將故也　注本秦之忿起殽之戰者在僖三十三年夏　注今襄公繆公已死者即文六年秋晉侯讙卒

文十八年秦伯罃卒是也　注臣王者即三年春葬匡王是也
三年　注据食角不言之者即成七年春王正月鼷鼠食郊
牛角改卜牛鼷鼠又食其角乃免牛是也　注不若食角急也
者言食角之時正以有不順之處爲天所災不敬簡慢故不言
之耳　注别天牲主以角者即王制云祭天地之牛角繭栗宗
廟之牛角握賔客之牛角尺是　注重事至尊故詳録其簡甚
者正謂言之是也何者之爲緩辭故以簡慢之甚言矣言簡者
欲取五行傳云簡宗廟之言耳　注据定十五年牛死改卜牛
者据彼經云十五年春王正月鼷鼠食郊牛牛死改卜牛是也
注帝皇云云　解云在北辰之中者言在北辰之處紫微宫
内也云揔領天之五帝羣神也者揔領天地之内五帝羣臣也
其五方之帝東方青帝靈威仰之屬是其五帝之名春秋緯文

耀鉤具有其文　注更引稷牲卜之以爲天牲者即定十五年牛死改卜牛者正謂此　注養帝牲三年之處者也其三牢之文出春秋說文　注姜嫄履大人迹所生者即詩云履帝武敏歆又周本紀云有邰氏女曰姜嫄爲帝嚳元妃出野見巨人跡心忻然說欲踐之踐之身動如孕者居期而生子以爲不詳棄之隘巷或棄山林寒冰之上云云姜嫄以爲神遂收養長之初欲棄之因名曰棄是也　注据方父事天者言既以爲父將祭何嫌而要須以祖配祭之乎故難之　注必得至人乃正者天道闇昧故推人道以接之者正謂天之精神靈不明察矣　注上帝云云　解云此五帝者即靈威仰之屬言在大微宮内迭王天下即感精符云蒼帝之始二十八世滅蒼者翼也彼注云堯翼之星精在南方其色赤滅翼者斗注云舜斗之星精在中

失其色黃滅斗者參注云馬參之星精在西方其色白滅參者虛注云湯虛之星精在北方其色黑滅虛者房注云文王房星之精在東方其色青五星之謀是其義　葬匡王　解云天子記崩不記葬今而書者正以去年十月天王崩至今年春未滿七月即文九年傳曰王者不書葬此何以書不及時書過時書我有往者書然則此未滿七月所謂不及時書也　注葬不月云云者即此下四年夏六月乙酉鄭公子歸生弒其君夷是也然則春秋之内卒日葬月大國之常今而不月故爲此解似若定公十二年春薛伯定卒何氏云不日月者子無道當廢之而以爲後未至三年失衆見弒危社稷宗廟禍端在定故略之之類也考諸舊本皆無此注然則有者衍字耳而不月者與卒同月故也即隱三年傳云不及時而不日慢葬何氏云慢薄不能

以禮葬是也然則薛伯定之子是失衆見弒者即定十三年薛弒其君比稱國以弒是也今此繆公之子爲公子歸生弒之非失衆之文是以經書冬十月丙戌鄭伯蘭卒而不略之以此言之注者非也 四年 注据取汶陽田不言叛不肯者即成二年秋取汶陽田至三年秋叔孫僑如率師圍棘傳云棘者何汶陽之不服邑也其言圍之何不聽也何不聽也何氏云不聽者叛也不言叛者爲内諱故書圍以起之是也 注莒言及者明非莒不肯起其平也者正以及是一年冬及鄭平知平例不月今而書月故以爲惡錄之若然定十年春王三月及齊平而書月何氏云月者頰谷之會齊侯欲執定公故不易是也又昭七年春王正月暨齊平而書月何氏云月者刺内暨暨也時魯方結婚于吳外慕強楚是故不汲汲于齊是也 五年 秋九月

云云　解云僖二年注云親逆例時知此月爲下卒之所
蒙月也注不日者云云正以所聞之世大夫之卒無罪者日有
罪者月今此不日故解之但推尋上下更不見得臣有罪之文
惟有文十八年秋公子遂叔孫得臣如齊冬十月公子遂弑子
赤是以何氏消量作如此解　注據當舉叔姬爲重者正以春
秋尊內故也　注大夫私事不當書者正以內之大夫直錄其
如不書其大夫私事故也今書高固是以難之　注故書高固
明失教戒重在固者婦人之道既嫁從夫故也　注言及者猶
公及夫人皆即僖十一年夏公及夫人姜氏會齊侯于陽穀是
也然則公羊之義以爲夫妻言及者遠別之稱刺其無別是以
下注云言其雙行匹至似於鳥獸是也故桓十八年春公夫人
姜氏遂如齊傳云公何以不及夫人注云據公及夫人會齊侯

于陽穀夫人外也注云若言夫人已爲公所絶外也傳云夫人外者何内辭也注云内爲公諱辭其實夫人外公也　注云時夫人淫於齊侯而譖公故云爾然則桓公十八年而不言及者若言夫人爲公所絶外是以不得言及以遠之　注言其雙行匹至似於鳥獸者言其無別如雄狐綏綏故曰雙行游匹而來鶉鶉不異故言匹至似於鳥獸矣而舊說云雙雙之鳥一身二首尾有雌雄隨便而偶常不離散故以喻焉非何氏意也　○六年　注據宋督云云　解云其宋督之事即桓二年春王正月戊申宋督弒其君與夷及其大夫孔父者是也歸生之事上四年夏六月乙酉鄭公子歸生弒其君夷是也崔杼之事即襄二十五年夏五月齊崔杼弒其君光是也然則春秋之内書名弒君後不復見者唯此三人耳餘見者皆著義焉即桓三年公子

輩如齊逆女宣元年公子遂如齊逆女之屬欲見罪在桓宣故輩遂得見閔二年公子慶父出奔莒書者彼注云慶父弑二君不當復見所以復見者起季子緩追逸賊是也僖四年衛人殺州吁于濮彼注云書者善之也然則善其臣子討得其賊是以書見則知莊九年齊人殺無知書之者亦是討得其賊善而書之莊十二年宋萬出奔陳得書之者彼注云萬弑君所以復見者重録彊禦之賊明當急誅之也是也僖十年夏晉殺其大夫里克得書之者亦輩遂之類也故彼傳云里克弑二君則曷為不以討賊之辭言之惠公之大夫也何氏云惠公篡立已定晉國君臣合為一體無所復責故曰此乃惠公之大夫安得以討賊之辭言之然則欲歸惡於惠公尚不作討賊之辭何得怪其見于經矣襄二十七年衛殺其大夫甯喜得書之亦輩遂之類

也是見其與獻公同謀而弒剽是以二十六年弒剽之下何氏云
甯喜爲衛侯衎弒剽者謚成於喜是也其二十六
年晉人執甯喜之下傳云不以其罪執之也何氏云明不得以
爲功當坐執人亦是其得書之義文十八年齊人弒其君商人
昭十一年楚子虔誘蔡侯般殺之于申皆書者商人之下何氏
云商人弒君賊復見者與大夫異齊人已君殺之宜當坐
弒君是也昭十三年楚公子棄疾弒公子比得書者亦是加弒
故也如趙盾之類矣　何以謂之不討賊　注据皆去葬不加
弒解云春秋之義君弒賊不討則不書葬所以責臣子不討賊
若其加弒者雖不討賊亦書其葬以其不親弒不責臣子之討
賊是以昭十九年夏許世子止弒其君買冬葬許悼公傳云賊
未討何以書葬不成于弒也曷爲不成于弒止進藥而藥殺也

止進藥而藥殺則是爲加弑焉爾譏子道之不盡也是以君子加弑焉爾蓋許悼公是君子之赦止也赦止者免止之罪辭也是也然則此趙盾之弑君與他親弑者同文皆去其葬則趙盾不加弑趙盾既不加弑即其身是賊何得謂之不討賊乎故難之　注呼天告冤者冤謂冤枉之冤　注禮公族至之親也

解云此皆文王世子文彼注云內朝路寢廷也云外朝以官體異姓也者彼鄭氏云外朝路寢門之外廷體猶連結也云宗廟之中以爵爲位崇德也者鄭氏云崇高也以爵貴賤異位云宗人授事以官尊賢也者鄭氏云宗人掌禮及宗廟也以官官各有所掌也若司徒奉牛司馬奉羊司空奉豕云升餕受爵以上嗣尊祖之道也者彼文云其登餕獻受爵則以上嗣尊祖之道也注云嗣祖之正統受爵謂上嗣舉奠也今此何氏以登爲

升復無獻字蓋所見異也云喪紀以服之精麤為序不奪人之
親也者彼文作輕重字此作精麤者亦所見異也其上文云其
公大事則以其喪服之精麤為序注云大事謂死喪也其爲君
雖皆斬衰序之必以本親也是也　注齊人謂之鍾也者即昭
三年左傳云齊舊四量豆區釜鍾是也　注宮中之門謂之闈
其小者謂之閨者釋宮文孫氏曰闈者宮中相通小門也其小
者謂之閨小閨謂之閤李氏曰皆門戶大小之異是也　注禮
天子至式几也者春秋說文亦時王禮也　注頭至地曰稽首
頭至手曰拜手者出大祝文　注傳極云云者易下繫辭云重
門擊柝以待暴客是也　注由人曰知之自已知曰覺者由
人曰知之此文是也自已知曰覺者即昭三十一年傳云夏父
曰以來人未足而盱有餘叔術覺焉曰嘻此誠爾國也夫起而

致國于夏夕是也　注大四尺曰獒者釋畜文　呼獒而屬之
者謂呼而指屬之令呼犬謂之屬義出於此　注不書者云云
解云襄公二十六年二月辛卯衛甯喜弒其君剽甲午衛侯
衎復歸于衛然則曷爲不言剽之立不言剽之立者以惡衛侯
也注云欲起衛侯失衆出奔故不書剽之立剽立無惡則衛侯惡
明矣然則此處不書黑臀之立以惡夷獋明矣故如此解　注
先是宣公伐莒取向者在上四年春也　注公比如齊者即四
年秋公如齊五年春公如齊是也　○七年　春衛侯使孫良夫
來盟　解云不書日月者桓十四年夏鄭伯使其弟語來盟之
下何氏云時者從內爲王義明王者當以至信先天下然則戊
三年冬十有一月晉侯使荀庚來聘衛侯使孫良夫來聘丙午
及荀庚盟丁未及孫良夫盟亦是來盟而書日月彼下注云書

者惡之詩曰君子屢盟亂是用長二國既脩禮相聘不能親信
反復相疑故舉聘以非之是其惡故不舉重而書日月之義也
是當文皆有注解　八年　注据公孫云云者即文八年冬公
孫敖如京師不至復丙戌奔莒是也　注据公如云云者即昭
二十三年冬公如晉至河公有疾乃復傳云何言乎公有疾乃
復殺恥也注云因有疾以殺畏晉之恥是也　注順經文云云
者正以傳不言大夫以君命出遇疾而還非禮而言聞喪徐行
而不反者是其順經文而重責之故也　注敖當誅遂當絕
解云以敖違命罪大故當誅誅者罪累家也遂前雖弒君而宣
公不爲罪直以當時行事而責之責其奉命不終而以疾辭故
當絕其身而已　注据公子季友卒雖加字稱公子者即僖十
六年三月壬申公子季友卒是也言雖加字者彼道仲遂下

字而不稱公子矣　注据叔孫得臣卒不日者即宣五年秋：月叔孫得臣卒是也何氏云不日者知公子遂欲弒君爲人臣知賊而不言明當誅然則得臣與遂同罪而或貶或否故難之　注据翬終隱之篇貶云云者即隱四年秋翬帥師會宋公以下伐鄭傳云翬何以不稱公子貶曷爲貶與弒公也十年夏翬帥師會齊人鄭人伐宋傳云此公子翬也何以不稱公子貶曷爲貶隱之罪人也故終隱之篇貶也是也　注元年逆女嫌爲喪娶貶也者即上元年公子遂如齊逆女彼注云嫌觸諱不成其文也是也　注公會平州下如齊嫌公遂者即元年經云夏公會齊侯于平州公子遂如齊是也若不言公子直言遂如齊文承公會於平州之下嫌謂公遂如齊非公子遂是以不得去公子矣　注八年如齊嫌坐弒乃復貶也　解云公子翬助桓篡

弑入篇即不娶見其無罪於桓公今此公子遂助宣篡弑而於
宣娶者正以於子赤則無年遂之罪重不得含免會須娶之諸
見之處悉皆有嫌不得作文是以正於辛時娶見其事 注娶
加云云 解云成十五年三月乙巳仲嬰齊爲兄後也爲兄後
則曷爲謂之仲嬰齊爲人 齊傳云仲嬰齊者何公孫嬰齊也公
孫嬰齊則曷爲謂之仲嬰齊爲兄後也爲兄後則曷爲謂之仲
嬰齊爲人後者爲之子也 注云更爲公孫之子故不得復氏公
孫傳又云爲人後者爲其子則其稱仲何孫以王父字爲氏也
然則嬰齊孰後後歸父也歸父使于晉而未反何以後之 注云据
已絶也傳云叔仲惠伯傅子赤者也文公死子幼公子遂謂叔
仲惠伯曰君幼如之何願與子慮之叔仲惠伯曰吾子相之老
夫抱之何幼君之有公子遂知其不可與謀退而殺叔仲惠伯

弑子赤而立宣公宣公死成公幼臧宣叔者相也君死不哭聚諸大夫而問焉曰昔者叔仲惠伯之事孰爲之諸大夫雜然曰仲氏也其然乎於是遣歸父之家注云時見君幼欲以防示諸大夫然後哭君歸父使乎晉還自晉至檉聞君薨家遣墠帷哭君成踊反命于介自是走之齊魯人徐傷歸父之無後也注云徐者皆共之辭也關東語傷其先人爲惡身見遂絶不怨懟也於是使嬰齊後之也注云弟無後兄之義爲亂昭穆之序失父子之親故不言仲孫明不與子爲父爲父孫是也然遂既被與而加字者欲起成十五年仲嬰齊以仲爲氏故也嬰齊者仲遂之子亘稱公孫而氏仲者明爲其兄公孫歸父之後不得氏公孫故氏仲矣所以弟爲兄後者正以大宗不得絶故也　注地者卒外明當有卒外禮也者以直公子季友之文皆不地此言

於垂者正以卒於外故也所以卒於外則也之者明其當有卒
於外之禮故也　注日者不去樂也者正以春秋之例失禮鬼
神例日故也　注書有云云正以時祭之禮初夏作之即是得
時不書之例而書之者爲下不去樂張本故也而言有事者禘
不合書是以但言有事爲下張本而已似若文二年注云不言
吉祫者就不三年不復譏略爲下張本而已之類　繹者何者
欲言是祭去祊大近欲言非祭繹者祭名故執不知問　注禮
繹云云　解云正以繹天云繹又祭也孫氏云祭之明日尋繹
復祭故言繼昨日事正以昨日祭已灌地降神是以今日繹主
爲尸作何以爲灌乎故云但不灌地降神爾　注天子諸侯曰
繹大夫曰賓尸士曰宴尸者春秋說文也稍得言名繹在正祭
之後以文曰去事之殺也　注則無有誤者畏敬先君之尸而無

之設祭則無有過誤也　注殷曰肜周曰繹者繹天文案[illegible]上〻
爾雅其下文仍有夏曰復胙之文胙音祚而何氏不言之者正以
諸家爾雅悉無此言故不引之復胙郭氏云未見義所出也
注繹者云云　解云祭尊于繹欲道今日所尋繹乃是昨〻
正祭故云據今日道昨日不敢斥尊乃是尊正之義故曰文
也　注肜者云云　解云正由昨日正祭是以今日作又祭相
因而不絕肜肜然故曰據昨日道今日乃是迫近而不尊故曰
質意也　注禮天子云云者何氏差約古禮也天子不使公諸
侯不使卿皆為其疑也卿大夫已下以孫為尸以其昭穆同也
注夏立尸殷坐尸周旅酬六尸者即禮器云周坐尸注云言
此亦周所因於殷也夏立尸而卒祭注云夏禮尸有事乃坐殷
坐尸注云無事猶坐周旅酬六尸注云使之相酌也后稷之尸

發爵不受旅曾子曰周禮其若醮　飲酒爲醵旅酬
相酌似之也　萬者何　解云欲言其樂文無樂名欲言非樂
祭祀用之故執不知問　注武王以萬人服天下民樂之故名
之云爾者春秋説文昔武王一會八伯諸侯人數豈止萬而已
蓋以萬是揔名故据以言耳　籥者何　解云欲言非樂籥是
樂名欲言是樂臨祭見去故執不知問　注吹籥而舞文樂之
長者正以萬是武樂入而用之而籥特備　注去樂不言名者
即昭十五年二月癸酉有事于武宮籥入叔弓卒去樂卒事是
也　存其心焉爾者何　解云欲道存心于樂而有去籥之文
欲道存心于股肱而繹萬不廢故執不知問　猶者何　解云
欲言是禮者而譏之欲言非禮乃當正祭之明日故執不知問
注禮大夫死爲廢一時之祭者正祭爲吉事故也　注有亡

云云　解云即昭十五年二月癸酉有事于武宫籥入叔弓卒去樂卒事傳云其言去樂卒事何禮也君有事于廟聞大夫之喪去樂注云恩痛不忍舉　注卒事云云　解云即檀弓下篇云仲遂卒于垂壬午猶繹萬入去籥仲尼曰非禮也卿卒不繹是也注言入者据未奏去籥時書者欲道所以不言萬作而言萬入之意也　注凡祭自三年喪已下各以日月廢時祭唯郊社越紼而行事可者即王制曰喪三年不祭唯祭天地社稷爲越紼而行事鄭注云不敢以早廢尊越猶蹢也紼輴車索是也　注是後楚莊圍宋析骸易子　解云圍宋者即下十四年秋九月楚子圍宋是也言析骸易子者即十五年傳云易子而食之析骸而炊之是也　注伐鄭勝晉者即下九年冬楚子伐鄭晉郤缺帥師救鄭十年夏晉人宋人衛人曹人伐鄭冬楚子伐

鄭十一年夏楚子陳侯鄭伯盟于辰陵注云不日月者莊王行霸約諸侯明王法討徵舒善其憂中國故為信辭然則比年之間晉楚爭共伐鄭鄭鄭伯終服于楚盟于辰陵楚勝于晉居然明矣故云伐鄭勝晉也　注鄭伯肉袒者即下十二年春楚子圍鄭鄭伯肉袒左執茅旌右執鸞刀以逆莊王是也　注晉大敗于邲者即下十二年夏晉荀林父帥師及楚子戰于邲晉師敗績　注中國精奪者正以日者太陽之精諸夏之象今而被食故曰中國精奪　頃熊者何　解云欲言是妾卒葬備書欲言夫人與君別謚故執不知問　而者何　解云魯公夫人薨葬多矣此獨言而故執不知問　乃者何　注問定公曰下昃乃克葬　解云即是十五年九月丁巳葬我君定公雨不克葬戊午日下昃乃克葬是也然則言乃之經不于此事而於此問之者

雨廢葬而乃異文是以連遠而問之　注禮卜葬從遠日　解云即曲禮上篇云喪事先遠日鄭注云喪事葬與練祥也左氏傳云禮卜葬先遠日辟不懷也舊典之遺存也　注孔子曰其爲之也難言之得無訒乎　解云論語文引之者證難言之事必須訒而言之似若臣子不得正日雖言重難亦須訒而葬之　注所以起孝子之情也　解云謂春秋言而言乃者所以起見孝子之情重難有淺深故也　注魯錄雨不克云云　解云欲道外諸侯葬多矣而無不克之文者以其恩淺也

注別朝莫者云云　解云謂日中與昃昃然則朝莫猶早晚也

春秋公羊疏卷第十五

# 公羊傳疏

四

蓬左文庫
部門 一〇一
冊數 六
番號 二八

春秋公羊疏卷第十六　　　宣公二

起九年　盡十八年

九年　注月者善宣公至歸濟西田者即下十年春齊人歸我濟西田是也　注不就云云　解云何氏之意以為春秋之道祖述堯舜天子五年一巡守諸侯亦五年一朝天子是以桓元年注故即位比年使大夫小聘三年使上卿大聘四年又使大夫小聘五年一朝是也然則諸侯自相朝雖文不著若欲以朝亦不過是也宣公五年春公如齊今九年春又如齊乃五年之内不得正盡五年故曰近得正言近者不正是之辭也雖不正是近合於禮是以春秋此年書月以見善宣公至十年公復如齊是為大數唯近取濟西田之文亦不得見善故言不就十年月者五年再朝近得正　欲言是國經典未

有欲言邪國文無所繫故執不知問　注屬有小君之喪者即上八年夏夫人熊氏薨是也　注邾婁子來加禮者謂上八年冬十月葬頃熊之時邾婁子使人來加禮但例不書之故不見也　注未期而取其邑故諱不繫邾婁也者去年十月來加禮今年七月而取邑故言未期也加禮者或是賵襚之屬皆是葬前之事而要繫會葬言之言未期者欲取諱亟之義强故也必知過期之後不復諱之者正以定十五年夏五月定公薨邾婁子來奔喪至於哀元年冬仲孫何忌帥師伐邾婁注云邾婁子新來奔喪伐之不諱者期外恩殺惡輕明當與根牟有差是也　注期云云　解云此文欲取未期之義而從加禮數之若取薨之時則過於期矣若取僖三十三年冬十二月公薨于小寢文元年天王使叔服來會葬夏四月葬我君僖公文三年夏五月王

子虎卒傳云王子虎者何天子之大夫也外大夫不卒此何以卒新使乎我也新為王者使來會葬在葬後三年中卒君子恩隆於親親則加報之故卒明當有恩禮也然則王子虎之卒在文三年夏若數來會葬之時則在三年之內若數公卒時四年矣與此相似故難之　危者何　解云若言晉地不應書之欲道外地之無所繫故執不知問　注据陳侯云云　解云桓五年春正月甲戌己丑陳侯鮑卒傳云曷為以二日卒之悈也甲戌之日亡己丑之日死而得君子疑焉故以二日卒之也是其卒於封內不書地故難之　注出外云云　解云時衰多窮厄伐喪師者用兵之處而君死焉故言于師若其危是師襄十八年曹伯負芻卒于師是也是以傳四年夏許男新臣卒何氏云不言卒于師者宜亦師無危是其義也

云於會次之者與人交接之處或未嘗詐孝可知乎秋之盟曹子劫桓公之類是也而君卒焉故言次之即定四年夏杞伯戊卒于會是也云於人國次之者正以時多背死向生而君卒於竟外似有掩襲之理但於主國有賓客之道是故又以為次矣即襄二十六年秋許男甯卒于楚之屬是也云於封內最輕者正以左右皆民臣危少於竟外是以不言於會矣但有外國之人亦有危理故書其地即此文書晉侯黑臀卒於扈是也若不聚會直卒於封內者仍自不地即陳侯鮑卒是也若然昭十三年夏四月楚公子比自晉歸于楚弒其君虔于乾谿不與人會亦書地者彼注云封內地者起禍所由因以為戒是也而云起禍所由者案彼傳云靈王為無道作乾谿之臺三年不成楚公子棄疾脅比而立之然後令于乾谿之役曰比已立矣後歸者不

等復其川里衆罷而去之靈王經而死是其致禍之由　注不
書葬云云　解云春秋之義篡明者書葬即小白之屬是也篡
不明者即不書葬以見篡即此黑臀之屬是也云云已說于
上　注不書葬者殺公子瑕也即傳三十年秋衛殺其大夫
咺及公子瑕是也不言殺元咺元咺有罪云云說于上　〇十年
注据歸讙及僤齊已取不言我者哀公八年夏齊人取讙及
僤冬齊人歸讙及僤是也　注据有俄道者即桓二年傳云至
乎地之與人則不然俄而可以爲其有矣彼注云俄者謂須臾
之間制得之頃也言俄尒之間則有絶于本主之道爾來十年
何言未絶于我乎故難之　注不言云云　解云案元年注云
亦因惡齊取篡者賂當坐取邑者正以篡逆之賊天下共惡齊
乃許其賂而與之同似若漢律行言許受財之類又亦當坐取

取

邑耳今言不當坐取邑者正以爾來十年仍不入已見宜有之還復歸之功過相除可以減其初惡是以春秋恕之不復書來以除其過故曰不當坐取邑耳　注凡歸邑物例皆時　解云其歸邑時者即定十年夏齊人來歸運讙龜陰田及此經書春之屬皆是也其歸物時者即莊六年冬齊人來歸衛寶注云寶者玉物凡若是也以此言之則知哀八年齊人歸讙及僤在日月之下不蒙日月亦可知也　注與甲子既同者即上八年秋七月甲子日有食之既彼注云是後楚莊王圍宋析骸易子伐鄭勝晉鄭伯肉袒晉師大敗于邲中國精奪屈服強楚之應、此與彼同占故曰與甲子既同也　崔氏者何　解云欲言大夫而直言崔氏欲言微者而得書于經故執不知問　注據齊高無咎出奔若者即成十七年秋齊高無咎出奔莒是也　注連崔氏者與尹氏俱稱氏嫌為采邑者即隱三年夏四月辛卯尹氏卒是也　注据於大夫奔不賤也者即上引高無咎出奔莒之屬是也　注復見譏者云云　解云即隱三年尹氏卒單稱氏已是譏之今復單言崔氏故言復也　注因齊大國云云欲道等是諸侯科敵即得所以不於僖二十八年衛元咺出奔晉之經見之者因齊大國有弑君之禍著明于出奔故也　注不言奔喪者尊內也者正以上文四月己巳齊侯元卒則知此經公如齊者奔喪而注而言尊內也者欲道定十五年夏公薨于高寢邾婁子來奔喪彼則書之今此不者尊內故也　五月公至自齊　解云致例時而書五月者為下癸巳出之　王季子者何　解云欲言諸侯而王使來聘欲言大夫而經書子故執不知問　注据叔服不繫王不再[illegible][illegible]弟文元年天王

朋來會葬是也　注王札子不稱季者即下十五年夏六月王札子殺召伯毛伯是也　注子者王子也天子不言子弟故變文上季繫先王以明之　解云言天子不言子弟者即文元年注云叔服者王子虎也不繫王者不以親疏錄也不稱王子者時天子諸侯不務求賢而專貴親親故尤其在位子弟剌其早任以權也是也既言尤其在位子弟是以不得稱之王子瑕奔晉天王殺其弟年夫難之云云已說在文元年　注著其骨肉貴親親也者以其稟氣于先王故言骨肉貴以其今王母弟故曰體親也　注先是城平陽者在上八年冬　注取根牟者在上九年秋　○十一年注發傳于吳者方具說其義故從外內悉舉者明言之者即以十五年冬十有一月叔孫僑如會晉士燮齊高無咎宋華元衛孫林父鄭公子鰌邾婁人會吳于鍾離傳

脂也又祭統云鸞刀羞嚌是鸞刀為宗廟割切之刀矣　注執
廟將墮滅於楚耳故言自歸首矣　注諸侯自稱曰寡
人者曲禮文　注天子自稱曰朕者時王之禮也若禮自稱
為予一人矣　注猶傳曰力沛若有餘者文十四年傳文　注墝
埆云云　解云墝埆者墻圂之稱若俗言墝埆矣　注六十稱
耋七十稱老　解云七十稱老曲禮文也案今曲禮云七十曰
耋與此異也蓋何氏所見與鄭注者不同或者此耋字誤耳
是以使寡人得見君之玉面者若祭統云故國君取夫人之辭
曰請君之玉女與寡人共有敝邑事宗廟社稷鄭注云言玉女
者美言之也君子於玉比德焉然則此言玉面者亦美言之也
注緇廣云云　解云此注皆爾雅釋天文具間少有不同者
蓋所見異或何氏潤色之案今爾雅釋天縿作緇字孫氏云緇

黑繒也郭氏云帛全幅長八尺又云繼旐曰旆孫氏云帛續旐
末亦長尋詩云帛旆英英是也郭氏曰帛續旐末為燕尾者故
此何氏云繼旐如燕尾曰旆也又云有鈴曰旂李氏云有鈴以
鈴著旐端孫氏曰鈴在旂上旂者畫龍郭氏曰縣鈴於竿頭畫
交龍於旂是以此注云加文章曰旗也又云錯革鳥曰旟李氏
云以革為之置於旐端孫氏曰錯置也革急也言畫急疾之鳥
于旒周官所謂鳥隼為旟者矣又云注旄首曰旌李氏云以犛
牛尾著旌首者郭氏云載旄於竿頭如今之幢亦有旒是也
注丈草為防者曰廝汲水漿者曰役養馬者曰扈炊亨者曰養
者蓋于時猶然是以何氏知之　注無乃猶得無者言得無失
民臣之力〻言具於民臣之力矣　注杅飲水器者具音于若
今馬盂矣舊說云杅是杆字工旦反若今食做矣案今音作于則

者例去其葬以見之今乃經書靈公之葬則知洩冶有罪明矣而膏肓以為公殺者蓋以諫君之人罪之無文而尤良罪之故言無罪矣而此何良以為有罪者其更有他罪乎　注從討云云　解云賊不討不書葬者欲責臣子不討賊今而書葬則知賊已討矣君子怒之不復責臣子矣又且君殺無罪大夫則不書其葬今靈公殺洩冶而得書葬則知洩冶有罪明矣故云兩見矣　注不月者之云　解云正以卒日葬月大國之常今書春故須辨之　注据城濮之戰子玉得臣貶也者即僖二十八年夏晉侯以下及楚人戰于城濮楚師敗績傳云此大戰也曷為使微者子玉得臣也子玉得臣則其稱人何貶曷為貶大夫不敵君也　不與晉而與楚子為禮也者但作一句連讀之注云不與晉而反與楚子為君臣之禮者亦為一句連讀之注以

惡晉 解云内諸夏以外夷狄春秋之常今敍晉于楚子之上
正是其例而知其惡晉者但楚莊德進行修同於諸夏討陳之
賊不利其土入鄭皇門而不取其地既卓然有君子之信寧得
殊之既不合殊而是晉侯之以林父人臣何得序於其上既序
人君之上無臣子之禮明矣臣而不臣故知惡晉也 注遣四
達謂之衢者釋宮文 注茅旌至至意 解云茅旌祀宗廟所
用之之以解其語云用茅者取其心理順一者言茅心文理皆
順無逆矣云自本而暢乎末者言其文理從本而申暢于末無
節以絶之 注鸞刀宗廟割切之刀環有和鋒有鸞者取時〻
之制祭義初云祭之日君牽牲卿大夫序從彼注云序以次第
從也既入廟門麗〻碑卿大夫袒而毛牛尚耳鸞刀以封取膟
膋鄭注云麗猶繫也毛牛尚耳以耳毛爲上也膟膋血與腸間

義　注不書兵者時不伐者欲決昭四年秋楚子以下伐吳執齊慶封殺之彼亦有兵故言伐今此不書兵者時實不伐非是省文之義耳　注日者惡莊王討賊之後欲利其國者正以春秋之義入例書時傷害多則書月今此書日以詳其惡故如此

解　注復出楚子云云　解云春秋之義以納爲篡辭而言爲下納善者正以上有起文故與乞納異何者上有討賊之文而即言納二子于陳故知其善所謂美惡不嫌同辭矣　注据納云云　解云定十四年秋衛世子蒯聵出奔宋至哀二年晉趙鞅納衛世子蒯聵于戚是其上有出奔絕文而下言納矣而僖二十五年秋楚人圍陳納頓子于頓上文不言頓子出奔者正以頓是微國出入不兩書故彼注云頓子出奔不書小國例也云云故見大夫者言此二子上無絕文故見任爲大夫而反言

絶于陳　注不書云云　解云若書徵舒絶之宜云陳
舒出奔楚傳云此許于楚矣曷為謂之出奔徵舒絶其位是以
謂之出奔也　注美楚能變悔改過者謂之入陳是也　注以
遂前功者討徵舒是也　注不繫國者因上入陳可知者欲決
哀二年納衛世子云云繫衛是也　○十二年　注据惠公云云
解云僖十年春里克弒其君卓夏晉惠公殺里克是也　君
子辭也云云　注無所復討也　解云然則卓子之賊亦是惠
公已討之其臣子雖欲討之亦無所討而不作君子辭者正以
惠公之殺里克不作討賊之意是以春秋不書卓子葬以責其
臣子也今此楚莊本以討賊之意而殺徵舒一賊不可再討故
不責之　注不識云云　解云案何氏作膏肓以為泄冶無罪
而此注云有罪者其何氏兩解乎正以春秋之義殺無罪之夫

云曷爲殊會吳外吳也曷爲外也春秋内其國而外諸夏内諸夏而外夷狄王者欲一乎天下曷爲以外内之辭言之言自近者始也　注云明當先正京師乃正諸夏諸夏正乃正夷狄以漸治之是也　注据下入陳称子者即下丁亥楚子入陳是也　注即所謂疑絶然後罪惡見者即昭元年傳云春秋不待貶絶而罪惡見者不貶絶以見罪惡也是也　雖内討亦不與也　解云案檀弓云臣殺君凡在宮者殺無舍是以隱四年九月衛人殺州吁于濮傳曰其称人何討賊之辭也注云討者除也明國中人人得討之所以廣忠孝之路以此言之則弑君之賊國内人人皆得殺之而言雖内討亦不與者正以與莊王非國内是以不與其外討又言雖内討亦不與者正以莊王身爲君而見在寧得更爲弑君之賊而討之乎明知莊王内討者更以

他罪耳諸侯不得專殺大夫是以不與　注據善云云　謂昭四年秋七月楚子以下伐吳執齊慶封殺之傳云此伐吳也其言執齊慶封何爲齊誅也其爲齊誅奈何慶封走之吳吳封於防何氏云月者善義兵是也　注不言執云云　解云正以昭八年夏楚人執陳行人于徵師殺之言執非討賊之文隱四年衛人殺州吁莊九年齊人殺無知皆不言執以見此不言執乃與討賊同文故知無與矣　注與齊桓專封同義者謂僖元年齊師救邢之下傳云曷爲先言次後言救君也君則其稱師何不與諸侯專封也曷爲不與實與而文不與文曷爲不與諸侯之義不得專封也諸侯之義不得專封則其曰實與之何上無天子下無方伯天下諸侯有相滅亡者力能救之則救之可也注之主書者起文從實也今此亦然故曰與齊桓專封同

舊說非　注禮天子造舟諸侯維舟卿大夫方舟士特舟者粗水文也造音七報反顧氏云比舟為梁郭氏云比船為橋舊說云以舟為橋語具上所行過故曰造舟一音作道反言以舟為梁故謂之造造成也諸侯維舟孫氏云維連四船音義曰維持使不動搖也者是也大夫方舟者李氏云併兩船曰方舟也士特舟者郭注云單船李氏云一舟曰特舟是也案爾雅下文云庶人乘泭音敷一音普侯反李氏曰併木以渡別尊卑是也此注了之不盡者蓋何氏所見者無此文矣案今孫郭所注者亦有其文注當見莊王行義于陳功立威行者即上十一年討夏徵舒是其行義也討義也討陳既得鄭人遂服是其功立威行也　注救鄭雖解釋擊之不止　解云上文合之還師之下注云言還者時莊王勝鄭去矣會晉師至復還戰也以此言之晉師未至之時楚

師已解去也此謂晉人擊之今解也言猶擊之不止者諷欲一遂而擊之此謂已擊也　注曰者云云　解云春秋之義滅例書月即莊十年冬十月齊師滅譚之屬是今乃書日故解之也言屬上有王言謂適上文云莊王曰嘻吾兩君不相好百姓何罪令之還師而佚晉寇者王霸之言也主者之道宜存亡矜患今反滅人為過深矣是故書日變於常例故曰深責之耳宋師伐陳者案諸家經皆有此文唯賈氏注者闕此一經疑脱耳

○十三年　注先是新饑者即十年冬書饑是也　注而使歸父會齊人伐莒者即上十一年公孫歸父會齊人伐莒是也

○十四年　注曰者公子喜時父也云云　正以曹為小國卒月葬時即昭十八年三月曹伯須卒秋葬曹平公之屬是今而書日故以加錄解之也公子喜時之讓在成十三年曹伯廬卒處也其

傳云云之說在昭二十年曹公孫會自鄸出奔宋之下云所以養孝子之志者正以喜時之讓而春秋尊榮其父故曰養孝子之志也云許人子者必使人父也者謂喜時為子必使其人父亦尊榮是以加録之似若襄二十九年傳云以季子為臣則宜有君者也之類也　注月者惡久圍宋使易子而食之者正以凡圍例時即上十二年春楚子圍鄭之屬是今而書月故解之言使易子而食之者下十五年傳文　○十五年　注宋見云云解云春秋盟會之義以國都為地若者皆是主人與之可知即隱元年九月及宋人盟于宿注云宿不出主名者主國主名與可知故省文明當自首其榮辱也今宋見圍不得與會而地以宋者正欲善内為救宋行義遂其善意故地于宋耳至夏宋楚始平時度其事則知魯人不能平得之宋圍自解也且下傳

云此皆大夫也其稱人何貶曷爲貶平者在下也　注云言在下
者譏二子在君側不先以便宜反報歸美于君而生事專平故
貶稱人然則二子專平口云易子析骸明其急矣遂不告君者
以見刺被貶稱人以此言之宋圍不解亦可知矣故言平事見
刺皆可知舊云見刺者謂魯人見刺也者疑之　注据上楚鄭
平不書者適上十二年春楚子圍鄭之時傳云莊王親自手旌
左右撝軍退舍七里是其平也但經不書之故難之　注据大
夫無遂事者即莊十九年傳云大夫無遂事此其言遂何聘禮
大夫受命不受辭是也　軍有七日之糧爾盡此不勝將去而
歸尓　解云考諸舊本或云軍有七日之糧尓七日盡此不勝
將去而歸爾即亦更留七日盡此資糧而不得勝將去宋而歸
爾今定本無下七日二字　是何子之情也　解云言是何者

猶言是何大然也子之情者言子之露情也是以何氏云猶曰何大露情注等不勿貶云云　解云案莊十九年秋公子結媵陳人之婦于鄄遂及齊侯宋公盟之下傳云大夫無遂事此其言遂何聘禮大夫受命不受辭出竟乃得專之以此言之則知大夫在君側無遂道也是以此注言等欲見大夫專平爲罪不勿貶但當言遂亦足以見其專平矣所以不言遂者正以在君側無遂道故也若當言楚圍宋宋華元楚子又遂平于宋矣　注以主至爲罪　解云凡言遂者專事之辭也爲文實貶者皆以時無王霸諸侯專事雖違古典于時爲宜是以春秋文雖貶惡其實與之即僖元年齊師之云救邢貶齊侯稱師刺其專事不言狄人滅邢而爲之諱見其實與是也今此以至坐爲在君側專事爲罪更無起文則知經稱人者實爲專貶之稱人非是實與而文不與矣所以又覆解之者正以凡爲文實貶者皆以

取專事爲罪故也　注月者專平不易者正以定十一年冬及鄭平不書月者易故也昭七年春王正月曁齊平注云月者刺內曁曁也定十年王三月及齊平注云月者頰谷之會齊侯欲執定公故不易之類皆如此　注以去至其氏解云言以去俗歸義亡者謂去離夷狄之俗而欲歸中國之義卒無救助者是以亡也正以文在蠻夷民之下故取以說之云日者痛録之者正以凡滅例月今此書日故以爲哀痛而詳録之耳云名者示所聞世始録小國也者正以僖二十六年秋楚人滅隗以隗子歸彼注云不名者所傳聞世見治始起貴小國略然則此書名者示所聞世始録小國也云録以歸者因可責而責之者謂因其行進在可責之限故書以歸責其不死位是以僖二十六年以隗子歸之下何氏云書以歸者惡不死位是也云明不當復其氏者言其行既進明不當絕滅其國還當復其潞氏以爲國

矣　王札子者何　解云欲言王子以札聞之欲言其非而經有王
子之文故執不知問　注天子至得顧　解云言禮天子庶九冠而
不名所以尊文者時王之制與春秋同也言既加冠之後天子不復
名之所以尊之也云子者王子也天子不言子弟故變文上札繫先
王以明之者言子者王子也者正以子在札下故須解之言天子不
言子弟者謂不言在位子弟也即文元年注云不稱王子者天子諸
侯不務求賢而專貴親親尤其在位子弟剌其早任以權也是也至
於出奔被殺仍自言子弟即王子瑕奔晉天王殺其弟年夫之屬是
言故變文者謂變文不言王子也言上札繫先王以明之者謂以札
於子上以札近先王明其今王之庶兄矣云不稱伯仲者辟同母兄
弟起爲庶兄也者若其與君同母者即稱五十字即上十年秋天王
使王季子來聘彼傳云其稱王季子何貴也其貴柰何母弟也是也

今稱二十字故言辟同母兄弟起其爲廢兄也云云主書者天子不以禮尊之而任以權至令殺尊卿二人者正以經不稱爵知非公故云不以禮尊之矣正以堪殺二卿故知任以權也云不言其大夫者挈也者由其爲下所提挈而殺之失大夫位故不云大夫也云居尊卿之位者正以稱其五十字知是尊卿耳云大夫相殺不稱人者正之者以文十六年宋人弑其君處臼之下傳云大夫弑君稱名氏賤者窮諸人注云賤者謂士也士正自當稱人大夫相殺稱人賤者窮諸盜注云降大夫使稱人降士使稱盜者所以別死刑有輕重也然則大夫相殺例合稱人今此不稱人者正之使稱王札子故也所以正之者如下云諸侯大夫顓弑君重故降稱人者即大夫弑君稱名氏大夫相殺稱人是也云王者至尊不得顓者言至尊之人無有弑之理不可顓是以大夫相殺不假降之稱人矣　注從十三年之後

上求未已云云者即上十三年秋螽注云先是新饑而使歸父會齊人伐莒賦斂不足國家遂虛下求不已之應是以此注足之云爾云而又歸父比年再出會者即上十四年冬公孫歸父會齊侯于穀十五年春公孫歸父會楚子于宋是也　初者何　解云賦税之式國之常經今而言初故執不知問　税畝者何　解云什一而行明王舊典今而變之謂之税畝故執不知問　注据用田賦不言初亦不言税畝者即哀十二年春用田賦是也然則用田賦亦是改古易常而不言初又不言税畝今此特言初税畝以譏之故難之也　多乎什一大桀小桀　解云夏桀無道重賦於人今過什一與之相似若十取四五則為桀之大貪若取二三則為桀之小貪故曰多乎什一大桀小桀所以不言紂者略舉以為說耳舊說云不言紂者近事不嫌不知　寡乎什一大貉　注蠻貉無社稷宗

廟百官制度之費稅薄　解云若十四王乃取其一則為大貉行若十二十三乃取一則為小貉行故曰寡乎什一則大貉小貉也然則多於什一則有為桀之譏寡於十一則有蠻貉之恥是以什一而稅三王所不易故傳比于中正之言　什一行而頌聲作矣　解云頌者大平之歌案文宣之時乃升平之世世而言頌聲作者因事而言之故也何者案文宣之時乃升平之世言但能均其衆寡等其功力平正而行必時和而年豐什一而稅之則四海不失業歌頌功德而歸鄉之故曰頌聲作矣不謂宣公之時實致頌聲　注帝王之高致也者謂帝王之行清高乃致頌聲故曰高致也　注春秋云云　解云言春秋經與傳數萬之字論其科指意義實無窮然其上下經例相須而舉其上下意義相待而成以此言之則非一言可盡至此獨言頌聲作者正以此處論稅畝之事若稅畝得所以致大平故云

民以食爲本世云夫飢寒並至雖堯舜躬化不能使野無寇盜云云者是謂假設之辭百云是故聖人制井田之法而口分之一夫一婦受田百畝云云以下皆是時王之制云井田之義一曰無泄地氣者謂其冬前相助耕云二曰無費一家者謂其田器相通云三曰同風俗者謂其同耕而相習云四曰合巧拙者謂共治耒耜云五曰通財貨者謂井地相交遂生恩義貸財有無可以相通云因井田以爲市故俗語曰市井者古者邑居秋冬之時入保城郭春夏之時出居田野既作田野遂相交易因井田之處而爲此市故謂之市井云里正旦開門坐塾上者即鄭注學記曰古者仕焉而已者歸教於閭里朝夕坐於門門側之堂謂之塾是也　蝝生不書者謂例不書之　受之云爾者何　解云災是害物宜避之今而云受之於義似乖故執不知問　○十六年　成周者何　解云欲言天子正居經無京師

之文欲言是邑而錄其災故執不知問　注後周云云　解云何氏之意以成周爲天子正居但至昭二十三年夏景王崩敬王即位王子猛與之爭立入于王城自號西周是故天下之人因號成周爲東周矣是以昭二十二年秋劉子單子以王猛入于王城傳云王城者何西周也注云時居王城邑自號西周王二十六年冬十月天王入于成周傳云成周者何東周也　注云是時王猛自號爲西周天下因謂成周爲東周也云名爲成周者即鄭注書序云居攝七年天下太平而此邑成乃名曰成周也者是其名作成周之義矣　宣謝者何

解云宣王親盡不宜有廟今災其榭故執不知問　注室有東西廂曰廟無東西廂有室曰寢無室曰謝者皆釋宮文李氏曰室有東西廂謂宗廟殿有東西小堂也孫氏云夾室前堂無東西廂有室曰寢者鄭注云但有大室云無室曰榭者但有大殿無室內名曰榭郭

注云榭即今堂㙛是也　注據天子之居稱京師者即桓九年紀季姜歸于京師傳云京師者何天子之居也京者何大也師者何衆也天子之居必以衆大之辭言之是也云宋災不別所燒者即襄三十年夏五月宋災是也特據宋災者以其王者之後與周相類也　注宣王中興所作樂器者蓋夷厲之時樂器有壞故宣王作之不謂更造別樂何者正以考諸古典不見宣王別有樂名故也　注使若國文者使周成爲國與宋齊之屬相似云從爲王者之後記災也者即襄九年宋火之下傳云外災不書此何以書爲王者之後記災也是遏也　注嫁不書者正以春秋上下魯女嫁爲諸侯夫人者無不書之即叔姬歸于紀伯姬歸于宋之屬是也今此不書故知爲媵若然案隱七年叔姬歸于紀注云叔姬者伯姬之媵也媵賤書者後爲嫡然則彼後爲嫡初去則書此亦後得爲嫡而初嫁不書者蓋以不

賢故也是以彼注云媵賤書者後爲嫡終有賢行紀侯爲齊所滅紀季以酅入于齊叔姬歸之能處隱約全竟婦道故重録之是也然則彼以終有賢行故初去得書此則初去不書明其無賢也正以其嫡不書則知伯姬非姪娣也左媵右媵皆尊于嫡姪娣故後得爲嫡耳云來歸書者後爲嫡也者正以紀叔姬後爲嫡卒葬皆書即莊二十九年紀叔姬卒三十年葬紀叔姬是也今此被出亦得書見故知後得爲嫡矣云死不卒者已棄云云案莊二十九年紀叔姬卒注云國滅卒者從夫人行待之以初也然則彼叔姬者莊十二年歸于酅時從夫人行故雖國滅猶得待之以初今此伯姬或時爲大夫妻故不得作夫人待之是以不復書其卒矣云云之說在莊二十九年云棄歸例云云有罪時者此文書秋是也無罪月者即成五年春王正月杞叔姬來歸之屬是也 ○十七年 注不月者云云正以卒日葬月

大國之常例今此蔡侯不月故解之云與楚在文十年者即文十年冬楚子蔡侯次于厥貉者是也　注是後邾婁人戕鄫子者即十八年秋邾婁人戕鄫子于鄫傳云殘賊而殺之也是也云四國大夫敗齊師于鞌者即成二年夏六月季孫行父云云會晉郤克衛孫良夫曹公子手及齊侯戰于鞌齊師敗績是也言齊侯佚獲者即成二年秋七月齊侯使國佐如師傳云君不使乎大夫此其行使乎大夫何佚獲也注云佚獲者已獲而逃亡也當絶賤使與大夫敵體以起之是也　○十八年　戕鄫子于鄫者何　解云欲言殘賊於鄫國都欲言非殘賊戕者殘文故執不知問　注小國本不卒故亦不日者正以凡滅例月即莊十年冬十月齊師滅譚之屬是若有所責者則書日即上十二年十二月戊寅楚子滅蕭注之日者屬上有王言今反滅人故深責之是也然則邾婁無道殘賊人君于其國都與滅相似

亦宜書日以責其暴而不日者正以鄫爲微國本不合卒是以略之不書其日也而僖十九年夏六月己酉邾婁人執鄫子用之亦是無道與此相似而書日者彼注云日者魯不能防正其女以至於此明當痛其女禍而自責之是也　注据日而名　解云書日書名全一是諸夏大國之例是以弟子因遂責其不與大國例同書葬也　注至此卒者因其有賢行者正以已前未有書楚子卒處故也若文十八年春伯罃卒彼注云秦穆公也至此卒者因其賢　還者何　解云以大夫使反例不書至今乃書還違於常例故執不知問　注家爲魯所逐遣以先人弑君故也者即成十五年春仲嬰齊卒之下傳言公子遂殺叔仲惠伯弑子赤而立宣公宣公死成公幼臧宣叔者相也君死不哭聚諸大夫而問焉曰昔者叔仲惠伯之事孰爲之諸大夫皆雜言曰仲氏也其然乎於是遣歸父之家然後哭君歸父

使乎晉還自晉至檉聞君薨家遣墠帷哭君成踊反命于介自是走之齊是也　注成三日五哭踊之禮者出禮記奔喪也　注禮卿出聘以大夫爲上介以士爲衆介也者出聘禮　注不日者伯討可逐故從有罪例也　解云凡内大夫出奔例無罪者日即襄二十三年冬十月乙亥臧孫紇出奔邾婁昭十二年冬十月公子整出奔齊之屬是也今此歸父亦無罪出奔不日者正以仲遂弒君其家合没但與宣公同謀魯人不合逐之若作伯討之時歸父可逐故從有罪之例矣

春秋公羊疏卷第十六

春秋公羊疏卷第十七　　成公一

起元年　盡九年

○元年　注尚書曰舒恒燠若者洪範文舒遲也恒常也若順也言人君舉事大舒則有常燠之咎氣來順之是也　注易京房傳曰當寒而溫倒賞也　解云凡爲賞罰宜出君門而臣下行之故曰倒賞也是以洪範云唯辟作福惟辟作威惟辟玉食鄭氏云此凡君抑臣之言也作福專慶賞作威專刑罰玉食備珍美又云臣之有作福作威玉食其害于而家凶于而國鄭氏云害于汝家福去室凶于汝國亂下民是也然則是時成公幼少季孫專政是以無冰矣桓十四年無冰之下何氏云此夫人淫泆陰而陽行之所致襄二十八年無冰之下何氏云豹羯爲政之所致皆與此注合　譏始丘使也者謂不辨能否以丘責甲故譏之矣　注四井爲邑四邑爲丘者司馬法文周

禮經亦然　注古者有四民云云　解云四民之言出齊語也德能居位曰士者即彼云處士就閒宴是也辟土殖穀曰農者即彼云處農就田野是也巧心勞手以成器物曰工者即彼云處工就官府是也通財鬻貨曰商者即彼云處商就市井是也云月者重録之者欲道宣十五年秋初税畝哀十二年春用田賦皆書時今書月故如此解　注時者謀結鞌之戰不相負也者正以春秋之義大信者書時故也鞌之戰在下二年　注後爲云云　解云春秋之義不信者日故如此注也言後爲晉所執者即下十六年九月晉人執季孫行父舍之於招丘是也言執在三年外尋舊盟後者即下三年冬十有一月晉侯使荀庚來聘丙午及荀庚盟傳云此聘也其言盟何聘而言盟者尋舊盟也是　注以晉比云云　解云宣元年冬晉趙穿帥師侵柳傳云柳者何天子之邑也曷爲不繫乎周不與伐天子也

者是晉侵柳之事昭二十三年春晉人圍郊傳云郊者何天子之邑
也曷爲不繫于周不與伐天子也者是晉人圍郊之事然則圍郊之
事起在此經之後得如此明義者正以往前晉人侵柳已犯天子至
於在後圍郊復犯天子二經之間天子敗績據上下更無餘國犯王
之處設知正是天子討晉而爲所敗故如此解　注以地貿戎故者
蓋晉侯不匡知王討之逆往敗之亦何傷　王者無敵莫敢當也
解云春秋之義託魯爲王而使舊王無敵者見任爲王寧可會奪正
可時時內魯見義而已注不日月者深正之使若不戰者正以春秋
之例偏戰者日詐戰者月故如此解　○二年　注据羈無氏者即莊
二十四年冬曹羈出奔陳傳曰曹羈者何曹大夫也注云以小國知
無氏爲大夫然則曹爲小國例無大夫假有須見者仍名氏不具以
此言之則是不合有大夫之限故傳云曹無大夫公子手何以書

注大夫敵君不貶者隨從王者大夫得敵諸侯也者欲決僖二十八年夏晉侯以下及楚人戰于城濮楚師敗績即傳云此大戰也曷爲使微者子玉得臣也子玉得臣則其稱人何貶曷爲貶大夫不敵君也注云臣無敵君戰之義故絶正也然則彼是大夫敵君故貶之此不貶者隨從王者大夫有得敵諸侯之義故也以此言之即知宣十二年晉荀林父序于楚子之上爲惡者時無王者大夫故也　注不從內至言戰也　解云桓十年冬齊侯衛侯鄭伯來戰于郎傳云此偏戰也何以不言師敗績內不言戰言戰乃敗矣注云春秋託王於魯戰者敵文也王者兵不與諸侯敵戰乃其已敗之文故不復言師敗績矣然則此戰之內有魯大夫若從魯爲文宜直云季孫行父以下敗齊師于鞌而已但以君子不掩人功故從外爲文言戰于鞌齊師敗績耳何氏必如此解者正以桓十三年春二月公會紀侯鄭伯

已及齊侯　注燕人戰齊師宋師衛師燕師敗績傳云内不言戰此其言戰何從外也曷爲從外恃外故從外也何氏云明當歸功乎紀鄭言戰然則此亦歸功于晉衛不掩其功故從外言戰也　注據高子來盟魯無君不稱使者即閔二年齊高子來盟傳云何以不稱使我無君也何氏云時閔公弒僖公未立故正其義明君臣無相適之道也春秋謹於别尊卑理嫌疑故絶去使文以起事張例則所謂君不行使乎大夫也者是　注不從云云解云經先晉謂未戰之時經已言及晉侯盟于赤棘是也云傳舉郤克是也者即下傳云師還齊侯晉郤克投戟逡巡再拜稽首馬前之屬是也或者言先晉正謂會晉郤克是也何者序四大夫乃言會晉郤克則似郤克先在是而四大夫往會之是爲先晉之文猶如宣元年宋公陳侯以下會晉師于斐林伐鄭然　注君獲云云解云言君獲不言師敗績者即

僖十五年冬晉侯及秦伯戰于韓獲晉侯傳之此偏戰也何以不言師敗績君獲不言師敗績也注云舉君獲爲重也是也然則君若被獲則不言師敗績今此經等欲起見齊侯被獲何不去師敗績以見之而書使乎大夫以起之者正欲辟内敗之文故也何者春秋王魯内不言戰言戰乃敗若直言季孫行父以下及齊侯戰于鞌不言齊師敗績則是内敗之文　晉郤克投戟逡巡再拜稽首馬前　解云禮介者不拜而郤克再拜者蓋齊師已敗行賓命之禮投戟之後得再拜矣若當戰之時將軍有不可犯之色寧有拜乎故表記曰君子衰絰則有哀色端冕則有敬色甲胄則有不可辱之色鄭注云言色稱其服也是　注禮皮弁以征者時王之禮即昭二十五年注云皮弁以征不義是也韓詩傳亦有此文　注頃公有負晉魯之心者即下傳云前此者晉郤克與臧孫許同時而聘于齊則客或跛或眇於

是使跛者迓〻〻禿眇者迓眇者是也　注不書獲者內大惡諱者獲人君故為大惡是以諱而不書也若獲大夫則當書之是以莊十二年傳云萬嘗與莊公戰獲乎莊公數月然後歸之何氏云獲不書者士也然則萬若大夫書之明矣　曰法斮　解云釋器云魯曰斮之樊光云斮斫也又說文云斮斬也故此何氏亦云斮斬也　注若以至死難也　解云言若以丑父故不絕頃公似若襄二十九年吳子使札來聘傳曰吳無君無大夫此何以有君有大夫賢季子也何賢乎季子讓國也賢季子則賢君許使臣有大夫故宜有君矣今若以丑父賢以為齊國宜有君而不絕頃公卽開諸侯不死社稷　注如以至得貴　解云丑父權以免齊侯是以齊人得善之但春秋為王法是以不得貴耳而公羊說解疑論皆譏丑父者非何氏意不足為妨　注不書恥之者謂魯使尊卿聘齊為所侮戲假藉大國而雪其

恥是以不書如齊恥之矣其郤克不書者自從外相如之例　注臧孫許盼也者正以當聘之時無有内魯之義晉爲大國郤克宜先而魯宜後傳先言或跛故知盼者是臧孫許矣或曰一本云臧孫許跛舊解傳言客或跛或盼據魯序上者非也案此一句注宜在不書恥之下今定本無疑脱誤也　注凡無高下有絶加躡板曰梯者無高下猶言莫問高下但當有縣絶而加躡板者皆曰梯矣　注聘禮賓至大夫率至于館卿致館宰夫朝服致飧腍厥明訝于館皆聘禮文　注齊襄公滅紀所得甗邑者襄公滅紀者即莊四年夏紀侯大去其國是也正以正以繫紀侯言之故知紀邑而或説云甗玉甗者蓋以左傳云賂以紀甗玉磬又別言與地明甗是器名非地故以之甗解之　注使耕者東西如晉地者蓋晉地谷川宜東畝者多故言此是以下傳云使耕者東畝是則土齊也何氏云則晉悉以齊爲

土地是不可行者是其晉地東畝之義也舊云如者往也使齊東西
其畝往來於晉地曷非公羊意也　是則土齊也　解云亦有一本
云是則土齊曰不可也者　注因録國云云　解云其受命不受辭
者即莊十九年傳云聘禮大夫受命不受辭是也汶陽田者何
解云欲言是國曾來未有欲言非國乃與取鄆蔓田同文故執不知
問　注本所侵地非一總繫汶陽者文也　解云知侵非一者正
以下三年秋叔孫僑如率師圍棘傳云棘者何汶陽之不服邑也
以此言之則知汶陽者大畔之名明矣　注不言取之齊者云之
解云決襄十九年春取邾婁田自漷水繫邾婁言之故也　鄭人齊
人曹人云云盟于蜀　解云亦有一本無齊人者脫也　得壹貶焉
爾者正以於此處得壹貶之焉爾　注不然則當没公云云
解云即莊二十二年秋及齊高傒盟于防傳云公則曷爲不言公

諱與大夫盟也是云不沒公者明不主為公也者言高傒本意敵公故恥之今嬰齊者止自立姓驕蹇不主為公是以春秋不沒公以見之矣云數道其君亭諸侯侵中國也者即宣十四年秋楚子圍宋十五年夏宋人及楚人平上文冬楚師鄭師侵衛之屬是也以其非一故謂之數也　○三年　二月公至自伐鄭　解云莊公六年傳云得意致會不得意致伐何伐云此謂公與二國以上也然則此言公至自伐鄭者不得意故也莊六年注云皆例時今此書二月者為下甲子出也新宮者何　解云欲言宮廟未有新公之名欲言非廟言宮舉災故執不知問　注以無新宮知宣公之宮廟者正以春秋上下無新公宮則知此言新宮者正是其父宣公之宮以其至近被災故謂之新宮災　注謂之新宮者因新入宮易其西北角示昭穆相繼代有所改更也者即穀梁傳云壞廟之道易檐可也者是易其西北

角之櫓手故爲之釋宮云西北隅謂之屋漏是也孫氏曰當室之日
光所漏入也者與何氏别注據桓僖宮災不言三日哭者即下哀三
年夏辛卯桓宮僖宮災是也　注善得禮云云　解云即檀弓下曰
有焚其先人之室則三日哭鄭氏云謂人燒其宗廟哭者哀精神之
有虧傷故此注云善得禮痛傷鬼神無所依歸是也云故君臣素縞
哭之者謂著素衣縞冠哭之　注此象至昭穆　解云案桓公亦篡
立不災其宮者蓋以桓母右媵次第宜立隱公攝位久不還天示其
變隱猶不覺是以隱九年三月癸酉大雨震電何氏云周之三月夏
之正月雨當水雪雜下雷當聞於地中電未可見而大雨震電此陽
氣大失其卿猶隱公失居位不反於桓失其宜也然則桓正宜立隱
是左媵之子據位失宜而桓弑之雖曰篡君其罪差輕是以不災其
廟豈若宣公以庶篡適其子失政將不得久承宗廟之饗故災其宮

矣而哀三年五月辛卯桓宮僖宮災者彼是已毀後復立之是不宜
立故天災之不謂毀其蹇隱也　棘者何　解云欲言內邑不應圍
之欲言外邑不繫於國故執不知問　注棘民初未服於魯　解云
言初未服者欲言終服於魯矣知終服者正以汶陽田者大畔之名
棘者乃是其小邑上二年經取汶陽田以知盡得之但有不服之意
故魯圍之若然公羊之義以圍者爲不克之文若其得之而言圍者
正謂當時未克何妨終得之乎　注据國內兵不舉者即定八年傳
云公斂處父帥師而至經不書之是也　注當與圍外邑同罪故言
圍也者欲道國內之兵本自不書而此書者惡其失所念與圍外邑
同矣　注得曰取不得曰圍　解云取者是得文故言得曰取也即
此文取汶陽田及哀九年春宋皇瑗帥師取鄭師于雍丘之屬是
也故傳云其言[illegible]之何易也其易奈何詐之也何氏云詐謂陷阱奇

伏之類也其不言圍者即定四年楚人圍蔡之屬是也正以圍而
滅者非克之故也　注先是作丘甲者在上元年云為鞌之戰者
在上二年云伐鄭者在上正月也云圍棘者在上文秋也　伐將咎
如者左氏將作廧字注據不舉云云解云春秋之義舉重略輕即莊
十年傳戰不言伐圍不言戰入不言圍滅不言入書其重者也是也
今聘盟而受命書故云據不舉重矣云嫌生事者嫌是荀庚初受君
命但聘而已至及於魯生事而盟故曰嫌生事矣之故此以輕問重
也者聘輕而盟重即此傳云此聘也其言盟何是也　注以不舉至
約誓　解云若其特結約誓當但舉重即文十五年三月宋司馬華
孫來盟宣七年春衛侯使孫良夫來盟之屬皆因聘而為之不言聘
而言盟故知特結盟此則言聘又言盟故知非特結盟而尋繹舊事
盟矣故傳云聘而言盟者尋舊盟也　四年　鄭伯堅卒者左

氏作垤字穀梁作眣字今定本亦作眣字注未踰年君云云　解云
正以莊三十二年傳云君存稱世子君薨稱子某既葬稱子踰年
稱公即僖二十五年夏衛侯燬卒秋葬衛文公冬衛子莒慶盟于洮
是也今此鄭伯未踰年而已稱伯故如此注矣○五年　注始歸不
書與鄭伯姬同者即宣十六年秋郯伯姬來歸何氏云嫁不書者為
媵也來歸書者後為嫡也棄歸例有罪時無罪月是也然則今書月
者無罪之文矣　梁山者何　解云欲言晉山文不繫晉欲言魯物
見在晉竟故執不知問　注故不日以起之者謂起其三日不泳也
則但一日不可不書日矣若無所起例當書日即僖十四年秋八月
辛卯沙鹿崩是也　外異不書者正以文十一年長狄之齊晉不書
故也　注河者四瀆所以通道中國云云　解云釋水云江河淮
濟為四瀆四瀆　也者也云記山崩壅河者壅河不書而言

記壅河者正，不書日以起壅河三日不流之義故云謂之記壅河
矣之自是之後六十年之中弑君十四亡國三十二者春秋說文若
對經數之從今以後訖於六十年則不及於此數何者自今以後盡
昭十六年弑君止有十亡國止有九即襄二十五年齊崔杼弑其君
光吴子門于巢爲巢人所弑二十六年衛甯喜弑其君剽二十九年
閽弑吴子餘祭三十年蔡世子般弑其君固三十一年莒人弑其君
密州昭公八年陳招殺偃師十一年楚子殺蔡侯般十三年楚公子
比弑其君虔楚公子棄疾弑公子比是六十年弑君但十矣其亡國
止有九者成十七年楚滅舒庸襄六年莒人滅鄫齊侯滅萊十年遂
滅偪陽十三年取詩二十五年楚滅舒鳩昭四年遂滅厲八年楚滅
陳十三年滅蔡是九也然則春秋書者遂其所書者矣說文舉者意
言之是以多少異爾或者此注誤也云故湨梁之盟偏刺天下之大

夫者即襄十六年春公會晉侯宋公以下于溴梁戊寅大夫盟傳云諸侯皆在是其言大夫盟何信在大夫也何言乎信在大夫徧刺天下之大夫也曷為徧刺天下之大夫君若贅旒然何氏云旒旂旒贅繫屬之辭以旂旒喻者為下所執持東西是矣　注先是既云云　解云作丘甲在元年三月䢼之師在二年夏叔孫僑如圍棘在三年秋城運在四年冬　○六年　注月者前云云　解云諸致例時即桓二年冬公至自唐僖二十六年冬公至自伐齊襄十三年秋公自會之屬是也今此書月故解之也言前晉大夫獲齊侯者即上二年䢼戰時也言今親相見者即上五年冬公會晉侯齊侯以下于蟲牢是也　武宮者何　解云春秋之內未有武公之文而立武宮故執不知問　立者何　解云置廟是常而乃書立故執不知問　立者不宜立也者亦有直云不宜立無在上立者二字也　注天子諸侯

立五廟受命始封之君立一廟至于子孫過高祖不得復立廟周家祖有功尊有德立后稷文武廟至於子孫自高祖已下而七廟天子卿大夫三廟元士二廟者皆出祭法也其文云天下有王分地建國注云建國封諸侯也置都立邑注云置都立邑爲卿大夫采地及賜士有功者之地設廟祧壇墠而祭之注云廟之言貌也宗廟者先祖之尊貌也祧之言超也超上去意也封土曰壇除地曰墠書曰三壇同墠乃爲親疏多少之數是故王立七廟一壇一墠曰考廟曰王考廟曰皇考廟曰顯考廟曰祖考廟皆月祭之注云王皇皆君也顯明也祖始也名先人以君明始者所以尊本之意也有二祧享嘗乃止注云享嘗謂四時之祭諸侯立五廟一壇一墠曰考廟曰王考廟曰皇考廟皆月祭之顯考廟祖考廟享嘗乃止大夫立三廟二壇曰考廟曰王考廟曰皇考廟享嘗乃止顯考祖考無廟有禱焉爲壇祭

之適士二廟一壇曰考廟曰王考廟享嘗乃止顯考無廟有禱焉爲壇祭之注云適士上士也此適士云顯考無廟非也當爲皇考字之誤官師一廟曰考廟王考無廟而祭之庶士庶人無廟注云官師中士下士庶士府史之屬然則此注云禮天子諸侯立五廟者据正禮通諸上代而言之祭法云王立七廟者据周言之耳祭法云大夫立三廟適士二廟者皆据天子大夫士也云諸侯之卿大夫比元士者更無正文何氏以意當之云諸侯之士一廟者禮說文云而鄭注王制云士一廟者謂諸侯之中士名曰官師者上士二廟也與何氏異

注立武至書之　解云案明堂位云武公之廟武世室然則謂之世室者世世不毀而此傳及注譏其立者明堂位之作在此文之後記人見武公之廟已立欲成魯之善故言此非實然故彼下即云魯之君臣未嘗相弑也鄭注云春秋時魯三君弑而云君臣未嘗相弑亦

反誣矣　注臧孫許伐齊有功者正以伐齊之由本起臧孫故也

郭者何　解云欲言是國曾來未有欲言是邑文無所繫故執不知

問　注屬相至其邑　解云即上五年冬公會晉侯齊侯以下同盟

于蟲牢是也云故使若非蟲牢人矣者謂所取之邑非同盟者之物

然也　注楚伐鄭褻不能救晉又侵之者即下文秋楚公子嬰齊帥

師伐鄭冬晉欒書帥師侵鄭是也　七年　注角生上指逆之象者

言角在牲體之上指于天亦是上逆之象云書又食者重録魯不覽

寤重有災也重讀如煩重之重也異義公羊說云鼷鼠初食牛角咎

在有司又有咎在人君取已有災而不云改更者義逼于此若然改

卜牛之徒皆言改而莊三年夏五月葬桓王傳云此未有言崩者何

以書葬蓋改葬經何故不言改者蓋改卜牛之徒皆有所由故得言

改其葬桓王者上未有經是以無由言之　注吳國見者云云

解云正以莊十年秋荆敗蔡師于莘傳云荆者何州名也州不若國國不若氏云云何氏不言楚言荆者楚强而近中國卒暴責之則恐爲害深故進之以漸從此七等之極始也然則吳相敵亦宜言揚州言之而經言吳者正以罕與中國交至今升平之世乃始見經故因其始見于升平故經直以漸進之　注承前不恤民之所致者即上三年大雩之下注云成公幼少大臣秉政先是作丘甲爲鞌之戰伐鄭圍棘不恤民之所生是也　○八年　來言者何　解云語言見經於例未有今而書之故執不知問　注以此經加之云云　解云其自歸言歸者哀八年夏歸邾婁子益于邾婁注云善魯能悔過歸之然則若自歸當言歸汶陽之田于齊今乃如此作文而又言之則知被晉使之非其本情　注據本魯邑者正以莊十三年曹子劫齊侯反其所取侵地之時管子曰然則君何求曹子曰願請汶陽之田

又上二年傳曰反魯衛之侵地之下其經云取汶陽田以此言之汶陽之田本是魯物明矣　注據紀履緰來逆女不書納幣者隱二年九月紀履緰來逆女是也　注伯姬守節逮火而死者即襄三十年夏五月甲午宋災伯姬卒秋七月叔弓如宋葬共姬傳云外夫人不書葬此何以書隱之也何隱爾宋災伯姬卒焉其稱謚何賢也何賢爾宋災伯姬存焉有司復曰火至矣請出伯姬曰不可吾聞之也婦人夜出不見傅母不下堂傅至矣母未至也逮乎火而死是也

注據天王使毛伯來錫文公命不稱天子者即文元年夏四月天王使毛伯來錫公命是也　元年春王正月正也者據始言之其實二年三年以下之經皆如是　注其餘謂不繫于元年者云云　解云何氏亦順傳文是以獨言元年矣云或言王者即莊元年冬王使榮叔來錫桓公命文公五年春王使榮叔歸含且賵三月王使召伯來

會葬之屬是也云或言天王者隱元年秋七月天王使宰咺來歸惠公仲子之賵之屬是也云或言天子者此文是也莊元年榮叔之下何氏云不言天王者桓行實惡而乃追錫之尤悖天道故云爾文五年榮叔之下注云云去天者含者臣子職以至尊行至卑事失尊之義也召伯之下何氏云去天者不及事刺此失喪禮也隱元年宰咺之下何氏云言天王者時吳楚上僭稱王王者不能正而上繫於天也春秋不正者因以廣是非然則王是舊名天王者春秋時稱耳但春秋見當時之王皆繫于天是以遂本不追正見其是非何者若單稱王者是其舊號若繫于天者明非古禮矣作春秋既不追正遂以天王作其常稱是以春秋之內不言天者皆悉解之見其失所此注云皆相通矣以見刺譏是非也言皆相通矣者此三者皆是上之通稱但以天王者得當時之言王與天子者皆有所刺故曰以見刺

識是非也云王者號也者言正是當時天子之號也云德合元者稱皇者謂元氣是總三氣之名是故其德與之相合者謂之皇皇者美大之名云孔子曰皇象元逍遙術無文字德明謚者皆春秋說文宋氏之言皇之德象合元矣逍遙猶勤動行其德術未有文字之教其德盛明者為其謚矣云德合天者稱帝河洛受瑞可放者天者二儀分散以後之稱故其德與之相合者謂之帝帝者諦也言審諦如天矣當爾之時河出圖洛出書可以受而行之則德于天下故曰河洛受瑞可放耳云仁義合者稱王符瑞應天下歸往者二儀既分人乃生焉人之行也正直為本行合於仁義者謂之王行合人道者符瑞應之而為天下所歸往耳是以王字通於三才得為歸往之義

注天子者爵稱也　解云案辨名記云天子無爵而言天子為爵稱者言爵者醮也所以醮盡其材天子有聖德居無極之尊位謂之爵

稱亦何傷而云天子無爵者謂無如諸侯以下九命之爵豈謂無尊美之爵乎禮記郊特牲云古者生無爵死無謚天子有謚有爵明矣云此錫命稱天子者爲王者長愛幼少之義欲進勉幼君當勞來與良師傅如父教子不當賜也如此注者決文元年天王使毛伯來錫公命言天王矣彼注云主書者惡天子也古者三載考績三考黜陟幽明文公新即位功未足施而錫之非也然則文公初受命而未有功而王錫之故見非也但文公年長故稱天王令成公幼少當須如父教子未當錫也是以爲之張義而言天子矣云月者例也者正以此經書月故知例月然外來朝聘皆例書時天王錫命而書月魯人喜得王命而詳録之故也然則莊元年錫桓公命文元年錫文公命雖承上日不蒙上日亦可知矣　注棄而日卒者云云　解云外夫人之卒經例書日即襄三十年夏五月甲午宋災伯姬卒何氏云外

災例時此日者爲伯姬卒日是也今此已棄而書日故解之其棄者即上五年春王正月杞叔姬來歸是也云爲下脅杞歸其喪者即下九年春杞伯來逆叔姬之喪以歸傳曰脅而歸之是也　注據逆女不書媵也者蓋通内外言之何者隱二年紀履綸來逆女桓三年公子翬如齊逆女之屬皆不書媵故也云媵例時者即下九年夏晉人來媵莊十九年秋公子結媵陳人之婦于鄄之屬是也然則此經文承日月之下不蒙日月明矣　○九年　注言以歸至爲脅　解云言忿怨執人同辭者即襄十六年春晉人執莒子邾婁子以歸昭十三年秋晉人執季孫隱如以歸之屬是也云而不得專其本意者正以以者行其意之辭故也是以桓十四年冬宋人以齊人衛人蔡人陳人伐鄭傳云以者何行其意何氏云以已從人曰行言四國行宋意今叔姬之喪言以歸不得專其本意明知杞伯有忿怨是以知其被

脅耳言知其爲脅者爲讀如子爲衛君乎之爲也　注不日者至信辭　解云正以春秋之義不信者日故以不日爲信辭矣言已得鄭盟者即此盟有鄭伯也當以備楚者正以楚人數爲諸夏之患故也云而不以罪執之者即下文秋晉人執鄭伯是也正以僖四年傳曰稱侯而執者伯討也稱人而執者非伯討也今經稱人故曰不以罪執矣云旋使離叛者即其下文云晉欒書帥師伐鄭是也云楚緣隙潰莒者即下文冬楚公子嬰齊帥師伐莒庚申莒潰是也言楚人緣其有不和之隙來伐莒而潰之故曰緣隙潰莒矣知不能救者正見以下遂無救文故也云所以甚中國者謂其作信辭也所以甚惡中國之無信矣云因與下潰日相起者言因者非正爲之辭矣言此盟不日非直甚中國之無信亦因欲起其下潰書日者乃是中國無信以至爲夷狄之潰矣言相者兩事相共之辭則下潰書日

亦起此盟之不信矣不有言致女者謂春秋無此經也　注古
者至之義云云　解云此皆曾子問文也其文云孔子曰取婦之家
三月不舉樂思嗣親也三月而廟見稱來婦也擇日而祭于禰成婦
之義也鄭注云謂舅姑没者也必祭成婦義者婦有共養之禮猶舅
姑存時盥饋特豚於室是也云書者與上納幣同義也者即上八年
夏宋公使公孫壽來納幣傳云納幣不書此何以書録伯姬也注云
伯姬守節逮火而死賢故詳録其禮所以殊於衆女是也今此書其
致女者義亦然故云書者與上納幣同義之所以彰其絜云云者重
得父母之命乃行婦道故曰所以彰其絜也其女當夫非禮不動光
照九族父母得安故曰榮之云禮婦人未廟見而死者歸葬於女氏
之黨者曾子問文也其文云曾子曰女未廟見而死則如之何孔
子曰不遷於祖不祔於皇姑婿不杖不菲不次歸葬于女氏之黨

示未成婦也鄭氏云遷朝廟也婚雖不備喪禮猶爲之服齊衰是也　注義與上同也者謂亦與上致女皆同書納幣矣　注日者録責云云　解云云以凡潰例月即僖四年春王正月蔡潰文三年春王正月沈潰之屬是也今而書日故如此解

春秋公羊疏卷第十七

春秋公羊疏卷第十八　　　　　　　　成公二

起十年　盡十八年

○十年　注據上不郊不言乃者即上七年夏不郊猶三望是也云僖公不從言免牲者即僖三十一年夏四十郊不從乃免牲猶三望是也　注使若重難不得郊　解云宣八年傳云而者何難也乃者何難也曷爲或言而或言乃乃難乎而也何氏云言乃者内而深言而者外而淺下昃日昳矣故言乃然則乃者難之深今經云乃不郊故云使若重難不得郊也重難之義皆出於乃字　注不致者云云　解云莊六年傳云得意致會不得意致伐注云此謂公與二國以上也然則此經公會晉侯宋公以下伐鄭亦是二國以上若得意宜致會不得意宜致伐今全不致故如此解也言成公數卜郊不從者即此上文五卜郊不從是也五卜郊卜之多者故言數

之不但不免牲而已者謂成公意卒竟而不復郊知如此者正以不免牲上文已有説今此仍不致故知更有罪也云故奪臣子辭以起之者謂不致也奪其臣子之辭以起見其罪矣所以不致得謂之奪臣子辭者桓二年注云凡致者臣子喜其君父脫危而至今不書至似若不得脫危然故曰奪臣子辭也桓元年注云不致之者云云奪臣子辭成誅文也者義亦通于此　注朝廷修於妬上云云　解云言妬其有賢才而居於已上位者是朝廷修之妬也云婦人修於妬下者言不能容衆妾而妬惡之者是婦人妬也云故修大其能容之者考諸舊本大上無修字云唯天子娶十二女者保乾圖文孔子爲後王非古禮也　注不書葬者云云　解云春秋之義君殺無罪大夫例不書其葬見其合絶之是以僖九年晉侯詭諸卒何氏云不書葬者殺世子也一也其殺趙同等亦上八年晉殺其大夫趙

同趙括是也　注過郊乃又云云者謂明年三月公至自晉是過郊及又是其無事天之意云當絕之者當合絕之不可為魯侯矣　○十一年　晉侯至州盟　解云上三年冬晉侯使荀庚來聘丙午及荀庚盟傳云此聘也其言盟何聘而言盟者尋舊盟也　注云以不舉重連聘而言之知尋繹舊故約誓也書者惡之二國既脩禮相聘不能相親信又復相疑故舉聘以非之今此亦然而無傳注者從被可知者文案桓十四年夏鄭伯使其弟語來盟注云時者從内為王義明王者當以至信先天下是以春秋之例莅盟來盟悉書時即僖三年冬公子友如齊莅盟之屬是也今此經及上三年荀盟之屬皆書日者蓋以既脩禮相聘不能相親信又復相疑是故不與信辭耳　○十二年　周公者何　解云既是周臣自周無出而經書出故執不知問　注私土者至小國　解云春秋之例大國君奔

例皆書月即桓十六年十有一月衛侯朔出奔齊之屬是也小國例時者即昭三年冬北燕伯款出奔齊及此經書春皆是也又王制云天子三公之田視公侯既視公侯何言小國者據其私土言之也周公本是小國諸侯而入爲天子三公於王畿之内雖有采地但從私土而去故從小國例矣十三年注月者善公尊天子者正以朝聘時故也　五月公自京師　解云公下自上有至字者衍文　注據僖公至王所　解云僖二十八年冬公會晉侯以下于溫天王狩于河陽壬申公朝于王所諸侯遂圍許是也然則彼亦朝天子而往圍許不言自王所與此異故難之　注生事脩朝禮而後行者生事之上亦有復字者衍文云閒無事復出公者善公鑿行者昭十三年秋公會劉子晉侯以下于平丘八月甲戌同盟于平丘注云不言劉子及諸侯者閒無異事可知矣然則彼以閒無事不

以重舉翟之乃諸侯此亦間無事但言夏五月遂會晉侯以下伐秦足矣而重舉公者善公鑿行故也定四年召陵之會每言公者彼注自具　注月者危公幼而遠用兵者正以凡致例時故如此解

○十四年　注莒大夫鄫婁云云　解云正以莊十六年冬十有二月邾婁子克卒二十八年夏四月丁未邾婁子瑣卒春秋之序莒常在上而至此乃卒者正由文十八年莒弒其君庶其是以不得書其卒矣云至此始卒云云又不得日者邾婁子瑣之卒所以書日者非直行進其邾子克往前已卒是以春秋得詳録之今此始卒故不得書日曹書日者何氏云老使世子來朝春秋嘉老重恩故爲魯恩録之左深是也然則此注何以不言故不得日而言又者欲道曹伯終生雖亦始卒但於魯有恩是以書日今此莒子非直始卒又無善行是以不日　秋叔孫

僑如如齊逆女　解云隱二年注云不親迎例月重録之今此不月者蓋以成公即位十有四年始娶元妃非重継嗣之義故略之注凡娶早云云　解云隱二年九月紀履緰來逆女傳云外逆女不書此何以書譏何譏爾譏始不親迎也始不親迎昉於此乎前此矣前此則曷爲始乎此託始焉爾曷爲託始焉爾春秋之始也然則宣公元年春公子遂如齊逆女喪服未除是其大早也成公十四年秋始使僑如如齊逆女非重継嗣之義是其大晩也故言凡娶早晩矣但略舉一二人則桓公三年娶于齊文公四年娶于齊合在其間也然則諸侯之法合親迎而魯侯悉使大夫所以不復發傳云何以書譏何譏爾譏不親迎者正欲從隱二年紀履緰之一譏而已是以不復發傳以解之舊解云隱二年復緰之下注云内逆女常書外逆但疾始不常書者

明當先自詳正躬自厚而薄責於人故略外也然則外之娶妻莫問早晚其不親迎者皆不復書而譏之者悉從履綸之經一譏而已所以此處注之者正以內逆女常書之末是以於此處決之更有或解不足述也 ○十五年 注疑仲遂後故問之者何氏欲解弟子問所不知之意何者欲言仲遂之子宜稱公孫今經稱仲故執不知問 注未見於經云云 解云未見於經者謂未作大夫不得見于經當爾之時猶為公子之子故為公孫嬰齊矣今為大夫而死得見于經更為公子之孫孫以王父字為氏故為仲嬰齊矣其更為公子之孫之事其說在下 注据本公孫者言其本公孫昭穆須正雖代兄為大夫寧得更為公孫之子爭故難之 注叔仲者叔彭生氏也者即文十一年叔彭生之氏族也 注文家字積於叔云云

解云知此者正以大姒之子皆稱叔唯有聃季而已是文家字積於叔之義也注言此者欲道彭生之經所以不連仲之意也云叔仲有長幼故連氏之者注言此者欲道彭生之傳所以連叔仲之意也何者彭生之祖生於叔氏其父武仲又長幼當仲是以彭生遠而言之雖非正禮要是當時之事是以傳家述其私稱連言仲矣　注經云仲者至積於仲　解云注言此者欲道嬰齊此經何故不連其文歸父之字而單言仲者欲明春秋當質正得積於仲是以不得更以佗字連之　注禮大夫至稱曰老夫者皆上曲禮文鄭氏云致其所掌之事於君而告老謝猶聽也君必有命勞若辭謝之其有德尚壯則不聽耳几杖婦人安車所以養其身體也安車坐乘若今小車也老夫老人稱也亦明君貪賢春秋傳曰老夫耄矣是也　注叔仲惠伯云云　解云僖十年春

晉里克弒其君卓子及其大夫荀息傳云及者何累也弒君多矣舍此無累者乎曰有孔父仇牧皆累也舍孔父仇牧無累者乎曰有則此何以書賢也　何賢乎荀息傳云驪姬者國色也獻公愛之甚欲立其子於是殺世子申生申生者里克傳之獻公病將死謂荀息曰士何如則可謂之信矣荀息對曰使死者反生生者不愧乎其言則可謂信矣獻公死奚齊立里克謂荀息曰君殺正而立不正廢長而立幼如之何願與子慮之荀息曰君嘗訊臣矣臣對曰使死者反生生者不愧乎其言則可謂信矣里克知其不可與謀退弒奚齊荀息立卓子里克弒卓子荀息死之若然桓二年宋督弒其君與夷及其大夫孔父案彼傳文則孔父亦先見殺與此正同而得爲累者正以孔父生存殤公不可得而弒故於是先攻孔父之家殤公知孔父

死已必死趨而赦之皆死焉孔父正色而立于朝則人莫敢過而致難於其君者孔父可謂義形于色矣然孔父雖先見殺而事君之正義形于顏色豈如惠伯但爲傳子赤而忘之公子遂但欲弑子赤而殺之不畏惠伯衛若寧得類於孔父乎若然內之弑例皆諱不書假令成累安可作文而注言此者雖不言弑宜言冬十月子赤及叔彭生卒案今文公十八年經直言冬十月子卒故言不得爲累矣　注時見君幼云云　解云於時見君幼少恐有禍變欲以有防衛之義示其諸大夫　注弟無後兄云云　解云案異義公羊說云質家立世子弟文家立世子子而春秋從質故得立其弟以此言之嬰齊爲兄後正合諸春秋之義何得謂之亂昭穆之序者若以質家立世子弟者謂立之爲君而已豈謂作世子之子乎今嬰齊爲後之者若爲歸父之子然故爲亂昭穆之

序言失文子之親者若後歸文即不爲神遂之子故云失文子之親矣　注爲其公喜時者即昭二十年傳云何賢乎公子喜時讓國也其讓國奈何曹伯廬卒于師注云在成十三年傳又云公子喜時、見公子負芻之當主也逡巡而退是也　注不日者多娶三國媵非禮故略之者即上九年伯姬歸于宋之時衛人來媵晉人來媵齊人來媵傳云三國來媵非禮也是宋得用天子禮而非之者其婚娶當從諸侯故也雖於伯姬爲榮而宋公有失故死略之

注不有文云云　解云襄三十年秋鄭良霄出奔許自許入于鄭彼則有文不言鄭良霄自許入于鄭今則不有文故決之必知不有文是大之者正以孔子曰書之重辭之復嗚呼其中必有美者焉不可不察故知也言華元以憂國爲大夫山所譖出奔晉者皆春秋說文也云言歸者明出入無惡者即上桓十五年傳例云復歸者出惡歸

無惡復入者出無惡入有惡入者出入惡歸者出入無惡是也　注不氏者云云　解云襄二十三年夏陳殺其大夫慶虎及慶寅陳侯之弟光自楚歸于陳注云前為二慶所譖出奔楚楚人治其罪陳人誅二慶反光故言歸宋大夫山譖華元貶此不貶者殺二慶而光歸譖光有知然則今此華元歸後山見殺故須貶山以見其義矣山者魚石之親若其不貶宜言魚山也　注與山有親惡見及也　解云知如此者襄二十年秋蔡殺其大夫公子燮蔡公子履出奔楚同稱公子親眷明矣今此宋殺其大夫山宋魚石出奔楚文與彼同故知山之親也但山以譖華元而見貶是以不得言魚矣　注後得言復入云云　解云復入者即下十八年夏宋魚石復入于彭城是也言復入者出無惡者栢十五年傳文案文六年冬晉殺其大夫陽處父晉狐射姑出奔狄傳云晉殺其大夫陽處父則狐射姑曷為出

奔射姑殺也射姑殺則其稱國以殺何君漏言也彼注云作上言泄下曰漏其漏言奈何君將使射姑將陽處父諫曰射姑民衆不說不可使將於是廢將陽處父出射姑入君謂射姑曰陽處父言曰射姑民衆不說不可使將射姑怒出刺陽處父於朝而走注云明君漏言殺之當坐殺也以此言之若由君漏言魚石殺山而走出是出有惡不得言復入今魚石之奔下言復入知非君漏言魚石不殺山也

注據楚不殊者即僖二十一年秋宋公楚子陳侯鄭伯許男曹伯會于霍是也　注據襄五年不外之者其經云秋公會晉侯宋公以下齊世子光吴人鄫人于戚是也　春秋内其國而外諸夏者即經云叔孫僑如會晉士燮齊高無咎以下是也云内諸夏而外夷狄者即經序諸大夫訖乃言會吴于鍾離是也注不殊楚者楚始見所傳聞世尚外諸夏未得殊也者即僖二十一年秋宋公楚子陳

侯蔡侯鄭伯許男曹伯會于瞿之屬是也　注至於至之行　解云即宣十一年夏楚子陳侯鄭伯盟于辰陵者是不殊楚之經也言卓然有君子之行者即彼注云不日者莊王行霸約諸侯明王法討徵舒善其憂中國故爲信辭也然則討徵舒明王法勝鄭而不取今之還師迭晉寇之屬皆是卓然有君子之行矣　注據大一統也者即隱元年傳云何言乎王正月大一統也注云統者始也摠繫之辭夫王者始受命改制布政施教於天下自公侯至於庶人自山川至於草木昆蟲莫不一一繫於正月故云政教之始然則王者施政欲其遠近徧及海内如一而殊外内故難之注子師而正孰敢不正是也者師長也言子爲諸侯之長而爲正誰敢不爲正乎亦是先正於近乃始及遠之義故引之　○十六年　雨木冰者何　解云雨與木冰理不相類如此作經故執不知問　注木者少陽幼君大臣之

象　解云初始於東方故曰少陽陽比君故有幼君之義震爲六子之宗乃是乾之長子故爲大臣之象也　注滕始至滕小　解云滕始卒于宣公者即宣九年秋八月滕子卒是也其日于成公者即此經云辛未滕子卒是也二者皆不及名故曰不名其邾婁始卒于文公者即文十三年夏五月邾婁子蘧篨卒是也其日于襄公者襄十七年春王二月庚午邾婁子瞯卒是也書蘧篨與瞯故曰名也云俱葬于昭公者即昭元年夏六月丁未邾婁子華卒秋葬邾婁悼公昭三年春王正月丁未滕子泉卒五月葬滕成公是也然則春秋於所聞之世始録微國之卒書日書名明其大小滕子卒葬皆在邾婁之後邾婁之君名於所聞之世于滕則未是以知其小于邾婁也何氏所以不于會序比之而據其卒葬者會是主會次之未得其義其大小仍自難明故此解若然案莊十六年十二月邾婁子克卒二十

八年夏四月丁未邾婁子瑣卒然則邾婁始卒書月名並在莊公之
世而言邾婁卒于文公日于襄公名者彼是傳聞之世小國之卒例
不合書而莊公之時邾婁之君得書卒者何氏於克卒之下注云小
國未嘗卒而卒者爲慕霸者有尊天子之心行進也瑣卒之下注云
日者附從霸者朝天子行進以此言之直是行進而得書卒書日非
其常例故不取之　注是後楚滅舒庸者在下十七年冬十二月云
晉厲公見餓殺者即下十八年春王正月庚申晉弑其君州蒲是也
春秋說以爲厲公猥殺四大夫臣下人人恐見及正月幽之二月而
死故此注云見餓殺也云故十七年復食也即十七年十有二月丁
巳朔日有食之是也　晦者何　解云欲言月晦例所不書欲言日
冥文不言晝故執不知問　注据宋公戰于泓敗績稱師者即僖二
十二年冬十有一月己巳朔宋公及楚人戰于泓宋師敗績是也

王痍者何　解云王有三軍之衛而身見傷似非其類故執不知問　注以言戰又言敗績知非詐當蒙上日也者正以春秋之義偏戰者日詐者月今於鄢陵之經言戰言敗績知非詐故當蒙上日甲午矣　不見公者何　解云公會晉侯是與會之文言不見公疑其非類故執不知問　注不見者恚乞師不得欲執之者即下傳云其伐公執奈何前此者晉人來乞師而不與公會晉侯將執公是也　注据不得意者正以莊六年傳云得意致會不得意致伐何氏云此謂公與二國以上也公與二國以上出會盟得意致會不得意不致今會不得意而致會故据而難之云扈之會公失序不致者即文七年秋公會諸侯晉大夫盟于扈傳云諸侯何以不序大夫何以不名公失序也公失序奈何諸侯不可使與公盟眣晉大夫與公盟也是也然則彼是公不得意不書致今此亦不得意而又致故難之　注

因公幼殺恥爲諱辭　解云實不見今而致會詐若得意然故言爲諱辭耳云不書行父執者是時累代公執而下經但書其一故

注不書行父執者公不見見已重矣　注据曹伯襄復歸于曹者在僖二十八年冬注据僖二十八年云云者即僖二十八年冬晉人執衛侯歸之于京師三十年秋衛侯鄭歸于衛是也　注不連歸問者云云　解云問者之意欲道僖三十年衛侯鄭歸于衛亦是天子所歸不言自京師今曹伯亦爲天子所歸獨言自京師文相違背故問之若連歸問云其言歸自京師何即嫌歸自京師者乃是天子有力之文似若僖二十八年冬衛元咺自晉復歸于衛傳云自者何有力焉者也然上說言其所以易正猶公子喜時之力若此處并問天子有力之文即與上說喜時之力自相違　注言歸自京師者與内据臣子致公同文者與上十三年公至自京師相似云執歸書者玄之

者正以僖十九年宋人執滕子嬰齊二十一年執宋公之屬皆不書其歸也若然僖二十八年春晉侯執曹伯以畀宋人冬晉人執衛侯歸之于京師曹伯襄復歸于曹三十年秋衛侯鄭復歸于衛皆是被執而書之者曹伯之下注云執歸不書書者名惡當見衛侯之下注云執歸不書主書者名惡當見是也前此者晉人來乞師而不與者即上十六年夏六月晉侯使欒黶來乞師晉侯及楚子鄭伯戰于鄢陵楚子鄭師敗績於戰之經不見魯師則知不與矣　注不書者不與無惡

解云若其書之宜言晉侯使欒黶來乞師公不許之今無此經故言不與不書也言不與無惡者即僖二十六年公子遂如楚乞師之下傳云乞者何卑辭也曷爲以外內同若辭重師也曷爲重師師出不正反戰不正勝也何氏云兵凶器戰危事不得已而用之爾乃以假人故重而不暇别外內也者是

是其不與無惡之義　於是執季孫行父者此以上道今年秋會于沙隨之時事　注謂上至合同　解云下十七年公孫嬰齊卒于貍軫之下傳云前此者嬰齊走之晉公會晉侯將執公嬰齊爲公請公許之反爲大夫歸至于貍軫而卒然則上言公會晉侯將執公者乃是上經沙隨之事故下與嬰齊傳文合言成公將會晉厲公言謚者欲别於嬰齊所請之事明其是上伐鄭時也案此傳沙隨之事時行父亦請而特言嬰齊所請事者欲言行父每請而嬰齊三請俱在沙隨故也　此聽失之大者也　解云言聽獄者失之大者矣　注故地言云云　解云言故地言舍而月之者即經書九月晉人執季孫行父舍之于招丘是也言月則爲傷痛之文者正以凡執例時故也即僖四年夏齊人執陳袁濤塗五年冬晉人執虞公之屬是也　不爲代公云云者正以文十四年冬齊人執單伯之下傳

云執者曷爲或稱行人或不稱行人注云此問諸侯相執大夫所稱
例傳云稱行人而執者以其事執也注云以其銜命奉國事執之
晉人執我行人叔孫舍是也傳又云不稱行人而執者以己執也注
云己者己大夫自以大夫之罪執之分别之者罪惡當各歸其本
以此言之則知自爲己執者力不稱行人今此行父爲代公執而亦
不稱行人者正以其在君側非出使故也　注行父執釋不致者舉
公至爲重者正以昭十三年秋晉人執季孫隱如以歸十四年春隱
如至自晉二十三年春晉人執我行人叔孫舍二十四年春叔孫舍至
自晉皆書其至今此不書至故言舉公至爲重　乙酉刺公子偃
解云即僖二十八年注云内殺大夫例有罪不日無罪日者正
謂此文是也考諸舊本此經之下悉皆無注若有注者衍字耳
○十七年　用者何　解云正以上下之郊例不言用此獨違例

故執不知問　注魯郊至當用　解云僖三十一年傳云魯郊非禮也彼注云以魯郊非禮故卜爾昔武王既沒成王幼少周公居攝行天子事制禮作樂致大平有王功周公薨成王以王禮葬之命魯使郊以彰周公之德非正故卜三卜吉則用之不吉則免牲者是其魯郊博卜春三月之義也而此傳止言正月者因見其自今後百代之王正所當用之月也注三王至制也　解云三王之郊一用夏正者易說文也既用夏正而此傳特言用正月上辛者但春秋之制也春秋因魯以制法令自今以後之郊皆用周之正月故也云不郊則不日者即僖三十一年夏四月四卜郊不從乃免牲猶三望成七年春王正月鼷鼠食郊牛角改卜牛夏五月不郊猶三望之屬是不郊則不日之文也　注晉人至於泮宮者即禮器云魯人將有事於上帝必先有事於泮宮注云上帝周所郊祀之帝謂蒼

帝靈威仰也魯以周公之故得郊上帝與周同先有事于泮宮告后稷也告之者將以配天先仁也泮宮郊之學也詩所謂泮宮也字或爲郊宮晉人將有事於何必先有事於惡池鄭注云惡當爲呼聲之誤也呼池嘔夷并州川齊人將有事於泰山必先有事於配林注云配林林名是也云以不郊乃識三望云云者即僖三十一年夏四月四卜郊不從乃免牲猶三望傳云猶者何通可以已也識不郊而望祭也何氏云譏尊者不食而卑者獨食也云又夕牲告牷后稷云云者言古禮郊之前日午後陳其牲物告牲之牷于后稷則知此經宜云九月用辛丑郊　注月者方正下壬申故月之　解云正以凡致例時故此解之言正下壬申者欲正壬申爲十月之日是以不得不言十一月以表之　卒于貍軫者正本作貍脤字　注據下丁巳朔知壬申在十月　解

云即下十有二月丁巳朔日有食之是也十二月丁巳朔逆而推之則丁亥爲十一月朔日朔日又逆而推之即丁卯爲十月十一日矣即從丁卯數之戊辰己巳庚午辛未壬申然則壬申乃爲十月十六日故云據下丁巳朔知壬申在十月矣　注據昭公出奔齊叔孫舍者即昭二十五年九月己亥公孫于齊冬十月戊辰叔孫舍卒三十二年冬十二月公薨于乾侯是也　注不書者以爲公請除出奔之罪也者其請公者謂上沙隨時也注十一月至是也者即上經云十有一月公至自伐鄭是也若以上傳言之則嬰齊之請魯侯許之皆是沙隨時也若在沙隨會時即在伐鄭之上何故待公伐鄭之還乃始卒之正以成公許之實在沙隨但嬰齊未還公又伐鄭伐鄭未歸嬰齊已卒國人不聞公命未敢卒之爾何傷　注舒庸東夷

道吳圍巢者出左氏考諸舊本亦有無此注者　○十八年　注日者云　解云正以文十八年冬莒弒其君庶其傳云稱國以弒者衆弒君之辭注云一人弒君國中人人盡喜故舉國以明失衆當坐絶也例皆時者略之也然則稱國以弒者例書時而此書日故解之而昭二十七年夏四月吳弒其君僚何氏云月者非失衆見弒故不略是也云云之說在彼知庚申二月日者亦以上十二月丁巳朔言之也去年十二月丁巳朔則知今年二月丙辰朔也何者以長曆推之今年正月小故也二月丙辰朔數之丁巳戊午己未庚申則庚申爲二月五日矣正月之中寧得有之乎故知庚申二月日也云上繫于正月者以起正月見幽二月庚申日死也者春秋說云厲公猥殺四大夫臣下人人恐見及正月幽之二月而死是也云厲公猥殺四大夫者

即去年叙三邻是歳叙脊童是　注不書殺者云云
解云如此注者欲決昭二十一年宋華亥向寗華定自
陳入于宋南里以畔之文故也　注楚以至録之　解云栢
十五年傳云復入者出無惡入有惡故言從犯君録之何者
魚石出時直与與山有親更無實罪故曰出無惡也今犯君
而入故為入惡從犯君録之云主書者起其專封者言楚子
伐宋下即言魚石復入于彭城是起其專封之義必起其専
封者正欲責之故也　注天子囿云云者孟子文司馬法亦
云也

春秋公羊疏卷第十八

春秋公羊疏卷第十九　襄公一

起元年　盡十年

元年　注据晉趙鞅以地正國加叛文云云　即定十三年秋晉鞅入于晉陽以叛冬晉荀寅及士吉射入于朝歌以叛晉趙鞅歸于晉傳云此叛也其言歸何注云据叛與出入惡同以地正國也又注云軍以井田立數故言以地傳又云其以地正國奈何晉趙鞅取晉陽之甲以逐荀寅與士吉射荀寅與士吉射者曷為者也君側之惡人也此逐君側之惡人曷為以叛言之無君命也注云無君命者操兵鄉國故初謂之叛後知其意欲逐君側之惡人故錄其釋兵書歸赦之君子誅意不誅事今華元與諸侯操兵鄉國而不加叛文故難之云宋華元曷為與諸侯圍宋彭城而不加叛文與趙鞅異乎然則趙鞅以乘地之兵逐君側之惡人以正

其國其實善而春秋必加敉文者正以人臣之義本無自專之道若其許之恐惡逆之臣外託興義之兵内有覬覦之意是以雖爲善不得與之　注敍華元無惡文　解云雖云操兵鄉國但稟宋公之命與諸侯之師遂去敉人以衛社稷春秋善之故無惡文也　魚石走之楚者即成十五年宋魚石出奔楚是也　楚爲之伐宋取彭城以封魚石者即成十八年夏楚子鄭伯伐宋宋魚石復入于彭城是也以入是爲罪也者言魚石於成十五年初出之時直是與山有親恐見及是以辟而去非其大罪也至成十八年外託楚鄭之兵以伐取君邑遂居彭城與君相拒失人臣之義非順行之道故曰以入是爲罪也　注說在成十八年者即謂成十八年經具說楚子鄭伯伐宋魚石復入于彭城之事言上舉楚鄭伐宋下即言魚石復入復入者出

無惡之文明其出奔楚時非其罪也但倚託楚鄭伐取彭城爲大
惡故此傳云以入是爲罪矣非謂成十八年更有注解　注書者
善云云　解云傳云爲宋誅而知不能誅者正以助其君討叛臣
義之高者若能誅之理應在見似若昭四年經書執慶封殺之
今但言圍而無殺文故知不能誅雖不能誅猶有辰魚石之功是以
春秋書之善其爲宋誅矣　注据莒云云　解云莒人伐
杞取牟婁在隱四年春其後來奔者即昭五年夏莒牟夷以
牟婁及防茲來奔是也　注故奪至邑者　解云定本僖二
年春王正月城楚丘傳云不與諸侯專封也然則不與諸侯專
封取事一也所以或繫於宋或不繫於衛者彼以衛國已滅
故無所繫不言桓公城之者不與諸侯專封故也此魚石受楚
之封入邑而叛是以奪而繫國以示不成然則不與之言雖同

其不與之理實異是以齊侯封衛春秋實與楚封魚石繫宋
以抑之云之說在僖二年　注楚叔云云　解云經傳無文而
知楚叔者正以楚人去年封之故也楚人是時并兵于魚石魚石之
叛抑而不成今華元討之即是宋國封内之兵也封内之兵例所不
録是以楚叔魚石不得書之知封内之兵例所不録者正以定公
八年傳云公斂處父帥師而至經不書之是也若然哀三年衛石
曼姑帥師圍戚亦是封内之兵而得書者彼以國夏爲伯討是
以得書故彼傳云齊國夏曷爲與石曼姑帥師圍戚伯討也
然則春秋不與蒯聵之直故令國夏得討之國夏得討之則非
封内之兵也今此魚石不成叛是以與彼異也　夏晉韓屈者
左傳穀梁屈作厥字也　次于合者左氏合作鄫字也
注刺欲云云　解云知如此者正以莊三年冬公次于郎傳云其

言次于郎何刺欲救紀而後不能也今此下文即有楚人侵
宋言次于合魯人在其間故知與彼宜同例亦是刺欲救
宋而後不能是以春秋書其止次譏之　九月辛酉云云
解云諸侯爲天子身服斬衰三年是以曾子問云諸侯
相見揖讓而入門不得終禮廢者幾孔子曰六請問之曰天
子崩大廟火日食后夫人之喪雨沾服失容則廢然則天
王九月崩而四國得行朝聘禮者杜氏云辛酉九月十五
日冬者十月初也天王崩赴未至皆未聞喪故各得行朝
聘之禮是也若然則四國行朝聘之時王之赴者未至於
魯經書天王崩得在朝聘之上者公羊之義據百二十
國寶書棄而爲經雖四國未知何妨先書乎○之年　葬簡
王　解云隱三年傳云天子記崩不記葬必其時也而

此書者，即文公九年傳云「不及時書，過時書，我有往者則書」。彼注云：「謂使大夫往也。惡文公不自往，故書葬以起大夫會之。」然則前王去年九月崩，至今年正月但始五月矣，所謂不及時，是以書之。注「不書葬者，諱伐喪」。解云：春秋之内，諸侯之卒不書其葬，非止一義而已，諱背殯用兵，或譏其篡，或刺不討賊枉殺大夫。案此鄭伯，襄公之子，繼體為君，復非篡立，從成十五年即位以來，未有罪惡之事，明其不書葬者，不為上事明也。而下文云「冬，仲孫蔑會晉荀罃」以下云云「于戚，遂城虎牢」，傳云「虎牢者何？鄭之邑也。其言城之何？取之也。取之則曷為不言取之？為中國諱也。曷為為中國諱？諱伐喪也」。然則既不為上事，下即有諱伐喪之文，則知不書其葬者，正為諸侯諱其伐喪故也。

齊姜者何解云欲言成母謚不言宣欲言成[illegible]成謚別執不
知問　注齊姜至正言也　解云左氏以齊姜成公夫人繆姜宣
公夫人而何氏不然者正以齊姜先薨多是姑繆姜後卒
理宜爲婦賓無文據以順言之也且九年襄公伐鄭不書其
至若非親母不應服之至此矣言襄公服繆姜喪未踰年親
自伐鄭者即襄九年五月辛酉夫人姜氏薨秋八月癸未
葬我小君繆姜冬公會晉侯以下伐鄭是也然則襄公母
死未期已爲兵首無恩之甚是故爲諱若爲祖若輕可
言是以彼注云不致者惡公服繆姜喪未踰年親自伐鄭
故奪臣子辭是也舊云傳言惡襄公服喪用師故以祖爲
親母所以甚責內是以何氏順傳文也者非也公羊之義
以授相傳五世以後方著竹帛是以傳家數云無聞焉

蓋以此言之容或未察止作公羊氏實不分明何以不得而要知傳序經意依違之者正以文與桓公九年曹世子射姑同故也案桓公九年冬曹伯使其世子射姑來朝傳云諸侯來曰朝此世子也其言朝何春秋有譏父老子代從政者則未知其在齊與在曹與注云在齊者世子光也時曹伯年老有疾使世子行聘禮恐卑故使自代朝雖非禮有尊厚魯之心傳見下卒葬詳録故序經意依違之也然則彼刺曹世子而傳序經意不正言之今此文正與彼同故知亦依違言之　虎牢者何　解云欲言鄭邑今不繫鄭欲言他邑有城虎牢之文故執不知問　注以下戍繫鄭者即下十年冬戍鄭虎牢是　注据外城邑不書者正以春秋上下無外城邑之經故也而何氏兼邑言之者正以外城國都亦有書者是以不得直言据外城國都其書之者即城邢城楚丘城緣城成周之屬是也其

外城國都雖非常例要自數有[illegible]是以何氏据[illegible]　注据取牟婁
者即隱四年二月莒人伐杞取牟婁是也　注諱伐喪也
解云考諸古本皆無此注且與下傳文煩重若有注者是衍
字也　曷爲爲中國諱者正据莒人取牟婁不爲中國諱矣
而何氏不注之者以上文已据取牟婁是以不能重出曷爲不繫
乎鄭者正据下十年冬戍之時繫鄭也爲中國諱也者若繫于
鄭還有伐喪之義故云爲中國諱也　注即實遂但當言取之
解云若實大夫自生事即非諸侯使之取是以不勞爲諸侯諱
依實書之亦無傷故言即實遂但當言取之　○三年
注盟地者不于都也云云　解云文三年冬公如晉十有二月
己巳公及晉侯盟彼不舉地者以其在國都故也今此舉
長樗故言不于都矣云以晉至起之者昭二十八年春王

三月公如晉次于乾侯 二十九年春公至自乾侯居于運何氏云
不致以晉者不見容于晉未至晉然此經上言盟于長樗今若
又言至自長樗即嫌似次于乾侯然亦不得入晉都故以晉致
起其文也云不別至可知者公與二國以上出會盟得意致會不
得意不致公與一國出會盟得意致地不得意不致然則此襄
公得與晉侯盟宜直致地不致地者以其可知也言成公比失意於
晉者即成公十六年秋公會晉侯以下于沙隨不見公傳云
前此者晉人來乞師而不與公會晉侯將執公季孫行父曰
此臣之罪也於是執季孫行父經又云公會尹子晉侯以下伐鄭
傳云成公將會晉厲公會不當期將執公季孫行父曰臣有
罪執其君子有罪執其父此聽失之大者也今此臣之罪也舍
臣之身而執臣之君吾恐聽失之為宗廟羞也於是執季孫

行又曰……云言……

定否世子光制之然是以下目以近之猶如文十四年注云盟下日者刺諸侯微弱信在趙盾之類何氏何以數言信在正以下十六年傳云諸侯皆在是其言大夫盟何信在大夫也舊解云齊光允諸侯之禮晉侯貴致大國衆人畏之故却日以待之非也　注据曹伯襄言會諸侯者即僖二十八年冬曹伯襄復歸于曹遂會諸侯圍許是也云鄫子言會盟者即僖十九年鄫子會盟于邾婁是也　注不直至及之　解云若其諸侯親與之盟宜云公會單子晉侯以下盟于雞澤陳侯使袁僑來會盟正由諸侯不親與之盟故止得言如會矣云又下方殊及之者即下云及諸侯之大夫及陳袁僑盟是也言下方殊文道及陳袁僑盟足以此處未勞道會盟　注陳鄭楚之與國云云　解云陳

楚之與國者即宣十一年夏楚子陳侯鄭伯盟于辰陵是
也知有慕中國之心者正謂使大夫如會是也且僖八年鄭伯
乞盟之下注云時鄭伯欲與楚不肯自來盟處其國遣使挹取
其血而請與之約束無汲汲慕中國之心故抑之使若叩頭乞盟
者也不録使者方抑鄭伯使若自來也然則鄭伯無慕中國之心
抑言乞盟又不録其使則今不言乞盟又録其使則有慕中國
之心明矣又知有疾者非直以其不自來又見下四年三月陳
侯午卒矣云復出陳者喜得陳國也者欲決成二年及
國佐盟于袁婁之經彼不重言齊今重言陳者喜得陳
國故也孔子曰書之重辭之復嗚呼不可不察其中必有美者
焉是以僖四年傳云曷爲再言盟喜服楚也故此注云復出
陳者喜得陳國也春秋意必如此者正以楚人盛強諸

微弱陳侯背楚故喜得之所以大奪夷狄之勢益諸夏之榮也
注不重出地云云者正决襄二十七年夏叔孫豹會晉趙武楚屈
建以下于宋秋七月辛巳豹及諸侯之大夫盟于宋彼所以
再出地者正以上無君故也今諸侯在臣繫於君故因上地耳下
十六年春公會晉侯以下于溴梁戊寅大夫盟之下不重出地
者亦以為諸侯在臣繫於君得因上地故彼注云不重出地者與
三年雞澤大夫盟同義是也　○四年　夫人弋氏薨左氏經作姒
氏字聲勢與此同　定弋者何　解云欲言君母諡不言成
欲言是妾卒葬並見故執不知問　注定弋莒女也者正
以鄫世子巫者莒之外孫下五年傳意以為與襄公為甥出
故知弋氏為莒女也　○五年　注據晉至不書　解云成二年
傳云云者是也然則臧孫許不書者自是恥之故也而郤克

是齊不書之者是外相如例不書故也是以據之若然桓五年
夏齊侯鄭伯如紀傳云外相如不書此何以書何氏云據蔡侯、
東國卒于楚不言如也何氏彼據蔡侯此據郤克者欲逐其相
類故也何者彼齊侯鄭伯是君且事不干魯故據蔡侯卒于
楚不言如矣此鄫世子巫事非君且叔孫豹率之故據晉大夫
與臧孫許俱行者所引辟連類得其象也且其齊鄭如紀州公
如曹皆得書者彼文悉有成解　注以不殊鄫世子俱言
如也者正以不言及鄫世子與叔孫共作一文故知叔孫率之矣
蓋舅出也者謂巫是襄公舅氏之所出姊妹之子謂之出也
言蓋者公羊子不受于師故疑若下傳蓋欲立其出也之類或
言此蓋宜訓為皆若隱三年傳云蓋通于下　蓋云歸
其之類　言襄公與巫皆是一舅姊妹之子矣　注蓋者善之云云

解云：六年秋莒人滅鄫，然則不能救滅而得善之者，雖不能救，有言之功故也。注先是襄公云云。解云：圍彭城在元年春，即經云「仲孫蔑會晉欒黶以下圍彭城」是也。其城虎牢者，在上二年冬「遂城虎牢」是也。云三年再會者，蓋謂三年六月「公會單子、晉侯以下同盟于雞澤」，下云「戊寅，叔孫豹及諸侯之大夫及陳袁僑盟」是也。雖是一出，行頗有二事，停軍費重而致旱，緣是之故，得作然解。云四年如晉踰年乃反者，即上四年「冬，公如晉」，五年「春，公至自晉」是也。其元年「夏，仲孫蔑會齊崔杼以下次于合」，二年「秋，叔孫豹如宋」，「冬，仲孫蔑會晉荀罃以下于戚」，於此諸事豈不為費，而注不言之者，正以元年舉圍彭城，二年舉城虎牢，三年舉再會，四年舉如晉，年舉一事，指而言之，見其致旱之由而已。其餘不足舉者，文略不悉耳。其三年再會並舉云者以其皆會事可以一言而盡故也　楚殺其大夫公子壬夫　解云春秋之内君殺大夫者皆至葬時别有罪無罪今吳楚之君例不書葬不作他文以別之者蓋以略夷狄故也　注所以抑至不見　解云經書言莒人滅鄫者在下六年秋其經稱人似貶黜之云又與巫許者即上文世子巫如晉是也許之許即合存之義然則上下二經皆非鄫咎故曰惡鄫文不見也　注據下叔陳言諸侯者謂歷叙諸侯即下文云公會晉侯以下叔陳是也　注陳坐欲與中國被強楚之害　解云其與中國者謂欲得與中國即上三年陳侯使袁僑如會是也其被強楚之害者正見諸侯戍之故也　注與魯微者同文云云　解云以不載名氏及國直言其事若莊公二十八年冬築微之文故云與魯微者同文矣云微者同文者使若城楚丘賜魯獨城之前

楚丘在僖二年彼時亦直言城楚丘作魯微者之文魯之微者不
焉能獨城乎明其更有餘國是以書月見其非内城今此戍陳之
經亦魯微者之文魯之微者焉能獨戍乎明其更有餘國矣
故曰使若城楚丘辟魯獨戍之云戍例時者正以此文直書冬十
年冬戍鄭虎牢故知例時　十有二月公至自救陳賈氏云月
爲下卒起其義也　○六年　注始卒云云　解云案僖二十三
年冬十有一月杞子卒而於此言始者彼注云卒者桓公存王
者後功尤美故爲表異卒録之然則所傳聞之世小國之卒
未合書見非其常例矣至所聞之世始合書卒是以於此言始
矣文十三年夏五月邾婁子蘧篨卒宣九年秋八月滕子
卒其名日與葬皆未書今此盡録故解之也言新黜未忍便
略也者即莊二十七年冬杞伯來朝注云杞夏後不稱公者

春秋黜杞新周而故宋以春秋當新王者以其稟氣先王聖人胄嗣難其微　略之　注稱人者從莒無大夫即莊二十七年傳莒無大夫此何以書是也　注不月云云　解云凡兵滅者例書月即莊十年冬十月齊師滅譚十三年夏六月齊人滅遂之屬是也今此非兵滅故書時矣以此言之即知僖二年滅下陽僖十年狄滅溫之屬皆蒙上月矣僖十七年夏滅項彼注云不月者桓公不坐滅略小國僖二十六年秋楚人滅隗何氏云不月者略夷狄滅微國也以此言之則知僖十二年夏楚人滅黃文五年秋楚人滅六之屬亦是略之故也其衛侯燬滅邢楚子滅蕭蔡歸生滅沈之屬皆當文自釋不勞備說注据譚子言奔者即莊十年齊師滅譚譚子奔莒是也　注不書殺萊君者舉滅國爲重者欲決定四年四月庚辰蔡公孫歸姓帥

師滅沈以沈子嘉歸殺之文也彼注云不舉滅爲重書以歸殺
之者責不死位也是也　○七年　鄭伯髡頑如會者正本作頑
字亦有一本作原字者非也　操者何　解云欲言鄭邑封内
不地欲言外邑文不繫外故執不知問其鄭字亦作操字者
非正本也　注據陳侯鮑卒不地者即桓五年正月甲戌己
丑陳侯鮑卒傳曰曷爲二日卒之怴也甲戌之日亡己丑之日
死而得君子疑焉故以二日卒之是封内卒不地者故據而
難之　注據鄭公子歸生弑其君夷書者在宣四年夏六
月書者謂書大夫名氏矣　注據城虎牢事者上二年經
云遂城虎牢者何鄭之邑也其言城之何取之也取之則曷爲
不言取之爲中國諱也曷爲爲中國諱諱伐喪也是也
注言楚屬圍陳不能救者即上文云楚公子貞帥師圍陳

終無救文是也　注據陳侯如會不名者即僖二十八年夏五月公會晉侯以下于踐土陳侯如會是也　注以操鄭邑知傷而反也者正以操是鄭邑操本去鄭彌遠是以知其見傷而還　注未見諸侯尚往辭知未至舍也者凡言未見者有欲見之理知尚往辭若其迴還至舍便絶未見之義經不應得言未見故如此解　注君親無將云云　解云莊三十二年傳云君親無將將而必誅故此注引之其弑君論之者其身梟首其家執之其傷君論之者其身斬首而已罪不累家漢律有其事然則知古者保辜者亦依漢律律文多依古事故知然也未見諸侯其言如會何　解云上陳侯如會袁僑如會之輩皆是至會今鄭伯既言未見諸侯而言如會故據未見而難之　○八年　賊未討何以書葬　解云正以隱[illegible]

春秋君弑賊不討不書葬以為無臣子也是以弟子據而[illegible]之
注不月者本實當去葬責臣子故不足也者正以卒日葬月違
於春秋大國之例今鄭為大國不月故如此解　獲蔡公子燮
者穀梁作公子濕　注據宋師敗績云云者即宣二年春宋華元
帥師及鄭公子歸生帥師戰于大棘宋師敗績獲宋華元是也
公羊之義以為捕者曰獲故此難　注易不言取之者云云
解云春秋之義取為易辭故隱十年鄭伯伐取之傳云其言伐
取之何易也者是春秋之義封內之兵例不書之故定八年傳云
公斂處父帥師而至經不書之是也莊九年齊人取子糾殺之者是
取一人之文凡言獲者用兵之文即獲宋華元獲陳夏齧之輩
是也然則此傳言適得之即是易之甚者所以不言取之者其
人是時將兵拒鄭但未即鬬戰封內之兵例所不書既不

得書有蔡師若言鄭人侵蔡取公子燮則嫌如莊九年齊人取子糾殺之然但取一人而已故言獲起其文是亦將兵來云又將兵禦雖不明伺候雖不戰鬪當坐獲者謂蔡公子燮當以被獲爲坐罪何者以其於守禦之道不足故也　注由城費云云　解云城費在七年夏也公比出會者即五年冬公會晉侯以下救陳七年十二月公會晉侯以下于鄬是也如晉者即今年正月公如晉是也莒人伐我者即今年夏莒人伐我東鄙是也或者公比出會者即七年公會晉侯以下于鄬今年季孫宿會晉侯以下于邢丘是也然則季孫宿會而言公比出會者略舉以言之是以不復別也　○九年　宋火者左傳穀梁作宋災曷爲或言災者莊二十年夏齊大災襄三十年宋災之類是　大者曰災小者曰火　解云五行書云害物爲災不害物爲異

者謂雹霜水旱螽蝗之屬非謂火害與否與此非一〻矣

災者云云　解云本實是火而謂之災離其本體故曰離本辭

災者害物之名故可以見其大於火也然則何氏以為春秋之義不

記人火火者皆是天害也但害於大物則言災害於小物則言火且

不如左氏人火曰火故如此注所以然者正以春秋之義重於天道

略於人事人火之難何足記也　注據西宮災不言火者即僖二十

年夏五月乙巳西宮災傳云西宮者何小寢也彼注云西宮者小寢

内室楚女所居也以其非正寢社稷宗廟朝廷故謂之小若然桓

十四年秋八月壬申御廩災亦應是小所以不據之者以其御用

於宗廟之物於小義不強豈似西宮為小寢内室乎

外災不書云云　解云莊十一年秋宋大水之下傳云外災不

書此何以書注云據鄭稱不書是也　為王者之後記災也

解云春秋之義詳内而略外是以外災例不録而書皆善文又皆有傳釋不勞備載也　注是時周樂云云　解云宣十六年夏成周宣謝火傳云成周者何東周也宣謝者何宣宫之謝也彼注云宣宫周宣王之廟傳云何言乎成周宣謝災樂器藏焉爾注云宣王中興所作樂器天災中興之樂示周不復興是也然則宣公十六年時周樂已毀而宋是王者之後先聖法度所存今復災之是法度浸疏遠不用之應也　注事連云云　解云莊六年傳得意致會不得意致伐者謂公與二國以上會伐並有之時若公與二國以上出會盟得意致會不得意不致也然則今此若直同盟于戲而已容或不致今事連上伐若其得意宜致會若其不得意宜致伐無不致之理而今不致者惡其毋服未期親自用兵不子之甚故不書致言奪臣子辭若臣

以凡書致者皆是臣子喜其君父脫危而至今不書致似若不脫然故曰奪臣子辭 ○十年 遂滅偪陽者左氏經作偪字音夫目反一音逼近之逼而南州人云道仍有偪陽類如逼近之逼矣 注滅日云云 解云凡滅例月即莊十年冬十月齊師滅譚十三年夏六月齊人滅遂之屬是今乃書日故如此解也言文遂焉不仁者則此經遂滅偪陽是也云開道疆夷者昭八年夏楚人執陳行人于徵師殺之冬十月壬午楚師滅陳執公子招放之于越殺陳孔瑗十一年夏四月丁巳楚子虔誘蔡侯般殺之于申楚公子棄疾帥師圍蔡冬十有一月丁酉楚師滅蔡執蔡世子有以歸用之三十年冬十有二月吳滅徐徐子章禹奔楚定十四年楚公子結帥師滅頓子牂君歸十五年春楚子滅胡以胡子豹歸之屬皆是強夷造害諸

夏故言連蔓日及是以變例書日疾而録之云滅比云云者春秋之義主書致者正欲別其得意以不故莊六年傳曰得意致會不得意致伐是也若取邑例不須致所以然者取得他邑得意明矣何勞書致以見之乎是以僖三十三年夏公伐邾婁取叢何氏云取邑不致者得意可知例是也然則滅得他國義如取邑故曰滅比取邑亦不當致而致之者深爲内諱使若公不與滅事故也冬盜殺云云　解云凡春秋之事君殺大夫稱國即僖七年鄭殺其大夫申侯之屬是也大夫相殺稱人即文九年晉人殺其大夫先都之屬是也今此士殺其大夫故言盜矣是以文十六年傳云大夫弒君稱名氏賤者窮諸人注云賤者謂士也士正自當稱人大夫相殺稱人賤者窮諸盜注云降大夫使稱人降士使稱盜者所以別死刑有輕重也者是

其士殺大夫稱盜之義也　注不言其云云　解云士正自當稱人宜言鄭人殺其大夫某甲今不言其大夫者正以士既降從盜故與盜同文也其盜殺者即哀四年春盜弑蔡侯申傳云弑君賤者窮諸人此其稱盜以弑何賤乎賤者也賤乎賤者孰謂謂罪人也彼注云罪人者未加刑也蔡侯近罪人卒逢其禍故以爲人君深戒不言其君者方當刑放之與刑人義同然則盜殺蔡侯中不言其君今此士殺大夫降之言盜亦不言其大夫與實盜同故云降從盜故與盜同文也而哀四年注云方當刑放之與刑人義同者襄二十九年夏五月閽弑吳子餘祭傳云閽者何門人也注云以刑人爲閽非其人故變盜言閽君子不近刑人近刑人則輕死之道也注云不言其君者公家不畜士庶不友放之遠地欲去聽所之故不繫國不繫國故不言其君

然則刑人所止不常厥居若故出奔往其所願由此之故不合繫國既不繫國則君臣義盡是以春秋去君文以見之其殺蔡侯者由未加刑而亦不言其君者方當刑放故與刑人同義也　戍虎牢云云者五年戍陳之下已有傳而復發者蓋嫌國邑不同故也　注既取虎牢者即二年冬遂城虎牢傳云虎牢者何鄭之邑也其言城之何取之也取之則曷爲不言取之爲中國諱也曷爲爲中國諱諱伐喪也是也　注據莒牟夷以牟婁來奔者即昭五年莒牟夷以牟婁及防茲來奔是也云本杞之邑者即隱四年二月莒人伐杞取牟婁是也　注所以見云云　解云上諱伐喪不言取者即二年冬遂城虎牢傳云云是也不言取諱之似不合取既不合取戍之節綫即不合刺而今刺之義似違是以春秋繫之於鄭見無主有明歟　推楚實無貪利即諸侯取之不合罪坐也故云不

當坐取邑耳

春秋公羊疏卷第十九

春秋公羊䟽卷第二十　襄公二

起十一年　盡二十年

○十一年　作三軍　解云公羊以為王官之伯冝半天子乃有三軍魯爲州牧但合二軍司徒司空將之而已今更益司馬之軍添滿三軍是以春秋書而譏之故曰作　三軍　是以隱五年注禮天子六師方伯二師諸侯一師是其一隅也何氏之意以軍與師得爲通稱而隨時名耳是以或言軍或言師不必萬二千五百人爲軍也

三軍者何者欲言先有不應言作欲言先無軍是常役故執不知問　注爲軍置三卿官也者魯人前此止置司徒司空以爲將下各有小卿二人輔助其政其司馬事者蓋摠監而已故但有一小卿輔之今更置中軍司馬將之亦置二小卿輔助其政故曰爲軍置三卿官也然則問者云三軍者何仰荅之云三卿也者謂言作

三軍者正是置司馬之職三卿之官爲軍將也　注卿大夫尊號大同小異者卿大夫者皆是尊號但大同小異而已若揔而言之皆曰卿大夫若別而異之乃貴者曰卿賤者曰大夫耳如此注者欲道一卿二大夫所以揔名三卿之意也　注方據上卿云云　解云言卿與大夫析而言之其實有異而皆謂之卿者方據上卿言其中下者遂得卿稱故得通言三卿也其二小卿謂之中下者蓋二者相對復有尊卑若似大司馬叙官云大司馬卿一人小司馬中大夫軍司馬下大夫然　注欲問云云　解云欲道所以不直言何以書而舉作三軍者弟子之意欲問春秋之義書其作三軍者爲是嫌其作軍大多而書乎爲是嫌其大少而書乎故復全舉經文一句軍之頭數問之若直言何以書但問主書無以見其數故言此也　注說古制司馬官數　解云言古者司馬一官但上卿一人卿一人上

士一人下士一人而已所以爾者以其事省不作軍將故也　注
古者至爲治云云　解云何氏之意知古者但有司徒司空典事者
正以詩云乃召司徒乃召司空不見司馬故知司馬事省摠監而已
然則司徒卿一人其大夫二人司空卿一人其大夫二人司馬卿一
人其大夫一人所謂諸侯之制三卿五大夫矣云襄公委任彊臣
者謂三家季孫宿之徒是矣云國家内亂者謂舉事不由君
命即下十二年遂入運之屬是也云乃益司馬作中卿官踰王
制故譏之者言乃益司馬謂添益其職内也作中卿官者謂
於司馬内更作一卿官尊于小卿故曰作中卿官也言踰王
制者謂過于先王舊制云言軍者本以軍數置之者其實
置中中卿而言作三軍者言本所以置此中卿官者正欲令助
司馬爲軍將將三軍故曰本以軍數置之云月者重録之

者此事無例不可相決但言重失禮故詳録之　注成公至所起　解云成十年夏四月五卜郊不從乃不郊傳云其言乃不郊何不免牲故言乃不郊也下云五月公會晉侯以下伐鄭注云不郊者成公數卜郊不從怨懟故不免牲不但不免牲而已故奪臣子辭以起之者是其成公下文不致之文也今何氏雖明前義故令上下相曉也　同盟于京城北者穀梁與此同左氏經作亳城北服氏之經亦作京城北乃與此傳同　注據伐云云　解云謂以上伐鄭多以伐致作不得意之文故曰常難言今有詳録之文者謂録其會蕭魚并下文公至自會之屬是也與前經異故難之　注中國以鄭故三年之中五起兵者即上九年冬公會晉侯以下伐鄭同盟于戲一也十年秋公會晉侯以下伐鄭二也冬戍鄭虎牢三也今

[illegible][illegible]會晉侯以下伐鄭同盟于京城北四也通此則五矣故曰三年之中五起兵耳云至是乃服者非直鄭人與會下文公以會致亦是其服文矣云其後無干戈之患二十餘年者謂鄭之遂服不復伐之不謂不伐餘國即下十四年夏叔孫豹會晉荀偃以下伐秦十八年公會晉侯以下同圍齊之屬是言二十餘年謂不滿得三十年至昭公之時屬楚滅陳蔡蠻夷内侵乃是諸夏之患故言此　注爲楚救鄭者爲楚救鄭之義出左氏傳矣○十二年　邑不言圍解云隱五年冬宋人伐鄭圍長葛傳云邑不言圍注云据伐於餘丘不言圍也今此不注者從彼可知矣　注外取至責之　解云外取魯邑有所嘉有所惡皆當書見昭二十五年冬齊侯取運傳云外取邑不書此何以書爲公取之也彼注云爲公取運以居公善其憂内故書者是其有嘉而書也宣元年六月齊人取濟西田

傳云外取邑不書此何以書所以 賂齊爲弑子赤之賂也注云子赤齊外孫宣公簒弑之從爲齊所誅爲是賂之故諱使若齊自取之者月者惡内甚於邾婁子益者是其有惡書也故言外取邑有嘉惡當書也然則外取魯邑有所嘉有所惡當書取今亦有所惡所以不直言取邑而言園者深恥中國之無信故也云前九年伐得鄭知九年伐得鄭者以上言公會晉侯以下即言同盟于戲是其伐得之也言楚伐鄭不救者即下文楚子伐鄭經無救鄭之文是也言卒爲鄭所背者即十年夏楚公子貞鄭公孫輒帥師伐宋是其背諸夏之文云兵革亟作者即前年注云三年之中五起兵是也云蕭魚之會服鄭最難者正以三年之中五起兵然後得之直會于蕭魚蕭魚鄭人與會而已經無同盟之文說知服鄭最難矣云故諱而言園以起之者不直言取而諱之言園作無所

嘉惡之文者欲以起還深不可言故也
台之經為文者正以此傳作常文釋之云伐而言圍者取邑之
辭也伐而不言圍者非取邑之辭也下十五年夏齊侯伐北鄙
圍成十七年秋齊侯伐我北鄙圍洮齊高厚帥師伐我北鄙
圍防之屬皆從此文而不釋故知常文明矣若此是義之經至齊
高厚之下傳當解之云月者加責之者欲道下十七年秋齊侯伐
我北鄙圍洮及高厚圍防之屬皆不書月故知此特月加而
責之故也而十五年圍成之下注云俱犯蕭魚此不月十二年月
者疾始可知者正以去此勢近故今從此義十七年者差遠故
不復解之　注入運者討叛也　解云昭元年三月取運運
者何內之邑也其言取之何不聽也何氏云不聽者叛也不
言叛者為內諱故書　子孫入之

故知討叛也　注封内兵[illegible]之義封内
之兵例所不書即定八年傳云公斂處父帥師而至經不書之是
也今書救台與入運者爲惡季孫之遂是以舉之　注討叛至其事
解云春秋之義大夫出竟有可以安社稷利國家者專之可
也然則討叛之事可以容其專之而惡其遂者正以得而不
取與不討莫異知得而不取者正以經書入故也是以隱二年夏莒
人入向之下傳云入者何得而不居也彼下注云季孫宿遂取
鄆以自益其邑然則此言得而不取者謂雖得運不取以入國
家非謂全不取也言故書入起其事者以起其不取運以入國家之
事也　大夫無遂云云　解云莊公十九年公子結之下已發此傳
今此復言之者嫌討叛不惡遂故明之　注季孫宿遂取
鄆以自益其邑者遂者專事之辭言季孫自專取鄆

世知以自益其邑者正以討叛邑而不入國家故知以自益其邑也　夏晉侯使士彭來聘　解云考諸正本皆作士魴字若作士彭者誤矣　注至此至其文　解云案宣十八年秋楚子旅卒而吳至是乃書卒者正以其與國會同本在楚後是以春秋略之不書卒但因季子之賢乃始卒其父矣僖十九年冬會陳人蔡人楚人鄭人盟于齊二十一年春宋人齊人盟于鹿上秋宋公楚子陳侯以下會于霍成十五年冬叔孫僑如會晉士燮以下會吳于鍾離然則於傳聞之世楚人數與中國會同至所聞之世吳人乃會故云與中國會同本在楚後也知賢季子乃始卒其父者正以吳子乘不慕諸夏會同太晚理宜略之今得書卒明其有因是以二十九年夏吳子使札來聘之下傳云吳無君無大夫此何以有君有

大夫賢季子也何賢乎　之言丨丨〻〻丨云何以有君
有大夫以季子爲臣則國宜有君者也札者何吳季子之名也
春秋賢者不名此何以名許夷狄者不壹而足也季子者
所賢也曷爲不足乎季子許人臣者必使臣許人子者必使
子也彼注云緣臣子尊榮莫不欲與君父共之故不足乎季子
所以隆父子之親也以言之則知由賢季子卒其父也　注是
後至爲君　解云今書其父卒亦欲見其四子迭爲君之
義故也襄二十九年傳云其讓國奈何謁也餘祭也夷昧也
與季子同母者四季子弱而才兄弟皆愛之同欲立之以爲君
謁曰今若是迮而與季子國季子猶不受也請無與子而與弟弟
兄迭爲君而致國乎季子皆曰諾故諸爲君者皆輕死爲勇
飲食必祝是其迭爲君云之事　注卒皆不日吳遠於楚　解云言

〻不日者即此文書九月下二十五年冬十二月吳子謁伐楚門于巢卒昭十五年春王正月吳子夷昧卒之屬皆不日也言吳遠於楚者正以宣十八年秋七月甲戌楚子旅卒下十三年秋九月庚辰楚子審卒之屬皆書日故決之也凡為人宜道接而生恩楚邇於諸夏數會同親而邇近之故書其日吳側海隅而與諸夏罕接故皆不日以見其遠也

○十三年　夏取詩　者正本皆作邿字有作詩字者誤　詩者何　解云欲言其國曾來未有欲言其邑文不繫國故執不知問　注諱背蕭魚之會亟者正以上十一年蕭魚之會邿婁在其間故如此解

○十四年　注三年之後君若贅旒然者即下十六年春三月公會晉侯以下于湨梁戊寅大夫盟傳云諸侯皆在是其〻在大夫也何言乎

信在大夫偏刺天下之大夫也曷爲偏刺天下之大夫君若贅旒然彼注云旒旂旒贅繫屬之辭以旂旒喻者爲下所執持東西者也　注是後衛侯爲彊臣所逐出奔者彊臣謂孫甯矣云溴梁之盟信在大夫者在下十六年春卿已引之訖　叔孫豹會晉荀偃者舊本作荀偃若作荀罃者誤　注曰者至日也云云　解云凡諸侯出奔之例大國書月重乖離之禍小國書時即桓十五年五月鄭伯突出奔蔡昭三年北燕伯款出奔齊之屬是也今此書日故須解之爲孫氏甯氏所逐者下二十七年傳云衛甯殖與孫林父逐衛侯而立公孫剽是也知後甯氏復納者亦彼傳文甯殖已死其子甯喜納之也云出納之者同當相起獨日也者欲見其出納之者同故出入皆書見其一家之事其入書日之經即下二十六年二月甲午衛侯衎復

歸于衛是也云舉君絶爲重者謂書衍之名見其當絶不合爲諸侯
云見逐説在二十七年者謂下二十七年夏衛侯之弟鱄出奔晉
之下傳具道見逐之由也 ○十五年 劉夏者何 解云欲言王臣
文不言爵欲言諸侯臣而逆王后故執不知問 劉者何 解云
欲言官名經典未有欲言非官與宰咺文相值故執不知問
注據宰渠伯糾繫官者即桓四年夏天王使宰渠伯糾來聘
是也 注諸侯至稱子 解云知劉夏是諸侯入爲天子大夫者
正以卒葬並書即定四年秋七月劉卷卒葬劉文公是也若直
爲大夫者假令書卒不録其葬即文三年夏五月王子虎卒
經無葬文是也言不得氏國稱本爵者謂不得氏本國不
得稱本爵也其本國本爵令史文無記不可指知也言故
以所受采邑氏稱子者即｜　｜子單子之屬是也言

其常文然不謂此經得稱子矣　注禮言　解云公羊之義天子圻内不封諸侯設如此解即引王制以證之與左氏穀梁之義異若然案王制下文云天子之縣内方百里之國九七十里之國二十有一五十里之國六十有三凡九十三國名山大澤不以朌其餘以祿士以爲閒田鄭氏云大國九者三公之田三爲有致仕者副之爲六也其餘三待封王之子弟次國二十一者卿之田六亦爲有致仕者副之爲十二又三爲三孤之田其餘六亦待封王之子弟小國六十三大夫之田二十七亦爲有致仕者副之爲五十四其餘九亦以待封王之子弟三孤之田不副以其無職佐公論道耳雖其致仕猶可即而謀焉以此言之子圻内九十三國言天子圻内不封諸侯者謂采稅租而已不得取即

民身沒之後子孫不世不得以諸侯雖之　注稱子至是也
解云參讀爲二三之三也言凡諸侯入爲天子大夫所以
稱子者三種見義何者正欲顧其爲天子大夫其稱子所
以得三見義者一則可以見諸侯不生名故曰子一則可以見其本
爵何者是邾外諸侯容其稱爵雖不得正稱其本爵亦得稱子
以見之一則可以見大夫稱故曰參見義也言傳曰天子大夫是也
者即上傳云劉夏者何天子之大夫也是也　注不稱至非禮
也者桓八年冬十月祭公來遂逆王后于紀傳云祭公者何
天子之三公也何氏云婚禮成於五先納采問名納吉納徵請期
然後親迎時王者遣祭公來使魯爲媒可則因用魯往迎之
不復成禮疾王者不重妃匹也天下之母若逆婢妾將謂海內
何哉故譏之其注并引覲

以異義公羊說云天子至之
注云禮逆王后當使三公者蓋謂有故之時云者何氏止
逆王后當使三公即知何氏之意以為不親迎與桓八年注云婚
禮成於五云云然後親迎者欲道士婚禮迎之前仍有此五禮于時
王者不行之不謂解天子親迎也又言疾王者不重妃匹云云
者正謂疾時王不行五禮不謂責親迎而異義公羊說云天子親
迎者彼是章句家說非何氏之意也云故貶去大夫明非禮也者
謂子是大夫之稱今貶而去之故曰貶去大大也去其大夫正稱
非禮明矣故云貶去大夫明非禮也注俱犯至可知　解云即十
二年三月莒人伐我東鄙圍台傳云邑不言圍此其言圍何
而言圍者取邑之辭也彼注云不直言取邑者深恥中國
信也前九年伐得鄭同盟于戲楚伐鄭不救卒為鄭所背

以弱蠻荊以彊兵華亟作蕭魚之會服鄭最難不務一云
親復相貪犯故諱而言圍以起之月者加責之然則今齊侯伐
我北鄙圍成者亦是取邑之辭但深恥諸夏之無信故言圍以
起之然則齊侯不務長和親復相貪犯背蕭魚約而特不月者
疾始可知也　注據季孫宿救台不言所至者即上十二年春
季孫宿帥師救台遂入運是也　注不言至民也云云　解
云莊三年公次于郎傳云其言次于郎何刺欲救紀而後不
能也彼注云惡公既救人辟難道還故書其止次以起之是也
正以此量力不責之則知莊公三年者力能救之而不敢救
故刺之云故與至舊同文者僖二十六年春公追齊師至巂
弗及是也然則彼言至巂此言至遇故言與至巂同文彼下
注云國內兵不書而舉也旨善公齊師去則止不遠勞百姓

過復取勝得用兵之節故詳ミ　襄公知力不能敵不忍戰殺其民至過則止亦得用兵之宜故與之同文　注封内云ミ　解云定八年傳云公斂處父帥師而至經不書之則知封内之兵例不書也今此公救成亦是封内之兵書之者正為至過張本也至過者是不進之文故言此也　注是後溴梁之盟信在大夫者在下十六年春　注齊蔡云ミ　解云下二十五年夏五月乙亥齊崔杼弒其君光冬十二月吴子謁伐楚门于巢卒二十六年春二月辛卯衛寗喜弒其君剽二十九年夏五月閽弒吴子餘祭三十年夏四月蔡世子般弒其君固三十一年冬十有一月莒人弒其君密州事不次者意及則言不必見義也　○十六年　公會晉侯以下于溴梁者爾雅釋地云梁莫大于溴梁孫氏曰梁水橋也音義云溴水出河内軹縣東南至温入河是也　注据葵丘之盟者在僖

其經云夏公會宰周公齊侯宋子以下于葵丘九月戊辰
侯盟于葵丘案彼經傳不見有大夫之盟文唯有僖十五
年三月公會齊侯宋公以下盟于牡丘遂次于匡公孫敖率
師及諸侯之大夫救徐然則牡丘之盟即有大夫可知此注云
葵丘之盟者誤也宜爲牡丘字矣信在大夫也者言其信任在
于大夫　注不言諸侯之大夫者起信在大夫者欲決上三
年雞澤之會經云及諸侯之大夫也　注據上三年戊寅
不起者即上三年雞澤之會經云戊寅叔孫豹及諸侯之
大夫及陳袁僑盟遂言諸侯是其不起之文而言上戊寅
不起者欲道今此戊寅起之二經皆言戊寅故得相對爲上下也
注據戊寅不刺之　解云不復言上戊寅者上已言之從可
知者文　注若今俗名　[illegible]　日貴晉[illegible]　亦是妻所提

擧故名之云爾　注禮記　解云案今禮
即無此文唯禮說稽命徵及含文嘉皆云天子旗九刃十二
旒曳地諸侯七刃九旒齊軫卿大夫五刃七旒齊較士三刃五
旒齊首而言玉藻誤也云不言至大夫者注已云不言諸
侯之大夫者起信在大夫者在今又言此者謂不言諸侯之
大夫有兩種之義非但起信在大夫明徧刺天下之大夫
也云不殊內大夫者欲一其文見惡同也者欲道上三年雞
澤之會殊叔孫豹不一其文者非唯彼大夫之過豹惡齊
見故也云諸侯勞倦莫肯復出而大夫常行三委于臣而君
遂失權大夫故得信在者謂上十一年蕭魚之會以來十四
年春季孫宿叔老會晉士匄以下于向夏叔孫豹會晉
荀偃以下伐秦冬季孫宿會晉士匄以下于戚之屬以是若三

孔子曰唯器與名不可以

文成二年左傳亦有此言云不重出地者與三年雞〻

盟同義者即上注云不重出地有諸侯在臣繫君故因上

地是也　注録以歸者云云　解云稱人以執非伯討已是晉

之惡也復言以歸不決於天子又是其惡故其録以歸者甚惡晉

矣　注其後殺臣二者即下二十三年夏晉欒盈復入于晉入

于曲沃二十六年春衛孫林父入于戚以叛是也云弒君五者即下

二十五年夏齊崔杼弒其君光二十六年春衛甯喜弒其君

剽二十九年夏閽弒吳子餘祭三十年夏蔡世子般弒其君

固三十一年冬莒人弒其君密州之屬是也云楚滅舒鳩

者即下二十五年秋楚屈建帥師滅舒鳩是也云齊侯襲

莒者在下二十三年冬云〻〻　奔者即下十七年云〻

華臣出奔陳二十年蔡公　履陳侯之弟　光
之屬也叔老會鄭伯晉荀偃者正本作荀偃若有作荀罃
者誤矣　〇十七年無疏　〇十八年　白狄者何　解云欲言
其君經不書朝欲言其臣不見名氏故執不知問　〇十九年
注下有執不日者云云　解云公羊之義不信者日今上
文同盟下即執邾婁子是爲不信而不日者褒與信辭故也
注據諸侯圍許致圍者即僖二十八年冬諸侯遂圍許
二十九年公至自圍許是也　注據侵蔡伐楚猶不抑者
即僖四年春王正月公會齊侯以下侵蔡蔡潰遂伐
楚是也言猶不抑者正以楚爲彊夷數害諸侯一論其
淺深甚於齊矣猶不抑之故以爲難也　爲未注文
也者即上十七年　十八年圍洮防之屬是也

其驕蹇使其世子處乎諸侯之上　上十一
下伐鄭之時齊世子光在於莒子之上之屬是也　注以下葬略或
說是也　解云下葬略者即下文冬葬齊靈公注云不月者抑其父
嫁子可得無過故奪臣子恩明光代父從政處諸侯之上不孝也者
是正以葬是生者之事故略其父葬得惡其子則知或說近其義
之亟伐者并數爾者即上圍成圍洮圍防之屬故言并數爾必如
此解者正以宣九年秋取根牟傳云根牟者何邾婁之邑也曷爲
不繫乎邾婁諱亟也注云亟疾也屬有小君之喪邾婁子來加禮
未期而取其邑故諱不繫邾婁也然則彼言亟者謂上有小君薨
邾婁子來加禮於魯未期而伐取邑背信大疾故云亟今此直是
擊伐魯故云亟故須解云近伐者并數爾以別彼文　注加圍
謂之加也莊十年傳云觕者曰

侵精者曰伐戰不言伐圍　米、入、不言圍滅不言入、、書
則用兵之道滅爲最甚入次之圍次之今加言圍輕於滅入二等明
不合死但合黜爵滅士耳　注據齊人取濟西田不言自濟水者即
宣元年夏六月齊西田人取濟是也　鄟移也　解云鄟移而經不
書者外異故也然則傳每言外異不書者亦據此文也　齊侯瑗卒
者左氏穀梁作環字也　還者何　解云欲言其善而廢君命欲言
其惡還是善辭故執不知問　注據公子云云　解云即僖二十
八年春公子買戍衛不卒戍刺之傳云不卒戍者不卒戍者内辭
也不可使往也不可使往則其言戍衛何遂公意也彼注云使臣子
不可使恥深故諱使若往不卒竟事者明臣不得壅塞君
命是也然則公子買不可使往而經書戍衛以遂公意以明臣
之尸刃主大之文、、

世　注禮兵至所在云云　解云司馬法云閫外之
故云禮用兵之道不得國中制御于外也凡爲將軍之法必須以
制宜謂專進退也當其敵之强弱而爲師以禦之唯不爲非
而已故言唯義所在而老子云將軍有廟勝之策者謂未行之時先
謀於廟授之斧鉞令有勝功也既授之斧鉞之後明即自專之
義哉其可否故是其宜也云恩動孝子之心義服諸侯之君
者哀痛其喪是其恩故曰恩動孝子之心依禮而行是其義故
曰義服諸侯之君也云是後兵寢數年者謂自此以後兵事寢
伏數年不起至二十三年秋齊侯伐衛遂伐晉二十四年冬楚子
蔡侯陳侯許男伐鄭者始有兵起也案明年仲孫遨帥師
伐邾婁亦是兵而言數年者正以魯與邾婁竟界相近數相
冒犯非齊晉　作　云故起時甚[illegible]者正以士匃

此事實依古禮人日享能[illegible]為善故之[illegible]云言乃
者士匄有難重廢君命之心故見之者正以宣八年傳云乃者何
難也今又言乃故以重難解之而言重者正以乃難於而故彼注
云言乃者內而深言而者外而淺故此云重難也云言至穀者
未侵齊也者上十五年夏公救成至遇傳云其言至遇何不
敢進也然則彼言至者不進之文今至穀即聞其喪明其未
行侵故云言至穀者未侵齊也云言聞者在竟外者正以古禮
庶人為君齊衰三月若其入竟即舉而知之何道聞乎故如此解
也云舉侵者張本者若如上說本未入齊但在竟外聞喪而言侵者
為下張本耳　鄭殺其大夫公子喜左氏穀梁作公子嘉也
注不月至不孝也　解云正以辛日葬月終于春秋為大國之
例今葬不書月故須解之言抑其父者即上十九年傳[illegible]

齊則其言圍齊何抑齊也曷爲抑齊爲其亟伐也或曰爲其驕蹇使其世子處乎諸侯之上也是也言嫌子可得無過者正以明王之制父子兄弟罪不相及故也故奪臣子恩者正以葬是生者之事故略其父葬不書其月可以奪臣子恩也言明光代父從政處諸侯之上不孝也者正以孝子之道見父母不義之事不合從父之命處其人君之上焉得爲孝乎故去其父葬月以見之

○二十年　注爲二慶所譖還在二十三年者即下二十三年經云陳殺其大夫慶虎及慶寅陳侯之弟光自楚歸于陳注云前爲二慶譖出奔楚楚人治其罪陳人誅二慶汲光故言歸宋大夫山譖華元賤之而今此不賤者殺二慶而光歸譖光可知者即其義也　注自溴梁之盟臣恣日甚故比年日食解云自上十六上大夫以來臣之反恣

甚矣言比年　九月庚戌
十月庚辰朔日有食之二十三年春王二月癸酉日有食之是
也

春秋公羊疏卷第二十

公羊傳疏

五

春秋公羊疏卷第二十一

起二十一年　盡三十一年

○二十一年　注月者湨梁之盟後云云者正以朝聘例時故如此解邾婁庶其者何　解云欲言其君經不書爵欲言其大夫邾婁無大夫故執不知問　注據快無氏　解云即昭二十七年冬邾婁快來奔是其無氏即不合書見之義也問者見快不書氏知邾婁無大夫既無大夫何以特書庶其乎故難之然案下二十三年夏邾婁鼻我來奔何故不据鼻我而要以据快者正鼻我以二字為稱嫌鼻我為字若其据之於義不明故如此注也　十有一月庚子孔子生左氏經無此言則公羊師從後記之　注時歲在己卯者何氏自有長曆不得以左氏難之

[illegible]　注月者危公者正以凡致例時故如此解若前遭

隨漷有邾婁〻几者即上十九年春取邾婁田自漷水界也云又
受其叛臣邑者即上二十一年春邾婁庶其以漆閭丘來奔是
也云不於上會云云者言所以不於上商任會時書月以見危
者正以與上冬十月庚辰朔日有食之同在十月不得見此義
是以於此危 ○二十三年 邾婁鼻我者何者已解於上
以近書也者以其治近於升平故復書之 注以奔至書也云
云解云莊二十四年冬曹羈出奔之下傳云曹無大夫此何以
書賢也何賢乎曹羈三諫不從遂去之故君子以為得君臣之
義也然則曹羈得諫義是以書之上二十一年邾庶其之奔傳
云邾婁無大夫此何以書重地也昭五年夏莒牟夷以牟婁
及防茲來奔傳云此何以書重地也然則庶其牟夷皆以重地
故書悉非常例今此鼻我無三諫之善無盜土之惡直奔而已

更無他義而得書見知以治近外乎之故也云見於邾婁
自近始也者正以地接于魯故先治之也云治亂不失其實
故取足張法而已者言孔子作春秋欲以撥亂世多舉小國悉
有大夫則恐文害其理故曰治亂不失其實也今鼻我更無他
義而得書見明其張三世之法故曰取足張法而已注前為二
慶所譖出奔楚者在上二十年秋云故言歸者正以歸者出入
無惡之文故也云宋大夫山譖華元慙者即成十五年秋宋華
元出奔晉宋華元自晉歸于宋宋殺其大夫山何氏云不氏者
見殺在華元歸後嫌直自見殺者故慙之明以譖華元故今此
殺二慶之後光乃歸歸者出入無惡之文則知譖光明矣
曲沃者何　解云欲言晉邑理當繫晉欲言非晉邑繫晉
言之故執不知問　注欒盈本欲入晉見參大夫位云云　解云

復入者無出惡之文故知其入欲有所篡也不直言入文無叛文故知不篡君位也其惡之文繫不於篡君故知止欲篡大夫也云曲沃大夫當坐故復言入也正以入者出入惡之文而入于曲沃故知從晉卿曲沃之時有罪明矣曲沃大夫受納有罪之人故云當坐春秋欲見此義故不舉重復書入于曲沃矣云篡大夫位例時者正以經書夏故知例時昭二十一年夏宋華亥向甯華定自陳入于宋南里以畔定十一年秋宋樂世心自曹入于蕭之屬皆是也　注据次于聶北救邢者即僖元年春齊師宋師曹師次于聶北救邢是也　注据篡得大夫之位者正以夏已入晉冬乃殺之傳又云曷為不言殺其大夫故知篡得大夫之位矣　注無大夫云云　解云公羊之例大夫自相殺稱人文九年晉人殺其大夫先都

之屬是今無大夫之文稱人者欲從衆人殺州吁衆人殺無知
之屬是討賊之辭故也實非篡而作討賊之辭者大其除亂之
〇二十四年　注是後云云　解云二十五年秋楚屈建師師
滅舒鳩二十五年夏齊崔杼弑其君光二十六年春衛寗
喜弑其君剽是也　注與甲子同者在上七月也　于陳儀者
左氏穀梁與作夷儀　注有死傷者曰大儀者正以諸經直言
儀此加大故也　〇二十五年　注日者陳鄭俱楚之與國云云
者正以公羊之義入例書時傷害多者乃始書月即成七年秋
吴入州來隱二年夏莒人入向之屬是今此書日故為憂録
之故也言陳鄭楚之與國者正以宣十一年夏楚子陳侯鄭
伯盟于辰陵之文也　注會盟再出云云者正以文十四年夏
公會宋公以下同盟于新城舉盟以為重不言會于某今會

盟並舉故須解之。僖九年公　日公以下于葵丘之下注云會盟一事不舉重者時宰周公不與盟也。昭十三年平丘之下注云不舉重者起諸侯欲討齊侯故詳録之與此同。陳儀者何。解云欲言是國衛侯入于，欲言其邑不繫于衛，故執不知問。注據與鄭云云。解云桓十五年秋九月鄭伯突入于櫟。櫟者何。鄭之邑。曷為不言入于鄭。注云據齊陽生立陳乞家言入于齊。今此亦據哀六年齊陽生之事與之同，故云據與鄭突入櫟同矣。哀六年傳云景公死而舍立，陳乞使人迎陽生于諸其家，諸大夫不得已皆逡巡北面再拜稽首而君之爾。然則陽生實入陳乞家而言入于齊，今衛侯入于陳儀不言入于衛，是以據而難之。然則陽生入于陳乞之家在國都之内，故言入于齊；陳儀非國都，故不得言入于衛。注以先言入後言弑

也者謂今言二十六年弒剽是也云時衛侯爲剽所篡逐者
謂見篡逐在十四年今仍未復故言時也云然後候間伺便使
甯喜弒之者在下二十六年春云故就爲臣以譏君惡之者謂
就其君之文以惡之云未得國言人者云云欲言小白陽生之
屬得國乃言入　公孫噧云云亦有一本作公孫蠆字者
吴子遏者亦一本有作謁字者　門于巢卒者何　解云欲
言好死舉門于巢卒欲言其殺卒非殺之稱故執不知問
入門乎巢而卒者何　解云雖加入字仍未分明故更以不知
問之　注先言門後言于巢者正以先入其門巢人乃殺故言
門于巢卒傳云入巢之門而卒也者解入于巢而卒　吴子謁
至卒也　解云上七年傳云鄭伯髡原何以名而反未至乎舍而
卒也已是亭傳也今復發之者正以彼是臣傷其君今此異國

因其異故復發之　注以名至本文云云　解云正以伐楚而
書名門于巢而言卒其閽更無辜知以傷之故傷辜而死是以
還就于伐而書其名為卒張本文云伐名知傷而反卒繫巢
知來還至舍者正以名者卒爵之稱今于伐已名知其見傷而
反也其卒之時仍繫巢言之故知於被傷還來至于舍止之處
而卒也云巢不坐殺復見辜者上注云與巢不坐殺也言見辜
者對上七年言之故言復也云辜內當云云者上注云與巢
得殺之今見辜者正以過國假塗賓客之謙謹重門設守主
人之恒備今吳人無禮凌暴巢國若不與殺開衰世諸侯侯
得繼構巢無禦備而殺人之君若今舍之又脫漏其罪是以有氏
此還見之若以殺論巢君合絕若以傷論貶黜而已云云之說
在上七年　○二十六年　注衛甯喜為衛侯衎弑剽者下二十

[illegible]傳又云不舉衎弒剽者譏成于喜者言喜若為衎弒剽
春秋舉重宜書衎弒今書喜者正由譏成于喜故也是以下二
十七年傳曰寗殖死喜立為大夫使人謂獻公曰黜公者非寗
氏也孫氏為之吾欲納公何如是譏詐成于喜之文也　注林父
未君事衎言叛者正以凡言叛者邑盜土之辞故如此解云林父
本逐衎者在十四年　注猶定公云云解云昔林父逐衎衎
得誅之季氏不逐定公而定公得誅季氏者正以昭公是父父
子一體榮辱同之季氏逐昭公故與定公得誅之也知如此者
正以定公元年霣霜殺菽何氏云周十月夏八月微霜用事
未可殺菽〃〃者少類為稼強季氏象也是時定公喜於得位
而不念父黜逐之恥反為淫祀立煬宮故天示以當早誅季
氏是也　注据齊至復歸者即哀公六年秋齊陽生入于

齊傳云景公死而舍立陳乞使人迎陽生于諸其家諸大夫不得已皆再拜稽首而君之爾是也云復歸者又無惡文者即桓十五年傳云復歸者出惡歸無惡是也　注凡篡立皆緣親親也者正以有繼及之道也云剽以公孫立於是位亦非其次故衛人未有說者若以昭穆言之遠於公子故曰亦非其次也昭穆既遠復無賢德是以衛未有說之也　注據衛人立晉者在隱四年　注曰者起甯氏云云　解云正以春秋之例歸與復歸例皆時即僖二十八年夏六月衛侯鄭自楚復歸于衛何氏云復歸例皆時此月者爲下卒出也是也今此書日故須解之云故出入同文也者即十四年夏四月己未衛侯衎出奔齊今此復日故曰同文也云盜國明則復歸爲惡剽出見矣者正以復歸者出有惡入無惡故得惡剽之文何者衎既

諡國寧得無惡而入言復歸知更有所見　注雖有罪故平
書葬　解云春秋之例君殺無罪大夫及枉殺世子者皆不書
葬以明其合絶是以申生無罪不書獻公之葬至昭十一年經
云叔弓如宋葬宋平公者正以雖今若有罪故也若隱元年鄭
伯克段于鄢以其有罪故去弟雖今若有罪仍言世子者正
以段有當國之罪重故如其意貶去其弟使如國君氏上鄭
所以見段之悪逆矣今雖之罪微不足去世子但是合罪之科
故得存其葬矣　注稱人而執非伯討者僖十四年傳文也
○二十七年　注據與射姑同者即文六年晉殺其大夫陽處父
狐射姑出奔狄傳云晉殺其大夫陽處父則狐射姑曷爲出
奔彼注云據蔡殺其大夫公子燮蔡公子履出奔楚此非同
姓忠見及然則今此亦據公子履出奔之事與射姑同故言

据與射姑同矣其公子展後之筆在上二十年秋執鉄鑕者若似司弓矢云甲華椹鑕之類　注誅之小負未為大惡云云　解云獻公之入甯喜之由背賢弟之約殺所恃之人應為大惡而言小負者正以甯氏殺逐兩君累世同惡雖納舊君未足奄其前罪今獻公違約殺之故謂之小負何氏必知小負者正以下二十九年秋葬衛獻公若殺無罪大夫例不書葬而獻公書葬甯喜有罪明矣喜既有罪則殺之者罪輕其罪既輕謂之小負不亦宜乎　注不為君諱云云　解云君諱言者即文六年傳云射姑殺則其稱国以殺何君諱言也是也然則君諱者即坐殺大夫故當去其葬而文六年晉襄公由諱言以殺處父而經書公子遂如晉葬襄公者正以彼經殺在葬後且以不得去其君葬矣　注据盟于首戴不再出公

者即僖五年夏公及齊侯宋公以下會王世子于首戴秋八月諸侯盟于首戴是也　注會盟再出不舉重者方再出貌也者正以文十四年夏公會宋公以下同盟于新城舉盟以爲重不言會于某令此會盟並舉故須解之　注是後至之應者即下二十九年夏五月閽殺吴子餘祭三十年夏四月蔡世子般弑其君固三十一年冬十月莒人弑其君密州是也　●二十八年注豹羯爲政之所致　解云成元年無冰之下注云尚書曰舒恒燠若易京房傳曰當寒而温倒賞也是時成公幼少季孫行父專權而委任之所致即其義也而偏指豹羯者正以數年以來專見豹羯之事不見季孫見經明是時豹羯用事故也即上二十三年叔孫豹帥師救晉次于雍渝二十四年叔孫豹如晉仲孫羯帥師侵齊二十七年夏叔孫豹會晉趙武以下于宋

案下文秋仲孫羯如晉二十九年夏仲孫羯會晉荀盈以下城杞之屬是也　注公方久如楚者即下十一月公如楚二十九年夏五月公至自楚是也　注如楚皆月者云云即此及昭七年三月公如楚皆月之屬是也　注葬以閏數云云　解云哀五年閏月葬齊景公傳云閏不書此何以書注云據楚子昭卒不書閏傳云喪以閏數也　注云謂喪服大功以下諸喪當以閏月為數傳又云喪曷為以閏數注云據卒不書閏傳云喪數略也注云略猶殺也以月數恩殺故并閏數然則大功以下以月為數故此注云葬以閏數云卒不書閏者正取朞月者以其取朞月故不得閏矣何者以閏非正月故也以此言之明朞三年之喪始死在閏月得數之何者正以閏月者前月之餘故得繼前月言之若閏不在始死之月則不得數之何者朞三年皆以年計若通

閽數之刑不滿暮三年故也　○二十九年　注據成十一年云云
在晉不書者即成十年秋七月公如晉十一年春王三月公至
自晉則知正月之時公在晉明矣　注臣子至言在　解云公在
國時恒以歲首存之今君在楚不得行此事故書其所在云在
晉不書云云者即成十一年是也若然案昭二十一年二十二年
皆云春王正月公在乾侯何言在晉不書者昭三十年注
云閔公運潰無尺土之居遠在晉地是以書之仍非常例也
閽者何　解云欲言其臣閽非臣稱欲言非臣而得殺吳子
故執不知問　注云者至而五云云　解云何氏所以必言古者肉
刑者正以漢文帝感女子之訴怨倉公之罪除肉刑之制故指
肉刑為古者矣知五刑為此等者正以元命包云墨劓辟之
屬各千臏辟之屬五百宮辟之屬三百大辟之屬二百列

爲五刑罪次三千是也案周禮司刑職云墨罪五百劓罪
五百刖罪五百宮罪五百大辟五百凡二千五百與此違者
鄭駮異義云臯陶改臏爲剕呂刑有剕周改剕爲刖然則司
刑職周刑也孔子爲春秋採摘古制是以元命包之文與司
刑名異條目不同云孔子曰三皇設言民不違五帝畫象世
順機三王肉刑揆衛加應世黠巧姦僞多者孝經說文言三
皇之時天下醇粹其若設言民無違者是以不勞制刑故
曰三皇設言民無違也其五帝之時黎庶已薄故設象
刑以示其恥當世之人順而從之疾之而機矣故曰五帝畫
象世順機也畫猶設也其象刑者即唐傳云唐虞之象刑
上刑赭衣不純注云純緣也時人尚德義犯刑者但易之衣
服自爲大恥中刑雜屨屨履也下刑墨幪幪巾也使不

得冒飾以礼罷民亦然上刑易三中刑易二下刑易一輕重之
差以居刑罪而民恥之是也三王之時劣薄已甚故作肉刑以
威恐之言三王必爲重刑者正揆度其世以斷欲加而重之故
曰揆斷加也當時之人應其時世而爲黠巧作姦僞者弥多于
本用此之故須爲重刑也云云之説備在春秋疏　注以刑云云
解云曲礼上篇云刑人不在君側鄭注云爲怨恨爲害発疾云
古者不使刑人守門然則刑人不合爲閽故以刑人爲閽非其人
也戕君正合書盜故襄四年盜殺蔡侯申之下傳云殺君賤
者窮諸人此其稱盜以戕何賤乎賤者也賤乎賤者孰謂謂
罪人也是其刑人戕君正合稱盜々々之文是以此注云故變盜言
閽注刑人不自賴云云者猶言不自重似若世人名輕賤之物
云非可賴也又云公々家不畜士庶不友放之遠地欲去聽所之

者出禮記王制文注故不至其君者言故不繫國者謂不
言吳閽也既不繫國則絕君臣之義故不言弑其君矣
衛世叔齊者左氏經作太叔儀　注疑稱至當坐　解云杞
是王者之後實爲公但春秋之義假魯爲王新周故宋
黜杞爲伯是以莊二十七年冬杞伯來朝注云杞夏後不稱
公者春秋黜杞新周而故宋以春秋當新王然則杞之常爵
正合稱伯而稱子者微弱不能自城危社稷宗廟當坐故
也云云之說在僖二十三年　注據向之會稱國者即上十四
年季孫宿叔老會晉士匄以下會吳于向是也　注荊人來
聘是也者即莊二十三年夏荊人來聘是也然則彼亦來
聘而但稱人則知來聘之功不足襃美今得加文故怪之
故諸爲君者皆輕死爲勇者言其或輕其死或爲勇

事餘祭不遠刑人謁爲巢門所殺是也　注論語曰雖疏
食菜羹瓜祭是也者論語鄉黨文言雖疏食菜羹及
瓜質薄之物亦必祭其所先君子有事不忘本也引之者
證飲食有祭之義吳子因此祭而得自祝也　注猶曰天誅
欲有吳國當與賢弟者言天誅有吳而不滅之我當將
國以與賢弟也　尚速有悔於予身　解云案成十七年左
氏傳云晉士燮祈死下何氏作膏肓難之曰休以爲人生
有三命有壽命以保度有隨命以督行有遭命以摘暴
未聞死可祈也昔周公之隆天不出妖地不出孽陰陽和調
災害不生武王有疾周公植璧秉珪願以身代武王疾
愈周公不夭由此言之死不可請偶自天祿欲盡矣非果
死今左氏以爲果死肉著其事以爲信然於義左氏爲短

然則今此謁等亦自祈死而得難左氏者公羊此事宜見
謁等愛其友弟致國無由精誠之至而願早卒遂忘死不
可祈之義矣猶如周公代死子路請禱之類豈言謁等祈
得死乎而謁及餘祭之死或入巢之門或閽人所殺抑亦事非
天眷也豈如左氏以果死爲信然故得難之然則季子仁者
知兄如此何早去而令三君遇怨自悔者蓋謁等但爲密
謀季子不知是以未去耳　故謁也死者在上二十五年餘祭
也立在二十六年餘祭也死在今年夏夷眛也立在明年夷
眛也死在昭十五年春季子使而反至而君之爾者在昭十
五年凡爲季子之故也者三君皆爾故言凡凡者非一之辞
注闔廬謁之長子光者正以上云則宜立故也云專諸膳宰
僚嗜炙魚因進魚而刺之者吳語文自闔廬以下至王之

延陵皆在昭二十七年　注不入吳朝者正以延陵者　一七
〻言不入吳國故以朝廷解之　注故大其能去者言由其能
去之故君子與之　札者何　解云欲言其名違賢者例欲言
其字仍不足其氏故執不知問　許夷狄者不壹而足之者
壹而足者即莊二十五年春陳侯使汝叔來聘是也　注季子
至見讓　解云殺僚在昭二十七年夏言移諱于闔廬者
移却季子讓國之文諱去闔廬之殺是以不得見其讓
矣故彼注云不書闔廬殺其君者爲季子諱明季子不
忍父子兄弟自相殺讓國闔廬欲其享之故爲没其罪
也是也　三十年　注月者主録之　解云文當言如晉是
若有作如趙字者誤也言數如晉者即上三年春公如晉
四年冬公如晉八年春公如晉十二年冬公如晉二十一年春

公如晉之屬是也。在位之間五朝于晉，故言數也。言希見
荅者，上十二年夏晉侯使士彭來聘，二十九年夏晉侯使士鞅
來聘是也。魯侯五朝而晉人再荅，故謂之希。二十八年公一如
楚，亦一報，故喜録之也。案上元年晉侯使荀罃來聘，而解
之言希者，以其公如晉之前，非荅公之事故也。注不日者云云
者，欲道夫元年冬十月丁未楚世子商臣弑其君髡，以其是夷
狄，忌言其日也。注外災云云。解云：外災例時，即莊十一年秋宋
大水，莊二十年夏齊大災，上九年春宋火之屬是也。而昭九
年夏四月陳火，書月者，正以楚人殭暴，行詐枉滅，君子閔之，
故特月矣。故彼注云月者閔之是也。而昭十八年夏五月壬午
宋衛陳鄭災，而書日者，正以四國同日而俱災，四國者天下
象，若曰無天下云爾，故日之。然則此不合日而日，自為伯姬云云。十

故曰若然即魯女之卒例合書日而莊四年三月紀伯姬卒不日者彼夏六月乙丑齊侯葬紀伯姬何氏云卒不日葬日者魯本宜葬之故移恩錄文於葬是也以此言之則知莊二十九年冬十有二月紀叔姬卒三十年八月癸亥葬紀叔姬亦是魯本宜葬之故移恩錄文於葬也　注王者得專殺書者惡失親親也　解云諸侯之義不得專殺大夫有罪而殺之者皆惡其專殺是以書見今此天王之自得專殺若殺大夫宜不書也書者以其未王而殺母弟失親親故惡而書之　注未三年王子行　解云文九年毛伯來求金之下傳云何以不稱使當喪未君也踰年矣何以謂之未君即位矣而未稱王也未稱王何以知其即位以諸侯之踰年即位亦知天子之踰年即位也注云但繼體其禮不得異以天子三年

然後稱王亦知諸侯於其封内三年稱子也然則靈王之崩在二十八年十有二月則於此時未三年也未合稱王而稱王者責其在父服之内方當思慕而已而殺其母弟非人子之義是以直稱天王不與其子行也而昭二十二年夏四月景王崩至二十三年秋七月天王居于狄泉亦二十三年未而稱天王者彼傳云此未三年其稱天王何著有天子也何氏云時庶孽並簒天王失位徙居微弱甚故急著正其號明天下當救其難而事之是也注不從直稱君者舉重也云云 解云僖五年春晉侯殺其世子申生傳云曷爲直稱晉侯以殺殺世子母弟直稱君者甚之也注云甚之者甚惡殺親親也春秋公子貫於先君唯世子與母弟以今君録親親也今舍國體直稱君知以親親責之然則殺世子母弟

皆直稱君甚之今經云天王殺其弟年夫者寧御不得是大、
直稱爵之例而知天王者乃是不與其子行者正以其在父服
之内而不思慕反殺先君之子以此為重故知義然云莒殺
意恢注云莒無大夫書殺公子者未踰年而殺其君之子不
孝尤甚故重而録之稱氏者明君之子是也云設但殺弟不能書
是也者正以莒殺意恢以其在喪内故書而責之則知天王殺弟
若不在喪不書矣若諸侯之義不得專殺大夫而言莒殺意恢
在喪内乃書者正以意恢直莒子之弟不為大夫故也今此王
者自得專殺若不在喪内何煩書乎故云設但殺弟不能書
是也云不為諱者年夫有罪者春秋之義雖言黜周而王魯
乃實天子服内殺弟是惡甚何故不為尊者諱因年夫有罪
則王者之惡稍輕是以春秋不復諱矣　注稱王云〻

解云正以文元年天王使叔服來會葬注云叔服王子虎也不繫王者不以親疏錄也今此王子瑕言王子者正惡天王重失親親故也注据葬紀伯姬不言謚者即莊四年齊侯葬紀伯姬是也然則宋伯姬得稱謚者以其賢故也則紀伯姬不言謚者不賢明矣若然案隱七年春王三月叔姬歸于紀何氏云叔姬者伯姬之媵也媵賤書者後為嫡終有賢行紀侯為齊所滅能處隱約全竟婦道故重錄之然則紀叔姬亦有賢行而莊三十年葬紀叔姬之經不云謚者蓋以劣於宋伯姬故不得與之同文者何能處隱約全竟婦道豈同守節盡誠逮火而死乎。 注選者大夫為傳選者大夫妻為母者春秋說文作時王之禮逮乎火而死者為火所逮還而死也 注君子至加弑 解云凡君弑者雖賊未討亦書其君葬故昭十九年

夏五月戊辰許世子止弑其君買冬〻葬許悼公傳云賊未言
何以書葬不成于弑也　注月者云〻　解云即上七年冬〻十
二月鄭伯髡原如會未見諸侯丙戌卒于操傳云諸侯卒其
封内不地此何以地隱之也何隱爾弑也孰弑之其大夫弑之曷
爲不言其大夫弑之爲中國諱也八年夏葬鄭僖公傳云賊
未討何以書葬爲中國諱也何氏云探順上事使若無賊然
不月者本實當去葬責臣子故不足也然則棄彼髡原
爲大夫所弑雖中國諱而書其葬猶責不足其文今此蔡
侯爲子所弑此於髡原爲恥尤重是以足其諱辭備書時
月也　宋災故者何　解云上下諸會不錄所爲唯此特書
故執不知問　注時雖至其事　解云以此言之若恩從君
殺而使大夫行之雖其非正罪不至貶也　注明大夫臣道

解云在禮家施不及國而言得憂內者正謂救危亡之時助君憂內不謂自專行之以此言之若助君憂內以救危之時雖恩義大夫不合譏　注宋憂至福也　解云言宋雖遭災來至於臧而恩義於大夫外求鄰國近乎作福是以禁之洪範云惟辟作福惟辟作威今乃大夫行之故云禁作福也　○三十一年　注公朝楚好其宮歸而作之故名之云爾者正以上言公如楚公至自楚下言公薨于楚宮故云朝楚好其宮歸而作之故名楚宮　注作不書者見者不復見　解云襄公三年夏五月辛卯桓宮僖宮災傳云此皆毀廟也其言災何復立也曷為不言其復立春秋見者不復見也何氏云謂內所改作也襄自立之善惡獨在襄故得省文然則言見者不復見謂春秋之義諸是內所改作者但隨其重[illegible]

逅見之而已其餘輕處不復見之所以然者正以哀自作之爲之亦
哀上哭之善惡獨在於哀故得省文矣今此作楚宮亦是襄
自作之還復襄
。自甍之善惡獨在於襄故得省文故引彼傳云見者不復見
也以此言之則知成六年立武宮昭十五年有事于武宮亦是
內所改作而重見者正以成公立之至昭乃有事立之祭之者
異故不得省文　注此書者與叔服同義　解云文元年
春天王使叔服來會葬傳云其言來會葬何會葬禮也
何氏云常事書者文公不肖諸侯莫肯會之故書天子之厚
以起諸侯之薄然則今此會葬亦是常禮而書之者亦是
襄公不肖諸侯莫肯會之故書滕子之厚以起諸侯之薄
故云與叔服同義矣

春秋公羊疏卷第二十二　昭公一

起元年　盡八年

○元年　齊國酌　解云亦有作國弱者　注戍惡至大惡

解云下七年秋衛侯惡卒十年冬宋公戍卒知向戍齊惡皆與君同名也然則君臣者父子之倫寧有同名之理今二子與君同名乃是不可之甚而春秋不正之者若正之當去其氏或貶稱人若其去氏嫌如宋督宋山齊無知之屬若其稱人嫌人如襄三十年澶淵之大夫有作福之大惡由茲進退不得正之然則君臣同名不軌之甚得不爲大惡者正以名者父之所置已父未必爲今君之臣已或先世子而生君子既孤禮有不更名之義是以春秋謂之小惡曲禮下篇云不敢與世子同名鄭注云其先之生則亦不改義亦通於此以此言之則知無駭入極

之屬自是大惡故去其氏俠翬溺會齊師之屬未命大夫正合無氏須辟嫌故　注方譏至可知　解云定六年冬季孫斯仲孫忌帥師圍鄆傳云此仲孫何忌也曷為謂之仲孫忌譏二名二名非禮也何氏云為其難諱也一字為名令難言而易諱所以長臣子之敬不逼下也春秋定哀之間文致太平故見王者治定無所復為譏唯有二名故譏之此春秋之制也然則所見之世文致大平二名者小過猶當譏之況名不辟君乃小惡之大者乎當須正之亦可知矣揔三世言之昭為大平之首所以不譏二名而定哀之間乃譏之者蓋欲折而言之未嘗孔子之身故也云云之說在定六年　注據八年稱弟者即八年經云春陳侯之弟招殺陳世子偃師是　曰陳侯之弟招殺陳世子偃師者先舉八年經文然後難之　大夫殺稱人者文十六年宋

人弒其君處臣之下師解故此云　不弒
君也　解云世子者君之副貳今而殺之明其從是以後有弒
君之心故稱其名氏不作兩下相殺辭矣　注明其至同文
解云兩下相殺例自稱人今欲明自是弒君故與文十四年齊
公子商人弒其君舍文同矣若然大夫相殺稱人而宣十五年
王札子殺召伯毛伯亦是大夫相殺而不稱人殺者彼注云大
夫相殺不稱人者正之諸侯大夫顧弒君重故降稱人王者至
尊不得顧是也　注孔瑗弒君本謀在招　解云案昭八年春
陳侯之弟招殺陳世子偃師夏四月辛丑陳侯溺卒竟無孔瑗
弒君之文而知孔瑗弒君者正以八年下文冬十月壬午楚師
滅陳執陳公子招放之于越殺陳孔瑗葬陳哀公當爾之時楚
人託討于陳招殺世子但適放之而已孔瑗見殺明其弒君故

也以九年陳火之下傳云滅人之國執人之罪人殺人之賊葬人之君以此言之知孔瑗爲弑君賊矣而經不書孔瑗弑君者本爲招弑當舉招爲重也但始有其計不成爲弑陳侯溺卒者但自卒耳何氏之意見招作弑君之文故知本謀在招也本謀在招則招當爲首而楚人所以不殺招但放之者蓋楚快其意或陳招歸罪於孔瑗是以但罪於孔瑗而招但罪其殺世子之愆遂免弑君之咎春秋體其事故於殺世子經書其名氏矣今將爾詞曷爲與親弑者同者言招但與孔瑗爲謀首而將欲弑陳侯爾而經曷爲書招名氏乃與親弑者同文乎注據未弑也者據今仍未弑而已貶去其弟曷爲不於八年殺世子時貶之乎　以親者弑云云　解云傳言此者欲道八年之時罪惡大甚不假貶絶也云春秋不待貶絶而罪惡見者云之

而言春秋者欲道上下通例如此不爲此文　才稱公子不此文是也云　及楚人討陳夏徵舒者即宣十一年十月楚人殺陳夏徵舒傳云此楚子也其稱人何貶曷爲貶不與外討是也今招之罪已重矣云云者此今謂八年之時言八年殺世子之時將有弒君之意即是其罪已重矣何不逐其重處而貶之曷爲又復豫貶於此　注據棄疾不豫貶　解云下十一年夏楚公子棄疾帥師圍蔡至十三年夏楚公子棄疾弒公子比與招殺偃師無異棄疾於圍蔡之時不豫貶此則貶之故以爲難也　注所以起之云云　解云八年經云冬十月壬午楚師滅陳公子招放之于越殺陳孔瑗葬陳哀公是其先言滅後言執之事也言託討招不明者正以若其託討宜先執後滅今乃先言滅後言執是託討不明楚先以正罪討招乃滅陳也而八年經

先書滅者彼注云託義不先書者本懷滅心然則楚人本懷滅人之心故先書滅而宣十一年冬十月楚人殺陳夏徵舒丁亥楚子入陳先書討賊乃言入陳者莊王討賊之後始有利陳國之意故後書入也運者何　解云欲言内邑而經書取欲言外邑文無所繫故執不知問　注月者爲内喜得之　解云正以僖三十一年春取濟西田不書月故知此月者以其是内之叛邑喜討得之故也是以彼注云以不月者與取運異知非内叛邑故言取是也秦無大夫者正以文十二年秋秦伯使遂來聘傳云秦無大夫此何以書賢繆公也何賢乎繆公其爲能變然則秦處西戎罕接諸夏賢于繆公始有大夫自爾以來常多移化春秋漏之無大夫名氏今得書見是以据而問之　注公侯封方百里云云者王制文連言侯者据有功者言之云伯四百

九十乘者正以主制云伯七十里故也。且秦侵伐自廣大故曰千乘者正以稱伯故也

晉荀吴帥師敗狄于大原者案左氏作大鹵字穀梁與此同

此大鹵也曷爲謂之大原　解云案古史文及夷狄之人皆謂之大鹵而今經與師讀皆謂之大原故難之　注據讀言大原也者時公羊子亦讀言大原也

地物從中國　解云言所以今經與師讀皆言大原者正以地與諸物之名皆須從諸夏名之故也　注以中國形名言之者謂諸夏之稱皆從地之形勢爲名此地形勢高大而廣平故謂之大原云所以曉中國教殊俗也者本史及夷狄皆謂之大鹵而今經與師讀必謂之大原者正以曉中國之人教有殊俗之義故也

邑人名從主人　解云此主人謂夷狄也言大原人道云之時從其夷狄皆謂之

大鹵故注云邑人名自夷狄所名也　注不若云云　解云諸
夏地物有形名言之夷狄之俗不如諸夏之地物有形勢之名
也可得正者猶言可能正是故本史及邑人止從夷狄辭言之
謂之大鹵也　原者何　解云春秋之文既同明是廣大之義
原鹵名異未有分别之言故以不知問之　上平曰原者釋地
云廣平曰原李氏云廣平謂土地寬博而平正者名原然則此
言上平者蓋欲對隰言之故謂之上平其實與爾雅廣平不異
下平曰隰者釋地云下濕曰隰李氏云下濕謂土地窊下但
當名爲隰然則此言下平者正欲對上平言之仍與濕不異
注莒無大夫云云者在莊二十七年傳文云當國出奔者正以
襄三十一年冬莒人弒其君密州今言去疾之入入者出入惡
之文而文不氏故知出時爲當國也既无是當國正入入書入而言

自齊者剌齊有力矣其出奔不書者春秋之義微者出入不兩書故也云皆不氏者當國也者正以隱元年鄭伯克段于鄢之下傳云何以不稱弟當國也則此等不言公子者是當國之文注不從云云者下十四年冬莒殺其公子意恢何氏之云莒無大夫書殺公子者未踰年而殺其君之子不孝大甚故重錄之稱氏者明君之子也然則莒為小國大夫名氏例不錄見假有錄者名氏不具即莒慶之屬無氏是也今此去疾之徒寧知不爾強云當國故不當氏者正以莒殺意恢重而錄氏今邾庶並篡其事非輕因宜重而錄之但欲當國為君故如其意使惡逆見世然則意恢事重故稱公子今亦篡重明其未貶之時亦合稱氏故云篡重不嫌本不當氏也　疆運田者何　解云欲言正界而經書帥師欲言侵伐而道疆運故執不知問　與莒為

竟也者若言與莒人造作竟界　注若言城中丘　解云隱七年夏城中丘傳云何以書　以重書也何氏云以功重故書當稍稍補完之至令大崩弛壞敗然後發衆城之猥苦百姓空虛國家故言城明其功重與始作無異則彼若稍補完則輕而不書至於功重故書而刺之令此魯若往前之時步侵即正則輕而不書至於大損而興師發衆乃能正之明其功重與始作無異故若城中丘　注畏莒有賊臣亂子云云　解云襄三十一年莒人弒其君密州是為賊臣而二子爭篡是為亂子魯人見其賊亂恐其轉侵是以興兵與之正竟賊亂之人自救無暇焉能轉侵乎故云微弱失操煩擾百姓也　楚子卷卒者左氏作麇字二小傳本亦有作麇字者注辟內難也者正以更無他事於君薨之際而出奔故知止應辟內難故也　三年　注據公如

晋云者即下二十八年春公如晋次于乾侯二十九年春公至自乾侯是也　注乃難辭也者宣八年傳文云故諱使若至河河水有難而反者若如川之滿不可游也然　三年　滕子泉卒者左氏穀梁作原字注月者至録之　解云卒月葬時者小國之常典下六年夏葬杞文公之屬是也今而書月故以爲恩録之言襄公上葬者謂上文葬襄公時也言諸侯莫肯加禮獨滕子來會葬者即襄三十一年夏公薨于楚宮冬十月滕子來會葬癸酉葬我君襄公是也　注明公云云　解云公羊之義鄰國諸侯及鄰國夫人喪皆公自會葬故異義公羊說云襄公三十年叔弓如宋葬恭姬譏公不自行是也然則凡平諸侯之葬公猶自行況其加禮於己者乎故言失禮尤重以責内也　注名者云云　解云春秋之義有三世異辭入所見之世小

國出奔而書其名故知義然也即莊十年譚子奔莒僖五年弦子奔黃十年溫子奔衛成十二年周公出奔晉之屬皆不名至于此文北燕伯款下三十年冬徐子章禹出奔楚之屬皆書其名是也言出奔當誅者謂大平之世民皆有禮況於諸侯不死社稷而棄國出奔當合誅滅矣　四年　大雨雹者案正本皆作雹字左氏經亦作雹字故賈氏云穀梁作大雨雪今此若有作雪字者誤也　注不殊淮夷者云云　解云內諸夏外夷狄者春夏之常典而不殊淮夷者正以此會楚子為主會行義其行義者即下文為齊誅是也故君子不殊其類者君子謂孔子孔子作春秋不殊楚之類孔子之意所以然者正欲順楚之事而病諸夏之衰微何者言楚夷狄尚能行義以相榮顯況於諸夏又不能然故得病之若然春秋之式傳聞之世內其國外諸

夏所聞之世内諸夏外夷狄所見之世治致大平夷狄則不殊淮夷國其冝世何得此注云由是子主會行義君子不殊其類者正以等是大平亦有麤細昭當其文非已時事定哀之世乃醇粹也是以定六年仲孫忌之下何氏云春秋定哀之間文致大平故見王者治定無所復為譏唯有二名故譏之是也然則淮夷始見安行無禮是以此經更無進稱未當定哀之間仍合外限但由楚子主會故得不殊是以何氏更為立義矣注以襄公二十八年奔魯者即彼云冬齊慶封來奔是也　注不書云云　解云案如此經上言伐吴則犯吴之文已著何得注云使防繫吴嫌犯吴也正以慶封往前已封于防為小國矣但諸侯之義不得專封是以春秋奪言伐吴矣實言之非伐吴矣今日此經若言入防則更成上伐吴之文實伐吴則為犯吴

若直言入防執齊慶封殺之，則恐防是齊邑，是以進退不得作文也。注稱侯而執者伯討也者，僖四年傳文。上下更無稱爵以執大夫事，唯此一經可以當之，故何氏言焉。若然，案如此經不重出楚子，以爲伯討之義。僖二十一年秋，宋公、楚子、陳侯以下會于霍，執宋公以伐宋。傳云：曷爲不言楚子執之？不與夷狄之執中國者，正以此經楚子爲會主而序于上，下言執慶封殺之，可以因上文不勞重出也。既得因上文，即是稱爵以執之，故知爲伯討。案霍之經，宋公序上，乃次楚子，下言執宋公，明知不得因上文矣。既不因上文，而不更出楚子，不與夷狄之執諸夏故也。云月者善義兵也者，正以侵伐例時故也。遂滅厲者，有作賴字者。注莊王云云。解云：宣十二年冬十有二月戊寅，楚子滅蕭，彼注云：月者，屬上有王言，今又滅人，故略責之甚也。

然則以靈王非賢故責之略還依常例書月若似莊十年冬十月齊師滅譚之屬是　注據國言滅者即滅譚滅遂之屬是也內大惡諱也　解云隱二年無駭入極之下傳云此滅也其言入何內大惡諱也今文重發之者正以入取之文不同故也

注因鄫云云　解云直言取鄫言上有滅文者即襄六年秋莒人滅鄫是也內取邑直言取者上元年三月取運之屬是也言上有滅鄫之文鄫不復爲國因此之故遂直言取若似內取邑然則襄六年之時鄫已見滅今而言取者彼直取後乎莒非兵滅是以魯人今得取之以此言之則無駭入極不言取者正以極上無滅文故也

○五年　舍中軍　解云襄十一年時於司馬之下爲之置中卿之官令助司馬爲軍將添前司徒司空之屬爲三軍踰王制故於彼經云作三軍以譏之今還依古

禮舍司馬不復令作將軍故曰舍中軍　舍中軍者何
解云欲言非禮實如王制欲言是禮不應復書之故執不知問
復古也者正以魯爲州故正舍二軍令舍僭從禮故曰復古
是以隱五年注云方伯二師是也　注善復古也者言舍僭從
禮正是常事而書之者正以當時皆僭獨自能抑從禮善其復
古是以書之故云善復古也　注据上言作三軍　解云弟子
之意見上文襄十一年時云作三軍今日舍之意言舍三軍
而言舍中軍與上文異故難之　注等問云云　解云襄十一
年傳云三軍者何三卿也然則今於此問何故不云曷爲不言
舍三軍而言卿者正以上文襄十一年時師解以爲三軍者何
三卿也是以弟子因而難之云曷爲不言舍三卿　五亦有中
三亦有中者襄十一年時益司馬之職更令將軍正是作中而

不言作中軍者正以五亦有中三亦有中若言作中軍嫌是五之中故變言作三軍若欲實而言之正是作中軍故至舍時云道中軍矣　注此乃解上云云解云上謂襄十一年時也云作時益中軍者謂於司馬之下置中卿令助司馬將軍添前二軍故曰作時　軍也云今此据上作三軍不言中云云者今此公羊子据上作三軍時不言中之意故言五亦有中三亦有中也如此則上益三之中下舍三之中皆可知矣何者上言作三軍舍中軍則非五之中亦明矣云弟子本据上言作三難下中不言三也者即此傳云然則曷爲不言舍三卿是也　注云如師至可知　解云詁爲若若公羊荅之云本益三之中故言舍中即恐弟子難之云今舍時言中軍作時曷爲不言作中軍若其如此即是守文不察惑門人非師訓之道故公羊子解

上以解下何者解上作時實是中軍但有嫌疑不得言中道變言三軍即是解此下文舍中軍不得言三之意故云解上以解下如此言之即下文不言三軍昭然可解故云亦可知云不言御者欲同上下文以相起者正實而言之正是舍去司馬之職中御之官何以不言舍中御而言舍中軍者正以襄十一年時云作三軍故欲同其文相起為一物　注傳不至可知云云

解云傳若是解之宜云前此作三軍之時不言中者五亦有中三亦有中此舍三軍不言三者正以前三非正稱故舍不得言三今此傳文少故言傳不是解之也欲以上解下者以作時文在上故傳特解之上文既解訖下文不言三之意當同上義亦可知云月者善録之者謂善其復古而詳録之也　莒牟夷者何

解云欲言莒君經不言子欲言大夫莒無大夫文也知

門　解云言漆閭丘不言及者即襄二十一年春邾婁庶其以漆閭丘來奔是也高張言及者即哀六年夏齊國夏及高張來奔是也正以地邑無及文上下大夫乃言及與此防兹之義違故難之何者人之尊卑自有差等故可以言及地邑無尊卑之義恐其不得言及也　于濆泉者左氏作蚡泉字穀梁作賁泉字　濆泉者何　解云欲言地名以泉名之欲言是水戰於其處故執不知問　　直泉也者謂此泉水直上而出　直泉者何

解云欲言涌地不應言直欲言土地乃謂之泉故執不知問

注蓋戰而涌爲異也者似穀洛鬬之事也　注不傳異者云云　解云春秋之義外異不書即襄十九年不書鄭移之屬是今此濆泉爲異故不録經既不録傳無由發之經若書之傳宜云何以書爲天下記異似若僖十四年沙鹿崩之傳矣云此象

公在晉云云者公在晉者即上春公如晉是也臣下傳受莒叛臣地者即經書夏莒牟夷以下云云來奔在秋七月公至自晉之上是也以與兵戰鬪者即此戰敗于濆泉是正以敗者内戰之文故也　注百姓至所致　解云上注云外異今此云魯人怨恚致之者正以濆泉在莒魯界上二國結怨方戰於此應而爲異何以不然　注故因以著云云者疏具僖三年

注嫡子生不以名令於四竟者即内則云夫告宰名宰辯告諸男名書曰某年某月某日某生而藏之宰告閭史書爲二其一藏諸閭府其一獻諸州史州史獻諸州伯州伯令藏諸州府是其以名令於四竟之義也其擇勇猛者而立之者正以夷狄之人不尚文德故也　注據秦伯罃稻名　解云文十八年春秦伯罃卒宣四年春秦伯稻卒是也然則文十八年經作罃字今

此嬰字者誤也寧知非彼誤者正以文十八年秦伯罃卒之下賈氏云穀梁傳云秦伯偃不道公羊曰嬰知公羊與左氏同皆作罃字矣　注獨嬰稻以嫡得立之者嬰字亦誤宜爲罃字矣　注越稱至進之云云　解云即上四年秋七月楚子蔡侯陳侯許男頓子胡子沈子淮夷伐吴彼注云月者善義兵然則上文淮夷雖助義兵其意不進故不稱淮人今稱人故以進解之云義兵不月者進越爲義兵明故省文者正以侵伐例時義兵則詳録故上四年秋七月楚子以下伐吴注云月者善録義兵是也今此亦爲義兵而不書月故如此解

○六年　注不月者行微弱故略之者正以襄二十三年春三月己巳杞伯匄卒彼已書日今而書月故解之　注上城至其義　解云上城杞貶者謂襄二十九年夏仲孫羯會晋荀盈齊高止宋以下城杞杞子來盟注云貶稱子者微弱不能自城危社稷宗廟當坐是也律

云一人有數罪則以重者坐之然則亦不再加而卒復略之者正以
此是入所見之世責小國詳始録其内行故也諸侯内行小失寧可
備書但當卒時略之而已言不可勝書者言小行非一不可勝負不
可具書猶如序云不可勝記之類也何氏必此解者正以往前經傳
不見杞伯之惡而經略之知内行有失也　注先是至之煩也　解
云文當如是言先是季孫宿如晉即上文夏季孫宿如晉是也言是
後叔弓與公比如楚者即下文冬叔弓如楚七年三月公如楚故謂
之比也二年事皆在後故云有豫賦之煩也亦有一本云叔弓如齊
者誤　楚蔿頗者左氏穀梁作蘧罷字　○七年　注書者善録内也
者正以平爲善事今而書之故云善録内也　注月者刺内暨暨也
解云正以定十一年冬及鄭平則如例書時也今此書月故如此
解也隱元年傳云及猶汲汲暨猶暨暨也及我欲之暨不得已然則

暨暨是不獲已然後爲之乎是善事而不汲汲故書月以刺之故云月者刺內暨暨矣　注時魯至于齊　解云下十年冬注云去冬者蓋昭公娶吳孟子之年故貶之然則十年不書冬者是其方結婚于吳之事其外慕强楚者即上文叔弓如楚下文公如楚之屬是也正以文不言及故云不汲汲于齊矣注是後楚滅陳云云者即八年冬十月壬午楚師滅陳是也及下十一年十有一月丁酉楚師滅蔡是也云楚弑其君于乾谿者即下十三年夏四月楚公子比自晉歸于楚弑其君于乾谿是也　注當時至録之　解云隱三年傳云當時而日危不得葬也今此衛侯八月卒至此正五月而經書癸亥故言危録之言世子輒有惡疾者即下二十年秋盜殺衛侯之兄輒傳云母兄稱兄兄何以不立有惡疾也是矣知其不早廢臨死乃命臣下廢之者正以危録其葬故也其若不然更無危事不知衛侯葬何以

書日乎言危録之者以其有危故録其日也　八年　注說在元年
者即元年傳云大夫相殺稱人此其稱名氏以殺何言將自是弒君
也今將爾詞曷爲與親弒者同君親無將將而必誅之屬是也　注
變其至舉國　解云春秋之義大夫相殺稱人言其即莊二十二年
春陳人殺其公子禦寇下陳人殺其大夫公子過文九年晉人殺其
大夫先都之屬今變而下之例言殺陳世子者起招致楚滅陳自此
始是以重舉陳矣　蒐者何　解云正以常事不書今此見經故執
不知問　注說在桓六年　解云桓六年秋八月壬午大閱傳云大
閱者何簡車徒也何以書蓋以罕書也注云罕希也孔子曰以不教
曰以不教民戰是謂棄之故比年簡徒謂之蒐三年簡車謂之大閱
五年大簡車徒謂之大蒐存不忘亡安不忘危不地者常地也蒐例
時此日者桓既無文德又忽忘武備故尤危録然則爲蒐之法比年

作之今此不然故云以罕書　注先是公如楚半年乃歸者即去年三月公如楚九月公至自楚是也　叙陳孔瑗者左傳穀梁作奐　注日者疾詐諼滅人也　解云春秋之義滅例書月即莊十年冬十月齊師滅譚十三年夏六月齊人滅遂之屬是也上四年秋七月楚子滅厲之下注云莊王滅蕭日此不日者靈王非賢責之略是以還依常例書月矣今而日者疾詐諼滅人故也　注不舉至見之　解云春秋之義舉滅爲重是以襄六年齊侯滅萊之下何氏云不書殺萊君者舉國滅爲重是也今不舉滅爲重故須辨之言復書三事言執者謂復書三事又言執者以疾其詐諼託義故須列而見之三事招叙瑗葬哀公是　注託義至滅心　解云宣十一年冬十月楚人殺陳夏徵舒丁亥楚子入陳然則彼乃楚子行義先書其殺今此楚子亦是託義討賊書在滅後者見本懷滅心故也　注重舉云云

解云成二年秋七月齊侯使國佐如師已酉及國佐盟于爰婁不重舉齊此重舉陳者上已言楚師滅陳若不復舉陳無以明其是陳人矣

春秋公羊疏卷第二十二

# 春秋公羊疏卷第二十三

起九年　　盡十五年　　昭公二

○九年　注陳已至邑録云云　解云鄭者是文王之子春秋前宋人滅之至隱十年夏六月壬戌公敗宋師于菅辛未取郜辛巳取防是也云不舉小地顧後當存者言陳是揔號當是會時未必在其國都所以不舉小地而舉陳者正以楚人暴滅春秋欲閔陳而存之故還舉其大號而言也其存陳者即下經夏四月陳火是也陳火者左氏作災字穀梁與此同　陳已滅矣其言陳火何　解云所以不言外災不書此何以書之義者正以解言存陳故書其火則外災得書之義亦見矣　注陳已滅復火者死灰復燃之象也者即考異郵云陳火之類未當誅絶天曉其君死灰更燃之意是也　曰存陳悕矣者悕謂悲也　公羊子曰陳爲天所存者天悲痛之故也　注㧾災非一天

意曷為悲陳而存之者弟子之意以為春秋之内書災者非止一處
而已矣意曷為正於此災之上悲陳而存之乎　注不書至起之
解云案如上文則孔瑗與招本謀弑君而責其弑文者正以君親無
將將而必誅故言當舉招為重言故没招正賊文者謂不於討處貶
招見其有弑君之罪矣言以將與上貶起之者上貶謂元年稱公子
傳云此陳侯之弟招何以不稱弟貶是也云月者閔之者正以外災
例時即襄九年春宋火之屬是今而書月故言閔之〇十年　注去冬
者云云　解云正以禮記論語皆有昭公取于吴謂之吴孟子之文
但不指其取之年歲今無冬更無佗罪可指是以何氏以意當之以
無正文故言蓋也取吴孟子所以不書者諱取同姓故也賈服以為
剌不登臺視氛范氏以為不書冬寗所未詳〇十一年　注據誘戎曼
子不名者即昭十六年春楚子誘戎曼子殺之是也　注使不自知

而死故加誘者即左氏傳云辭而殺之是也　注蔡侯般弒父而立者即襄三十年夏四月蔡世子般弒其君固是也　注据與莊王外討晉文譎尊　解云莊王外討者即宣十一年冬十月楚人殺陳夏徵舒傳云此楚子也其稱人何貶曷為貶不與外討也曷為不與實與而文不與文曷為不與諸侯之義不得專討也諸侯之義不得專討則其曰實與之何上無天子下無方伯天下諸侯有為無道者臣弒父力能討之則討之可也者是其實與莊王外討之文也云晉文譎尊者即僖二十八年五月癸丑公會侯晉以下盟于踐土公朝于王所傳云曷為不言公如京師天子在是也曷為不言天子也注云時晉文公年老恐霸功不成故上白天子曰諸侯不可卒致願王居踐土下謂諸侯曰天子在是不可不朝迫使正君臣明王法雖非正起時可與故書朝因正其義所以見文公之功是也　注地者起以

好會誘解云正以昭十六年楚子誘戎曼子殺之不書地今言于申故解之　大蒐者何　解云欲言常事而經加大欲言非常事蒐是常獵之名故執不知問　注說在桓六年者即桓六年秋八月壬午大閱傳云大閱者何簡車徒何以書蓋以罕書也注云罕希也孔子曰以不教民戰是謂棄之故比年簡徒謂之蒐三年簡車謂之大閱五年大簡車徒謂之大蒐存不忘亡安不忘危然則大蒐之法五年一爲今此不然故曰以罕書也上八年蒐于紅之下何氏云說在桓六年今復指之者正以蒐與大蒐希數實異禮亦不同是以不得相因各指其所在　盟于侵羊者穀梁傳作侵祥字服氏注引者直作詳無侵字皆是所見異也　注不日者蓋諱喪盟使若議結善事解云上文五月夫人歸氏薨君居喪而與人盟至十三年秋平丘之會邾婁子與晉爲議不容公盟而執季孫程宜書日見其不信而不

書日者正以身居大喪而不以為憂是內惡可諱之張故為信辭使
若此盟方欲議論結其善事然齊國酌者賈氏作酌字與此同服氏
及穀梁皆作齊國弱字也　于屈銀者左氏穀梁作厥慭字　齊歸
者何　解云欲言夫人初至不錄欲言其妾薨葬具書故執不知問
注歸氏胡女襄公嫡夫人者皆史記文而初至不書者蓋為世子
時娶之然則涉隨之會襄公始生而成公之世已娶夫人者寧公羊
上下資無幼少之文則何氏不信左氏故也　注据陳子也者即僖
二十八年冬公會晉侯齊侯宋公蔡侯鄭伯陳子以下于溫是也
不君靈公不成其子也解云靈公弒父而立弒父之人人倫所不容
令而見誅正是其宜是以春秋不與靈公為君也故曰不君靈公也
莊三十二年傳云君存稱世子君薨稱子某既葬稱子踰年稱公然
則稱子者嗣君之稱春秋之義既不與靈公得為成君故亦不成其

子有得為嗣君以繼其父故曰不成其子也云靈公坐弒父誅者即襄三十年夏四月蔡世子般弒其君固上四月楚子虔誘蔡侯般殺之于申是也云上不與楚誘討者即上傳云曷為絶之為其誘討也此討賊也雖誘之則曷為絶之懷惡而討不義故君子不與是

注當以誅君論之故云爾　解云君不君靈公而以誅君論之何故上四年申之會及伐吴之經上文楚子誘殺之特皆稱其爵者凡貶剌之例正可於一事之上足見其惡而已寧可文文皆貶似若莊四年冬公及齊人狩于郜傳云前此者有事矣後此者有事矣則曷為獨於此譏擇其重者而譏焉莫重乎其與讎狩也其餘從同是也

注言執者時楚託義滅之　解云春秋之義舉滅國以為重其餘輕者皆從略是以襄六年注云不書殺萊君者舉滅國為重是今并書其執者正以楚人託義滅之故見其義也似若上八年注云不舉滅

為重復書三事言執者疾該託義故列見之是也楚既託義執用蔡
之世子以滅其國當先書其執似若宣十一年冬十月楚人殺陳夏
徵舒丁亥楚子入陳然今乃先書滅蔡者起其本懷滅心故也是以
八年注云託義不先書者本懷滅心故是也　非怒也無繼也
解云莊四年傳云今紀無罪此非怒與何氏云怒遷怒齊人語此非
怒其先祖遷之于子孫與然則齊人謂遷怒爲怒也言今不成有爲
子者非由惡其父遷怒其子孫但由靈公大逆理無繼嗣矣是以注
父誅子當絶也其非字有作悲字者誤也　注日者疾該滅人者正
以凡滅例月即莊十年冬十月齊師滅譚上四年秋七月遂滅厲之
屬是也今而書日者疾詐諼故也　○十二年注即納上伯款云云
解云納上伯款者即上三年冬北燕伯款出奔齊是也其犯文命而
見納言于邑者即哀二年夏晉趙鞅帥師納衛世子蒯聵于戚傳云

戚者何衛之邑也曷為不言入于衛父有子子不得有父也注云明其父得有子而廢之子不得有父之所故奪其國文正其義也者是也然則今此納北燕伯于陽若是納上伯款即非犯父之命者正以出奔稱伯不似蒯聵稱世子故也是以何氏於款之上連伯言之見非犯父之命云又微國出入不兩書者僖二十五年秋楚人圍陳納頓子于頓何以不言遂兩之也注云頓子出奔不書者小國例也是也　注如猶至億措　解云孔子云當是歲時我已年立具見其事奈汝在側之徒不見之何故曰奈汝所不知何也孔子雖知伯于陽者是公子陽生但在側之徒皆不妄曲若改之謂己苟出心肺故曰寧可强更之乎莊七年星霣如雨之下傳云不脩春秋曰雨星不及地尺而復君子脩之曰星霣如雨何氏云明其狀似雨耳不當言雨星不言尺者霣則爲異不以尺寸録之然孔子脩春秋大有改之處

而特此文不改之者欲示後人重其舊事似劉公即君與為不上禮之類也故曰夫子欲為後人法不欲人妄億措也億措者億謂有所儗度措者置也置意於言也不欲令人妄儗度不欲令人妄置意於言矣若儗度而中之者無傷即柴也其來乎由也其死矣之類是也若億措而妄者正得學者不思之義也則學而不思則罔之類是也云子絶四者備於鄭注引之者欲道無事億措乃孔子所絶是以脩春秋而有其義矣　注唯齊至次序者謂其盛時事也及其衰末亦不醇粹是以僖十三年鹹之會許男序于曹伯之上而何氏於僖四年許男新臣卒葬許穆公之下注云得卒葬於所傳聞世者許大小次曹故卒少在曹後者是鹹之會當桓末年許在曹上非其次序之事也　注其貶絶譏刺之辭有所失者是正之罪者即春秋說云孔子作春秋讖亟一萬八千字九月而書成以授游夏之徒游夏之徒

不能改一字是也云主書者惡納篡也者正以春秋之義立納入皆爲篡辭且上有伯款出奔齊之文知今納宜是篡人也注不書至不録　解云正以上三年之末伯款出奔逕歷十許年計應有君矣陽生篡之宜書其出今不書者微國之君被篡而出走者皆略而不書之假令非被篡但是微國未踰年之君卒猶不書況乎被篡出奔寧不略之乎何氏所以必將未踰年君約之者正以所見之世微國成君之出例皆録之故也即伯款之徒是也　注不足至史文也　解云若足其文宜云齊高偃帥師納北燕公子陽生于北燕今陽生之下不言北燕者正以史之本文陽生之上有北燕之字因而從之不及改順文楚殺其大夫成然者左氏作成熊穀梁作成虔字　注謂之晉者云云　解云諸夏之稱連國稱爵今常言晉作夷狄之號故須解之言中國無義故爲夷狄所彊者即襄七年鄭伯髡原

將會諸侯于鄧其大夫諫　中國不足歸也則不若與楚鄭伯不可
其大夫曰以中國為義即伐我喪以中國為彊則不若楚於是弒之
何氏云禍由中國無義故深諱使若自卒之屬是中國無義之文也
言後為夷狄所彊也者即四年夏楚子以下會于申執齊慶封殺之
之屬是也云今楚行詐滅陳蔡者即昭八年滅陳十一年滅蔡是也
今楚行詐者即託義討招殺託義討蔡般是也言諸夏懼然去而與
晉會于屈銀者即上十一年秋季孫隱如會晉韓起以下于屈銀是
也言先伐同姓者正以鮮虞姬姓故也　○十三年此弒其君其言歸
何　解云正以歸者出入無惡之文今君弒而言歸故難之
注據齊陽生入惡不言　哀六年秋七月齊陽生入于齊是也
其陽生入惡者先詐致諸大夫立於陳乞之家自是往弒舍是也

歸無惡于弑立也　解云弑謂虔也言所以書其歸者正於弑虔之時比無惡歸無惡於弑立者何　解云正据經書弑其君虔易爲言無惡故問之　靈王經而死　解云經者謂懸縊而死也若申生雉經及論語云豈若匹夫匹婦之爲諒也自經於溝瀆者是也故何氏云君因自經　注時棄疾云云　解云正以經書自晉歸得爲有力之義故如此　解云比之義宜效死不立者下傳文云言歸者明其本無弑君而立之意加弑責之爾者桓十五年傳曰歸者出入無惡故云本無弑君而立之意言加弑責之者謂責其不效死而立矣云不日者惡靈王無道者正以宣二年秋七月乙丑晉趙盾弑其君夷獋四年夏六月乙酉鄭公子歸生弑其君夷則春秋之義不問加弑與否例皆書日今而不日故解之云封內地者起禍所由因以爲戒者正以下二十五　卒于曲棘者何宋之邑也諸侯卒

其封内不地此何以地憂内也注云時宋公聞昭公見逐欲憂納之
至曲棘而卒故恩録之然則諸侯專其封内例不地今此靈王見弒
乾谿之由是以書地以起之故曰起禍所由因以爲戒也　注括齊
公子商人弒其君舍者在文十四年九月彼傳云此未踰年之君也
其言弒其君舍何已立之已殺之成死者而賤生者也注云惡商人
懷詐無道故成舍之君號以賤商人之所爲然則彼未踰年君而見
弒稱成君今比亦爲未踰年君見弒稱公子故据而難之所以不据
僖九年晉里克弒其君之子奚齊者正以取成君之號以難公子義
彊于君之子之文故也　注据上傳知其脅者即上傳云楚公子棄
疾脅比而立之是也　注据王子朝不貶者即二十三年秋尹氏
立王子朝注云貶言尹氏者著世卿之權尹氏貶子朝不貶者年未
滿十歲未知欲富貴不當坐明罪在尹氏然則子朝之意與比相似

子朝不貶而比加弑故難之　此之義宜效死不立者即守死善道若王子閭之類也　大夫相殺稱人者即文十六年冬宋人弑其君處臼之下傳云大夫弑君稱名氏賤者窮諸人注云賤者謂士也士正自當稱人大夫相殺稱人賤者窮諸盜注云降大夫使稱人降士使稱盜者所以別死刑有輕重也然則文十六年師有成解故此弟子取而難之　注据經言弑公子比也　解云經言弑公子比即是兩下相殺之文而稱棄疾名氏是以據而難之　言將自是爲君也者謂　疾從是殺比之後遂代比爲君矣　注故使與殺君而立者同文也即文十四年秋九月齊公子商人弑其君舍是也注不言至公子　解云莊二十二年春陳人殺其公子禦寇注云書者殺君之子重也下十四年冬莒殺其公子意恢然則彼二公子見殺言其今公子比實已立訖若言殺其公子比則嫌觸彼二公子文故曰嫌

觸賓公子云棄疾即楚子[illegible]二十六年秋楚[illegible]居卒是也

注 不舉至錄之　解云文十[illegible]六月公會宋公以下同盟于新城然則彼亦是二事舉盟爲重不言會于某今會盟並舉故須解之故云諸侯欲討棄疾以上有棄疾弒君之事下傳有諸侯遂亂之言故知於閒詳錄此會欲討之矣　注 不言至知矣　解云春秋之義會盟咸有而閒隔事者則重言諸侯即定公四年三月公會劉子晉侯以下于召陵侵楚夏四月蔡公孫歸姓帥師滅沈以沈子嘉歸殺之五月公及諸侯盟于浩油然則彼由閒有隔事劉子不與盟是以重出諸侯今則閒無隔事劉子復與盟是以不勞重出劉子及諸侯見其可知矣

公不與盟者何　解云正以盟會詳錄即爲善事而公不與盟於義似違故執不知問　注時晉至與盟　解云須言時晉主會者正以此會劉子在其閒故須辨之知非劉子主會者正以

當時天子微弱故也知疑公如楚不肯與公盟者正以上七年三月公如楚九月公至自楚之文十一年公如晉至河乃復是其見疑不得入晉故也　注據得意乃致會者即莊六年注云公與二國以上出會盟得意致會不得意不致今此平丘之經亦是公與二國以上出會盟之事故言據得意乃致會也若欲伯事言之即哀十三年夏公會晉侯及吳子于黃池公至自會是也　注據扈之會公失序恥之者即文七年秋八月公會諸侯晉大夫盟于扈傳云諸侯何以不序大夫何以不名公失序也公失序奈何諸侯不可使與公盟昳晉大夫使與公盟也何氏云公爲諸侯所薄賤不見序故深諱爲不可知之辭是也　注棄疾乃封陳蔡之君者即下文是也　注公不至賂也

解云春秋之義諱內惡故隱五年春公觀魚于棠傳云何以書譏何譏爾遠也何氏云實譏張魚而言觀譏遠者恥公去南面之位下

與百姓爭利匹夫無異故[illegible]君以遠觀為譏也然則公若與盟所
成楚亂便是內惡例諱不書今公不與盟不書楚亂者正以時不受
賂是以不得書其成亂矣桓二年春公會齊侯陳侯鄭伯于稷以成
宋亂夏四月取郜大鼎于宋戊申納于太廟傳云何以書譏何譏爾
遂亂受賂納于太廟非禮也然則彼以受賂之故書其成宋亂今不
受賂是以不書成楚亂決之春秋之義為內諱大惡而桓公受賂而
成宋亂不為之諱者彼注云宋公馮與督共弒殤公而立諸侯會于稷
欲共誅之受賂便還令宋亂遂成桓公本亦弒隱而立君子疾同類
相卷小人同惡相長故賤不為諱也者是也　注諸侯至張義
解云上注云故諱使若公自不肯與之盟今又言此者正以諸侯遂
亂是以魯侯不肯與之盟然則上下二注彌縫為義非別解云因為
公張義者謂書公不與盟者非直為國諱因見諸侯遂亂大惡公亦

不宜與故言因為公張義也　注據歸者有國辭者即僖三十年秋衛侯鄭歸于衛之屬是也　不與諸侯專封也　解云宜言不與楚專封而云不與諸侯專封者宣十一年傳云此楚子也其稱人何諸侯之義不得專討也是楚得言諸侯之義矣而舊云楚子初無封陳蔡之意但是諸侯之誅遂許封陳蔡之子孫陳蔡為之請于諸侯止不伐楚楚乃封陳蔡然則陳蔡得封本由諸侯故傳言諸侯以明之也先疑焉注名者專受其封當誅　解云諸侯之式不合生名今陳蔡之君既已稱爵而書名者正以諸侯之封宜受于天子而受國于楚故名之見當誅討不合為諸侯矣　注書者因以至文實也　解云言主書此事者非直惡陳蔡之君不受天子之命亦因以起楚封之所以能起楚之封者其以上九年夏四月陳火傳云陳已滅矣其言陳火何存陳也注云云　[illegible]復火者死灰復燃之象也此天意〻

欲存之故從有國記災故　有存陳文也言陳見滅無君無所書
者正以陳國已滅無君可去而火之者天意作死灰復燃之象見陳
國合存之意言蔡本以篡見殺者即襄三十年夏四月蔡世子般弒
其君固至上十一年夏四月丁巳楚子虔誘蔡侯般殺之于申是也
言但不成其子者即上十一年冬十有一月楚師滅蔡執蔡世子有
以歸用之傳云未踰年之君其稱世子何不君靈公不成其子是也
子者嗣君之稱謂不成其子有得稱嗣君以繼其父矣言不絕其國
者正以書滅是也何者僖五年晉人執虞公之下傳云虞已滅矣其
言執之何不與滅也曷爲不與滅滅者亡國之善辭注云言王者起
當存之故爲善辭也傳云滅者上下同力者也注云言滅者臣子與
君勠力一心共死之辭是也然則何氏言此者欲道陳蔡皆舊有國
二君之子復先在楚楚人封之因緣反國故得言歸非謂上會諸侯

墠地封之若是上會諸侯墠地封之當如赦邢城楚丘之屬傳亦有文實之文若作文實之文宜云城陳蔡傳云孰城之諸侯城之曷爲不言諸侯城之不與諸侯專封曷爲不與實與而文不與文曷爲不與諸侯之義不得專封諸侯之義不得專封則其曰實與之何上無天子下無方伯天下諸侯有相滅亡者力能存之則存之可也

注書葬者云云　解云隱十一年傳云然則何以不書葬春秋君弑賊不討不書葬以爲無臣子也然則靈公上十一年爲楚誘殺未見復讎之文而書其葬者正以上一年經不與楚討若不書其葬即嫌可以責蔡臣子無復讎之義是以書葬靈公本者弑文而立當從誅君論之不得責臣子復讎於楚矣言經不與楚討者即上十一年傳云楚子虔何以不名絶也曷爲絶之爲其誘討也此討賊雖誘之曷爲絶之懷惡而討不義君子不與是也

注不日者略兩夷　解云上

四年秋七月遂滅厲注云[illegible]不日者　非賢責之[illegible]
然則吳子夷昧兄弟立謀讓　子即爲賢者而又滅人宜亦書日
以責之而不日者正以兩夷相滅故略之考諸舊本日亦有作月字
者若作月字當云春秋上下滅例書月即莊十年冬十月齊師滅譚
十三年夏六月齊人滅遂之屬是令此不月略兩夷故也是以下三
十年十二月吳滅徐之下而注云至此乃月者所見世始録夷狄滅
小國也不從上州來巢見義者因有奔文可責是也以此言之即知
此文無月明矣文承十月之下而言無月者謂不在十月内也然則
爲日字者誤云云之説在三十年十四年　注入昭至不序
解云春秋之義所傳聞之世略於小國不書其卒至所聞之世乃始
書之即文十三年邾婁子蘧篨卒之徒是也至所見之世文致大平
書小國而録之卒月葬時即下二十八年秋七月癸巳滕子寧卒冬

葬滕悼公之屬是世今此莒君入昭公所見之世宜合卒日葬時而卒不日復不書其葬者正由其本是簒人故因略之不序其卒日亦不序其葬矣其本簒者即上元年秋莒去疾自齊入于莒是也然則春秋之義簒明者例書其葬即衛晉鄭突齊小白陽生之徒是今此去疾於上元年秋亦有自齊入于莒之文即是簒明例合書葬但以本簒故因不序然則入昭公所見之世小國之卒例合書日而上三月曹伯滕卒亦不日者莊二十三年冬十一月曹伯射姑卒之下何氏云曹伯達於春秋常卒月葬時也如卒日葬月嫌與大國同故復卒不日入所聞世可日不復日然則曹伯終生於桓十年時以春秋新老重恩之故而得卒日葬月以為大平是以入所見之世雖例可日亦不復日是故上文上曹伯不書日矣　注莒無大夫者莊二

十七年春[illegible]　注[illegible]大夫者[illegible]　解云小國大夫殺[illegible]

書曰即莒慶之徒　者欲明其是君之子故也若言
莒殺意恢無以明嗣子不〻　一年　注据入者云云世者即宣
八年夏六月辛巳有事于大廟仲遂卒于垂壬午猶繹萬入去籥是
世然則彼乃入者言萬此則入者言籥彼則去籥言名此則漫言去
樂而已彼又不言卒事與此異是故弟子据而難之　注主謂已主
祭云云者謂已於廟内主其祭事者矣云古有公土無分民知如此
者正以詩云誓將去汝適彼樂土論語云四方之民襁負其子而至
矣之言故也云大夫不世者謂凡平大夫也不得以有功德大夫難
之注孝經至敬同　解云何氏之意以資爲敢言敢事父之道以事
君所以得然者而敬同故也以此言之則何氏解孝經與鄭稱同與
康成異矣云云之說在孝經疏　注賓尸事畢而往也者正以禮大
夫祭謂之賓尸故也云日者爲卒日者正以春秋之義失禮鬼神例

日今非失禮知日爲卒夏蔡昭吴奔鄭者左氏穀梁皆言朝吴出奔鄭今此作昭吴字又不言出者所見之文異案左氏穀梁皆以朝吴爲蔡大夫則知此昭吴亦爲蔡大夫矣而舊解以昭吴爲蔡侯廬之字者似非何氏之意　注不言至專封　解云今此昭吴出奔鄭不言出者正以其君始封之時名書歸即上十三年蔡侯廬歸于蔡是也云嫌與天子歸有罪同者謂書名言歸者乃與天子歸有罪之文近相似故以爲嫌何者僖公二十八年夏六月衛侯鄭自楚復歸于衛注云言復歸者剌天子歸有罪矣冬曹伯襄復歸于曹而注云曹伯言復歸者天子歸之名者與衛侯鄭同義然則天子歸有罪者書名言歸向上蔡侯廬歸于蔡亦有罪歸故言嫌與天子歸有罪同非謂礭然相似言故奪其有國之辭者正以君子之歸有所嫌故奪其昭吴有國之辭不言其出矣云明專封者欲明其蔡侯爲楚所專

封矣吳既受諸侯之專封不合有國故不言大夫之出奔其國文以見之　注并十至同占者謂此文日有食之并十七年夏六月甲戌朔日有食之皆與十七年有星孛於大辰同占也其占者則孛大辰之下注云是後周分爲二天下兩主宋南里以亡是也

春秋公羊疏卷第二十三

起十六年　　盡二十四年

〇十六年　注据誘蔡侯名者即上十一年夏楚子虔誘蔡侯般殺之于申是也　注戎曼至其爵　解云上四年申之會伐吴再見淮夷五年冬越人伐吴一見越人所見之世而不進之者君子因事見義故也何者淮夷與越蓋遣大夫會此是君因可進之且昭公之時文致大平實不治定但可張法而已寧可文皆進乎　注不日者本不卒解云上十一年夏四月丁巳楚子虔誘蔡侯般殺之于申書其丁巳今亦誘殺而不日者正以戎曼乃是夷狄之內最爲微國雖於大平之世亦不合卒是故春秋因略之不書其日矣云不地者略也者正以蔡侯誘殺經書于申今此不地故言略也　〇十七年

孛者何　解云欲言星名星名未有孛欲言非星録爲星稱故執

不知問　注三孛至錄之　解云言三孛皆發問者即文十四年秋七月有星孛入于北斗傳云孛者何彗星也其言入于北斗何北斗有中也何以書記異也哀十三年冬十有一月有星孛於東方傳云孛者何彗星也其言于東方何見于旦也何以書記異也并此三處皆言孛者何故言三孛皆發問也所以三處皆問之者正以文十四年經言入于北斗此經言于大辰哀十三年經言于東方三文甚異即嫌爲孛之不同是以處猶發問而詳錄之故云或言入或言于或言方嫌爲孛異猶問錄之　注據北斗言入于者正以此經不言入直言于故據入而難之云大辰非常名者正以東方七宿皆謂之辰故曰大辰非七宿之常名而經舉之因以爲難也　大辰者何　解云正以大辰之名非一而已不知何者故執不知問　注大火謂心者即左氏傳心爲大火是也而釋天云柳鶉火者正以柳

在南方亦可爲出火之候故也不謂心星非大火然則爾雅不言心爲大火者文不備也　大火爲大辰者即釋天云大火謂之大辰李氏云大火蒼龍宿之心以候四時故曰大辰孫氏郭氏云大火心也在中最明故時候主焉是也注伐謂參伐也　解云正以伐在參傍與參連體而六星故言伐謂參伐伐與參爲一候故也　注北辰北極者即釋天云北極謂之北辰李氏云北極天心居北方正四時謂之北辰孫氏郭氏曰北極天之中以正四時謂之北辰是也云天中也者以天面言之故也然則謂之極者取於居中之義矣而春秋說云北者高也極者藏也言大一之星高居深藏故名北極也者與先儒說違其何氏兩解乎云常居其所者謂常居紫微宮所矣注心者天子明堂布政之宮春秋說文星經亦云云亦爲孛者亦如北斗爲彗所孛矣　注是後周云云　解云言周分爲二天下兩主者謂

敬王在成周王猛居王城故下二十二年秋劉子單子以王猛入于王城傳云王城者何西周也何氏云時居王城邑自號西周王經又言冬十月王子猛卒二十三年秋尹氏立王子朝然則王猛卒後子朝復簒恒與敬王處據相拒故云周公爲二天下兩主也是以運斗樞云星孛賊起守大辰於五堂亂兵填門三王爭周以分是也然則彼言三王爭者通前後言之今此云周公爲二天下兩主者正以子猛子朝之簒是一世言宋南里以亡者即下二十一年夏宋華亥向寧華定自陳入于宋南里以畔是也　詐戰不言戰此其言戰何　解云經文言戰而傳以詐戰問之者正以夷狄質薄不能結日偏戰今此兩夷而言戰故以詐戰難之　注據於越敗吴于醉李者在定十四年夏也彼此皆是兩夷無言戰之經是以據而難之　注不目者略兩夷者正以春秋之例偏戰者日詐戰者月今此詐戰而不

月故言略兩夷　○十八年　記異也　解云經言災者以其焚
宗廟朝廷故也傳云異者正以四國同日而俱災
象也者正以四國得爲四方之國故得謂之天下象　注是後王
室亂諸侯莫肯救者即下二十二年夏六月王室亂傳云何言乎王
室亂注云指天子之居稱京師言不及外也注云宮謂之室剌周室
剌周室之微弱邪庶並篡無一諸侯之助匹夫之救如一家之亂也
故變京師言王室不爲天子諱者方責天下不救之者是王室亂諸
侯莫肯救之事也　○十九年　注蔡世至弑也　解云即襄三十年
夏四月蔡世子般弑其君固何氏云不日者深爲中國隱痛有子弑
文之禍故不忍言其日是也然則許亦中國而言日者正以加弑非
實弑故也知加弑者下傳備文若夷狄弑父則忍言其日者即文元
年冬十月丁未楚世子商臣弑其君髡彼注云日者夷狄子弑父忍

言其日是也　注季氏稍盛云云者謂稍稍盛也往前時豹羯爲政自上十二年夏公如晉至河乃復十三年平丘之會公不與盟以來季孫隱如數見經至二十五年遂出昭公矣云宋南里以叛者在二十一年夏云晉人圍郊者在下二十三年也彼傳云郊者何天子之邑也曷爲不繫于周不與伐天子也是也云吳勝雞父者即下二十三年秋七月戊寅吳敗頓胡沈蔡陳許之師于雞父是也云尹氏立王子朝者即下二十三年秋尹氏立王子朝是也賊未討何以書葬者正以隱十一年傳云春秋君弒賊不討不書葬以爲無臣子也然則師有解爾故此弟子据而難之　注樂正子春曾子弟子以孝名聞者祭義云樂正子春下堂而傷其足數月不出猶有憂色門弟子云云子春曰吾聞諸曾子曾子聞諸夫子曰天之所生地之所養無人爲大父母全而生之子全而歸之可謂孝矣云云今予忘孝之道

予是以有憂色云云是也　復加一飯則脫然愈云云　解云言之春視疾之時消息得其節觀其顏色力少如可時更加一飯以與之其病者脫然如愈若觀其顏色力少如弱時則復損一飯以與之則其病者脫然如愈又觀其顏色力似寒時則復加一衣以與之則病者脫然又加愈又觀其顏色力似如煖則復損一衣以與之則病者脫然而愈　注明止但得免罪不得繼父後者正以此傳但有赦止之文而無善止之處故知但得免罪而已無嗣父之義矣云許男斯代立無惡文是也者正以自此以後不見許男斯卒葬之文唯有定六年春王正月癸亥鄭游速帥師滅許以許男斯歸是也言無惡文者正以不見立入之文故也若止宜立而斯簒之春秋之義應作簒文以惡斯矣似若隱四年衛桓見弑嗣子宜立而宣簒之經書立晉以爲惡晉之文也

○二十年注据始出奔未有言此者謂始發國

國出未有言自者故云爾云與宋華亥入宋南里復出奔異者即下文冬十月宋華亥向寧華定出奔陳二十一年夏宋華亥向寧華定自陳入于宋南里以叛二十二年春宋華亥向寧華定自宋南里出奔楚是也而言異者正以華亥之徒奔而入叛邑之處乃始出奔故得言自今會始出故云異矣　注言叛者云云　解云若其作叛文當言公孫會以鄸出奔宋如似襄二十一年邾婁庶其以漆閭丘來奔之類也　注据喜時不書者正以曹羈叔肸春秋賢之者皆書見經即莊二十四年冬曹羈出奔陳宣十七年冬公弟叔肸卒之文是也今此喜時既不書見非所賢矣則何賢乎喜時故難之　注喜時曹伯廬弟而賈服以為廬之庶子者蓋所見本異也注古者至不廢者春秋說文言宰與守國者與衆也謂宰衆以守國也左氏春秋傳云大子之法君行則守是也其次宜為君者謂若大子母弟也

言持棺絮從者。[棺者]椑世即禮云以椑從之文是也絮謂新綿即禮記云屬纊以俟絶氣之文是也　云或時疾病相代行者正以曹伯無子喜時其母弟也當守國公子負芻者庶兄也禮當從君但或時負芻疾。[而]喜時代之行今傳不言者正以史文不具故也公子喜時見公子負芻之正當主也　云云　解云當依正禮喜時守國則負芻當主者在薨之處當主而來若其疾病求代行則負芻當主也者在國而當主矣　注不通鄭云云　解云昭三十一年冬黑弓以濫來奔傳云文文何以無邾婁注云據讀言邾婁通濫也注云通濫為國故使無所繫邾婁曷為通濫賢者子孫宜有地也賢者孰謂謂叔術也何賢乎叔術讓國也云云然則今若通鄭為國宜云夏公孫會以鄭出奔宋傳云文何以無曹通鄭也曷為通鄭賢者子孫宜有地也賢者孰謂謂喜時也何賢乎喜時讓國也　云云今不如此者正以喜

時本疋當立若有明王興興滅國繼絶世之時當令還其國則不
宜通濫邑以為小國而已以此言之明叔術以讓國之功除其妻
嫂殺顏之惡裁足通濫邑以為小國而已不足以得邾婁也
注據立嫡以長者即隱元年傳曰隱長又賢何以不宜立立嫡以
長不以賢立子以貴不以長之文是 注失親親也者謂失親親
之道也 注月者危云云 解云春秋之義大夫出奔例皆書時即
成七年冬衛孫林父出奔晉襄二十八年夏衛石惡出奔晋冬
齊慶封來奔之屬是也今此書月故須解之言將為國家
患者即下文入于宋南里以畔是也若言三大夫同時出奔
然後乃月案莊十二年冬十月宋萬出奔陳一大夫也亦
書月者彼注云月者使與大國君出奔同明彊禦之甚是
也 經二十一年 入于宋南里以畔者左氏穀梁皆作南里字

而賈氏云穀梁曰南鄙蓋所見異也　宋南里者何　解云欲言其邑而繫宋言之與蕭例異欲言非邑入之而叛與蕭相似故執不知問　注因諸者齊放刑人之地者舊說云即博物志云周曰囹圄齊曰因諸是也　注宋樂大心自曹入于蕭不言宋者即定十一年秋宋樂世心自曹入于蕭注云不言叛者從叛臣叛可知者是也何氏特引此事者正以自外而入與此相似而不繫宋故須解之　注是後周有篡禍者在明年　叔痤卒左氏穀梁作叔輒　冬蔡侯朱者左氏與此同穀梁作蔡侯東　注出奔者為東國所篡也　解云知此者正以二十三年夏六月蔡侯東國卒于楚故也篡不書者東國之下自有注說　注大國云云解云大國奔例月者即桓十六年十一月衛侯朔出奔齊之

徒是也言惡皆中國而與楚者即奔是也〇二十二年　注前出奔已絶賤云云者在上二十年冬也春秋之例大夫奔之後其位已絶即襄二十八年冬齊慶封來奔其後因魯奔吳經不書之是也今此書者正以專勢入南里犯君而出起其當誅故也云言自者別從國去者謂言自宋南里者欲別於宋萬出奔陳之文從國都而去者故也

注謂王猛之事者即下文秋劉子單子以王猛入于王城是也不言子朝者子朝于時簒事未成故也　注據天子之居稱京師者桓九年紀季姜歸于京師京師者何天子之居也京者何大也師者何衆也天子之居必以衆大之辭言之是也云天王入于成周者即下二十六年冬十月天王入于成周是也以上三事以解經文何言乎王室之意〇天王

出居于鄭不言亂者即二十四年冬天王出居于鄭是也　注宮謂之室者爾雅文之邪庶並篡者正以子猛子朝皆非正適故謂之邪庶也共篡敬王故謂之並篡時子朝篡事未成而言並篡者欲見尹氏之徒已有之之意也云無一諸侯之助匹夫之救者正以變京師言王室故知如此云不言成周言王室者正王以責諸侯也者公羊之義以成周是正居既不言京師亂何故不言成周亂而言王室亂者又欲正其王號以責諸侯不救之謂敬王為王矣其若不然景王之崩至今期年其嗣子在喪得云王室乎云傳不事事悉解者傳若事事悉解宜云不言京師言王室者刺周家之微也如一家之亂而已責諸侯不救急著天王之號今不尒者正以言不及外之文足兼此等之意

是故不復費辭耳云言不及外即是外邊諸侯之當責之可知由是之故須著言王責諸侯之不救世故曰皆可知云注不為天子諱者方責天下不救之者閔二年傳云曷為外之春秋為尊者諱然則春秋之義為尊者諱今天子微弱不能討亂失國之刑而不為諱者方責天下不救之是以不得不見矣　注據未踰年已葬當稱子者正以莊三十二年傳云既葬稱子踰年稱公故也云已葬者即上文葬景王是也　注時欲當王者位故稱王猛見當國也者正以言王須國受師似當國之人鄭段之徒矣云錄居者事所見也者正以當國之人未成為王理宜略之而錄其居者春秋刺其篡逆若不書云王猛居于皇則其當國之ヽ　無由見故曰錄居者事所見也云不舉猛

為童者春秋之徒悉皆　童是以下二十三年秋天王居于狄泉之經不言其大夫以之今不舉童故如此解也云以若行二子意辭也者正以桓十四年宋人以齊人衛人蔡人陳人伐鄭以者何行其意也何氏云以己從人曰行言四國行宋意是也　王城者何　解云欲言正居文無成周之稱欲言非正居王猛入之故執不知問　注据非成周者正以公羊之義以成周以正居故言此矣是以二十六年冬十月天王入于成周是也　注故從篡辭言入者正以春秋之義立納入皆為篡辭故此謂入為篡辭矣　注不月者云云　解云春秋之義大國之篡例合書月即隱四年冬十二月衛人立晉之徒是何者以其禍大故也小國例時以其禍小矣即昭元年秋莒去疾自齊入于莒之文是今此入王城之邑而篡天子計其禍咎實如大國

之例而不月者正以本無可與别輕重之義是以時之也　注據子卒不言名者即文十八年冬十月子卒是也云外未踰年君不當卒卒者正以春秋上下無其事故也而僖九年冬晉里克殺其君之子奚齊書者彼乃見殺非此之類也而言外者正以内之子般子野之徒皆書之故也　注春秋篡成者皆與使當君之父死子繼兄弟及者篡所緣得位成爲君辭也者即公及齊侯盟于柯齊侯小白卒之徒是也　注猶未至當卒　解云猶未悉得京師即從篡一不成已是不當卒也假令得作外踰年君尚自不得書其卒況未成外踰年君實不得書其卒言二者不當卒矣　注卒又至篡也　解云既不合卒今書其名非欲成其爲君但嫌上經入于王城之〻時無成周之文恐其非篡辭故從其得位而

書其卒歷〻明爲篡故也　注月者云云　解云篡既不成理
宜略之而書其月者春秋方書其卒若得位然以明其篡
事故曰方以得位明事也言故從外未踰年君例者即僖九
年冬晉里克弑其君之子奚齊何氏云弑未踰年君例當
月不月者不正遇禍終始惡明故略之今此書月從未踰年
君例矣　二十三年　叔孫舍者左氏穀梁作婼字　郊者何
解云欲言外邑文無所繫欲言魯邑不言伐我故執不知問
注與侵柳同義　解云即宣元年冬晉趙穿帥師侵柳
傳曰柳者何天子之邑也注云天子閒田也有大夫守之晉與
大夫忿爭侵之也曷爲不繫乎周注云據王師敗績于貿
戎繫王不與伐天子也注云絶正其義使若兩國自相伐今
此圍郊亦然故曰與侵柳同義然則彼已有傳今復發

者正以侵圍異文故也且若不發傳無以知其伐天子　注
不日至略之　解云正以大國之卒例皆書日今此不日故解之
言背中國而與楚者即此文卒於楚是也　注月者至淺也
解云僖十四年冬蔡侯肸卒注云不月者賤其背中國而
附父讎故略之甚也然則彼過深故不月此則過淺但不日而
已云云之説備於僖十四年云不書葬者篡也者以春秋
之例篡不明者例不書葬今此東國篡不明不書其葬以
明篡矣　注篡不至見篡　解云二十一年冬蔡侯朱出
奔楚何氏云奔者為東國所篡然則東國既篡於朱而
無立入之文者正欲惡朱故也何者東國篡朱而無文貶
則知春秋之義惡朱明矣言在三年之内者即二十年冬
蔡侯廬卒至二十一年冬朱即出奔故曰三年之内也所

見之世始錄　內行小失不可勝書是以春秋但精而見
識而已故何氏但云不共悲哀擧錯無度而已矣凡是為人
所篡者皆失衆之所由故何氏云失衆見篡也　沈子楹左氏
楹左氏作㞕字　此偏戰也云云　解云正以春秋之例偏戰者
日詐戰則月今此書日故言偏戰　注據甲戌齊國書及吳戰于
艾陵云云者即哀十一年夏五月公會吳伐齊甲戌齊國書
帥師及吳戰于艾陵齊師敗績獲齊國書是也　注序上言
戰云云　解云以莊二十八年齊人伐衛衛人及齊人戰衛人敗衛
績傳云春秋伐者為客伐者為主注云伐人者為客伐者為主注云見伐
者為主故使衛主之也彼注云戰序上言及者為主曷為使衛
主之衛未有罪尒注云蓋為幽之會服父喪未終而不至故
又僖十八年春宋公以下伐齊夏宋師及齊師戰于甗齊師

敗績傳云春秋伐者為主莒為不使齊主之與襄公之征齊也
○莒為與襄公之征齊桓公死豎刁易牙爭權不葬為是伐之也
以此言之若主人直則主序上若客直則客序上故云序上言戰别
客主人直不直今吳人序其上而言戰則是吳人為主中國之辭
故不得言戰直言敗而已故云不與夷狄之主中國　注君臣上下
壞敗者即不救天子有無君臣上下之道故云君臣上下
壞敗　注不稱國國出師者賤畧之者決桓十三年春齊師宋
師衛師燕師敗績之文　注言之師云云　解云若不言之直言
吳敗頓胡沈蔡陳許師于雞父則嫌師文獨使○許稱自陳以上
單稱國是故言之以散之矣　注據蔡公至言殺者即定十
四年夏四月庚辰蔡公孫歸生帥師滅沈以沈子嘉歸殺
之彼國言滅君言殺今此君言滅是以據而難之云又獲晉侯
言獲者即僖十五年冬十一月壬戌晉侯及秦伯戰于韓獲

晉侯是也然則國言滅君言获以解傳其言滅何之[illegible]文晉侯言獲以解傳其言獲何之文　君死于位曰滅者即此胡子髡沈子楹滅是也生得曰獲者即獲晉侯是大夫生死皆曰獲者大夫死曰獲者即此獲陳夏齧及哀十一年獲齊國書之徒是也其大夫生得曰獲者宣二年獲宋華元是也　注大夫不世故不别死位　解云正謂諸侯世故别其死社稷與不若其死社稷者而經書滅不能者敗之言獲也大夫不世是以不勞别之故不問死生皆謂之獲也　注據荊敗蔡師于莘以蔡侯獻舞歸不言獲者在莊十年秋九月彼傳云曷為不言其獲不與夷狄之獲中國也　注髡楹至順也　解云獲晉侯戕鄫子之徒皆獲戕之文在上今髡楹之滅滅文在下者以其死戰當合加禮故退滅文於下使若公子友卒之類不為人所殺然故

曰使若自卒一則不言戰不與夷狄之主中國一則其言滅不與
夷狄之殺諸夏二理合符故言相傾也　注名者從赴辭也
解云公羊之義合書則書不待赴告而言從赴辭者正以縣
極既死故胡沈之臣赴告鄰國云道寡君某甲為吳所
滅諸侯之史悉書其名孔子案諸國之史而為春秋由是
之故錄其名矣故曰名者從赴辭隱公八年夏六月己亥蔡侯
考父卒秋八月葬蔡宣公傳云卒何以名而葬不名卒從正注
云卒當赴告天子君前臣名故從君臣之正義言也而葬從主
人彼注云至葬者有常月可知不赴告天子故從蔡臣子辭
稱公也以此言之則此注云名者從赴辭者謂其赴告天子之
辭是以稱名耳　注據毛伯來求金不稱天王者卽文九年毛
伯來求金是也彼云何以不稱使當喪未君也踰年矣何以

謂之未君　未稱王世未稱王何以知其即位以諸侯之踰年即位亦知天子之踰年即位也注云俱繼體其禮不得異以天子三年然後稱王亦知諸侯於封内三年稱子也然則天子之法三年然後方始稱王故此傳云此未三年其稱王何据毛伯不稱天王以難之　注貶言尹氏著世卿之權者即隱三年夏尹氏卒之下傳云尹氏者何天子之大夫也其稱尹氏何貶曷為貶譏世卿是也云年未滿十歲者何氏更有所見或者正以衛人立晉莒展去疾之徒悉去公子見其當國今此王子朝經無貶文乃與楚公子比之經相似案上十三年公子比之下傳云此已立矣其稱公子何其意不當也以此言之明其幼少也年既幼少未貪富貴故以未盈十歲言之下二十六年出奔之時年已稍長而不去王子者順上文也　注是時至數年

解云猛今雖卒但篡來世近而子朝復逆故曰猛朝更起上王猛入于王城今言天王居于狄泉尹氏立王子朝二十六年天王入于成周王子朝奔楚故云與王爭入也首尾五載故曰遂至數年云晋陵周竟者即上圍郊是也云吴敗六國者上文云吴敗頓胡沈蔡陳許之師云云是也云季氏逐昭公者即下二十五年九月癸亥公孫于齊是也　注吴光殺僚滅徐者即下二十七年夏四月吴弑其君僚滅徐者即下三十年冬十二月吴滅徐徐子章禹奔楚是也云故曰至三食地爲再動者上二十一年秋七月壬午朔日有食之二十二年十有二月癸酉朔日有食之二十四年夏五月乙未朔日有食之故云日至三食也上十九年夏五月己卯地震今年又震故曰地爲再動

注據上比乃復不言公不言有疾　解云上十二年冬公如晋

至河乃復又二十一年冬公如晉至河乃復皆言公如而云不言公
者正謂至河之下不言公矣　○二十四年　叔孫舍至
自晉　解云上十四年春隱如至自晉以其被執而罪逃故著
去其氏今此叔孫舍不去氏者蓋以無罪故也是以文十四年傳
云稱行人而執者以其事執也注云以其所銜奉國事執之晉
人執我行人叔孫舍是也不稱行人而執者以已執也注云已者已
大夫自以大夫之罪執之分別之者罪惡當各歸其本以此言之
則知隱如有罪故去其氏叔孫無罪故無貶文若然文十五年
夏單伯至自齊案彼單伯亦以其有罪執而存其氏者恥之
故也是以彼注云不著去氏者淫當絕使若他單伯至是也主
是後季氏逐昭公者在下二十五年九月云吳滅巢者在今
年冬云弒其君僚者在二十七年云又滅徐者在三十年冬

先言季氏逐昭公者正欲決昊事故也杞伯鬱釐卒者

左氏穀梁作郁釐字今正本亦有郁字者

春秋公羊疏卷第二十四

春秋公羊疏卷第二十五　昭公四

起二十五年　盡三十二年

○二十五年夏叔倪者穀梁與此同左氏經賈注者作叔詣字　有鸜鵒來巢　解云案運斗樞云有鸜鵒來巢于檜此經不言于檜者欲道來巢即為異不假指其處所若莊七年傳云不脩春秋曰雨星不及地尺而復君子脩之曰星霣如雨何氏云明其狀似雨尒不當言雨星不言尺者霣則為異不以尺寸録之非中國之禽也者謂是夷狄之鳥以異義公羊說云鸜鵒夷狄之鳥不當來入中國鄭君駮之曰春秋之鳥不言來者多為夷狄來也若鸜鵒乃飛從夷狄而來則。[昭]將去遠域之外以此言之則知非中國之禽者謂是夷狄之鳥所冬官云鸜鵒不踰濟鄭氏云無妨於中國有之者何氏所不取也舊解以為中國國中者非傳注之意穀梁與此同　又雩者何　解云諸夏雩祭文悉不言又異于常例故執不知問　注一月不當再舉雩云云　解云僖三年注云大平一月不雨即書春秋亂世一月不雨未害物未足為異當滿一時乃書然則春秋之義一時能害方始書雩豈有再舉其雩乎故曰一月不當再舉雩矣既無再舉雩例而言又雩者可以起其非實雩故云言又雩者起非雩也　注但舉至上下　解云正以去年夏五月乙未朔日有食之則此月上辛為辛丑下辛為辛酉所以直言辛不兼言丑酉者若言辛丑辛酉即是參差不同不可相為上下故也　注又日為君辰為臣云云　解云十日為陽為幹故為君之義十二辰為陰為枝故為臣之象故　為臣辰

為臣　注上不至張本　解云春秋之雩其宣[illegible]祠
五年秋大雩之文是故去上不當日也若然亦不合月而云
七月者欲見上辛下辛皆七月之日故　注不言云云
解云凡言上者對下之稱既言上辛而不言下辛者欲起季
氏不執臣下之卑而逐君矣　注地者云云　解云地者
即經書次于楊州是也春秋之義悉皆舉重不舉公孫為
重而復書次于楊州者臣子哀痛公之失位是以詳録公之
所舍止之處矣　唁公者何　解云失國見唁在可諱之限
今而書見故執不知問　注傳言至之辭　解云君討臣下正
應言殺今傳云弒故須解之而言從昭公之辭者即下文云吾
欲弒之何如是也季氏為無道者謂無臣之道　注昭公主欲
云云　解云隱四年傳云與弒公何氏云弒者弒君之辭然則

臣下犯於君父皆謂之弑今照公欲討臣下而言弑違於常義故須解之　注失禮成俗不自知也者正以魯人始僭在春秋前至昭已久故不自知　注禮天子諸侯臺門者在禮器文云天子外闕兩觀諸侯内闕一觀者禮說文也　注禮天子大路者顧命之文也云諸侯路車詩云路車乘馬是也云大夫大車者即詩云大車檻檻是也云士飾車者即書傳云乘飾車兩馬庶人單馬木車是也　注東夷之樂曰株離云云以下皆樂說文彼―　注云陽氣始起於懷任之物各離其株也南者任也盛夏之時物皆懷任矣草物畢成禁如收斂盛陽消盡蔽其光景昧然是也　此皆天子之禮也　解云以周公之功得用四代之樂而以大夏之從謂之為僭者刺其羣公之廟若祭周公則備牛馬維婁者皆謂繫之于廄不得放逸于郊也　一繫　曰

維者即詩云皎皎白駒縶之維之是云繫牛曰是指正以言牛馬下言維婁維既屬馬婁屬於牛亦可知矣而文不次者意到則言耳舊說云婁者侶也謂聚之於廏　委已者也而柔焉　解云言牛馬之類猶順於委已之人而季氏作賞有年歲矣民從服之固是其宜也　注子家駒上說正法者即上文朱干玉戚之屬是也云下引時事者謂牛馬維婁是也　終弒之者謂陳兵欲往攻殺之也　注弔之國曰唁者此文是也　注弔喪主曰傷弔所執紼曰綍者當時之制也　執事以着者言已之尊卑比齊之執事也而舉指不善失守社稷由是之故以着及君　注簞葦器也圓曰簞方曰笥者釋器無文蓋以時事言之云食即下所致糗也者即下文云敢致糗於從者是也　注屈曰朐申曰脡者正以脡是伸舒之名則知朐是屈疊之稱矣鄭注曲禮上

篇云歷中口胸義通於此　注壺禮器即燕禮云司宮尊于東楹之西兩方壺左玄酒南上是也云腹方至爵飾者釋器無文蓋用舊說或以時事知之言有爵飾者謂刻畫爲爵之形飾其壺體　注餕孰食饔孰肉　解云聘禮曰宰夫朝服設飧飪一牢在西鼎九是飧食爲孰食也又云致饔餼五牢飪一牢云云上文對餼下文有飪一牢之言故知孰肉明矣　注糗精也者言糗音姝紹反音羌九反一糒音平祕反若今之糒米矣　錫之以大禮上文糗是也　注衽衣至之器　解云所以衽受之者正以行客之人於器物乏故也注食必祭者云云　解云凡禮食必先須祭者正欲作謙其未祭之時不敢便即嘗之欲示有所先令昭公祭訖猶不嘗者正欲待禮讓故也　注禮天子朝云云　解云皆出禮記漢禮亦然　注器謂上所勑尊壺[illegible]

文子執簞食國子執壺漿是也然則上言齊未
則更以簞壺盛饔飧是　敢辱大禮敢辭者敢上亦有不
字若若有不字則辭下讀是以注者以不敢言之　未之能以
服者謂未能服之以事人矣下文未之能以出亦然　注今已無
有者謂已身之已或解已為已然之已也　注㽞周埒垣也者
猶言周匝為埒牆云今大学辟雍作側字者謂何氏所注者是
㽞字今漢時大学辟雍所讀者作側字云旣哭以人為側
注鼏車覆笭　解云笭即式也但車式以笭為之有竪者有横
者故考工記注云轛式之植者横者也禮君羔鼏虎犆大夫士鹿
鼏豹犆者是也　注地者㿉録云云　解云書其唁公于野井
者正欲㿉公而詳録之下二十九年春齊侯使高張來唁公不復書
其地正以公居于運與在國同故與此異下三十年晉侯使荀

櫟唁公于乾侯地者與此同由棘者何　解云欲言宋邑例所不書欲言他邑文無所繫故執不知問　諸侯卒其封內不地此何以地者正以桓五年陳侯鮑卒不地是以弟子據而難之但宣公九年晉侯黑臀卒于扈之下已有成注故於此省文

外取邑不書此何以書者正據襄元年傳云魚石走之楚楚爲之伐宋取彭城以封魚石而經不書楚取彭城是也但隱四年春莒人伐杞取牟婁之下有注故此省文　注不舉伐云云者正以隱四年春莒人伐杞取牟婁舉伐言取故決之云月者善録齊侯者正以哀八年夏齊人取讙及僤外取邑而書時今此書月正以善憂內詳録齊侯矣　◎二十六年　三月公至自齊居于鄆　解云案上公遜于齊次于陽州齊侯唁野井似不入齊國都而得言至自齊者穀[illegible]傳云[illegible]

楊州其曰至自齊何也注云据公但至楊州未云何以齊侯之
見公可以言至自齊也注云齊侯唁公于野井以親見齊侯
為重故可言至自齊居于鄆者公在外也注云若但言公至自
齊而不言居于鄆則嫌公得歸國欲明公實在外故言居于
鄆　注月者閔公失國居于鄆者正以凡致例時故也　注致
者云云　解云桓元年三月公會鄭伯于垂之下注云不致者為下
去王適足起無王未足以見無王罪深淺故復奪臣子辭成誅文
也然則昭公失所為臣所逐而致之者正以罪輕於桓公明其臣子當憂
納公故也云後不復月者始錄可知者即此秋公至自會二十七年冬
公至自齊居于鄆之屬是也　注不從至為重　解云成三
年秋叔孫僑如率師圍棘棘者何汶陽之不服邑也其言圍之
何不聽也注云不聽者叛也不言叛者為内諱故書圍以起之然

則令此圍成是圍叛之文而知為惡公書之者正以李與國俱叛
理宜不復以叛為重故也　注不從至臣子　解云定十二年十
有二月公圍成注云天子不親征下土諸侯不親征叛邑公親圍
成不能服不能以一國為家甚危若從他國來故危錄之是也然
則此經不書月亦與彼異而注不決之者省文從可知　注不月者
云云　解云春秋之義大信者時小信者月不信者日今鄟陵之
會無相犯復無大信止合書月而書時者正以約欲納公故
為大信辭矣　注致會者云云　解云莊六年注云公與
二國以上出會盟得意致會不得意不致即哀十三年夏公
會晉侯及吳子於黃池秋公至自會宣七年冬公會晉
侯以下于黑壤之屬是也然則公與二國以上出會盟得意致
會　公已得意於諸侯　成周者何　解云　言下[illegible]經

[illegible]之稱欲言非正居天王入之故執不知問　[illegible]
自號爲西周者謂是上二十二年時故彼經稱秋劉子單子
以王猛入於王城傳云王城者何西周也注云時居王城邑自號西周
王是也　注据入者篡辭者即莊六年衛侯朔入于衛之下傳
文所云其言入何篡辭也是也　注上言天王云云　解云謂
此經上有天王之文下雖言入非篡可知上二十三年秋天王居于
狄泉傳云此未三年其稱天王何著有天子然則此注云著有
天子已明者取上傳之文云主言入者起其難也者正以隱八
年春入邴之下傳其言入何難也莊二十四年秋夫人姜氏入之
下傳云其言入何難也然則入者重難之辭故云主言入者起其
難也　注不言至外之　解云桓九年春紀季姜歸于京師
之下傳云京師者何天子之居也則天子之居乃京師是也今言天

王入于成周不言入于京師者正欲起其正居在成周故也所以能起
之者楚既為天王所入正居明矣言實外之者正以天子之重海內瞻
望宜親九族以自衛守而辟庶孽蒙塵于外經歷數年方歸舊
守是以不言京師欲以外之然則不言京師兼二義矣初起成周為正
居終實外天子故云不言京師者起正居在成周實外之也云月者
為天下喜録王者反正位者正以此上二十二年秋劉子單子以
王猛入于成周不書月今此月者為天下喜録王者反正位故也
　尹氏召伯毛伯以王子朝奔楚者穀梁與此同左氏召伯作召
氏
　注立王子朝獨舉尹氏者即上二十三年秋尹氏立王
子朝是也云當先誅渠帥後治其黨者漢之賊首皆謂之渠
帥故何氏云尋云猶楚嬰齊者成二年冬十有一月公會楚公
子嬰齊于蜀丙申公及楚人以下盟于蜀彼注云

諸侯大夫者嬰齊楚專政驕蹇自也數道其君云云　言何何
國故稱先舉于上乃貶之明本在嬰齊當先誅其本乃及其
末是也　〇二十七年注不書云云　解云襄二十九年吴子使札
來聘下傳云闔廬曰先君之所以不與子國而與弟者凡為季子
故也將從先君之命與則國宜之季子者也如不從先君之命與
則我宜立者也僚惡得為君乎於是使專諸刺僚者是闔廬弑
僚之文也今不書闔廬弑為季子諱不討賊故也云明季子不忍
父兄自相殺者即彼傳云而致國乎季子季子不受曰尒弑
吾君吾受尒國是吾與尒為簒也尒殺吾兄吾又殺尒是父子
兄弟相殺終身無已也去之延陵終身不入吴國者是其文也云
不舉專諸弑者桓二年春王正月戊申宋督弑其君與夷之
下何氏注云督不氏者起馮當國然則彼經貶去督之氏而不起

其弒君取國與焉所以不舉專諸弒僚見取國與闔廬者正以其賊不得賤之假令書見正得稱人文無所明故也注月者非失衆見弒故不畧之者文十八年冬莒弒其君庶其傳云稱國以弒何稱國以弒者衆弒君之辭何氏云一人弒君國中人人盡喜故舉國以明失衆當坐絕也例皆時者畧之也然則稱國以弒者例皆不月以畧之今此月者直是本不出賊以除闔廬罪是以稱國非失衆見弒之例故不畧之　注說與鼻我同義　解云卽襄二十三年夏邾婁鼻我來奔傳云邾婁鼻我者何邾婁大夫也邾婁無大夫此何以書以近書也何氏云以奔無他義知以治近升平書也所傳聞世見治始起外諸夏錄大畧小大國有大夫小國畧稱人所聞之世內諸夏治小如大廩廩近升平故小國有大夫治之漸也見於邾婁者自近始也獨舉一國者時亂實未有大[illegible]矣

其ㄴㄴ故取足張法而已然則邾婁快亦以奔無他義　一ㄴㄴ大
平書也見於邾婁者以其近魯故也太平世稱舉一國者時亂實
未有大夫治亂不失其實但取足張法而已故云說與鼻我同義
也云云之說在襄二十三年　〇二十八年　注月者為下出也
解云正以上十八年三月曹伯須卒秋葬曹平公二十七年
冬十月曹伯午卒然則曹於所見之世正自卒月葬時故知此
月宜為其下事出矣　注後不月者録始可知者即下二十九
年春公如晉次于乾侯是也　〇二十九年　注言來者居運
從國內辭者正以下三十一年晉侯使荀櫟唁公于乾侯不言來
故也云不月者例時也者正以經不月故知例然則知下文荀櫟唁
公之徒雖在日月之下不蒙日月可知　注據國曰潰邑曰叛者
即僖四年蔡潰文三年沈潰者是國曰潰之文襄二十六年

春衛孫林父入于戚以叛定十一年春宋公之弟辰及仲佗石彄公子池自陳入于蕭以叛是邑曰叛之文　注郛郭者郭之猶云國之但古今異語也　注據成三年棘叛不言潰也者即彼經云叔孫僑如帥師圍棘棘者何汶陽之不服邑也其言圍之何不聽也彼注云不聽者叛也是也　注不言國之云云　解云正以桓七年春焚咸丘之下傳云咸丘者何邾婁之邑也曷為不繫乎邾婁國之也莊二年夏公子慶父帥師伐於餘丘之下傳云於餘丘者何邾婁之邑也曷為不繫乎邾婁國之也然則彼二文皆言國之今言郛之者正以昭公失國裁得國外土地而已其國內宗廟非公之有故傳言郛之不言國之耳云孔子曰不患寡而患不均不患貧而患不安者論語文言為國家者不患土地人民之寡少而患政令之不均不患國無備積而患君臣上下之不能相安而已　久道昭

公〻以失所是以出〻今居小地而復圍成擾亂其民　〻曰慈濟
散無寸土可居失不得國而卒於外者身自取之者也云其本乃由
于圍成者圍成即二十六年夏公圍成是也失魯之大而得運邑
故曰失大得小不能自節約而用之乃復擾亂其民圍成也○三十年
注故以存君書者即襄二十九年春王正月公在楚何言乎公在楚正月
以存君也彼注云正月歲終而復始臣子喜其君父与歲終而復始執贄存之故言在今昭公運潰無尺
寸之土可居遠在他邦故以存君書之故云公在乾侯　注至此至國也
　解云正以僖二十六年秋楚人滅隗以隗子歸何氏云不月者略夷狄
滅微國也然則此亦夷狄滅微國而書月者所見之世故也　注不從
云云　解云吳滅州來在上十三年冬吳滅巢在上二十四年冬然則
州來與巢皆當所見世而不書月以見之至此乃月者正以既滅其國
復奔其君因責意乎謂不能死位是以於二國皆不書月也於上經既

書月明其還同所聞之例故何氏於此來之下　注云不月者略異
是也　○三十一年、　注季氏負摃謝過欲納昭公創惡季氏不敢
入者春秋譏文彼注云負摃者聽刑之禮也昭公創惡季氏不敢
入者左傳亦有其文也　注公出至魯録云云　解云春秋之義
待君命然後卒大夫明其罪君命者不録之也今昭公不在所以書
季孫隱如會晉荀櫟于適歷又書黑弓以濫來奔之文又以殊外者
從王魯録文故得然不謂尒時有君命也云諱亟取邑者即下三十
二年取闞傳云闞者何邾婁之邑曷為不繫乎邾婁諱亟也注云
與取濫為亟是也云卒大夫者叔孫文者即上二十五年公遜于齊
後叔孫舍卒二十九年叔倪卒之徒是也然則春秋之義為君父
諱惡春秋之義待君命然後卒大夫然今君不在國而卒大夫
[illegible]然則[illegible]闞不繫邾婁乃書[illegible]

[illegible]孫文　注始卒云云　解云春秋之義小
國始卒名日及葬未能悉具會二見之後方始能備即宣九年秋
八月滕子卒成十六年夏四月辛未滕子卒昭三年春王正月丁未
滕子泉卒五月葬滕成公之徒是也言薛比滕最少者正以滕子
卒於宣公之篇薛今始卒故云此於滕為小國也而今始卒日即得名
葬具書正由於後定寅皆當見略迫此之故是以二注備書矣其定
見略者即定十二年春薛伯定卒彼注云不日月者子無道當廢
之而以為後未至三年失衆見弑危社稷宗廟禍端在定故略之
是也其寅見略者即哀十年夏薛伯寅卒彼注云卒葬略者與
杞伯益姑同是也昭六年春王正月杞伯益姑卒彼注云不日者行微
弱故略之入所見世責小國詳始録内行也諸侯内行小失不可勝書
故於終略責之見其義是也　冬黒弓者謂當時公羊子口誦未

妻黑弓矢　注邾婁庶其不通也者即襄二十一年春邾婁庶其以漆閭丘來奔是也　注叔術者邾婁顏公之弟也者謂母弟也或曰羣公子謂庶弟也　注所與淫公子凡九人　解云計顏公一人不應並淫九人故以所言之　則未知其為魯公子與者為內通于魯公子也　邾婁之公子與者不知為是邾婁公子者與古者諸侯一娶九女二國媵之而邾婁一國以并有九女於魯宮內者蓋所取於邾婁相通為九人不必盡是一人妻矣大夫之妾士之妻　注禮也　解云大夫之妾士之妻禮記內則文故注云禮也則未知臧氏之母者曷為者也　解云案內則大夫之妾士之妻並陳之謂士妻不吉乃取大夫之妾亦得事不具矣何者乳食一男何假二人乎則未知臧氏之母者為是大夫之妾為是士之妻　曰曷為者　經盈女也者謂此老嫗是盈姓之女　國色也

者謂顏色〻厲之〻　謂之盱休于反　夏父者其所爲有於顏者也者謂爲顏公妻時所以有之者　注易曰云云　解云皆出下繫辭彼文云知幾其神乎君子上交不諂下交不瀆其知幾乎幾者動之微吉之先見者也君子見幾而作不俟終日是也　注五分受其一　解云服虔成長義云邾婁本附庸三十里耳而言五分之爲六里國也者彼乃左氏之偏辭未足以奪公羊以爲邾婁本大國但春秋之前在名例隱元年何氏有成解　注道所以言也者謂道下傳所言矣　注夫子本所以如上傳賢者惡少功大也者上傳謂五分之然後受之以上矣云春秋滅不言入是也者即莊十年傳云戰不言伐圍不言戰入不言圍滅不言入書其重者也是云當絶身無死刑者但當絶其身以爲不脩不合殺之故曰無死刑然則外内亂鳥獸行則滅之者謂姑妹〻〻徒令一則非父子聚麀二〻〻非姑姊妹故也

注當以殺殺顏者爲重者謂犯王命殺魯賢臣故以爲重
注宋繆公以反國與與夷除馮弒君之罪者宋繆公反國之事在隱
三年彼傳文具矣其除馮弒君之罪者即桓二年宋督弒其君之
下注云督不氏者起馮當國不舉馮弒爲重者繆公廢子而反國
得正故爲之諱是也云死乃反國不如生讓之大也者言繆公死乃反國
非其全讓之意不如叔術生讓其功大矣云馮殺與夷亦不輕於殺
殺顏者謂馮爲弒君叔術爲犯王命皆是惡逆其罪勢等矣云比
其罪不足而功有餘故得爲賢者上解云其罪勢等矣而言罪不
足者謂犯王命殺魯大夫豈如宋馮弒君乎故以爲罪少于馮矣
其罪既少其功有餘故得賢之　注據國未有口繫于人
解云言若遍濫是國宜應特達何故文上無邾婁而已其口仍繫
邾婁言之乎故注云據國未有口繫于人　注而反與大之竊

邑來奔同文者即襄二十一年春邾婁庶其以漆閭丘來奔之徒是
注起本邾云云　解云若曰云邾婁文言濫黑弓來奔即嫌大夫氏
邑欲起國黑弓本是邾婁世大夫口繫于邾婁欲通之爲世大夫整
注主書云云　解云隱元年注云諸大夫立隱不起者在春秋前明
王者受命不追治前事今此追之者春秋之義勸其後功是以上
二十年傳曰君子之善善也長惡惡也短惡惡止其身善善及子
孫賢者子孫故君子爲之諱是也　注是後昭公死外者即下三
十二年冬公薨于乾侯是云晉大夫專執者即定元年三月晉人
執宋仲幾于京師傳云其稱人何貶曷爲貶不與大夫專執也是
云楚犯中國圍蔡也者即定四年秋楚人圍蔡是也直言圍蔡足
矣何須言楚犯中國欲言日食爲夷狄強諸夏微之象故也
○三十二年　闞者何　解云欲言欲言是國諸與八上不聞欲言邑

文無所繫故執不知問　注與取邑云云亟　解云　作受邑
二年之間比取兩邑故以為亟而諱之矣　注書者起時善云云
解云隱七年夏城中丘傳云何以書以重書也注云以功重故
書也當稍稍補完之至令大崩弛壞敗然後發衆城之猥苦百
姓空虛國家故言城明其功重與始作城無異然則天子之城不
時脩理至令大壞方始城之而書者正欲起其當時之善故也何
者當是之時天子陵遲諸侯奢縱忽能脩其廢職有尊尊
之心是以書見故曰起時善云孔子曰云云者論語文云言成周者
欲起正居實外之正以不言京師而言成周者欲起正居在成周
故也言實外之者正以王微弱不能守成周不是小事猥若天下是
以不言京師實外天子云云之說在上二十六年
春秋公羊疏卷　一十五

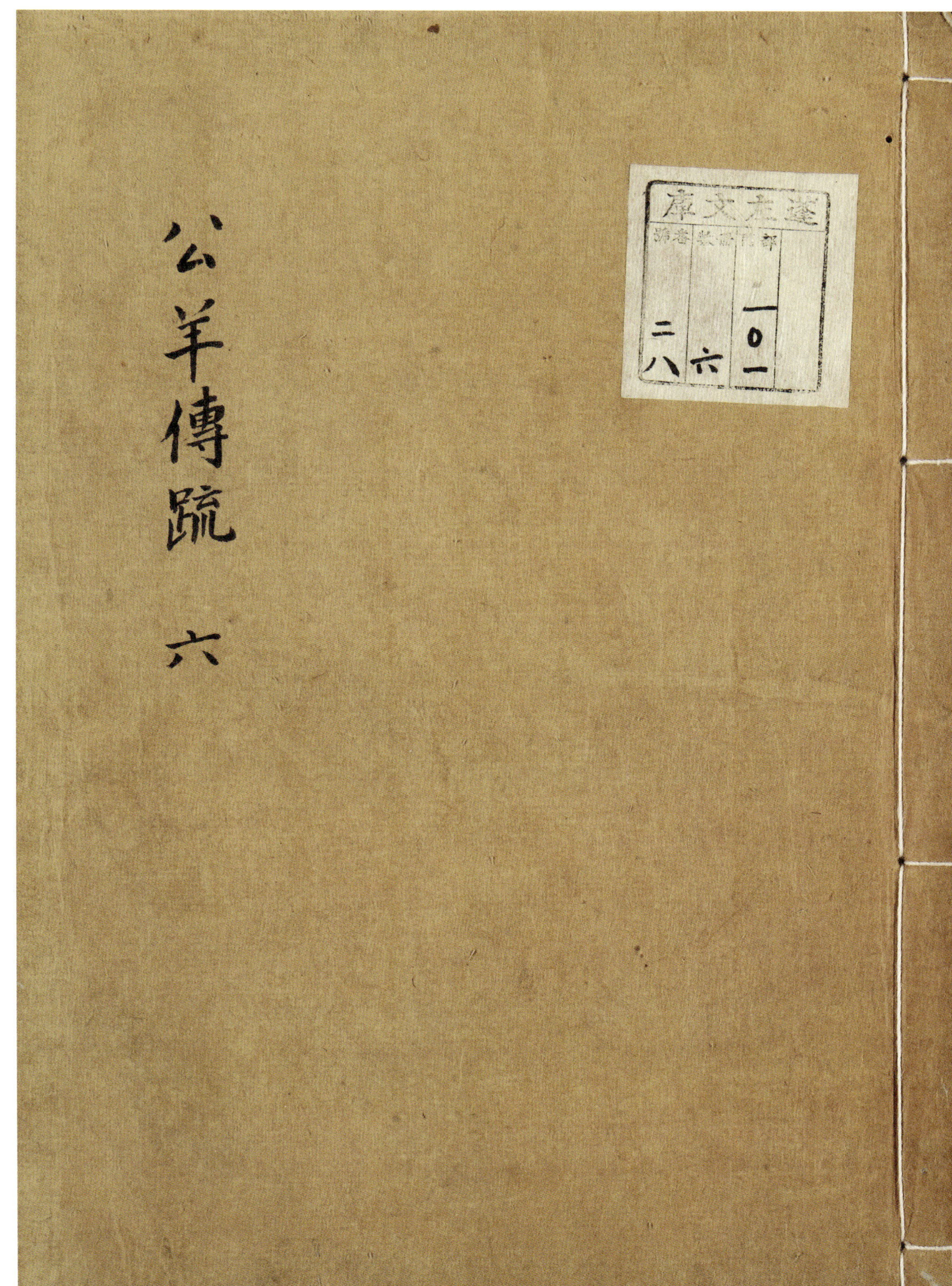
公羊傳疏
六
蓬左文庫
部門 一〇一
冊數 六
番號 二八

春秋公羊疏卷第二十六　定公一

起元年　盡三年

元年　注据莊公云云　解云即莊元年經云元年春王正月三月夫人孫于齊是也案莊公之經上有正月下有三月今定公亦下有三月而上無正月故据之若然案隱公之經亦云元年春王正月下云三月公及邾婁儀父盟于眛亦是上有正月下有三月而不据之者正以隱公所承不薨于外且欲讓桓位非已有与定公不類寧得据之其閔僖之屬雖承弒君之後其所承者皆在位見弒元年之下復無三月之文与定不同故不据之然則桓公弒于齊昭公卒于外亦是不類而得据之者正以昭公失道為臣所逐終死于外恥与桓同故據之耳

注本有至即位　解云案隱元年傳云何言乎王正月大一統也何氏云統者始也總繫之辭夫王者始受命改制布政施教於天下

自公侯至於庶人自山川至於草木昆蟲莫不一一繫於正月故云政教之始以此言之似書正月者爲大一統也而言本有正月者正諸侯即位者兼二義故也何氏云自公侯以下皆繫正月即是正月者正諸侯即位之義　定無正月者即位後也　解云謂定公行即位之礼在正月之後也　注雖書至正月　解云依經及傳正似定公即位在正月之後故無正月何氏更言昭公出奔國當絶定公不得繼體奉正者正以書正月大一統也明不但一即位而已且諸侯之法礼當死位而昭公不君弃位出奔終卒于外爲辱實甚論其罪惡君臣共有故知魯國之當絶矣是以何氏消量作如此注故諱爲微辞者謂經與傳直作無即位故無正月之義其定公當絶之文没而不見故謂微辞尔　得入不得入未可知也者謂昭公之喪在外得入不得入未可知不謂据定公之身也其實定公先在于内是以上文已称元年矣但

以君喪未入未得正行即位禮是以即位在正月之後而左氏以爲
喪及壞隤公子宋乃先入者何氏所不取之　注据已稱元年者謂
已稱元年春似行即位之禮訖何言昭公之喪得入不得入未可
知也而即位後乎　在季氏也　解云定公是時雖以先君之喪
未入未行即位之禮其實爲君之道已成是以上文得稱元年春矣
但猶微弱不敢逆其父喪故云左季氏也　定哀多微辭　解云
定哀二君微辭有五故謂之多不謂餘處更有所對若然昭與定
哀同是太平之世所以特言定哀者昭公之篇無微辭之事寧可
彊言之乎　注微辭即下傳所言者是也者謂主人習其讀而問其
傳則未知已之有罪焉爾也　注定公有王無正月　解云得爲
微辭者實爲昭公出奔國當絶定公不得繼體奉正故無正月
如似即位在正月之後是以無正月然故得謂之微辭　注不務

公室　解云：下二年夏五月壬辰，雉門及兩觀災，冬十月，新作雉門及兩觀。傳云「其言新作之何？脩大也」，注云「天災之，當減損如諸侯制，而復脩大，僭天子之禮，故言新作，以見脩大也。脩舊不書，此何以書？譏。何譏爾？不務乎公室也」，注云「務猶勉也。不務公室，亦可施於久不脩，亦可施于不務如公室之禮，微辭也」。然則書其新作雉門及兩觀者，主譏其僭天子之禮，可施於久不脩，沿而錄之，傳云不務公室，亦得助成微辭之義也。　注喪失國寶

解云：下八年冬，盜竊寶玉大弓。傳云「寶者何？璋判白」，注云「不言璋言玉者，起珪璧琮璜五玉盡亡之。傳特言璋者，所以郊事天，尤重也。書大弓者，使若都以國寶書，微辭也。謂之寶者，世世寶用之辭也」。然則特書大弓者，欲通謂之寶，寶即大弓，是可以世世得保而珠玉之，故謂之寶玉也。　注哀公至言之　解云

黄池之會者即哀十三年夏公會晉侯及吴子于黄池傳云吴何以稱子吴主會也吴主會則曷爲先言晉侯不與夷狄之主中國也其言及吴子何會兩伯之辭也不與夷狄之主中國則曷爲以會兩伯之辭言之重吴也曷爲重吴吴在是則天下諸侯莫敢不至也彼注云以晉大國尚猶汲汲於吴則知諸侯莫敢不至也不書諸侯者爲微辭使若天下盡會之而魯侯蒙俗會之者惡愈是也其獲麟者即哀十四年春西狩獲麟是也實爲聖漢將興之瑞周家當滅之象今經直言獲麟不論此事若似麟來周王更欲中興之兆得謂之微辭矣

主人至焉爾　解云主人習其讀者謂習其經而讀之也云而問其傳者謂問其夫子口授之傳解詁之義矣云則未知已之有罪焉爾者焉爾猶於是讀其微辭意指難明雖問解

詁亦未知已之有罪于春秋假令讀定元年經而問其傳之解詁云定何以無正月者正即位也定無正月者即位後也則無以知其國當絶定公不得繼體奉正之義假令讀定公二年經云新作雉門及兩觀而問其傳之解詁云僖舊不書此何以書譏何譏爾不務守公室也正以久不脩理不以公室爲急務故書之無以知其僭天子是也　注此假設而言之云云　解云當爾之時未有春秋故知主人習其經而讀之者假設而言之也既未有春秋而彊言主人故云此假設而言主人故云此假而言之云主人謂定哀者正以上言定哀多微辭下文即言主人習其讀故知此主人者宜指定哀言之也　注此孔子至之至也　解云此時君者還指定哀也孔子作春秋當哀公之世定没未幾臣子猶存故亦畏之爲之諱惡恩隆於定哀故曰上以諱尊隆恩也若不迴避其害則身無所容

曰下以辟害容身也尊君卑己故注上下之文耳共傳末行口授弟子而作微辭以辟其害亦是謹慎之甚故此曰慎之至也　仲幾之罪何　解云上言晉人似非伯討言于京師是伯討之文與奪未明故難之不蓑城也　解云謂不以蓑莒城也公羊之義以爲昭三十二年城成周者既是城訖故於此處責其不蓑而已不似左氏方始欲城耳　注蓑若今以草衣城是也者衣讀如衣輕裘之衣　注禮諸至主者　解云正以宋人不治所主者晉人執而歸之于京師得爲伯討之文故知禮有分丈尺之法不謂更有禮文　注据城言成周者即昭三十二年冬仲孫何忌會晉韓不信以下城成周是也云執不地者謂春秋上下大夫見執例不舉地即下六年秋晉人執宋行人樂祁黎七年秋齊人執衛行人北宫結之屬是也若然成十六年九月晉人執季孫行父舍之于招丘彼傳自有解執

未有言舍之者此其言舍之何仁之也曰在招丘悕矣注云悕悲也仁之者若曰在招丘可悲矣閔錄之辭執未有言仁之者此其言仁之何代公執也是也　注大夫至之義　解云下傳云大夫之義不得專執也故云大夫不得專執若諸侯執人即僖四年傳云稱侯而執者伯討也稱人而執者非伯討也稱人而執者非伯討也若其大夫不得專執故其執人之時無稱名氏見伯討例雖無其例其執之有理寧得不作其文是故地以京師明以天子事執之見其得伯討之義也　注据城稱名氏云云　解云即昭三十二年冬仲孫何忌會晉韓不信以下城成周是也　云諸侯伯執不稱人也者即僖四年傳云稱侯而執者伯討也稱人而執者非伯討也是也若欲指經言之即成十五年春晉侯執曹伯歸之于京師是也　注据晉至罪舉　解云即僖二十八年晉人執衛侯歸之于京師傳云歸之于

者罪已定矣此晉侯也其稱人何貶曷爲貶衛之禍文公爲之也文
公爲之柰何文公逐衛侯而立叔武使人兄弟疑故于殺母弟者文
公爲之也然則彼乃晉文之執衛侯實得伯討之義而稱人者正由
文公惡衛侯太深愛叔武太甚故致此禍是以貶之稱人故曰以佗
罪舉也今此晉人執仲幾亦得爲伯討之義而貶稱人故欲問其稱
人之狀矣　文曷爲不與者據實與但何氏有文不復言大夫
之義不得專執則其曰實與之何上無天子下無方伯天下大
夫有爲無道力能執之則執之可也異僖元年　二年救邢城楚
丘之傳者正以諸侯相執伯者之常事大夫相執例之所略詳尊
略卑之義也　注不言至別也　解云正以僖二十八年冬晉人執
衛侯歸之于京師成十五年春晉侯執曹伯歸之于京師襄十六
年春晉人執莒子邾婁子以歸者是諸侯相執録其所歸之文

所以然者正以諸侯尊貴當決於天子若其犯之甚惡深大故須録其歸之所在即執衛侯曹伯歸于京師是其得正執莒子邾婁子以歸其國者失所明矣彼　注云録以歸者甚惡晉也有罪無罪皆當歸京師不得自治之是也若然案襄十九年春晉人執邾婁子亦是諸侯相執而不録其所歸者正以會上執之即會上釋之實無所歸寧得録之也若執大夫當決於主獄之人耳若其犯之但爲小惡故從外小惡例不復分別之也若然所見之世録外小惡而言從外小惡不復別之者正謂時時録之以見大平之世諸夏小惡在治之限文不盡録故得然解注無例云云　解云欲道春秋上下更無大夫相執之義即是無其比例不在常書之限今而書之又書其月詳録之與諸侯相執同例者善爲天子執故也知諸侯相執例書月者正以襄十六年三月晉人執莒子邾

婁子十九年三月晉人執邾婁子之屬皆書月故也舊云此事所以無歸于以歸之例正由大夫相執不在當書故也既不在當書而月以執之者善爲天子執之故也　注正棺者云云　解云喪大記云小斂主人即位于戶内主婦東面乃斂卒斂主人馮之踊主婦亦如之徹帷男女奉尸夷于堂降拜鄭注夷之言尸也主人婦以下從而奉之孝敬之心降拜賓也是也云故亦盡始死之禮者亦字亦有作不字者誤也云禮始死于北牖下者即喪大記疾病寢東首於北牖下是也云浴於中霤云云者即坊記云子云賓禮每進以讓喪禮每加以遠浴於中霤飯於牖下小斂於戶内大斂於阼殯於客位祖於庭葬於墓所以示遠也是也而言夷于兩楹之間者即此傳云正棺于兩楹之間是也云奪孝子之恩動以遠也者何氏以意言之也言此者欲陳始死禮云天子五日云云者何氏

差約古禮而言之欲道始死之禮故云公之喪癸亥日至于丁卯殯而成服戊辰之日乃即位矣云凡喪三日云云者即喪服四制云杖者何也爵也三日授子杖五日授大夫杖七日授士杖或曰擔主或曰輔病婦人童子不杖不能病也是也鄭注喪大記云三日者死之後三日也爲君杖不同日人君禮大可以見親疏也引之者欲道喪入五日嗣子大夫授杖已訖可以即位正其位矣　注詳録云云　解云書日所以得變禮者癸亥之日公喪乃至戊辰之日然後君即位象五日殯訖即位之禮故録日以明之言其變而合禮矣　煬宮者何　解云正以春秋之内更無煬公之稱而立其宮故執不知問立者何　解云欲言是禮不應言立欲言非復不書日故執不知問　立者何立者不宜立也

解云隱四年冬衛人立晉之下傳云立者何立者不宜立也成

六年春二月辛巳立武宮之下傳云立者不宜立也然則春秋之内三發此文者公子晉之下發之是春秋之首成六年立武宮之下發之嫌立宮與諸侯異例此復發之者正以立武宮書日此不書日故同之昭二十三年秋尹氏立王子朝不復發之者從立晉之傳可知　注不日至立也　解云春秋之例失禮於宗廟例書日故此不日嫌得禮也注言此者正以成六年已有此傳今復發之故解云耳　注不日至不日　解云例既書日而不日者正以當所見之世故也若然案莊二十三年秋丹楹桓宮楹何氏云失禮宗廟例時與向說違者蓋失禮於鬼神例日故隱五年初獻六羽之下何氏云失禮鬼神例日是也若失禮脩營於宗廟則例書時即莊二十三年秋丹楹桓宮楹何氏云失禮宗廟例時是也莊二十四年春王三月刻桓宮桷

書月者何氏云月者功重於丹楹是也若其失禮始造宗廟者例書日即成六年春王二月辛巳立武宮是也所以然者刻桷功重於丹楹猶變例以書月況於始造宗廟爲貴實深寧不日乎例既宜日而不日者正以當所見之世爲内諱深使若惡愈於武宮故也　注時獨殺菽云云　解云知獨殺菽不殺佗物者正以此經特舉殺菽傳云記異故也若更殺佗物則經直云霣霜不舉穀名傳云記災也即桓元年秋大水傳云何以書記災也彼注云災傷二穀以上是也此則但傷一穀既不成災故謂之異　注據無麥苗以災書　解云即莊七年秋大水無麥苗傳云何以書記災也是也然則大水殺麥苗傳云記災今此霣霜殺菽傳云記異故據而難之若然向解若更殺佗物則經直言霣霜不舉穀名何故莊七年經云秋大水無麥苗者彼傳云一災不書待無麥然後書無苗彼注云

明君子不以一過責人水旱螟蟲皆以傷二穀乃書而不書穀名至麥苗獨書者民食最重是也然則一災不書今此書者亦以旱當誅季氏故不得不録也　異大乎災也　解云雖曰但傷一物若以害物言之不謂之災而必書者正以異重于災故也何者隱三年而作注云異者非常而可怪先事而至者隱五年作注云災者有害於人物隨事而至者然則正由先事而至可以為戒若其變改竟不害人物若似君父教戒臣子之義故但謂之異而貴之矣災者隨事而至害於人物雖言變改亦無所及若似刑罰一施不可追更之之義故謂之災而不重之故注云重異不重災君子所以貴教化而賤刑罰也然則直是美大此異故言異大於災不論害物與否正行傳云害物為災不害物為異亦通於此矣　注菽者少類之云　解云菽季不同而得為其象者正以菽為第三之

之稱故爲少類季氏於叔孫爲弟亦是少之義故得[illegible]其象哉雖第三爲稼最彊季氏雖幼彊於叔孫者少類爲稼彊季氏之象也　注是時至煬宮　解云何氏以爲定公者昭公之子與賈服異既爲昭公之子而喜於得位者正以父見放逐薨於乾侯雖人衆政有年歲矣爲道亦何可知忽然而立寧不喜乎是以忘其恥辱欲求福於淫祀天怪其所爲故示之戒也舊云定公爲昭公弟立非其次是以喜之而謂昭公爲父者臣子一例故也云故天示以早當誅季氏也者天戒若曰爾等欲勞心作淫祀之時不如作意早誅季氏所以然者雖作淫祀終竟無福早誅季氏可以復讎去患故也　○二年　注據桓宮僖宮災不言及者即哀三年夏五月辛卯桓宮僖宮災是也　注雉門兩觀云云　解云知如此者正以昭二十五年傳云子家駒曰諸侯僭天子久矣

設兩觀云云者此皆天子之禮然則兩觀既為天子之禮天惡其僭故災之則知雉門與之同災者亦僭明矣故云雉門及兩觀皆天子之制也若然昭二十五年子家駒不言雉門為僭者正以天子諸侯皆有雉門但形制殊耳若然雉門為僭於辭為負矣寧知非是主災兩觀因及雉門而已故子家駒不數雉門為僭而何氏必言雉門亦如天子之制者正以下文新作雉門及兩觀之下傳云不務公室既言不務如公室之禮則知天子明矣　注不復言云云

解云隱三年秋武氏子來求賻傳云武氏子來求賻何以書注云不但言何以書者嫌主覆問上所說二事不問求賻又七年夏城中丘傳云中丘者何內之邑也城中丘何以書注云上言中丘者何指問邑也欲因言何以書嫌但問書中丘故復言城中丘何以書僖二十年傳云西宮災何以書然則彼三傳文皆舉句而問之

今此不嫌不以微及大何以書而不舉句而問之者正以上傳已云其言雉門及兩觀災何不能復重言之故省文也　注此本子家駒云云者在昭二十五年　注云雉至不書　解云知如此者正以隱五年秋初獻六羽傳云何以書譏何譏爾譏始僭諸公也始僭諸公昉於此乎前此矣前此則曷為始乎此僭諸公猶可言也僭天子不可言也是也若然須更脩大還僭天子而得書之者但作微辭以譏之例自不正言　注據俱一門兩觀如故常者正以所作與舊俱一門兩觀似故常無異何言新作之乎　注故言至大也　解云莊二十九年作注云繕故曰新有所增益曰作然則此言新者見其料理舊牆言作者見其增益新木皆是還大於諸侯之義故言新作以見脩大矣

注据西宮災者在僖二十年　注不務公室無可絕於久不脩宫

者即文十三年傳世室屋壞何以書譏何譏爾久不脩也何氏云簡忽久不以時脩治至　壞敗故譏之然則此文不務公室者亦可以見魯人簡忽五月有災十月乃作之義故云亦可施於久不脩也云月者久也者正以莊二十九年春新延廄僖二十年春新作南門皆書時此特月者譏其久不脩故也舊云如天子之門大不可即成故月以久之　○三年　注月者内云云　解云正以凡朝例時假有小事亦不書月是以昭二年冬公如晉至河乃復傳云其言至河乃復何不敢進也注云乃難辭也時聞晉欲執之不敢往君子榮見與恥見距故諱使若至河河水有難而反然則彼是小故不足以月今乃内有覆臣之讎外不見荅於晉故書月以危之似若襄二十八年十一月公如楚何氏云如楚書月者危公朝夷狄之類也而僖十年注云故外京師

善則日榮之如齊晉善則月安之者善惡不據假人民解云何傷也　三月辛卯云云者公羊穀梁皆作三月左氏作二月未知孰正　注後相犯時者云之云　解云其後相犯者即哀元年冬仲孫何忌帥師伐邾婁之屬是也云故爲易辭者即莊十三年冬公會齊侯盟于柯傳云何以不日易也何氏云易猶佼易也相親信無後患之辭是也

春秋公羊疏卷第二十六

春秋公羊疏卷第二十七　定公二

起四年　盡九年

四年　陳子　解云上文二月陳侯吴卒下文六月葬陳惠公然則其父未葬宜稱子某而言陳子僖九年宋子之下注云宋未葬不稱子某者出會諸侯非尸柩之前故不名然則今此陳子亦然但從宋子省文不復注之注月而至兵也　解云春秋之義侵伐例時即上二年秋楚人伐吴之屬是也善其義兵則書月即僖十八年春王正月宋公曹伯以下伐齊注云月者與襄公之征齊善録義兵是也若其舉重宜云公會劉子晉侯以下侵楚不言于召陵也似若成十六年秋公會單子尹子晉侯齊國佐邾婁人伐鄭之屬今而書月復不舉重者善録其行義兵故也若然案僖四年春王正月公會齊侯以下侵蔡何氏云月者善義兵也然則彼亦

是義兵而舉重者正以彼下經云楚屈完來盟于召陵傳云其言盟于師盟于召陵何師在召陵也師在召陵則曷爲再言盟喜服楚也彼注云孔子曰書之重辭之復嗚呼不可不察其中必有美者焉然則正以下有喜服楚之文爲義兵可知是以不勞具録也桓公十五年冬十有一月公會齊侯宋公以下于侈伐鄭彼注云月者善諸侯征突善録義兵也不舉伐爲重者用兵重於會嫌月爲桓伐有危舉不爲義兵録故復録會注云之屬當文皆有成解不勞逆說世言楚以一裘之故拘蔡昭公數年然後歸之者即下傳云蔡昭公朝乎楚有美裘焉囊瓦求之昭公不與爲是拘昭公於南郢數年然後歸之是也　注拘不至夫之　解云僖二十一年霍之會執宋公以伐宋之屬皆書其執今此不書故決之所以不直言賤之而已而言近夫之者以楚人執良霄之屬大夫猶書今又不書賤於大

夫故言從夫之　注執歸不書者從執例　解云即僖二十一年注云凡出奔歸書執獲歸不書者出奔已失國故錄還應盈國與執獲者異從下尚隨君事之未失國不應盈國不應無爲錄也是其被執而歸不書之義今此蔡侯之執經雖不書其實見執故得從其例矣云云之說備乎僖二十一年　注爲不會召陵故也　解云正以召陵之會蔡爲謀首召陵之經不見沈子而今滅之故知義然也

注不舉至任也　解云正以襄六年十有二月齊侯滅萊傳云曷爲不言萊君出奔國滅君死之正也彼注云明國當存不書敘萊君者舉滅國爲重然則萊君死位故得舉重今沈子不死位故不得舉滅爲重而書以歸敘之也　注定哀滅例日云云　解云定哀之時文致大平若有相滅爲罪已重故皆書日似詳其惡即此經及下六年春王正月癸亥鄭游遬帥師滅許以許男斯歸之屬是也既

言定哀滅例日乃是滅爲例矣而又言定公承黜君之後有危懼之
雖故有滅則危懼之爲定公戒者欲道哀公之篇若有相滅例合日
欲見他義者容不書之即哀公八年春王正月宋公入曹以曹伯陽
歸實是滅曹但魯人諱同姓之滅而不書之是以亦不書日是也然
則案哀公之篇更無書滅之經而知例日者正以文承定公之下定
公猶日則哀公明矣定公承黜君之後偏有危懼是以有滅則書日
哀公無此義故諱其滅以没不救同姓之罪但知例合書其日故何
氏云焉　注再言至録之　解云正以僖五年夏公及齊侯以
下會王世子于首戴秋八月諸侯盟于首戴九年夏公會宰
周公以下于葵丘九月戊辰諸侯盟于葵丘之屬皆不再言公今此
再言公故於此解之言昭公數如晉不見答者即昭十二年夏公如
晉至河乃復十三年冬公如晉至河乃復十五年冬公如晉十六年

昭公二年如晉二十一年冬公如晉至河乃復二十三年公如晉至河
公有疾乃復之屬是數如晉之文也竟不見晉人來聘之經故云不
見荅也辛爲季氏所逐者即二十五年九月己亥公孫于齊是也寧
知再言公爲喜錄之者正以文承詳錄義兵之下而再言公故知其
喜似若僖四年夏楚屈完來盟于師盟于召陵傳云曷爲再言盟喜
服楚也之類注云孔子曰書之重辭之復嗚呼不可不察其中必有
美者焉義亦通於此　注不日與盟同日　解云考諸古本日亦
有作月者若作月者若作日字宜云所見之世小國之卒例合書日
即上言三月辛卯邾婁子穿卒之文是也今不日者正以與盟同
日文不可施故也何者若言五月甲子公及諸侯盟于浩油杞伯戊
卒于會則嫌上會非信辭若言五月公及諸侯盟于浩油甲子
杞伯戊卒于會則嫌與盟別日是以進退不得□　月字

宜云所見之世雖例書日若有内行失亦但月之即昭六年春王正
月杞伯益姑卒何氏云不日者行微弱故略之入所見之世責小國
詳始録内行也諸侯内行小失不可勝書故於終略責之見其義是
也然則今杞伯亦有内行小失宜合書月正以與盟同月故也注
月者爲下劉卷卒　解云正以春秋之義致公例時則桓二
年冬公至自唐之屬是也若其有危乃合書月即下八年三月公
至自侵齊之屬是也今此上會有義兵之録上盟有信辭之美又再
言公爲喜文則知公於時無危明矣既無危事而有七月故知其月
爲下事爾若然案桓公十六年秋七月公至自伐鄭何氏云致者
善桓公能疾惡同類比與諸侯行義伐鄭致例時此月者善
其比與善行義故以致復加月也似月爲善者正以桓公篡賊動
作有危而能疾篡脱危而至故致之何氏故注必言此者欲對桓

元年垂會之注云不致之者爲下去王處足以起無王未足以見無王罪之深淺故復奪臣子辭成誅文也以此言之則桓十六年注去以致復加月仍是危文但善其比行義故能脫危而至與此仍不妨矣　注月者重錄恩　解云大夫之卒宜又降于微國之君但合書時而已而書月者正以新奉王命主會于召陵於魯有恩故重而錄之故云月者重錄恩也　劉卷者何　解云欲言諸侯來有劉國欲言大夫大夫不卒故執不知問　注劉卷氏采義也　解云正以召陵之經劉子爲首今而書卒故知一人其若不然大夫之卒例則不書劉卷何事獨得錄見也今而書見明有恩於魯傳曰我主之亦其一隅矣劉子者天子之大夫奉天子之命諸侯於召陵召陵之經序之于上此言主之主會明矣此傳宜云外大夫不卒此何以卒主我也而云我主之者　春秋

王魯因魯之文故言我主之不言主我也言張義者欲張魯君為王之義　注卒者至禮也　解云若主會有恩禮者即違例書卒案僖九年公會宰周公成十六年十七年之時數有公會單子尹子之文而皆不卒言雖等有恩當論遠近蓋在主會之年卒者恩而録之若期外者當從恩殺略之是以尹子單子之徒不見卒文若奔喪主我使來會葬之屬其恩差重三年之外方始略之即隱三年夏四月辛卯尹氏卒傳云外大夫不卒此何以卒天王之崩為諸侯之主也彼注云時天王崩魯隱往奔喪尹氏主儐贊諸侯與隱交接而卒恩隆於王者則加禮録之明當有恩禮又文三年夏五月王子虎卒傳云外大夫不卒此何以卒新使乎我也彼注云王子虎即叔服也新為王者使來會葬在葬後三年中卒君子恩納則加報之故卒明當有恩禮之是　注言劉至天子

解云襄十五年劉夏之下傳云劉夏者何天子之大夫也劉者何邑也其稱劉何以邑氏也彼注云諸侯入爲天子大夫不得氏國稱本爵故以所受采邑氏稱子而名者禮逆王后當使三公故貶去大夫明非禮也然則今此劉卷乃是圻外諸侯入爲天子大夫所以不言劉子卷卒從諸侯之例而言劉卷其但字者正欲起大夫卒之屈於天子故也　注不日至不日　解云文三年王子虎之下何氏云尹氏卒日此不日者在期外也然則尹氏之主諸侯由其在期内故日之今此劉卷之主諸侯亦在期内而不日者正以尹氏之主諸侯乃是天王崩儐贊隱公其恩重矣劉卷之主諸侯乃在召陵之會故不書日見其輕矣知云不日者比尹氏以天子喪爲主重也言劉卷卒所以不書日者若比尹氏之時尹氏以天子喪爲主重故書日劉卷但爲會主其恩輕故不日矣　注囊瓦稱

人者云云　解云正以下傳云烏是興師使囊瓦將而伐蔡故知此文楚人者是囊瓦矣言拘蔡昭公數年而復怨蔡歸有言伐之者皆下傳文云故貶明罪重於圍者謂由是之故貶之稱人明其罪重異於凡圍矣其凡常之圍罪不至貶即哀元年楚子以下圍蔡之屬是也　注舉衆者云云　解云知劉卷本是諸侯者正以其葬稱公故也天子使大夫爲治其國者正以此人身在王朝明其本國須有治之者云有功而卒者當益封其子者正以父子並得之故謂之益云不以故國者經使無文不知其故國是何云因恩以廣義也者謂因有王會之恩遂舉采稱公以廣見其本是諸侯之義也云稱公者明本諸侯也者正以天子大夫本無稱公之義今言葬劉文公乃與葬晉文公之屬相似故也　注據滅徐稱國者即昭之三十年冬十二月吳滅徐徐子章禹奔楚是也　注言

以云云　解云桓十四年冬宋人以齊人以下伐鄭傳云以者何行其意也彼注云以已從人曰行言四國行宋意也是也　注挾弓者懷格意也者格猶拒也言所以挾弓者謂君使人進之時已即懷拒之意故曰挾弓者懷格意也若以今人謂不順之處爲格佗之類也或云格來也言所以挾弓者懷欲到來復讎之意　注禮天子雕弓云云者古禮無文也　爲是拘昭公於南郢者蓋以楚於諸夏差而近南故謂之南郢若宣十二年傳云南郢之與、鄭相去數千里何氏云南郢楚都之類是也　注時北如晉請伐楚因祭河者正以河非楚蔡之間也　注見侵後聞蔡有此言而怨者正以上文楚人圍蔡在侵楚之後故也而伐蔡者即上楚人圍蔡是也圍而言伐者舉總名故也　而救蔡　解云不書救蔡者正以蔡爲兵首故也　注子胥至成之也解云案此傳文有善子胥之意子胥不得見於經而得爲善之者正以吴得進而稱子是其義文以是之故得成子胥之善故曰以吴義文得成之也　注雖不至與也　解云吴子若直救蔡討楚而敗之也是其憂中國尊事周室之義但親用子胥之謀兼有爲復讎之意是以傳家取而說之遂舉子胥之辭以見之雖舉子胥之辭但非懷惡而討不義是以君子與之昭十一年楚子誘蔡侯之下傳云懷惡而討不義君子不予也故注者取而况之　注本取事父之敬以事君　解云何氏之意以資爲取與鄭異鄭注云資者人之行也注四制云資操也然則言人之行者謂人操行也云云之說具於孝經疏　注莊公不得報讎文姜者云云者即莊元年注云言孫者明但當推逐去之亦不可誅誅不加上之義是也　注易曰天地之大德曰生者下繫辭文也　注

時子胥因吴之衆隨平王之墓燒其宗廟而已者春秋説文也彼文又云鞭平王之尸血流至踝此注不言之者省文也案昭二十六年秋九月楚子居卒至今十餘年矣而言血流至踝者非常之事寧可常理言之或者蓋以子胥有至孝之至精誠感天使血流所以快孝子之心也注同門曰朋同志曰友云云者出蒼頡篇漢主謂司馬遷云李陵非汝同門之朋同志之友乎義亦通於此而書傳散宜生等受學於大公大公隆師學之禮酌酒切肺約爲朋友然則大公爲師而言朋者蓋大公知其非常人遂隆師學之禮以友朋之道待之也既除師學之禮連朋言之亦何傷云君臣言朋友者云云即詩云朋友攸攝攝以威儀注云朋友謂羣臣與成王同志好者義亦通於此云孔子曰益者三友云云者論語文引之者道闔廬子胥相與益友蓋以闔廬爲直亮何者謂一許爲之興師終

不變悔是也蓋以子胥爲直與多聞何者不敢虧君之義復父之讎是其直也子胥噴者博古今之事是其多聞矣便辟謂巧爲譬喻善柔謂口柔面柔體柔之屬辯佞辯爲媚矣案今世間有一論語音便辟爲便僻者非鄭氏之意通人所不取　注迫出表辭猶先也者迫音晃俊又依大司馬田獵習戰之時云爲表百步則一爲三表又五十步爲一表然則表者謂其戰時旅退之限約迫者謂不顧步伍勉力先往之意故曰出表辭若然所以伐吳之經不使子胥爲兵首者蓋以吳王討楚兵爲蔡故且舉君爲重是以不得見也　楚囊瓦出奔鄭者左氏以爲戰不勝而去上經稱人者貶范氏云知見伐由已故懼而出奔蓋何氏與之同而戰時稱人者行不進矣　注據狄人盟于邢有進行稱人者即僖二十年秋齊人狄人盟于邢何氏云稱人者能常與中國也是也　注曰者惡其無義也者正以春秋之義入

例書時傷害多則月即定五年夏越入吳僖三十三年春王正月秦人入滑之屬是个而書日故須解之 ○五年 注是後臣恣日甚者蓋謂下八年秋晉趙鞅帥師侵鄭遂侵衛之是也 ○魯失國寶者即下八年冬盜竊寶玉大弓傳云季氏之宰則微者也惡乎得國寶而竊之是也云宋五大夫殺者即下十一年春宋公之弟辰及仲佗石彄公子池自陳入于蕭以叛秋宋樂世心自曹入于蕭何氏云不言叛者從叛臣叛可知是也 注据齊人來歸寶者在莊六年 注時為蔡新被強楚之兵故歸之粟者即老子云大兵之後必有凶年彼注云言妨其耕稼是也 注與戍陳同義 解云即襄五年冬戍陳傳云孰戍之諸侯戍之曷為不言諸侯戍之離至不可得而序彼注云離至雖別前後至也陳坐欲與中國彼強楚之害中國宜離然同心救之乃解總前後

至不序以刺中國之無信故言我也注云言我者以魯至時書與魯微者同文者使若城楚丘辟魯獨成之今歸粟于蔡之義亦然故云與成陳同義矣然則彼已有傳而復發之者正以歸成之文異故同之　於越者何　解云正以越爲國名經典通稱忽加於字故執不知問越者何　解云問昭三十二年夏吴伐越之屬矣正以此文加於字是以學言越者翻然可怪故執不知問

注不言或者嫌兩國　解云隱元年傳云曷爲或言會或言及之屬皆言或今此何故不云曷爲或言於越者弟子之意本疑於越與越爲兩國是以分别而問之舊云正以僖四年傳云執者曷爲或稱侯或稱人稱侯而執者伯討也稱人而執者非伯討也然則彼言或者乃是兩事之辭今此若云曷爲或言越或言於越則嫌爲兩國是以别之　注治國有狀云云治國無狀云云　解云此狀

謂模狀也模狀猶規矩若有規矩是得先王之術故謂之進若無規矩是失治國之法當獲咎禍故謂之退是以此注云治國有狀云云治國無狀云云凶儀云無狀招禍義亦通於此亦有一本狀皆作禮字但非古本是以不能得從之　注赤狄至異也　解云正以宣十一年秋晉侯會狄于攢函之文直言狄不言赤矣宣十五年夏晉師滅赤狄潞氏傳云潞子之爲善也離于夷狄是其加赤爲進之事也但狄者北方之揔名乃是鄙賤之號赤者是其別稱故得加之爲進矣今越者乃是其國名若似齊晉魯衛之屬諸夏之人有禮儀者其國名之上不見加於處唯有越爲此文者檢其事此時入吳當合罪賤故注之　注疾罪云云　解云夷狄之稱止有七等之名州不若國最其賤者今乃加於見其入吳之疾故以罪重言之　注仲遂云云

解云宣八年仲遂卒于垂傳云仲遂者何公子遂也何以不稱公子貶曷爲貶爲弒子赤貶是其以貶起弒也案公子翬仲遂之類而不據之者以其無卒文故也今此欲道隱如之卒經無貶文故據卒時有貶文者言之也欲舉君出爲重者即昭二十五年九月己亥公孫于齊是也言舉其君出爲重即隱如之罪已重是以卒不復貶也言故從季辛起之者即昭二十五年秋七月上辛大雩季辛又雩者彼注云不言下辛言季辛者起季氏不執下而逐君是也言季辛已起其逐君之義是以於卒不勞更貶也言猶衛孫甯者即襄十四年夏四月己未衛侯衎出奔齊注云不書孫甯逐君者舉君絶爲重是也 ○六年 冬季孫斯仲孫忌者古本無何字有者誤也穀梁及賈經皆無何字又哀十三年經云晉魏曼多帥師侵衛

傳云此晉魏曼多也曷爲謂之晉魏多譏二名非禮也
以此言之則此經無何明矣而賈氏云公羊曰仲孫何忌
者蓋誤　此仲孫何忌也曷爲謂之仲孫忌者正決
夏仲孫何忌如晉之文也　注一字至遍下　解云雖言者謂
言雖著既不言君文之名即是臣子之辭故曰長臣子之辭也
動不違禮爲下之易故曰不遍下也云春秋定哀之間文致
大平者實不大平但作大平文而已故曰文致大平世案春
秋說昭公爲所見之世而此注偏指定哀爲大平者正以昭公
之時未譏二名故也云唯有二名故譏之者文王之臣散宜生孔
子門人宓不齊之屬皆親事聖人而以二字爲名者謂依
古禮若似堯名放勛舜名重華禹名文命宣王之興名子爲
宣皇之屬是也但孔子作春秋欲改古禮爲後王之法是以譏

其二名故注即言此春秋之制也然則傳云二名非禮者謂非新王禮不謂非古禮也 ○七年 注先是公侵鄭也者即上六年二月公侵鄭是也云城中城者即上六年冬城中城是也云季孫斯仲孫忌如晉者在上六年夏而於城中城之下言之者葢遂重者先言之故也云圍運者即上六年冬季孫斯仲孫何忌圍運是 ○八年 春王正月公侵齊者侵伐例時而此月者正以內有強臣之讎而外犯彊齊故危之 公至自侵齊者以例言之不蒙上月矣 注出入云云 解云正以春秋之例有雖在月下而不蒙月者故賈氏云還至不月為曹伯卒月是也故何氏分疏之云此定公侵齊所以出入月者正以內有強臣之讎不能討而外犯強齊須頻再出尤危於六年侵鄭之時故知其入亦當蒙月也上六年二月公侵

鄭彼注云月者内有强臣之讎不能討而外結怨故危之也下經始云公至自侵鄭則知何氏以爲至不蒙月故此注云再出危於侵鄭故知入亦當蒙月也　注此晉至之辭　解云正以下經云晉趙鞅帥師侵鄭遂侵衛故知此言公會晉師是趙鞅之師矣宣元年秋趙盾帥師救陳宋公以下會晉師于斐林伐鄭傳云此晉趙盾之師曷爲不言趙盾之師君不會大夫之辭也今此文勢與彼正同故此何氏取彼傳文以解之　注公會至不致　解云莊六年作注云公與二國以上出會盟得意致會不得意不致公與一國出會盟得意致地不得意不致然則公與諸侯尊同體敵莫肯相下故須別之見其得與否若與大夫盟會之時尊卑異等得意可知何勞別之乎故僖二十五

年冬公會衛子莒慶盟于洮何氏云洮内地公與未
踰年君大夫盟不别得意致者者不致也是云此致
者諱公爲大夫所會故使若得意者正以公與一國出
會盟得意致地不得意不致今此書致故云使若得意
者　從祀者何　解云欲言其祭經無宫廟之文欲言
非祭謂之從祀執不知問　文公逆祀去者三人者謂文二
年八月丁卯大事于大廟躋僖公傳云躋者何升也何言
乎升僖公譏何譏爾逆祀也其逆祀奈何先禰而後祖也是
也　注諫不以禮而去曰叛者謂諫君全以禮不從之而
去者謂之叛也　注不書至禘也　解云何氏之意
以爲三年一祫五年一禘謂諸侯始封之年禘祫並
作之但夏禘則不礿秋祫則不嘗而已一祫一禘隨次

而下其間三五參差亦有禘祫同年時矣若其有喪正可於喪廢其祫禘之年仍自乘上而數之即僖八年禘于大廟之時禘祫同年矣至文二年大事於大廟之下傳云大事者何大祫也何氏云從僖八年禘數之知為大祫是從僖八年禘祫同年數之即文二年為祫年文五年為禘祫同年又隨次而數之至今定八年亦禘同年矣凡為祭之法先重而後輕禘大於祫固當先之則知此言從祀先公者是禘明矣故云不書禘者後祫亦順非獨禘也若然既言是禘理宜在夏而在冬下者當之矣

注言祀者無已長久之辭　　解云桓八年傳云春曰祠何氏云祠猶食也猶繼嗣也春物始生孝子思親繼嗣而食之故曰祠因以別死生然則此經何以不言從祭先公或言大事于先公而言祀者見其相嗣不已長久常然故云言祀者無

已長久之辭　注不言云云　解云閔二年夏五月乙酉吉禘于莊公，僖八年秋七月禘于大廟，文二年八月丁卯大事于大廟之文皆道其人，今此經文所以不言從祀僖公而言先公者，正以閔公亦得其順，是以不得特指之　注微而云云　解公哀四年傳云弑君賤者窮諸人，此其稱盜以弑何賤乎賤者也，然則盜是微賤之稱，寶玉大弓國之重寶，故云微而竊大也　注季氏之陪臣爲政者　解云季氏之宰於國爲陪臣，而爲政于魯，故曰爲政也　注季氏逐昭公者在昭二十五年秋　注以爪刻其饋歛板者，謂以指爪刻其饋器之上歛藏衣物之板，謂蓋板也　至辛日若時者，謂至于某日如約之時也，以此言之，則知上文云某月某日宜亦言其時，但傳家省去之，至此乃言若時以刻日也　臨南者陽虎

之出也甥娣妹之子謂之出蓋是虎之外生也或云從其家出而仕
于公亦不妨下季氏云世世有子是矣於其乘焉者謂於其上
車之時矣　注賓衛之者謂守衛季孫不令走　注衛四達可
以横去者即釋宮四達謂之衢李巡云四達各有所至曰衢孫氏曰
衢交道四出是也　注甲公云云者即下傳云既駕公斂處父帥
師而至是也　注二家知出期故於是時起兵者即上傳云力能救
我則於是也　弒不成者正以季孫於陽虎爲君故謂之弒也却反
舍于郊者謂上文陽虎從而射之時逐之御孟氏令而還去舍於
郊故曰却反舍于郊不謂元從郊來　注公斂至之將
解云左氏以爲孟氏家臣　寶者何　解云欲言貴物微者竊之欲
言賤物又在于玉之上故執不知問　注半圭曰璋也者釋器無
文云白藏　天子青藏諸侯者春秋説文云不言璋言玉者起

珪璧琮璜璋五王盡亡之也者正以王爲揔名故也　注詩云奉璋
峨峨髦士攸宜是也者言文王祭皇天上帝時在助祭者奉
此半珪之璋其儀容峨峨盛壯矣盡是俊士之所宜利何與鄭同
云禮璋以朝璧以聘琮以發兵璜以發衆璋以徵石者時王之
禮也　注言大者力千斤者千斤之文何氏有所見家語云
三十斤爲鈞四鈞謂之石然則千斤之弓其力八石三斗有餘故
左傳云可以威不軌戒不虞也　注千歲之龜青髯者以時事
知之也　注易曰至著龜也　解云此皆上繫辭文也今易本善、
作大字爲異彼注云凡天下之善惡及没没之衆事皆成定之言
其廣大無不及也　注經不言龜云之　解云弓繡質龜青純
然則此等皆喪之而經言大弓特不言龜者正以禮器郊特牲陳
幣之時云龜爲前列先知也以其先知故得從寶者文然則龜非珠

玉而得從寶者文者以其能定吉凶可以世世保而用之設注之謂
之寶者世世保用之辭云此皆魯始封之錫者左傳定四年具有其
文也云不言取而言竊者正名也者正所以不言盜取而言竊者盜
是卑賤之稱是以不得言取也竊者是其主名是以即引家語以證
之云定公從季孫假馬孔子曰君之於臣有取無假而君臣之義
立者家語文云無以合信天子文質諸侯當純之者即上注
云珪以朝璧以聘以聘今珪璧盡亡故言此也云書大弓者使若都以
國寶書微辭也者言大弓與龜皆可保用所以龜得從寶者文
而特書大弓不者文使若都以國寶書作微辭之義何者經
言盜竊寶玉大弓若似所謂寶玉者即大弓是言可世世傳保
而金玉之然故得為微辭也 ○九年 注微辭至故書
解云寶玉大弓者乃是周公 初封之時受賜于周之物而

以藏之魯者，欲使世世子孫無忘於周，而定公失之季氏，奪之皆當合絶，而上文直言盜竊寶玉大弓，此文直云得寶玉大弓，傳云何以書國寶也，得之書，喪之書，不見貶之者，正言作微辭，使若都以重國寶之故而書之，文更無刺譏之義也。然則此言微辭者，仍與上文共為一事，以上元年定哀多微辭之下，何氏直數喪失國寶而已。注不以至當絶 解云上文之下有注云無以合信天子交質諸侯，當絶，今此寧知不復闕絶之者，正以得之當絶故也。杜氏云弓玉魯之分器，得之足以為榮，失之足以為辱，故重而書之，義亦通於此。云以竊寶不月云之者，即上八年經云冬衛侯鄭伯盟于曲濮，從祀先公，盜竊寶玉大弓是也，則知今雖文承四月之下，不蒙上月明矣。注欲伐至而去 解云知欲伐魯者，正以直書其次，上下更無二文，功與莊十年夏六月齊師宋師次于郎公敗宋師于乘丘之文㠯故知正欲伐魯也故彼傳云其言次于郎何伐也我能敗之故言次也是也彼注云此解本所以不言伐言次意也二國幾止次未成於伐魯即能敗宋師齊師罷而去故不言伐言次也明國君當強折衝當遠魯微弱深見犯至於近邑賴能速勝之故云爾所以強內者是其書次云欲伐魯善其却難早之文其餘見言次不欲伐魯者皆自有起文即次聶北救邢伐楚次于陘之屬是也

春秋公羊疏卷第二十七

春秋公羊疏卷第二十八　定公三

起十年　盡十五年

十年　注月者至不易　解云下十一年冬及鄭平叔還如鄭莅盟則知平例書時而有月者皆見義矣而言不易者即莊十三年冬公會齊侯盟于柯傳云何以不日易也何氏云易猶佼易也相親信無後患之辭然則此書月者頰谷之會齊侯欲執定公故不易宣十五年夏五月宋人及楚人平之下何氏云月者专平不易昭七年春王正月暨齊平何氏云月者剌内暨暨也者皆與鄉解合　注上平至致地　解云莊六年何注云公與一國出會盟得意致地不得意不致即桓二年秋公及戎盟于唐冬公至自唐隱二年秋八月庚辰公及戎盟于唐之屬是也今此上平爲頰谷之會不易故月即此平不得意也而致地者正

以初雖見脅終負得意故也云頰谷之會至曲節從教家語及晏子春秋文也　注據齊當取魯邑者即宣元年六月齊人取濟西田哀八年夏齊人取讙及僤之文是也　孔子行乎季孫三月不違者孔子家語亦有此言若以家語言之孔子今年從邑宰爲司空既爲大夫故有行於季孫之義　注齊侯自頰谷之會歸云云盡請皆還之者皆晏子春秋及家語孔子世家之文其四邑者蓋運也讙也龜也陰也邑而言田者桓元年傳云田多邑少稱田然則此等皆是土地頃畝多邑内人民少故稱田龜非是邑非山名與賈服異若欲同於賈服即云上二邑邑内人民多故舉邑名龜陰言田者龜是山名直得田而不得邑而言侵魯四邑請皆歸之者謂雖有此請齊君不全許是以但得三邑而已蓋非何氏之意　注歸濟至寶同　解云宣十年齊人歸我濟西

田者是其不言來之文也言已絶魯不應復得者何彼傳云齊
已取之矣其言我何未絶于我也曷爲未絶於我齊已言取之
矣注云齊已言語許取之其實未之齊也注云其人民貢賦尚
屬於魯實未歸於齊不言來者明不從齊來不當坐取邑然
則彼以未絶於魯魯猶合得之明其不從齊來齊人不當坐取
邑故不言來者入齊已久絶于魯不應復得之故言來從外來常
文也言魯不應復得者正以不能保守先君田邑而失之故也
言與齊人來歸衛寶同者即莊六年冬齊人來歸衛寶是也
注夫子至之驗　解云知夫子雖欲不受者正以四邑屬齊年
歲淹久已絶于魯魯不應得賴谷之會討馘侏儒威劫齊侯
方始歸之雖曰獲田君子不貴故知孔子之意不欲受也若然莊
十三年曹子手劔而劫桓公是以齊人歸我汶陽之田何氏

云劫桓公取汶陽田不書者諱行詐劫人也然則此亦威劫齊侯而得田邑與彼不異而書不諱者正以曹子本意行劫以求汶陽之田君子恥其所爲故不書也今在頰谷之會孔子相儀止欲兩君揖讓行盟會之禮但齊爲不道熒惑魯侯而欲執之孔子誅之手足異處齊侯內懼歸其四邑以謝焉於其本情實非劫詐書而不諱不亦宜乎言此違之驗者欲對上傳云孔子行乎季孫三月不違文也　帥師圍費者左氏穀梁此費字皆爲郈但公羊正本作費字與二家異賈氏不云公羊曰費者蓋文不備或所見異也宋樂世心者世字亦有作泄字者故賈氏言焉左氏穀梁作大字會于安寗者左氏穀梁作安甫賈氏不云公羊曰安寗者亦是文不備穀梁經甫亦有作浦字者　注復出宋者之云

解云如此注者正決昭二十年冬十月宋華亥向寗華定出奔

陳不重言宋向巢也云公子池樂世心石彄從之皆是也者下十一年經文也云辰言暨者明仲佗彊與俱出也者正以隱元年傳云暨猶暨暨也及我欲之暨不得已也然則弟辰是時事不獲已而從去故曰明仲佗彊與俱出也知非辰彊之者正以莊三十二年公子牙昭元年招之屬以其有罪皆去弟以貶之今不去弟故知仲佗彊之矣　注三大夫云云　解云春秋之例外大夫出奔悉書時即襄二十一年秋晉欒盈出奔楚二十八年冬齊慶封來奔之屬是若其衆出奔者於國尤危故書月即昭二十年冬十月宋華亥向甯華定出奔陳何氏云月者危三大夫同時出奔將爲國家患防之是也然則彼以三大夫同出奔是以書月以見危此亦三大夫同出不月者正以舉國見其欲爭國人去其危亦見矣是以不勞書月以見危也　○十一年　注本舉國云云　解云謂奔時舉言宋

仲佗是其欲牽國人去已明矣是以此經不復言宋也云辰言及者
後汲汲當坐重者正以隱元年傳云及猶汲汲及我欲之故知
辰言及者是其汲汲也而言後汲汲者欲言初出之時事不獲已
未汲汲也言當坐重者惡其毋弟之親而汲汲於叛故當合坐重於疏
者注不言叛者從叛臣叛可知者決上經自陳入于蕭以叛文也
○十二年　注不日至略之　解云今責日月者正以所見
之世小國之卒例書日月即昭三十一年夏四月丁巳薛伯穀卒之
屬是也今不具日月故解之言子未三年失衆見弒者即下
十三年冬薛弒其君比是也春秋之例稱國以弒者失衆見
弒之辭故文十八年冬莒弒其君庶其傳云稱國以弒者衆
弒君之辭何氏云一人弒君國中人人盡喜故舉國以明失衆
當坐絕也例皆時者略之也故此作注云未三年失衆見弒

也云禍端在定定字亦有作在是字者人所從定也
費者即襄七年城費是也然則彼時城費人今乃隨之似終義
又故以爲難　孔子行乎云云　解云案上十年齊人
來歸邑之下傳云孔子行乎季孫三月不違以此言之三
月之外違之明矣故上有注云定公貪而受之此違之驗然
則三月之後必違之今此傳文復言之者蓋不違有二何者案
如家語定十年之時孔子從邑宰爲司空十一年又從司空爲
司寇然則爲司空之時能別五土之宜咸得其所爲季孫所重
是以三月不違也齊人遂懼來歸四邑矣及作司寇之時攝行
相事設法而用之國無姦民在朝七日誅亂政大夫少正卯戮于
兩觀之下尸諸朝三日政化大行季孫重之復不違三月是以此
傳又言其事矣　家不藏甲邑無百雉之城者同之左氏則邑

無百雉之城者亦据侯伯大都邑言之若與之異則魯凡邑皆
然也　注二大夫宰吏數將之者即上十年夏叔孫州仇
仲孫何忌帥師圍郈秋叔孫州仇仲孫何忌帥師圍費之屬
是也郈費二相因言之故謂之數耳　注以問至隨之云云
解云春秋說及史記皆有此言之故君子時然後言人不厭其言者論
語文也云不書去甲者舉墮城爲重者正以傳云家不藏甲邑無
百雉之城明其並從二事而特舉墮城不書去家之甲者舉重故
也必知去甲亦合書者正以成元年三月作丘甲書之於經明知
去甲亦合書矣雉者何　解云正以傳言邑無百雉之城經典
未有其事須知雉之度數故執不知問　注八尺曰版者韓詩外
傳文　注二萬至制也　解云公侯方百雉春秋說文也古者
六尺爲步三百步爲里計一里有千八百尺十里即有萬八千

尺更以一里三十三步二尺爲二千尺通前爲二萬尺也故云二萬
尺周十一里三十三步二尺也云禮天子千雉者春秋說文也
云蓋受百雉之城十者謂公侯於天子十取一之義似若盡
子與司馬法云天子圓方百里公侯十里是十取一之文也云伯
七十雉子男五十雉者春秋說文　注天子周城云云
解云天子周城諸侯軒城者春秋說文云欽其南面以受過也者
正以諸侯軒縣闕南方則知軒城亦宜然案舊古城無如此者蓋
但孔子設法如是後代之人不能盡用故也或者但不設射垣
以備守故曰欽其南面以受過不好仍有城　注不能事事信用
孔子聖澤廢者並謂三月之後違之　注是後薛弑其君比
者在十三年冬云晉荀寅士吉射入于朝歌以叛者亦在十三年
冬案晉荀寅士吉射叛在弑比之前而後言之者正以弑君

之變重故先取以應之　注圍成月又致者云云　解云春秋義圍例書時即宣十二年春楚子圍鄭之文是今此書月故解之莊二十七年注云凡公出在外致在内不致今此在内而致故須解之云天子不親征下土者即公羊說云一國叛王自征之若四國皆叛安得四王而征也者是其義也若然桓五年秋蔡人衛人陳人從王伐鄭傳云其言從王伐鄭何從王正也彼注云美其得正義也故以從王征伐録之然則天子不親征下土而美之者直是美諸侯之得正猶自不言桓王伐鄭之善故彼注又云蓋起時天子微弱諸侯皆叛不肯從王者征伐以善三國之君獨能尊天子死節稱人者刺王者也天下之君海内之主當秉綱撮要而親自用兵故見其微弱僅能從微者不能從諸侯猶莒稱人則從不疑也是書序曰啓與

有扈戰于甘之野作甘誓其經曰大戰于甘乃召六卿者氏以
爲啓非至德之王是以親征有扈非春秋所美豈害其義也云
諸侯不親征叛邑者正以諸侯於天子亦宜以國爲家猶如天子
之有天下也而不能全服親自征之故爲非禮而爲春秋所
刺也十三年　夏築蛇淵囿　解云成十八年秋築鹿囿
傳云何以書譏爾有囿矣又爲也彼注云刺奢泰妨民也然
則彼有成說故此處不復解之　大蒐于比蒲　解云桓六年
注云五年大簡車徒謂之大蒐是也所以書者即昭八年秋
蒐于紅之下傳云蒐者何簡車徒也何以書蓋以罕書也
但彼已解說故此處不復論之　注据叛與出入惡同
解云桓十五年傳例云復歸者出惡歸無惡復入者出無
惡入有惡歸者出入無惡然則書叛者即與出入

惡同不宜書歸作出入無惡之文故難之　注軍以井田立數故言以地者假令天子六軍方伯二軍之屬皆以井田多少計出其數故曰軍以井田立數也今趙鞅以此井田之兵逐君側之惡人故云以地正國也　注君子誅意不誅事　解云君子之人探端知緒但誅其意若輕而難原不誅其事若重而可恕以趙鞅意實非逆但以持兵鄉國爲罪是以春秋書歸以舍之故曰誅意不誅事也　〇十四年晉趙陽出奔宋者穀梁與此同左氏作衛趙陽字也　以頓子牄歸者左氏穀梁皆作頓子牂字貫氏不注文不備　注不别以歸云云　解云正以上四年滅沈以沈子嘉歸六年以許男斯歸之屬其上文皆直一國大夫而已是以其經直言以歸不假分别今此經上載二國其下直言以歸而已似非詳備之義是以解之云明其除

以滅人爲重者正以二國之卿擅相滅獲其過已深假言歸楚不足輕陳之罪假言歸陳不足滅楚之惡故曰明楚陳以滅人爲重云頓子以不死位爲重者諸侯之禮當合死位頓子不死其過已深何假書言歸于某乎故云頓子以不死位爲重也

注月者爲下卒出　解云隱六年有注云戰例時偏戰日詐戰月不日者鄭詐之然則諸侯之例詐戰者月今此兩夷相敗又宜略於諸夏而經書月故知爲下卒文出矣

石尚者何　解云欲言大夫單名無字欲言微者名氏俱見故執不知問

注天子上士以名氏通　解云傳直云天子之士而知上士者何氏以爲春秋之例天子上士以名氏通中士以官録下士略稱人今此經書其名氏故知之何氏意必知例然者正以傳云石尚者何天子之士隱元年傳

云宰者何官也咺者何名也曷爲以官氏宰士也僖八年傳云王人者何微者也曷爲序乎諸侯之上先王命也然則以此三處之傳言之則知單名繼官不以名氏通單稱王人云者不以名見故隱元年注云天子之上士以名氏通中士以官録下士略稱人是也　脤者何　解云欲言天子賜之祭肉不見魯侯助祭之文欲言脤非祭肉不應遠來歸之故執不知問　俎實也者謂以肉填實於俎上故注云實俎肉也猶言實俎之肉也　注禮諸侯朝天子云云者正以魯無朝聘天子之處而書歸脤以識之則知助祭於宗廟者有受俎實之禮矣論語云祭於公不宿肉者義亦通於此宗伯以脤膰之禮親兄弟之國似不通於異姓者何氏所不取　注主書者云云　解云父子天倫無相去之義子若大爲惡逆之

倫之所不容乃可寘之深宮閽人固守若小小無道當安
處之隨宜罪譴令其克改寧有逐之佗國為宗廟羞且
子之事父雖其見逐止可起敬起孝號泣而諫之諫若不入
悅則復諫自不避殺如舜與宜咎之徒寧有去父之義乎
今大子以小小無道衛侯惡而逐之文無殺己之意大子懟
而去之論其二三上下俱失衛侯逐子非為父之道大子去
父失為子之義今主書此經者一則譏衛侯之無恩一則
甚大子之不孝故曰子雖見逐無去文之義若其文大
為無道如獻公幽王之類若不迴辟必當殺己如此之時寧得
陷父於惡是以申生不去失至孝之名宜咎奔申無刺譏之
典但衛侯爾時無殺子之意是以蒯聵出奔書而譏之耳
宋公之弟辰自蕭來奔　解云上十年出奔陳

十一年春自陳入于蕭以叛至此乃自蕭來奔矣　注譏亟也　解云大蒐之禮五年一爲若數于此則書而譏亟也若緩於此則書而譏罕上十三年夏巳大蒐于比蒲今始一年復行此禮故曰譏亟也　注書者云云　解云曲禮下篇云諸侯相見於隙地曰會今乃會人于都故書而非之云如入人都當脩朝禮者即桓六年注云諸侯相過至竟必假塗入都必朝所以崇禮讓絶慢易戒不虞也是其義也云古者諸侯將朝天子必先會于閒隙之地者出曲禮也考德行一刑法者謂考校其德行齊一其刑法也云講禮義者謂習其禮儀也云言公者不受于廟者隱七年夏齊侯使其弟年來聘之下注云不言聘公者禮聘受之於廟孝子謙不敢以已當之歸美於先君且重賓也　隱七

一年春滕侯薛侯來朝之下注云不言朝公者禮朝受之
於大廟與聘同義莊二十三年夏公及齊侯遇於穀蕭
叔朝公傳云其言朝公何公在外也彼注云時公受朝於外故
言朝公惡公不受於廟然則受朝之禮當在廟孝子歸美于
先君不敢以已當之若不於廟則言公即蕭叔朝公是也
今此會禮不在廟魯侯受之于外故言來會公矣言公
者不受于廟也　注去冬者云云　解云隱六年傳云
春秋編年四時具然後為年今此無冬四時不具故須解之
云是歲蓋孔子由大司寇攝相事者即家語始誅編云孔
子為魯大司寇攝行相事有喜色者是也魯之司寇云大者
蓋以無司寇之卿是以大夫亦名大也魯有司空卿孔子為
司空不言大者是其一隅也若以家語言之即定九年始為

邑宰十年為司空十一年為大司寇從大司寇攝行相事之時年月不明故此注云蓋也云政化大行粥羔豚者不飾男女異路道無拾遺者皆是家語相魯篇文也言不飾者舊說云魯前之時粥羔豚者皆以穀物飾之自孔子為相此事乃正故曰粥羔豚者不飾也云齊懼北面事魯饋女樂以間之定公聽季桓子受之三日不朝者出孔子世家彼云定公十四年孔子年五十六由大司寇行攝相事云云齊人聞而懼曰孔子為政必霸霸則吾地近焉我之為先并矣盍致地焉黎鉏曰請先嘗沮之沮之而不可則致地庸遲乎於是選齊國中女子好者八十人皆衣文衣而舞康樂文馬三十駟遺魯君陳女樂馬於魯城南高門外季桓子微服往觀再三將受乃語魯君為周道游往觀終日怠於政事子路曰夫子可以行矣孔子曰魯今

旦郊如致膰乎大夫則吾猶可以止桓子卒受齊女樂三日不聽政郊又不致膰俎於大夫孔子遂行宿乎屯而師已送曰夫子則非罪孔子曰吾歌可夫歌曰彼婦人之口可以出走云云是也云當坐淫故貶之者推尋古禮無女樂之文魯人受之故當坐淫泆之惡既有淫泆之惡去冬以見之其晉悼公受女樂二八而為霸者左氏之事何氏所不取不得難此矣云魯人皆知孔子所以去者謂皆知魯公受女樂有淫泆之惡所以孔子去之云附嫌近害雖可書猶不書者正以其獲麟之後得端門之命而制春秋乃自因己之本出由饋女樂之故魯國之人悉知所由若其書之即是附於嫌疑近於禍害是以雖非國家之諱依例可書于經孔子亦不書之故曰附嫌近害雖可書猶不書　注或說無冬者云云　解云孔子自

書春秋而貶去冬失謙遜之心違辟害之義蓋不脩春秋已無冬字孔子因之遂存不改以爲王者之法宜用聖臣故曰如有用我者朞月則可三年乃有成是也又春秋之說口授相傳違於漢時乃著竹帛去一冬字何傷之有 ○十五年 注据食角者即成七年春王正月鼷鼠食郊牛角改卜牛鼷鼠又食其角乃免牛是也 注災不敬也云云 解云言所以災其郊牛者正以魯人不敬故也云不舉牛死爲重云云者春秋之義毫皆舉重食死並書故解之食在死前而言復者正以食輕於死故對重以爲復矣云内録不言火是也者即襄九年春宋火傳云大者曰災小者曰火然則内何以不言火内不言火者甚之也何氏云春秋以内爲天下法動作當先自克責故小有火如大有災是也 二月

辛丑楚子云云　解云僖二十六年秋楚人滅隗何氏云不月
者略夷狄滅微國也昭三十年冬十二月吴滅徐何氏云
至此乃月者所見世始録夷狄滅小國也然則此亦所見世葉夷
狄滅小國而書日者上四年夏四月庚辰蔡公孫歸生滅沈
之下注云日者定哀滅例日定公承黜君之後有滅強臣之
讎故有滅則危懼之爲定公戒是　注據魯郊正當卜春
三正也者即成十七年傳云然則郊曷用郊用正月上辛
何氏云魯郊博卜春三月言正月者因見百王正所當用也
僖三十一年注云武王既没成王幼小周公居攝行天子事
制禮作樂致大平有王功周公薨成王以王禮葬之命
魯使郊以彰周公之德非正故卜三卜吉則用之不吉
則免牲者是其魯郊博卜春三正之義也何氏以知然

者正以哀元年穀梁傳云郊自正月至于三月郊之時夏四月郊不時五月郊不時之文也　注又養牲不過三月　解云宣三年傳云帝牲在于滌三月彼注云滌宮名養帝牲三牢之處也謂之滌者取其蕩滌絜清三牢者各主一月取三月一時足以充其天牲是也注復轉卜夏三月者猶言轉卜夏之正也　注得二吉故五月郊也云云　解云必知得吉者正以經有郊文故也若其不吉宜言乃免牲咸言乃免牛乃不郊矣知其二吉者正以僖三十一年傳云三卜禮也三卜何以禮求吉之道三彼注云三卜吉凶必有相奇者可以決疑故求吉必三卜也是其得二吉乃可爲事之義今此五月而郊故知得二吉也云易曰再三瀆瀆則不告者蒙卦彖辭云蒙亨匪我求童蒙童蒙求我初筮告再三瀆瀆則不

告利貞鄭氏云蒙者蒙物初生形是其未開著之名也人幼稚曰童亨者陽也互體震而得中嘉會禮通陽自動其中德於地道之上萬物應之而萌牙生教授之師取象焉脩道藝於其室而童蒙者求爲之弟子非己乎求之也弟子初問則告之以事義不思其三隅相況以反解而筮者此懃師而功寡學者之災也瀆筮則不復告欲令思而得之亦所以利義而幹事是也引之者欲道魯人瀆卜故五月非郊之月而得吉兆是龜靈厭之不復告其所圖之吉凶故也然則卦象之義乃是弟子請問師之事義故言筮以況之今此乃卜也而引道龜筮道同亦何傷乎云不得其事者謂不得其事之宜即五月郊天是也云雖吉猶不當爲也者謂吉凶會以事之善惡爲本郊非其月雖吉亦不得爲何者正以靈龜厭之不復告其吉凶

故也云不舉卜者從可知者正以僖三十一年夏四月四卜郊不從云云舉卜今此直言五月辛亥郊不舉卜者正以言郊則知卜吉明矣故曰從可知壬申公薨于高寢者說在莊三十二年

齊侯衛侯次于遽篨者左氏作蘧蒢字賈氏無說文不備也上九年齊侯衛侯次于五氏注云欲伐魯也善魯能却難早故書次而去然則今此亦然故省文不注而賈氏云欲救宋善恤鄰也者蓋與何氏異或者九年之次以其無起文故解焉欲伐魯今此上有軒達伐宋之文下即云齊侯衛侯次于遽篨此則知欲救宋明矣不注之者從可知省文　注据會葬以禮書者即文元年天王使叔服來會葬傳云其言來會葬何會葬禮也云歸含且賵不言來者即文五年王正月王使榮叔歸含且賵是也　注但解奔喪者明言來者亦文

不爲早晚施世者解在隱元年注禮天子崩諸侯奔喪會葬諸侯薨有服者奔喪無服者會葬　解云正以諸侯體敵而有會葬之禮則天子之尊兩有可知禮記文王世子曰喪紀以服之輕重爲序不奪人親也故知有服無服有差降明矣既有差降奔喪近於會葬故知但以奔與不奔爲異也云禮有不弔者三兵死壓死者春秋說文案邾婁子來奔喪魯人無此三事而引之者以明不弔之類非謂禮實同也　姒氏卒也者穀梁作弋氏字　姒氏者何　解云欲言夫人經不書薨欲言其妾謚同於夫故執不知問　注姒氏杞女也者正以杞爲姒姓故知之　注據母以子貴者隱元年傳文注云禮妾子立則母得爲夫人成風是也　注是後衛蒯聵犯父命者即哀二年夏晉趙鞅帥師納衛世子蒯聵于戚是也云盜

弑蔡侯申者在哀四年春云齊陳乞弑其君舍者在哀六年秋　注易曰中則昃者豐卦彖辭也彼云日中則昃月盈則食云云鄭注云言皆有休已無常盛是也　注據不稱小君者正以夫人書葬哉小君此不言小君故難之　注子般不書葬　解云子般不書葬之事在莊三十二年子般未踰年是以不書葬今定姒之子亦未踰年與子般義同故乃據而難之然則子般終不成君故略之定姒之子終為君有即尊之漸毋以子貴故書其葬但以今未踰年故其母不稱小君未踰年之君有子則廟廟則書葬者但當連作一勢讀之乃可解　注如未至夫人　解云未踰年之君禮則無謚今此定姒如未踰年君之禮而稱謚者正以方當踰年稱夫人故也　注曾子問云云　解云案禮曾子問曰

並有喪如之何何先何後注云並謂父母若親同者同月死孔子曰葬先輕而後重其奠也先重而後輕云其虞也先重而後輕禮也今此何氏揔而引之是以直云其奠也其虞也而已引之者欲道定公五月薨定姒七月卒非其並有喪禮是以先葬定公後葬定姒若其同月當定姒先葬矣

春秋公羊疏卷第二十八

# 春秋公羊疏卷第二十九　哀公一

起元年　盡十年

○元年　注隨微國云之　解云正以入春秋以來不稱爵大夫名氏不得見經故知其微隱五年傳云大國稱侯小國稱伯子男此微國而稱侯故須解之也言本爵俱侯者謂其初封之時與齊晉之屬俱稱侯故曰本爵俱侯也今爲小國者但以土地見侵削故也知非得褒乃得稱侯如滕侯薛侯之類而云本爵爲侯者正以滕薛入桓篇之後或稱滕子或稱薛伯故知隱篇稱侯由朝新王得褒明矣今此隨侯一無善行可褒二無稱伯子之處故知本爵爲侯也云許男者戌也正以下十三年夏許男戌卒故知之云前許男斯見滅者即定六年春王正月癸亥鄭游速帥師滅許以許男斯歸是也昭十三年

秋蔡侯廬歸于蔡陳侯吳歸于陳爲楚所歸此自書之成歸不書故知自復也　注斯不云云　解云諸侯之禮國當死位斯不死位其國合絕今而自復不爲惡文以見之者正以定六年之時書滅以歸其惡已著是以此處不勞見之　注鄭婁子云云　解云鄭婁子來奔喪在十五年夏也既來奔喪於魯有恩而魯伐之爲惡明矣内之有惡而不諱者既在期外恩殺惡輕故也奔喪於去年之夏伐在今年冬故曰期外矣宣九年秋取根牟傳曰曷爲不繫乎鄭婁諱亟也　注云亟疾也屬有小君之喪鄭婁子來加禮未期而取其邑故諱不繫鄭婁也然則彼以加禮未期其恩猶重伐之取邑其惡深矣是以諱之今乃期外恩殺惡輕由是不諱故曰當與根牟有差　○二年　取漷東田及沂西田者公羊之義言田者多邑少故也而穀梁傳云取漷東田

漷東未盡也及沂西田沂西未盡也范氏云以其言東西則知
其未盡也與此别左氏以漷東沂西爲邑名注所以再云
解云正以宣元年公子遂如齊逆女三月遂以夫人婦姜至
自齊傳云遂何以不稱公子一事而再見者卒名何氏云卒
竟但舉名者文然則今此伐邾婁及邾婁子盟于句繹
之經亦是一事而再舉大夫名氏者正由季孫斯不與盟故若
此注内直云所以再出大夫名者無氏字即次昭十三年秋公
會劉子晉侯以下于平丘八月甲戌同盟于平丘據彼注云
不言劉子及諸侯者間無異事可知矣今此二經亦間無異
事而再出大夫之名故解之也此注氏字或有或無故如此解
季孫斯所以不與盟者服氏云季孫斯尊卿與仲孫氏伐敵服
而使二子盟也者即其義矣而穀梁傳云三人伐而二人盟

何各盟所得季孫斯不得田故不盟與何氏不合　戚者
何　解云欲言其國經典未有欲言其邑文無所繫故執不
知問　注據弗云云　解云公羊之意以為戚與帝丘道途非
遠但大國小異而已今言于戚者實是入于衛都是以傳云曷
為不言入于衛矣言據弗克納未入國文言納于邾婁納者入
辭者即文十四年秋晉人納接菑于邾婁弗克納當爾之時接菑
實不入國故曰不克納未入國之辭故曰未入國文言納于邾婁
與納頓子於頓文同是其已入國之辭故曰納于邾婁納者入辭
也今此上言納衛世子蒯聵下無不克納之文則是入國之
辭矣而言于戚不言于衛是以擾而難之故注者疊之曰
故傳言曷為不言入于衛　注不賤蒯聵者云云
解云正以犯父之命理宜賤之不謂更有經文可決也然則文十

四年郤缺納不正貶之稱人今趙鞅亦是納不當得位之人而不貶者正以納父罪不至貶也彼傳云此晉郤缺也其稱人何貶曷爲貶不與大夫專廢置君也是其譏之義矣云故明不得也者正蒯聵無惡文則知曼姑不得誅之明矣云不去國見挈者云正以文十四年晉人納接菑注云接菑不繫邾婁者見挈于郤缺也今此不見挈者不可醇無國文故也云輒出奔不書云云知輒出奔者正以蒯聵之入故也諸侯之禮、禮當死位若其出奔者皆書而責之今不書者正欲不責輒之拒父故也云主書者與頓子同者即僖二十五年秋楚人圍陳納頓子于頓彼注云納頓子書者前出奔當絕還入爲盜國當誅書楚納之與之同罪也云主書者從楚納之然則定十四年夏蒯聵出奔宋之時子無去父之義已、當合絶今還入爲盜國復當合誅晉納之與同罪主書者從晉納故曰與頓子同義然則蒯聵犯父之命其惡明矣但晉爲霸主法度所在而納逆命之子奪已立之侯故云主書者從晉納矣　及鄭軒達戰于鐵者諸家之經軒達之下皆有帥師唯服引經者無與諸家異於鐵者三家同有作栗字者誤也今定本作栗字　注畏楚也者正以上文爲楚所圍今遷而近吳故知然也云州來吳所滅者即昭十三年冬吳滅州來是也　注稱國以殺者君殺大夫之辭者僖七年傳文彼注云諸侯國爲體以大夫爲股肱士民爲肌膚故以國體録是也

○三年　齊國夏衛云云　解云公羊之義輙已出奔曼姑禀誰之命而得圍戚者下傳云曼姑受命于先君而立輙蒯聵奪輙是以春秋與得圍之矣　注據晉云云

師　八十三年秋晉趙鞅入于晉陽以叛冬晉趙鞅歸于晉
傳云此叛也其言歸何以地正國也其以地正國奈何晉趙鞅
取晉陽之甲以逐荀寅與士吉射荀寅與士吉射者曷為者也
君側之惡人也此逐君側之惡人曷為以叛言之無君命也彼
注云無君命者據兵鄉國故初謂之叛後知其意欲逐君側之
惡人故録其釋兵書歸而赦之是也然則趙鞅據兵鄉國加叛
文曼姑亦據兵鄉國而使國夏首兵不加叛文是以弟子据而問之
云齊國夏曷為與曼姑首兵而圍戚乎　注曼姑臣也
解云注言臣也者欲道曼姑者乃是靈公之臣也受命于靈
公當立輒寧得違之乎故得拒蒯聵矣似若僖十年傳云君
嘗訊臣矣臣對曰使死者反生生者不愧乎其言則可謂
信矣彼注云上問下曰訊言臣者明君臣相與言不可

負是　注不言圍云云　解云蒯聵去年入衛今而圍者止應圍衛而言圍戚者順上經文且輒上出奔不見于經若言圍衛則恐去年蒯聵入于戚今年圍衛者圍輒矣故言圍戚以辟之靈公逐蒯聵在定十四年立輒蓋在上二年將薨之時也　注是靈公命行乎蒯聵重本尊統之義者即莊元年注云念母則忘父背本之道也故絕文姜不爲不孝拒蒯聵不爲不順脅靈社不爲不敬蓋重本尊統使尊行於卑上行於下是也　注是王法行於諸侯云云　解云正以上傳云不以父命辭王父命以王父命辭父命是父之命行乎子也彼注云是靈公命行乎蒯聵重本尊統之義也傳又云不以家事辭王事以王事辭家事是上之行乎下也故知宜是王法行於諸侯矣唯旦[illegible]命而

拒蒯聵而引王法行乎諸侯者正以靈公於蒯聵若似天子於諸
侯故敢以況之注　有曰云云　解云此論語文也毋有
所以疑之者正以輙之立也得公義失於父子之恩矣云入曰
伯夷叔齊何人也者正以輙之拒文非義之高不敢正言故
問古賢以測之云子曰古之賢人也者言古之賢士且有仁行若
作仁字如此解之若作人字不勞解也云曰怨乎者謂諫而
不用死於首陽然則怨周王乎云求仁而得仁又何怨者
言其兄弟相讓而來正以求爲仁道卒得成讓仁道遂成不
欲汲汲乎求仁有何孜孜而怨周王乎云出曰夫子不爲也
者正以伯夷叔齊兄弟讓國夫子以爲賢而知輙與蒯聵父子
爭國者夫子不助明矣云主書者善伯討者一則見輙
之得正二則見曼姑可拒但主書善其伯討故曰主書者

善伯討　注是後蔡大夫專相放者即下文蔡人放其大夫公孫獵于吴是也注盜殺蔡侯申者在四年云辟伯晉而京師楚者即下四年夏晉人執戎曼子赤歸于楚傳云辟伯晉而京師楚是也云黄池之會吴大爲主者即下十三年夏公會晉侯及吴子于黄池傳云吴何以稱子吴主會也吴在是則天下諸侯莫敢不至也是　注据禮親過高祖則毁其廟者出禮記祭法文　注据立武宫者在成六年二月所以不据定元年立煬宫者蓋從始据之故科取一又亦何傷　注謂内云云　解云春秋之義諸是内所改作者但逐其重處一過見之而已其餘輕處不復見之所以然者正以哀自立之還於哀世災之善惡獨在于哀故得省文矣似若襄三十一年公薨于楚宫不言作楚宫者正以

襄自作之還復襄自莞之善惡獨在于襄故得省文之類
云云之説在襄三十一年　注據雉門及兩觀者即定二
年五月壬辰雉門及兩觀災是也　何以書　注上已問云
云　解云正以隱三年秋武氏子來求賻傳云其稱武氏
子何父卒子未命也何以不稱使當喪未君也武氏子來求
賻何以書據彼注云不但言何以書者嫌主覆問上所以説二事
不問求賻然則今此上文亦有二事之嫌云春秋見者不復
見也何以不言及敵也何以書而不復爲嫌者正以上傳已云
此皆毀廟也其言災何復立也分疏已訖是以不復言桓僖
宮災何以書矣　注災不宜立者謂其宮不宜立若曰
以其不宜立故災之然　注稱人者云云　解云知是大
夫者正以春秋之例君殺大夫稱國即僖七年鄭殺其

大夫中侯之屬是大夫自相殺稱人即文九年晉人殺其大夫先都之屬是則知稱國以放者是自放之即宣元年晉放其大夫胥甲父于衛是也則稱人以放乃是大夫自相放即此文是矣而言作威者即洪範云唯辟作威是也今此大夫作威放貶之言當誅者謂於王法當誅也言放貶之者正以大夫之貴乎常之時合稱名氏故稱人爲貶之

至葬月者即此癸卯秦伯卒明年二月葬秦惠公是也　注哀公案昭元年夏秦伯之弟鍼出奔晉傳曰秦無大夫此何以書仕諸晉也曷爲仕諸晉有千乘之國而不能容其母弟故君子謂之出奔也何氏云時秦侵伐自廣大故曰千乘然則秦伯是西方之伯國至千乘此注謂之小國者正以僻陋在夷罕與諸夏交接至於春秋大夫名氏不見於

經是以比之小國其實非小者也舊說云地之張翕彼此異
時虧闔之數不可同日而語昭元年之時自以千乘爲大國
至此還小亦何傷也而有疑焉○邑年　弑君賤者至其稱盜
以弑何　解云文十六年冬宋人弑其君處臼之下傳云
大夫弑君稱名氏賤者窮諸人然則師彼解爾故此弟子
据而難之　賤乎賤者也　解云彼注云賤者謂士也士正自
當稱人然則今此非士故言賤乎賤者也　注罪人者未加
刑也　解云若其刑訖當有刑稱即襄二十九年夏閽、
弑吳子餘祭是也今此言盜又謂之罪人故知未加刑也云
蔡侯近罪人卒逢其禍故以爲人君深戒者卒詁爲終也
注不言云云　解云即襄二十九年閽弑其君下注云云
不言其君者公家不畜士庶不友放之遠地欲去聽所

之設不繫國不繫故不言其君也然則此處之盜仍未加刑而亦不言其君者正以方當刑設之故與刑人義同也　晉人執戎曼子赤者左氏作戎蠻子也　注則晉至名歸　解云即僖二十八年三月丙午晉侯入曹執曹伯畀宋人彼則曹伯不言名畀宋人不言歸與此異故執不知問　注欲言微者則不當書者欲言赤是楚之微者自歸于楚非戎子之名則微者之例不當書見故以不知問之　辟伯晉而京師楚也　解云成十五年春晉侯執曹伯歸于京師是伯執人歸于京師之文今戎曼子不言名直言晉侯執戎曼子歸于楚即是伯者執人歸京師無異故名戎子以辟之言赤歸于楚者似楚之微者自歸不于戎子然故曰辟伯晉而京師楚也　注此解名而言歸意也京然　解云

言赤歸于楚之意也云前此楚此滅頓胡者即定十四年春楚公子結帥師滅頓以頓子牄歸十五年春楚子滅胡以胡子豹歸是也云從而圍蔡者即上元年春楚子陳侯許男圍蔡是云蔡遷于州來者在二年冬云遂張中國者猶言自廣大于中國也云京師自置者謂作天子自處置也云晉人執戎曼子不歸天子而歸于楚者謂晉人畏其彊禦之勢若京師矣云而不名而言歸于楚則與伯執歸京師同文者若言執戎曼子歸于楚則與成十五年晉侯執曹伯歸于京師同文云故辟其文而名之者爲辟伯執歸京師之文而名戎曼子也云使若晉非伯討伯執者僖四年傳云稱侯而執者伯討也稱人而執者非伯討也今此經云晉人執戎曼子故云使若晉非伯執也云而赤微者自歸于楚者若似楚之微者名赤自歸

于楚然猶莊二十四年冬赤歸于曹之類云言歸于楚者
起伯晉京師楚者吾以僖二十八年晉侯執曹伯以畀宋人然
則諸侯自相執不言歸今言歸者欲起晉人以楚爲京師
故也云主書者惡晉皆殺當誅之者言主書此事者正
欲惡晉以楚爲京師皆殺天子當合誅絶也若然楚人是
時京師自置寧知不惡之者正以宣十八年秋七月甲戌楚
子旅卒傳云何以不書葬吳楚之君不書葬辟其號
也然則吳楚僭號非一朝一夕已不書葬一識而已自餘京
師自置之事理應不識故云此 ●蒲社者何
解云正以社爲積土非火燒之物而又書災故執不知問 注
蒲社者先世之亡國在魯竟者公羊解以爲蒲者古國之名
天子滅之以封伯禽取其社以戒諸侯使事上人定之者若

曰王教絶云爾左氏穀梁以爲亳社者殷社也武王滅殷遂取其社賜諸侯以爲有國之戒然則傳說不同不可爲難案今穀梁經傳皆作亳字范氏云殷都于亳武王克紂而班列其社于諸侯以爲亡國之戒而賈氏云公羊曰薄社也者蓋所見異　亡國之社蓋掩之者公羊子不受于師故言蓋也　注掩柴之者絶不得使通天地四方者郊特牲云天子之大社也必受霜露風雨以達天地之氣也是故喪國之社屋之不受天陽也薄社北牖使陰明也是也然禮記作薄社何氏所見與鄭氏異云以爲有國者戒者言若不事上當如此　蒲社災何以書解云不直言何以書者嫌覆問柴其下何以書故復舉句而問之　注是後宋事彊吳齊晉前驅滕薛俠轂魯衛

騐棄者春秋說文謂下十三年黃池之會時也　注賊已討故書葬也　解云此蔡昭公卽上盜殺蔡侯申者是隱十一年傳云弒則何以不書葬春秋君弒賊不討不書葬以爲無臣子也然則今此蔡侯亦弒而書其葬故知賊已討也　注不書至以下世　解云孟子曰諸侯不得專殺大夫是以春秋之內殺大夫不問有罪無罪皆書而譏之君殺微者例所不錄今蔡侯之賊乃微者爾子殺之故不書見故云明諸侯得專討士以下世考諸正本何氏之注盡於此若更有注者衍字矣　○五年　注据楚子昭卒不書閏者卽襄二十八年冬十二月甲寅天王崩乙未楚子昭卒是也彼注云乙未與甲寅相去卌二日蓋閏月也然則相去卌二日明其不得同在一月故以閏月葬之　襄以閏

數也　解云此喪謂喪服也謂爲之服大功以下喪服者
皆以閏數之此數讀如加我數年之數非頭數之數也
注謂喪服云云　解云此數乃爲頭數之數謂九月五
月三月之喪既是數月之物故得數閏以充之是以葬亦
書閏矣何者葬亦數月之物故也　喪曷爲以閏數
解云此喪亦喪服大功以下者　注略猶殺也云云　解云此
數亦如加我以數年之數也言大功以下之喪所以得數閏月
者正以恩殺故也鄭志趙商問曰經曰閏月不告朔猶朝于廟
穀梁傳云閏月附月之餘日喪事不數又哀五年閏月葬
齊景公公羊傳云閏月不書此何以書喪以閏數喪數略
也此二傳義反於禮斷之何答曰居喪之禮以月數者
數閏以年數者雖有閏無與于數也然則鄭氏之意以

為彼云喪事不數者謂春與三年也此云喪以閏數者謂大功以下也若穀梁之意以為大功以下及葬皆不數閏云云之說在襄二十八年○六年 注城者取之云云 解云正以襄二年遂城虎牢傳云虎牢者何鄭之邑也其言城之何取之也今言城邾婁葭文與彼同故知取之云不言取之者為魯諱國取邾婁邑者即上三年冬叔孫州仇仲孫何忌帥師圍邾婁又上二年春伐邾婁取漷東田及沂西田之屬是也先言圍者便文故也云有夷狄行者正以貪而無親故也 注据齊公子商人弑其君舍而立氏公子者即文十四年冬齊公子商人弑其君舍是也所樂乎為君者云云 解云言人之所以樂乎其為君者貴慕其自專故也然則此乃有為而言非正道也

注

注晉世子申生是也者即僖五年春晉侯殺其世子申生是也　注節信也云云　解云言與之爲斷玉之信而今之意也云奔不書者未命爲嗣者案定十四年秋衛世子蒯聵出奔宋書見於經故知陽生出奔不書者未命爲嗣故也然則公子陽生但是母貴宜立實非世子而上傳云廢正而立不正必殺正者餘非夫人所生但秩次宜立謂之廢正亦何傷而舊云陽生實是正世子但未命爲嗣故出入不兩書若命爲嗣即是大國之君出入合兩書也非　注朞而云云

解云朞而小祥者士虞記文言服朞者除者謂從服之徒矣若其正服臣爲君斬衰三年寧得朞而除乎案景公之卒在去年九月至今七月其實未朞而言服朞者除者蓋陽生之入實亦九月但事不宜月故直時是以傳云除景公

之喪也若然案隱四年冬十二月衛人立晉彼注云月者大國篡例月小國而立納入皆為篡然則大國之篡例合書月齊為大國而言事不宜月者正以陽生之篡陳乞為之故陽生之入欲移惡於陳乞故也似若莊九年夏齊小白入于齊何氏云不月者移惡于魯也之類也然則大國之篡所以月者以其禍大故也既移惡于陳乞是以不月正得述事之宜矣　注常陳乞子重難言其妻故云爾者正以妻者已之私故難言之似若今人謂妻為兒母之類是也　注齊俗婦人首祭事　解云主婦設祭禮則有之何言齊俗者正以主婦設祭之時助設而已其賓男子為首即君薦牲夫人奠酒君親獻夫人薦豆之類是也若其齊俗則令使婦人為首故此傳云常之母有魚菽之祭即其文是矣　注言魚云云　解云

定元年冬十月霣霜殺菽彼注云菽大豆然則彼已訓解故此何氏直以豆言之若依正禮水陸俱陳而止言魚與豆者亦薄陋無所有故也　　願諸大夫之化我也　解云桓六年傳云曷爲謂之寔來慢之也曷爲慢之化我也彼注云行過無禮謂之化齊人語也諸侯相過至竟必假塗入都必朝所以崇禮讓絶慢易今州公過魯都不朝魯是慢之爲惡故書寔來見其義也然則彼以州公過魯而無禮故傳謂之化我也今此陳乞亦以魚菽之薄物枉屈諸大夫之貴重亦是無禮相過之義故謂之化我也　　五有所爲甲者猶言我有所作得若干甲也　注中央曰中霤　解云案月令中央土云其祀中霤鄭注云中霤猶中室也古者複穴是以名室爲霤云庾蔚云複地上累土穴則穿地也複穴皆開其上

取明故雨雷之是以因名中室爲中雷也故此傳云中雷　注云
中央謂室之中央也　注故先書當國起其事也者謂書陽
生入齊乃在弑舍之前所以起其先入後弑也云乞爲陽生弑
舍不舉陽生弑者讒成于乞也者正以舉重略輕春秋之常
事今而不書者讒成于乞故也　注不日者云云　解云
僖十年春王正月晉里克弑其君卓子何氏云不日者不正
遇禍終始惡明故略之然則今此陳乞弑舍所以不日者亦是不
正遇禍終始惡明故略之故曰與卓子同若然卿　解云陽生
之入實在九月但事不宜月故不書月然則陳乞之事宜
云不月而云不日者正以卓子之弑實書月若言不月則與
卓子同文不可設故云不日也案陳乞弑舍實不書日謂之不
日亦何傷然則陳乞弑舍之事與里克弑卓子相類而不月

者正以文承陽生入于齊之下陽生之事既不宜月是以陳
乞之事不得月也然案僖九年冬晋里克弑其君之子奚
齊注不月者不正遇禍終始惡明故略之然則此亦不月何
氏不云不月者與奚齊同義者正以奚齊未踰年之君與舍
不類寧得同之乎　七年　入不言伐此其言伐何　解云莊十
年傳例觕者曰侵精者曰伐戰不言伐圍不言戰入不言圍
滅不言入書其重者也然則傳例云戰不言伐入不言圍此之
入不言伐者正以此經舉伐言入亦違舉重之例是以據經以
釋之傳例云者序用兵之次第輕重備言不足怪也
注諱獲云云　解云若其不諱宜舉重云公入邾婁今不
舉重而伐入兩書故知諱獲諸侯也云使若魯公伐而去佗
人入之以來者以來是諸魯之常文故何氏言來者常文

不爲早晚施是也今始若不諱宜云以邾婁子益至自其而經言來故如此解云醇順佗人來文者以上諱獲諸侯故不舉重使若魯人伐而去佗人自入之今又言來作外來詣魯之常文故曰醇順佗人來文也　注據以隗子歸不名者即僖二十六年秋楚人滅隗以隗子歸是也　注據獲晉侯言獲者即僖十五年冬晉侯及秦伯戰于韓獲晉侯是也　注故以起之　解云擅獲諸侯乃爲大惡是以諱之不言其獲既不言獲故云言其名以起其見獲也所以能起之者諸侯之禮當死位今不能死位而生見獲書其名起其絕也案隱二年無駭入極之下傳云此滅也其言入何内大惡諱也昭四年取鄫之下傳云滅之則其言取之何内大惡諱也今此又言内大惡諱也重發傳者正以往前二處入取亦以兵今此上

經雖亦言入但書名之由事須備釋是以又言　注日者至獲之
解云隱二年注云入例時傷害多則月此書日故須解之言惡
魯侮奪邾婁無已即上六年城葭之下注云魯數圍取邾
婁邑邾婁未曾加非於魯而侮奪之不知足今復入其國獲其君
故書日以惡内也　注入不云云　解云莊六年注云公與一國
及獨出用兵得意不致不得意致伐即僖六年公至自伐鄭二十
九年公至自圍許之屬是至於入例國例不書致者正以既能入
國得意可知似若僖三十三年公伐邾婁取叢之下注云取邑不
致者得意可知例　○八年　注據以隗子歸不名者即僖二十
六年秋楚人滅隗以隗子歸是也　注故名以起之　解云諱
不得書其滅故書其名所以起其滅矣所以能起之者正以失
地之君例合書名即桓七年穀伯綏鄧侯吾離之下傳云皆

何以名失地之君是今曹伯陽亦書其名故可起其滅　注据衛侯燬滅邢不諱者即僖二十五年春王正月丙午衛侯燬滅邢是也　注不日者深諱之云云　解云既書入以諱同姓見滅而又日故曰深諱也云定哀滅例日此不日者諱使若不滅故不日云六之說在定四年注不言鄙者起圍魯也　解云正以莊十九年冬齊人宋人陳人伐我西鄙注云鄙者邊垂之辭榮見遠也然則鄙者邊垂之名今不言鄙直言伐我故得起其圍魯矣　注不言云云　解云國君當彊折衝當遠魯微弱深見犯至于圍國故諱之但言伐者若輕耳　取讙及僤者左氏穀梁作讙闡字外取邑不書此何以書　解云宣元年六月齊人取濟西田之下傳云外取邑不書此何以書注云据曹取之不書然則此傳云外取邑不書此何以

書者亦據曹取濟西田不書但從彼者文是以不
注據上無戰伐之文者謂此上經無魯與齊戰伐之文討無
所謝無事而賂故難之　　為以邾婁子益來也者正為七年以邾婁
子益來是以賂齊二邑也注邾婁齊與國者正以魯獲邾婁之
君而賂二邑若非齊之與國理不應賂云云之説備於宣元年
疏　注獲歸至歸之　　解云正以僖十五年秦獲晉侯後歸
不書故曰獲歸不書今此書者善魯能悔過歸之故録見之
注嫌解云　　解云桓十五年傳例云歸者出入無惡今此言
歸是以嫌其無罪也經既書歸作無罪之文則嫌魯人解釋邾
婁子其罪合除是以書見故復名之見其不善所以書益之名得
見魯之有罪者正以上七年以益來之時傳云内大惡諱注云
故名以起之然則前書名起見魯罪則知今復名者其不善

明矣　注書者云云　解云言所喪之邑不求自得者正以言歸也何者自與之文故也若求乃得之者當言取即僖三十一年春取濟西田成二年秋取汶陽之田之屬是也故不言來使若不從齊來者謂若此邑元不入齊但以此來欲致于魯齊人取而歸之然言與歸我濟西田邑同文者即宣十年春齊人歸我濟西田傳云齊已取之矣其言我何言我者未絕于我也曷爲未絕于我齊已言取之矣其實未之齊也注云不言來者明不從齊來不當坐取邑是也然則彼以未之齊故不言來今此使若不從齊來是以謂之同文矣然則彼言我者以其未絕于我此不言我者正以讙僤實絕于我故也濟西田未絕齊人不當坐取邑讙僤實絕齊人當坐取邑明矣然則我與不即是不同而言同文者正謂皆不言來以爲同文何妨言我與不仍爲

異乎　九年　注據詐戰言敗也者即莊十年秋荊敗蔡師于
莘昭二十三年秋吳敗頓胡沈蔡陳許之師于雞父傳云此
偏戰也曷爲以詐戰之辭言之不與夷狄之主中國也是也
注詐謂陷阱奇伏之類者何氏蓋取禮記中庸云人皆曰
予知驅而納諸罟擭陷阱之中而莫之知辟也又言奇伏者奇
兵伏兵之謂也　注兵者云云　解云下十三年春鄭軒達
師師取宋師于嵒傳云其言取之何易也其易奈何詐反
也注云前宋行詐取鄭師今鄭師今復行詐取之苟相報
償不以君子正道故傳言詐反反猶報也然則兵之設也爲
欲征不義豈欲苟勝而爲詐故知春秋疾而略之皆不書月
矣何者春秋之義偏戰者月所以然者正疾其行詐略之故
也今此二經乃設陷阱奇伏又爲詐之甚者是以春秋深〻

略之　○十年　注月者云云　解云正以上六年夏齊國夏高張來奔襄二十八年冬齊慶封來奔之屬則知來奔魯者例合書時今此書月故如此　解文十二年春正月成伯來奔注云月者前爲魯所滅今來見歸尤當加意厚遇之也者義亦通於此以言之則知昭二十三年秋七月莒子庚與來奔月者爲下戊辰吳敗頓胡沈蔡陳許之師書莒子之奔雖在月下不蒙月何氏所以不注之者正以隱元年冬十二月祭伯來奔之下注云月者爲下卒也出奔例時也然則上已有注故至庚與之下省文從可知　注卒葬云云　解云正以所見之世詳録小國卒月葬月是其常文即上四年秋八月甲寅滕子結卒冬十二月葬滕昭公是也今乃卒月葬時故解云言與杞伯益姑同者即昭六年春王正月

杞伯益姑卒注云不日者行微弱故略之上城杞〻貶復卒
略之者入所見世責小國詳始録内行也諸侯内行小失不
可勝書故於終略責之見其義然則今此略之者亦為
内行小失故曰與杞伯益姑同　注救中國云之　解云正以
僖十八年夏狄救齊冬邢人狄人伐衛注云狄稱人者善救
齊雖非義兵猶有憂中國之心故進之不於救時進之者
辟襄公不使義兵壅塞也定四年冬蔡侯以吳子及楚人
戰于柏舉傳云吳何以稱子夷狄也而憂中國注云言子起
憂中國然則夷狄之人能憂中國也皆進之今此稱國
不進者正以救陳欲以備中國故不進也知陳是吳之與國
者正以吳人救之故也必知欲以備中國者非直見其不進亦
以陳於諸夏之時乃是吳之〻屬故也

春秋公羊疏卷第二十九

春秋公羊疏卷第三十　哀公二

起十一年　盡十四年

○十一年　獲齊國書　解云宣二年春獲宋華元之下何氏云復出宋者非獨惡華元明恥辱及宋國然則今此復出齊者亦然但有文從可知故不注　注戰不至與戰　解云戰不言伐者莊十年傳文而此舉伐者當爾之時魯但與其伐而不與其戰故得兩舉之矣　注不從至國也　解云成二年六月癸酉季孫行父云云會晉郤克云云及齊侯戰于鞌齊師敗績注云大夫敵君不貶者隨從王者大夫得敵諸侯也然則郤克之徒得敵齊侯者正以魯人與在隨從王者大夫是以得序于上而主齊侯今亦云魯公與伐而不使吳爲主序齊下者正以吳是時爲主會若其與之而序于齊上即是夷狄之主中國是以退之矣若然案宣十

二年晉荀林父帥師及楚子戰于邲林父序于楚子之上亦應足不與夷狄之主中國而注云不與晉而反與楚子爲君臣之禮以惡晉者正以楚莊王稱子據彼君文成矣有王伯之事雖以臣及君不嫌晉直今吴稱國君文不成而序國書之下寧得類乎　注言獲者云云　解云莊十年秋荊敗蔡師于莘以蔡侯獻舞歸傳云曷爲不言其獲不與夷狄之獲中國也又昭二十三年秋吴敗頓胡沈蔡陳許之師于雞父獲陳夏齧傳云不與夷狄之主中國則其言獲陳夏齧何吴少進也注云能結日偏戰行少進故從中國辭治之今經亦然故以言此　○十二年　注田謂一井之田　解云知如此者正以家語政論篇云季康子欲以一井田出賦法焉又魯語下篇云孔子謂冉求曰田一井出稯禾秉芻缶米不是過也案彼二文皆論此經用田賦之事而言一、故知然也

注不言井至賦之　解云凡言田者指墾土之人言井者
但是方里之名若言用井賦則條城郭里巷之內但有一井
之處悉皆賦之故云不言井者城郭里巷亦有井條悉賦
之　注禮稅民公田不過什一世云云者即宣十五年傳云
什一者天下之中正也什一行而頌聲作矣是也云軍賦十
井不過一乘者何氏以為公侯方百里案諸典籍每有千
乘之義若不十井為一乘則不合鄭氏云公侯方百里井十
則賦出革車一乘者義亦通于此云哀公外慕強吳者即
上十年春公會吳伐齊十一年夏公會吳伐齊此年夏
公會吳于橐皋之屬是也云故復用田賦過什一者對常
賦以為復矣　孟子者何　解云欲言魯女不言孟姬欲
言夫人經不書葬故執不知問　注据不稱夫人某氏者即

隱二年冬十有二月乙卯夫人子氏薨之屬是也　蓋吳女世者公羊子不受乎師故疑之　注禮不娶同姓買妾不知其姓則卜之云云者上曲禮云取妻不取同姓故買妾不知其姓則卜之鄭氏注云爲其近禽獸也妾賤或時非媵取之於賤者世無本繫者是也云爲同宗共祖亂人倫與禽獸無别者欲取曲禮上云夫唯禽獸無禮故父子聚麀是故聖人作爲禮以教人使人以有禮知自别於禽獸之文乎　注昭公至孟子　解云昭十年注云去冬者蓋昭公娶吳孟子之年故譏貶之然則此言昭公既娶者謂從昭十年以來世而諱謂之吳孟子者即論語云君娶乎吳爲同姓謂之吳孟子坊記云魯春秋猶去夫人之姓曰吳其死曰孟子卒是也　注春秋至國也　解云言婦人繫姓不繫國者即隱元年仲子

下注云仲子子姓婦人以姓配字不忘本也因示不適同姓也二年夫人子氏之下注云子者姓也夫人以姓配號義與仲子同是言昭公之時諱之　不謂之吴姬謂之吴孟子而春秋直謂之孟子不繫吴者正以婦人不繫國故也言雖不諱猶不繫國者正以齊姜穆姜之屬亦不繫國言之故也　注不稱云云解云若言薨當言夫人姬氏薨若葬當言葬我小君昭姬皆爲大惡大惡不可言故曰深諱之也而云孟子卒者若言宋之長女爲魯侯之妾而卒之猶如定十五年秋姒氏卒之類　注比年再螽者即下十三年冬十二月螽是也　注宋國以亡齊并于陳氏晉分爲六卿者皆在春秋後考諸舊本宋是宗字然則宗國猶大國言天下不能殺地不能埋天下大亂莫能相禁是其紀綱之國滅亡

之象是故齊并于陳氏晉分爲六卿君作宋字何氏更
有所見春秋說云陳氏篡齊三年千人合葬故螽蠡冬踊
者是其螽爲齊亡之一陽也案左氏及史記皆云晉亡分
爲魏趙韓今云晉分爲六卿者蓋其初時晉君失政六卿
用事不妨其下滅時但三家分之矣　○十三年　其言取
之何者上九年　注云据詐戰言敗也故此有文不復言之也
注前宋行詐取鄭師者即上九年春宋皇瑗帥師取鄭
師于雍丘傳云其言取之何易也其易柰何詐之也是
世　注比陳云云　解云昭八年冬楚師滅陳十一年
楚師滅蔡至十三年秋蔡侯廬歸于蔡陳侯吳歸于
陳二十年冬十有一月辛卯蔡侯廬卒二十一年春王
三月葬蔡平公定四年春王二月癸巳陳侯吳卒夏六月

葬陳惠公定六年鄭游速滅許以許男斯歸今年夏許男成卒秋葬許元公然則陳蔡之滅非吳廬之罪及其存時乃為大國所復但以不受封於天子故書君以見之仍以前君死位非其自復其國合存故詳錄其卒葬也而許男斯者為鄭所滅不能死位許國合絕不足存之而成自復罪惡深矣若比之陳蔡不當合錄而錄之者正欲見其前君不死位後君自復之惡深是以著其卒葬而去其日月以見矣故曰比陳蔡不當復卒故卒故卒葬略之也　注據救陳稱國者十年冬吳救陳是也　注以言及云云　解云以經言及吳即知吳主會何者正以及者汲汲之辭即僖五年夏公及齊侯宋公以下會王世子于首戴注云言及者因其文可得見汲汲也然則彼云及齊侯齊侯主會則知此言及吳子吳子主會明矣故云以言及也

云時吳強而無道敗齊臨菑乗勝大會中國者即上十一年五月公會吳伐齊甲戌齊國書帥師及吳戰于艾陵齊師敗績者是敗齊師于臨菑之事正以吳爲夷狄數伐中國而敗之故謂之無道菑字然有作晉字若作晉字以黄池爲近晉晉人畏而會之故曰臨晉云齊晉前驅魯衛驂乗滕薛俠轂而趨者春秋說文也以下傳及注云則天下盡會而春秋說特舉此六國時爲之役故偏舉之或言不盡意故也

注以諸夏云云　解云諸夏衆強不復如禮反棄君父而事夷狄恥辱之甚不忍言故深爲諱進吳稱子矣而言冠帶之國者正以夷狄之人不知冠帶故也是以穀梁傳云吳王夫差曰好冠來孔子曰大矣哉夫差未能言冠而欲冠也范氏云不知冠有等差唯欲好冠是也　注據申之會楚子

主會序上者，即昭四年夏楚子蔡侯以下會于申是　注據
鍾離之會殊會吴不言及者即成十五年冬叔孫僑如會晉
士燮齊高無咎以下會吴于鍾離是也　注僖五年云云
解云即僖五年公及齊侯宋公以下會王世子于首戴然
則案如彼經書公及齊侯齊侯主會此云及吴則是吴子主
會益明矣何言不與夷狄之主中國乎是以據而難之　注吴
言及者亦人往爲主之文也　解云凡言及者汲汲之辭
今言及吴子則似吴子先在是天下之人慕而往事之然故
曰人往爲主之文　注半抑半起以奪見其事也　解云
序晉于上是其抑之言及吴子起其爲伯也故曰半抑半
起矣序晉于上是其奪言及吴子亦見其爲伯之事故曰
奪見其事　注據伯主人者謂爲伯者主領會上之人矣

注其實云云　解云謂其實處權重在于吳故言及吳子作
汲汲之文矣經言公會晉侯是其諱爲吳所主也晉侯之下
即言及吳子是其不盈滿其諱文也何者晉是大國而汲汲
乎吳還是吳爲會主之義也僖二十三年夏宋公慈父
卒傳云何以不書葬盈乎諱也注云盈滿也相接足之
辭也然則此言諱而不盈者意欲取彼傳文矣　注
據常殊吳者即成十五年冬叔孫僑如會晉士燮以下會
吳于鍾離襄十年春公會晉侯以下會吳子柤之屬
是也　注不書諸侯云云　解云欲實而言之天下諸
侯寧可悉至但欲見其重在吳作徧至之辭而已如其
歷言某侯某侯則實不至者不可空言是以舉其最大之
國作天下盡會之義矣　注齊桓至衰也　解云僖二

年秋九月齊侯宋公江人黄人會于貫傳云江人黄人者何遠國之辭也遠國至矣則中國曷爲獨齊宋至爾大國言齊宋小國言江黄則以其餘爲莫敢不至也然則齊桓之時非獨舉大以明小亦兼舉遠以明近今此但舉晉者非尊天子不得襃爲遠夷皆至之辭則傳云天下諸侯莫敢不至據九州之内言之亦得謂之天下矣　注主書云云　解云春秋見義非唯一種一則見吳之強暴一則見晉之衰微但主書之情本惡諸侯君事夷狄餘者兼見之矣　注有恥云云　解云莊六年注云公與二國以上出會盟得意致會不得意不致然則今此冠帶之國斂手從夷乃是可恥之次而致之者正欲順其諱文使若吳尊事天子以會諸侯諸侯得意以會致之然故曰順諱文也　注據上七年言曼多者

即上七年春魏曼多帥師侵衛是也　注復就云云
解云定六年冬仲孫忌帥師圍運傳云此仲孫何忌也曷
為謂之仲孫忌譏二名二名非禮也注云為其難諱也一字
為名令難言而易諱所以長臣子之節不逼下也春秋定
哀之間文致大平欲見王者治定無所復為譏唯有二名故
譏之然則彼已於魯見訖今復就晉見之者明先自正而
後正人也等是正人而於晉者見當先正大國以帥于小國
故也　注先是用田賦者在十二年春　孛者何　解云
欲言是星星名未有欲言非星錄為星稱故執不知問
注據此斗言星名者即文十四年秋七月有星孛入于北斗
是也然則彼入于北斗言其所孛之星名今言于東方故
難之　見于旦也者于字亦有作乎字者誤也　注曰

者云云　解云旦者日方生也未相去離之解故曰旦者日
方出當爾之時宿皆不見故曰時宿不復見也星孛仍見
餘宿已没是以不復指其孛之星漫道其方而已故言東方
知為旦也注周十一月夏九月日在房心云云者堪輿云九
月日體在大火故曰日在房心也云房心天子明堂布政
之庭出堪輿星經亦云也　注是後周云云　解云春
秋説云趨作法孔聖没周姬亡彗東出秦正起胡破術
書記散孔子不絶也既言周姬亡彗東出故知由此孛
星周室遂微也言秦正起亦由此孛星秦本紀云始皇名
正以二十六年滅周而并天下故云諸侯相兼為秦所滅
也始皇胡亥並焚書聖人之道于斯絶矣故曰燔書道絶
十四年　何以書記異也　解云麟者仁獸大平之嘉

瑞而言記異者當爾之時周室大衰為天下所厭
焉方起竟爲將興者謂之瑞亡者謂之異然則何氏云
吉凶不並瑞災不兼之有乎義亦通于此　非中國之獸也
者謂有聖帝明王然後乃來則知不應華夏無矣然則以
其非中國之常物故曰非中國之獸不謂中國不合有若
似昭二十五年有鸛鵒來巢之下傳云何以書記異也何
異爾非中國之禽也之類是也若然皆非中國之物鸛鵒
言有來而麟不言有來者正以麟是善物春秋慕之欲
其常於中國非今始有非今始來之義是以穀梁傳云
其不言來不外麟于中國也其不言有不使麟不恒於中國也
是也　注稱西言狩尊卑未分　解云西者四時之叔是為
卑稱狩者天子諸侯之事乃是尊名故曰稱西言狩尊

畢未分也必知狩是天子諸侯之事者正以僖二十八年
天王狩于河陽桓四年春公狩于郎之屬故也
薪采者也　解云薪采猶言采薪也言是庶人采薪者
矣　注西者据狩言方地者謂据其處道其方之地曰
西狩也　注類賤人象也者正以西方爲兌少其之位女子
之畢草木衰落亦非可貴之義故曰類賤人象也　注金
主云云　解云經言西者賤人象金主芟艾持斧之義而
文正以春盡是火當絕水之時今乃舉此爲文即知庶人持斧
斫木燃火之意故曰知庶人采樵薪者似若漢高祖起于布
衣之内持三尺之劍而以火德之君臨四海從東郊西以絕周家
木德之象也　注天王狩于河陽者在僖二十八年云公狩
于郎者在桓四年春　注河陽云云　解云若依周之

正月乃夏之仲冬得冬獵曰狩之時即大司馬職云仲冬教大閱遂以狩田是也孔子作春秋欲改周公之舊禮正朔三而又當欲行夏之時取夏之盡冬以為狩時夏之仲冬不是田狩之月是以桓四年春正月公狩于郎何氏云狩例時此月者譏不時周之正月夏十一月也陽氣始施鳥獸懷任草木萌牙非所以養微者是也然則河陽言狩者周之季冬當夏之十月故得言狩矣案僖二十八年冬天王狩于河陽之時乃冬言狩今獲麟之經春言狩者蓋據魯為王而改正朔方欲改周之春以為冬去其周之正月而行夏之時由此之故春而言狩矣　注據略微　解云隱元年九月及宋人盟于宿傳云孰及之內之微者也注云內者謂魯也微者謂士也不名者略微也是然則春秋之道略於微者今而大之故以為難矣　注據

鸜鵒具非中國之禽無加文者即昭廿五年夏有鸜鵒來巢是也
麟者仁獸也　解云五行傳云東方謂之仁又云視明禮脩而麟
至言人君但當其視能明其禮又脩而麟至也是以春秋說云麟生
於火游于中土軒轅大角之獸然則麟爲土畜而言仁獸者正以
設武備而不害物所以爲仁而異義公羊說云麟者木精一角
赤目爲火候下注亦云麟者木精者正以設武備而不害物有仁
之物屬東方赤目爲火候火乃木之子謂之木精亦何傷又鶡冠
子云麟者北方玄枵之獸陰之精者正以五行相配言之水爲土
妃水土構精而生麟得土氣者性似父得水氣者性似母蓋以
麟得水氣故云玄枵之獸陰之精也　注狀如麕一角而戴肉
云云　解云釋獸云麐麕身牛尾一角郭氏曰角頭有肉故
此云狀如麕一角也廣雅云麟狼額肉角故此注云而戴肉

云設武備而不為害所以為仁也者欲道中央之畜而得謂之仁獸之義云詩云麟之角振振公族是也者在麟趾之篇也引之者欲道麟角末有肉示有武而不用故得謂之仁當時公族皆振振然而信厚亦為仁之義故得并引之　注上有至乃至

解云若今未大平而麟至者非直為聖漢將興之瑞亦為孔子制作之象故先至故春經說云丘以匹夫徒步以制王法是其賤者獲麟兼為庶人作法之義也　注尚書曰簫韶九成鳳皇來儀擊石拊石百獸率舞者咎繇謨之文也彼鄭注云簫韶舜所制樂宋均注樂說云簫之言肅舜時民樂其肅敬而紹堯道故謂之簫韶或云韶舜樂者象簫乎鄭氏又云樂備作謂之成簫韶作九備而鳳皇乃來儀止巢乘匹擊石拊石百獸率舞者石磬也百獸服不氏所養者謂音聲之道與

政置焉引之者欲道上有聖帝明王。天下大平瑞物乃来之義
注援神契曰德至鳥獸則鳳皇翔麒麟臻　解云釋獸云驨
如馬一角不角者騏舍人云驨如馬而有一角不有角者名騏然則
麒麟非直雄雌之異其體亦別　注辟害遠也者謂無道之
世刳胎殺天是以瑞物亦不来游也即家語云孔子曰刳胎殺
天則麒麟不至擿巢毀卵則鳳皇不翔是也故云辟害遠也
有以告者曰有麏而角者　解云孔叢云叔孫氏之車子曰鉏
商樵于野而獲麟焉衆莫之識以爲不祥棄之五父之衢冉有告
孔子曰有麏肉角豈天下之妖乎夫子曰今何在吾將觀焉遂往
謂其御高柴曰若求之言其必麟乎到視之曰今宗周將滅無
主孰爲来哉茲日麟出而死吾道窮矣乃作歌曰唐虞之世麟
鳳游今非其時来何由麟兮麟兮我心憂是也然則此告者

其冊求也若以孔叢合之此傳則鄉云薪采者還是鉏商也
而春秋不言之者略微故也不言爲濁獲之者微辭也故春秋
說云不言姓名爲庶主宋氏云劉帝未至故云庶主若書姓名
時王惡之是其義也　注見時云云　解云下注云夫子素
圖錄知庶姓劉季當代周見薪采獲麟知爲其出然則夫子
素知此事而云孰爲來哉以怪之者蓋畏時遠害假爲微辭非
其本心注解其語故云時無聖帝明王怪爲誰來矣或者素
案圖錄知劉季當代周但初見之時未知薪采獲麟爲之出
仍自未明故作此言也乃後詳審方知爲薪采者所獲於是煥
然而寤是以注之亦何傷乎反袂拭目者目亦有作面字者云涕
沾袍者袍亦有作衿字者以衣前襟言之袍似得之　注夫子素
圖錄知庶聖劉云云　當代周者蓋見中候云卯金刀帝出復

堯之常是其案圖録從亭長之任而為天子故謂之唐姓矣
注何者至之意　解云春秋說云麟生於火遊於中土軒
轅大角之獸然則麟為土畜而言木精者正以公羊說云麟
者木精一角赤目為火候既為火候是木之子謂之木精亦
何傷舊云木生火火生土麟為土畜亦受氣于祖姓合人仁
故為木精也庶人采薪本供庖爨之意歎燃之故曰采薪庶
人燃火之意也木雖生火火復燒木即漢以火德承周之後而能
滅之故曰此赤帝將代周居其位也云故麟為薪采者所執
其若不然麟為異物體形不小薪采賤夫寧能輕獲之乎
注西狩至天下　解云言西狩獲之者即是從東方而
王於西方之象卯在東方金在西方故曰東卯西金象也
言獲者兵戈之文是其有刀之義也故曰言姓卯金刀以兵

得天下言劉季起於豐沛之間提三尺之劍而入秦宮是其卯金刀從東王于西以兵得天下之事也　注不地者天下異也　解云所以不言西狩于某獲麟者正以麟見乎魯乃爲周王將亡之異是以不舉小地之名而得爲王魯之義故曰不地者天下異也云又先是螽蟲冬踊者即上十二年冬十有二月螽十三年冬十有二月螽是也云彗金精埽旦置新之象者即上十三年冬十有二月有星孛于東方傳云孛者何彗星也者是孛從西方鄉東故曰金精彗者埽除之象鄉晨而見故曰埽旦也然則螽蟲冬踊者乃是天不能殺地不能埋故爲六國爭强天下大亂之象也金精埽旦乃是秦項驅除劉氏乃帝之義故何氏云焉　注夫子至之取　解云六國者即燕齊楚韓魏趙也當爾之時齊据東燕楚强于南北韓魏趙居

於晋洛之間各自保險迭相征伐故曰六國爭强也戰國策云
秦横有周故謂之横燕楚南北而遠故謂之從蘇秦在東而
相六國謂之合從張儀在西而相秦以戎謂之連横故從下文從
成則楚王横成則秦帝蘇公居趙秦兵不敢東伐張儀在秦
楚兵絶于西是也蘇公既死張儀以横滅從是從横相滅之取
也　秦項驅除　解云始皇挾秦籍滅周之資而殄六國
項羽因胡亥之虐而龍拾天下皆非受命之帝但為劉氏驅
其狐狸除其豺狼而已故曰秦項驅除　注積骨流血之虐云云
者虐亦有作害者爾時天下土崩英雄鵲起秦項之君視人
如芥殽函之處積骨成山平原之地血流如海故曰積骨流血之
虐也自此以後高祖乃興故曰然後劉氏乃帝　注噫咄嗟
貌　解云咄嗟猶歎息即里語曰咄嗟之間也弟子傳云

顔淵少孔子三十歲，三十二而卒，以此言之，則顔淵之生時十九年矣，及其卒時當哀三年，而至此乃言之者，傳家追言之亦何傷　天喪予　解云、聖人之道當須輔佐而成，是以家語及髀傳云自予得回也，門人加親也、今而遭命，故曰天喪予，而論語云非助我者，謂非師徒弟子共相發起之義、蓋欲顯聰敏，非是不助也　子路死云云　解云、若依左氏，則獲麟之後當哀十五年衛大子蒯聵入國之時，子路乃死，衛人醢之，孔子聞之，爲之覆醢，今已言死者，公羊子於後言之，未足爲妨也，自予得由也，惡言不至於耳，是其爲輔佐之義也　注祝、斷也者，言天祝惡己之道德，亦是斷絶之義也　注天生云云　解云、若欲以理言之，則四科十人游夏之徒，皆爲夫子之輔佐，故孝經說云春秋屬商，孝經屬參是也，今言二人者，以其先卒故也，良輔之内二人先死亦非祐助之義，故曰將亡夫子之證。　西狩獲麟，孔子曰：吾道窮矣。　解云：麟之來也，應於三義：一爲周亡之徵，即上傳云「何以書？記異也」是也；二爲漢興之瑞，即上傳云「孰爲來哉，孰爲來哉」，雖不指斥，意在於漢也；三則見孔子將終，「吾道窮矣」是也。　注加姓者云云。　解云：正以上文再發「子曰」，皆不加姓故也。云「麟者太平之符，聖人之類」者，以皆有聖帝明王然後乃見，故謂之類也。注又云「時得麟而死」者，即《孔叢子》云「麟出而死，吾道窮矣」是也。　注据得麟乃作。　解云：正以《演孔圖》云「獲麟而作春秋，九月書成」是也。而《撥命篇》云「孔子年七十歲，知圖書，作春秋」者，衛氏以爲年七十歲者，大判言之，不妨爾時七十二矣，猶如「卜世三十，卜年七百」之類也。　祖之所逮聞也。　解云：衛氏以爲公取十二，則天之數，故隱元年「益師卒」之下注云「所以二百四十二年者，取法十二公天數備足是也今此傳云祖之所逮聞者謂兼有天數之義亦託問聞而知亦取制服三等之義故隱元年注云所以三世者禮為父母斬衰三年為祖父母期為曾祖高祖父母齊衰三月是也　注託記云云　解云假託云道我記高祖以來事者謂因已問父得聞昭定哀之事因父問祖得聞文宣成襄之事因祖問高祖得聞隱桓莊閔僖之事故曰託記高祖以來事可及問聞知者以此言之則無制作之義故曰我但記先人所聞辟制作之害也　注所以復發至義異　解云隱元年冬十有二月公子益師卒傳云何以不日遠也所見異辭所聞異辭所傳聞異辭然則彼已有傳今復發之者正以益師之卒所以不日者以其恩遠孔子所不見欲道當時之君無恩于其臣是以大夫之卒不問有罪與不例皆不日以見之是以須發三世

異辭之言今此西狩獲麟當所見之世已與文時之事須道當
時之臣有恩于其君故為微辭不君正言其惡是以須發、
傳道其三代異辭之意然則言益師之經以
臣之故見君恩之薄厚也云此以君見恩者今此獲麟之經以
君之故見臣恩之厚薄其義實異故重發案桓二年成宋亂
之下傳云內大惡諱此其目言之何遠也所見異辭所聞異辭
所傳聞異辭何氏云所以復發傳者益師以臣見恩此以君見恩
嫌義異也然則桓公之時已發見君恩之傳今復發之者正以
桓公之時欲見其臣無恩於其君是以不為之諱大惡今時
有恩于其君為之諱而作微辭也彼注云嫌義異也此復注
云義異是其一隅何氏不決之者從可知省文也云故多微
辭也者即定元年傳云定哀多微辭注云定公有王

無正月不務公室喪失國寶哀公有黄池之會獲麟故惣言多是也云故立煬宮是也云武宮即成六年二月辛巳立武宮是也正以公羊之義失禮鬼神例日故如此解之也云子赤卒不日者即文十八年冬十月子赤卒是也云子般卒日是也者即莊三十二年冬十月乙未子般卒是也文十八年子卒之下傳云子卒者孰謂謂子赤也何以不日隱之也何隱爾弒也弒則何以不日不忍言也注云所聞世臣子恩痛王父深厚故不忍言其日與子般異是也　注据哀公未終也者正以未見公薨之文故也且以左氏言之即哀二十七年公遜於越而因卒則知今未終　注人道浹云云　解云浹亦有作帀字者正以三代異辭因父以親祖以親曾祖以曾祖親高祖骨肉相親極于此故云人之道浹也云王道備者正以撥亂于隱公功成于獲麟懔

治之至于太平故曰王道備也云必止至於麟者正以獲麟之後得端门之命乃作春秋但孔子欲道從隱撥亂功成于麟是以終于獲麟以示義似若堯舜之隆制禮作樂之後簫韶九成鳳皇乃来止巢而乘匹之類也云故麟于周爲異者即上傳云何以書記異也何異爾非中國之獸也是也云春秋記以爲瑞者記亦有作託者今解從託也云明太平以瑞應爲効也者言若不致瑞即太平無驗故春秋記麟爲太平之効也　注絶筆至漢也　解云四時具然後爲年此乃春秋之常今不書下三時者欲起木應之君將之欲别起爲王是以此處不得記之且獲麟既訖制作之道已備當欲以之授于漢帝使爲治國之法是以不得録于三時矣　注又春至終竟　解云所以然者始正則終理故也僖十六年傳云朔有事則書晦有事不書

世者義亦通乎此　君子曷爲爲春秋　解云君子謂孔子曷爲今日始爲春秋乎嫌其大晚於諸典之後　注括以定作五經　解云何氏以爲孔子領緣五經皆在獲麟之前故言此何氏知然者正以論語云孔子曰吾自衛反魯然後樂正雅頌各得其所案孔子自衛反魯在哀十一年冬則知料理舊經不待天命者皆在獲麟之前明矣而論語直言樂正雅頌文不備矣言料理五經在獲麟之前何故作春秋獨在獲麟之後乎故据五經以難之　撥亂至春秋　解云孔子未得天命之時未有制作之意故但領緣舊經以濟當時而已既獲麟之後見端門之書知天命已制作以俟後王于是選理典籍欲爲撥亂之道以爲春秋者賞善罰惡之書若欲治世反歸于正道莫近于春秋之義　是以得天命之後乃作春秋矣

即上云治世之要務義亦通于此　注得麟至之狀　解云此演孔圖文也疾作王者之法孔氏聖人將欲没矣周王姬氏將亡是以十三年冬彗星出于東方矣秦始皇名正方欲起為天子其子胡亥破先王之術當爾之時書契紀綱盡皆散亂唯有孔氏春秋口相傳者獨存而不絶孔子聞之使子夏往視其血書其血乃飛為赤烏其書乃化為白書署之曰此是演孔圖中義理乃有訓作之象制法之形狀矣案秦本紀云秦皇為無道周人以舊典非之乃用李斯之謀欲以愚黔首於是燔詩書云然則始皇燔詩書而言胡破術者謂始皇燔之不盡胡亥亦燔之科舉之亦何傷云孔子仰推天命者謂仰推尋天命即緯門之命是也云俯察時變者即螽蟲冬踊彗星埽旦之象是也欲尊天命故以俯仰言之云却觀未來豫解無窮知漢當繼大亂之後故作撥亂

之法以授之者謂知其承大亂之後天下未醇故作治亂之法以授之矣若欲託之春秋即所傳聞之世是也故桓三年夏齊侯衛侯胥命于蒲傳云胥命者何相命也何言乎相命近正也此其爲近正奈何古者不盟結言而退彼注云善其近正似於古而不相背發書以撥亂也是也　則未知其爲是與　解云爲音于爲反　公羊子謙不敢斥言孔子作春秋故依違云則未知其爲此春秋可以撥亂世而作之與　其諸至道與　解云其諸辭也即桓六年子公羊曰其諸以病桓與注云其諸辭也是也君子謂孔子不知爲是孔子愛樂堯舜之道是以述而道之與　注堯舜至之道　解云言堯舜當古曆象日月星辰者堯典文也云百獸率舞者舜典咎繇謨皆有其文也云鳳皇來儀者咎繇謨文也云春秋亦以王次春上法天文四年時具然後爲年以敬授人時者欲似

前援人時也云崇德致麟乃
得稱大平者欲似堯舜百獸率舞鳳皇來儀是也云道同
者相稱者謂孔子之道同于堯舜故作春秋以稱述堯舜是
也云德合者相友者友者同志之名言孔子之德合於堯舜是
以愛而慕之乃作春秋與其志相似也　末不至君子也　解
云孔子之道既與堯舜雅合故得與堯舜相對爲首末然
則指孔子言不亦亦也堯舜之時預知有已而制道術預知有已而
爲君子而慕之已亦預制春秋授劉帝是孔子亦愛慕堯舜之
知君子而効之　制春秋云云者制作春秋之義謂制春秋之
中賞善罰惡之義也　以君子云云者君子謂孔子所以作春秋
者亦樂此春秋之道可以永法故也　注樂其云云　解云春秋者
賞善罰惡之書有國家者最所急務是以貫通于百王而不

成紀矣故孔子為後王作之云名與日月並行而不息者謂名之

曰春秋其合於天地之利生成萬物之義凡為君者不得不爾

故曰名與日月並行而不息也

春秋公羊疏卷第三十

宣德郎守大理寺丞國子監直講賜緋魚袋臣崔偓佺　校定

通直郎守太子洗馬國子監講騎都尉杭州監敝印欽臣王煥　校定

諸王府侍講承奉郎守尚書屯田員外郎兼國子監直講上騎都尉賜紫金魚袋臣孫奭　校定

宣德郎守尚書工部員外郎直集賢院上騎都尉賜緋魚袋臣李維　校定

中散大夫行尚書職方員外郎充秘閣校理上柱國臣舒雅　校定

朝請大夫尚書都官郎中崇文院檢討直秘閣龍圖閣待制護軍賜紫金魚袋臣杜鎬

南宫待教朝請郎守大理寺丞臣名　　士宏　每校

朝奉郎守國子博士騎都尉臣李　　蔡清　再校

翰林侍講學士太中大夫守尚書工部侍郎兼國子祭酒權同勾當審官院事上柱國河間郡

開國侯食邑一千户食實封肆伯户賜紫金魚袋臣邢昺　　都校定

大宋景德二年六月　日

正奉大夫尚書工部侍郎參知政事上柱國始平郡開國侯食邑一千户食實封貳伯户

賜紫金魚袋臣馮　拯

正奉大夫尚書兵部侍郎參知政事上柱國太原郡開國侯食邑一千五百户食實封

肆伯户賜紫金魚袋臣王　旦

推忠協謀佐理功臣光祿大夫行尚書兵部侍郎同中書門下平章事集賢殿大學士

上柱國上谷郡開國公食邑二千八百户食實封捌伯户臣寇　準

推忠協謀佐理功臣金紫光祿大夫行尚書吏部侍郎同中書門下平章事監修國史上

柱國太原郡開國公食邑二千户食實封肆伯户臣畢士安

# 春秋公羊疏

〔唐〕徐彦 撰

部積意 解題 石傑 校理

解題校理研究

# 本册目録

# 序　言

儒家傳統經典，相沿有「五經」「九經」「十三經」諸目。漢魏以降，因應官學博士制度，逐步形成各經與傳注的權威組合，呈現爲「經注本」的文本形態。南北朝時期，義疏之學興起，多以「經注本」爲基礎，疏通經義，兼釋注文，且備采衆説。唐朝貞觀年間，孔穎達奉命主持撰修《五經正義》，基於前人義疏，爲《周易》《尚書》《毛詩》《禮記》《左傳》編定新疏，幾經修訂，最終於永徽四年(653)頒布天下，以求達到統一經義目的。其後，唐又有賈公彦等撰《周禮疏》《儀禮疏》，徐彦撰《春秋公羊疏》(一説徐彦爲南北朝時人)，楊士勛撰《春秋穀梁疏》，北宋邢昺等撰《論語正義》《孝經正義》《爾雅疏》。以上孔、賈及至邢昺等所撰諸經義疏，均與經注别行，自成一書，故後世稱其爲「單疏本」。唐代單疏本長期以寫本形式流傳，今存數種敦煌殘卷，即其孑遺。北宋國子監首次刊刻唐九經義疏，以及邢昺等撰三部新疏，南宋又覆刊北宋監本。北宋本今已無存，南宋覆刊本尚有數種傳本遺存。

單疏本獨立於經注文本，在經師記誦發達時代，經注信手拈來，本無多大問題；但是進入刊本時代，加之科舉背景之下功利化的需求，讀書苟簡，單疏本與經注本參互閲讀有所不便。故此南宋高宗以降有注疏合刻之舉，因相繼刊於越州官府，款式均爲半葉八行，後世遂統稱爲「越州本」「八行本」。其後，福建建陽書坊又興起附帶陸德明釋文的注疏合刻本，融匯經注、義疏、釋文於一書，較之經注本、單疏本和越州八行本使用更加便利，因而廣受歡迎，元、明、清時代遞相翻刻。此文本形式行款爲半葉十行，故被稱爲「十行本」。總之，南宋之後，十三經的組合方式，經、注、疏、釋文的文本結構，逐漸形成固定搭配，十三經注疏遂成爲士人閲讀的基本文獻，影響深遠。注疏合刻本通行之後，單疏本缺乏閲讀需求，漸趨湮没無聞，傳本日稀。延至清代，學人可利用的單疏本已僅限於《儀禮疏》《爾雅疏》及殘鈔本《春秋穀梁疏》。錢大昕有云：「予三十年來所見疏與注别行者，唯有《儀禮》《爾雅》兩經，皆人世稀有之物也。」陳鱣亦云：「群經之疏，本自單行，今尚存宋本有三，而皆萃於吴中。三者何？《儀禮》也，《穀梁傳》也，《爾雅》也。」阮元《十三經注疏校勘記》廣羅善本，備列異同，洵稱群經校勘的典範之作，但是所採用的單疏本仍不出上述三書，而且不乏據他人校本過録者。國内現今存世的單疏本，亦僅有南宋覆刊本《周易正義》、《春秋公羊疏》(存七卷)、《爾雅疏》，清覆刊本《儀禮疏》，以及清鈔本《春秋穀梁疏》(存七卷)。

反觀日本方面，從寫本時代起，即不斷流入中土經籍文獻，及至刊本時代，規模更盛，唐鈔宋刊不絕於書，而且歷經傳鈔，存世數量頗爲可觀。以單疏本而論，據傳世本收藏印記，鎌倉時代金澤文庫五經齊備，今公私單位仍藏有南宋刊本《尚書正義》、《毛詩正義》（存三十三卷）、《禮記正義》（存八卷），以及古鈔本《周易正義》（存十部之多）、《毛詩正義》（存四篇）、《周禮疏》、《儀禮疏》（存兩卷）、《禮記正義》（存卷五）、《春秋正義》、《春秋公羊疏》。其中，《尚書正義》、《毛詩正義》、《禮記正義》、《周禮疏》、《春秋正義》，國内不傳；《春秋公羊疏》，國内存本不全。此外，古鈔本《禮記正義》（卷五）、《毛詩正義》（四篇）源出唐寫本；《周易正義》（廣島大學藏本）或源出不傳的北宋刊本；《儀禮疏》（二卷）源出南宋刊初印本，較國内影鈔、覆刊本更佳。

諸經注疏合刻本與單疏本相較，由於經疏文字率爾搭配，章節分合、長短無定，而且相互遷就改易，人爲造成經典文本的混淆。錢大昕有云：「唐人五經正義，本與注别行，後人欲省兩讀，併而爲一，雖便於初學，而卷弟多失其真，不復見古書真面。」盧文弨亦云：「古來所傳經典，類非一本。陸氏所見，與賈、孔所見本不盡同。今取陸氏書附於『注疏本』中，非强彼以就此，即强此以就彼。欲省兩讀，翻致兩傷。」單疏本與注疏本大别有二：一是卷次，二是出文。單疏本撰成於卷子本時代，多據内容分卷，不太考慮篇幅的長短，而坊刻注疏本則照顧各卷篇幅的均衡，因此造成兩者卷次的差異。出文方面，單疏本獨立於經注，故引經注文字，形式多樣，或長或短；注疏本因爲經注齊備，所以疏前引經注文字，多以固定字數標起訖方式。單疏本與注疏本卷次、出文的區别，反映出從寫本形態到刊本標準化的變異。單疏本分唐鈔與宋刊系統，宋刊雖對唐鈔有所整飭，但大致保留了原本面貌。許多注疏本的文本矛盾之處，有賴於單疏本的校勘而得以揭示。此外，單疏本所據經注文字，不乏與注疏本相異之處，也具有重要的異文價值。當然，今存單疏刊本已屬南宋覆刻，鈔本又多據南宋本傳寫，輾轉傳鈔之際，不乏文字訛脱衍倒，别體俗寫，利用亦需精加鑒别。

近代楊守敬日本訪書，率先發掘日傳單疏本，影鈔《周易正義》、《尚書正義》、《禮記正義》、《春秋正義》，並撰寫題跋揭示其文獻價值。楊氏影鈔四經單疏本經繆荃孫歸於劉承幹，今存復旦大學圖書館。劉承幹《嘉業堂叢書》即據楊氏影鈔四經單疏本，加之借鈔日本竹添光鴻藏《毛詩正義》，國内涵芬樓藏《穀梁疏》、蔣氏密韵樓藏《春秋公羊疏》，彙刻單疏本七經併附校勘記。這是單疏本首次集中刊佈，不惟底本珍罕，所附繆荃孫等校勘記亦頗具價值。其後，日本陸續將《尚書正義》《毛詩正義》《禮記正義》《春秋正義》影印出版，商務印書館《四部叢刊》又將之收録，單疏本遂得到學界廣泛利用。

但是，群經單疏尤其是古鈔本的公佈出版仍存在明顯不足。日本廣島大學圖書館藏《周易正義》、京都大學圖書館藏

《周禮疏》、蓬左文庫藏《春秋公羊疏》，迄今未見出版。已經出版者，《嘉業堂叢書》據影鈔本刊刻，難免訛誤，而且統一板式、擅改文字，今日已不足重。日本影印本流傳不廣，獲取不易，黑白印刷方式也無法反映原本的豐富信息。《四部叢刊》據日本影印本覆印，與原本相去更遠。已經發佈的線上資源有限，而且存在觀覽不便、圖像質量不高問題。有鑒於此，我們決定彙編現存群經單疏古鈔本，獲取收藏單位授權高清圖像，予以彩印刊佈，力求再現古鈔本全面信息，同時附録相關敦煌殘卷參照。爲輔助開展深度研究，本叢編邀請各經專家撰寫研究性解題，並附録與存世刊本的詳盡校勘記，以及相關重要研究論文。此外，叢編還附印了日本慶應義塾圖書館新獲皇侃《論語義疏》最古寫本殘卷，以及該校附屬研究所斯道文庫藏日本文明十九年（1487）寫本《論語義疏》，並附録慶應義塾大學論語疏研究會同人的校理研究成果，據之可以思考單疏本與南北朝義疏體的關係問題。

本叢編的出版，得到了日本宫内廳書陵部、東洋文庫、蓬左文庫、京都大學附屬圖書館、慶應義塾圖書館、斯道文庫、廣島大學圖書館和國内北京大學圖書館的大力支持，高田時雄、野間文史、住吉朋彦、陳翀教授給予了無私的幫助。各經解題撰寫與校理者朱瑞澤、韓悦、杜以恒、郜同麟、李霖、郜積意、石傑、張麗娟諸同道，撥冗合作，展示了深入研究的成果。上海古籍出版社郭冲編輯是叢編的倡議者，積極參與籌劃與聯絡工作，精心編校。在此，一併表示衷心感謝。叢編或存在這樣那樣的問題，作爲主編，自然難辭其咎，請不吝批評指正。

劉玉才

二〇二四年秋於北京大學大雅堂

# 蓬左文庫藏舊鈔本《春秋公羊疏》解題

郜積意

## 一

今《十三經注疏》，惟《公羊疏》撰人及時代不詳。考疏文引書，有孔穎達《五經正義》，知撰疏者必是唐人。兹略舉二例以明之：

其一，《公羊疏》卷一云：

是以《玉藻》云「動則左史書之，言則右史書之」，鄭注：「其書，《春秋》《尚書》其存者。」《記》文先言左史，鄭注先言《春秋》，明以左史爲《春秋》矣。云云之説，《左氏》首已成解，不能重載。

案「云云之説，《左氏》首已成解」者，此《左氏》，指孔穎達《春秋正義》。不言《春秋正義》而言《左氏》者，蓋通言之。考杜預《集解序》云「《周禮》有史官，掌邦國四方之事，達四方之志。諸侯亦各有國史」，孔穎達《正義》列舉《藝文志》《玉藻》左史右史之説，正與此疏意合。且《左傳》篇首並無左右史之文，不得云「已有成解」。

其二，《公羊疏》卷四云：

天子三公稱公，王者之後稱公。州國非此二者，必非是公。但今過魯，自尊若公，故如其意書之曰「公」，以起其無禮也。但諸文不知本爵是何？諸家之意，《左氏》已具也。

云「諸家之意，《左氏》已具」者，此《左氏》，亦謂孔穎達《春秋正義》。考桓五年孔疏列舉鄭玄、服虔、杜預、劉炫之説，四家釋州公、虞公所以稱「公」之義，互有異同，正是《公羊疏》云「諸家之意，《左氏》已具」所本。今《左傳》不見解「州公」之文，不得云「諸家之意已具」，知此「《左氏》」亦即孔穎達《春秋正義》。

有此二證，則疏文撰作必在孔氏《正義》之後。雖然撰疏人是否爲徐彦，猶無確證，但爲唐人義疏，可以决矣。

## 二

今日所見《公羊疏》單行本有二種，一是《公羊疏》刊本，殘存七卷，民國嘉業堂劉承幹曾刻入《嘉業堂叢書》中，後歸南海潘宗周寶禮堂，張元濟《續古逸叢書》景印，今藏中國國家圖書館，《中華再造善本》又據以景印者，即此本。其書每半葉十五行，行二十三字至三十一字不等，白口，左右雙邊，版心記當葉字數，下有刻工名。雖大例與其他官刻單疏本同，但出文與疏文之間，空格不等，或空一格，或空二格，或空數格；又有不當提行而提行者，故有學者以爲乃坊刻本〔一〕。此本雖殘缺，但清人多未之見，故學者頗重其書，劉承幹曾據以校正阮刻本之失，是其證也。刊本之外，近來又見日本名古屋蓬左文庫藏《公羊疏》鈔本三十卷，每半葉十二行，行二十字至二十五字不等，無界欄〔二〕。學者不常見。據其避宋諱闕筆至桓、完止，知鈔自宋本。以鈔本與刊本相比勘，互有異同。

（一）鈔本是而刊本非者，如：

1. 隱公元年注云「据非禮」，疏云：「桓公未爲君，則其母猶妾，故諸侯賵之爲非禮。」賵，單疏刊本誤作「服」，鈔本不誤。

2. 桓公七年傳云「焚之者何」，單疏刊本出文寫作「注焚之者何」，顯然，此「注」字誤衍。下出文寫作「注樵之者何」，亦衍「注」字。鈔本皆不誤。

（二）鈔本誤而刊本是者，如：

1. 隱公五年疏云「小國稱伯子男者，正以上已有侯」，「正」，單疏鈔本誤作「王」字，刊本則不誤。

2. 桓公十年疏云「今卒日葬月者，正以敬老重恩故也。云云之説，當文皆自有解」，此「云云之説」，單疏鈔本奪「之」字，刊本亦不誤。

（三）二本互異而不能定是非者，如：

1. 莊公四年注「不復讎，都與無讎同文論之」，單疏鈔本標注起訖寫作「注不復讎都至論之」，刊本標注則全録注文「注不復讎都與無讎同文論之」，不知孰是。

2. 莊公六年注「不直言篡者，事各有本也」，單疏鈔本標注，則全録注文作「注不直言篡者事各有本也」，刊本則寫作「注不直至本也，解云」，亦不知孰是。

鈔本與刊本不但出文有殊，且用字不同，行款格式亦見差異。雖有異同，然單疏本之善，在於未經後人校改。與注疏本相較，既可正注疏本之失，又可矯學者論斷之偏。

## 三

單疏本與注疏本相比，相異者大端有二，一是分卷，一是出文。

〔一〕張壽林《續修四庫提要稿·經部》云：「今考其書，或有當空不空者，又有提行者，如桓六年末尾，八年中間，且有年代缺標題者，如桓四年之類，疑是當日坊刊官本簡易便覽之刻，故與他書不同云。」《張壽林著作集》第一册，臺北「中研院」中國文哲研究所，2009 年，第 305 頁。

〔二〕《中國古籍總目·經部》又著録一部，爲蔣汝藻手鈔本，單疏刊本首先爲蔣汝藻所得，得書之後蔣氏即手抄一部，此本學者多未注意，今藏復旦大學圖書館。

## (一)分卷

單疏本分卷三十，十行本分卷二十八。二本分卷之異同，詳見下表：

**單疏本與十行本分卷異同表**

| 卷數 | 單疏本分卷起訖 | 十行本分卷起訖 |
|---|---|---|
| 卷一 | 起序，盡隱公元年正月 | 起隱公元年，盡元年。序别在卷一前。 |
| 卷二 | 起隱公元年三月，盡二年 | 起隱公二年，盡四年 |
| 卷三 | 起隱公三年，盡十一年 | 起隱公五年，盡十一年 |
| 卷四 | 起桓公元年，盡六年 | 起桓公元年，盡六年 |
| 卷五 | 起桓公七年，盡十八年 | 起桓公七年，盡十八年 |
| 卷六 | 起莊公元年，盡六年 | 起莊公元年，盡七年 |
| 卷七 | 起莊公七年，盡十三年 | 起莊公八年，盡十七年 |
| 卷八 | 起莊公十四年，盡二十六年 | 起莊公十八年，盡二十七年 |
| 卷九 | 起莊公二十七年，盡閔公二年 | 起莊公二十八年，盡閔公二年 |
| 卷十 | 起僖公元年，盡十年 | 起僖公元年，盡七年 |
| 卷十一 | 起僖公十一年，盡二十四年 | 起僖公八年，盡二十一年 |
| 卷十二 | 起僖公二十五年，盡三十三年 | 起僖公二十二年，盡三十三年 |
| 卷十三 | 起文公元年，盡九年 | 起文公元年，盡九年 |
| 卷十四 | 起文公十年，盡十八年 | 起文公十年，盡十八年 |
| 卷十五 | 起宣公元年，盡八年 | 起宣公元年，盡九年 |
| 卷十六 | 起宣公九年，盡十八年 | 起宣公十年，盡十八年 |
| 卷十七 | 起成公元年，盡九年 | 起成公元年，盡十年 |

續表

| 卷數 | 單疏本分卷起訖 | 十行本分卷起訖 |
|---|---|---|
| 卷十八 | 起成公十年，盡十八年 | 起成公十一年，盡十八年 |
| 卷十九 | 起襄公元年，盡十年 | 起襄公元年，盡十一年 |
| 卷二十 | 起襄公十一年，盡二十年 | 起襄公十二年，盡二十四年 |
| 卷廿一 | 起襄公二十一年，盡三十一年 | 起襄公二十五年，盡三十一年 |
| 卷廿二 | 起昭公元年，盡八年 | 起昭公元年，盡十二年 |
| 卷廿三 | 起昭公九年，盡十五年 | 起昭公十四年，盡二十二年 |
| 卷廿四 | 起昭公十六年，盡二十四年 | 起昭公二十三年，盡三十二年 |
| 卷廿五 | 起昭公二十五年，盡三十二年 | 起定公元年，盡五年 |
| 卷廿六 | 起定公元年，盡三年 | 起定公六年，盡十五年 |
| 卷廿七 | 起定公四年，盡九年 | 起哀公元年，盡十年 |
| 卷廿八 | 起定公十年，盡十五年 | 起哀公十一年，盡十四年 |
| 卷廿九 | 起哀公元年，盡十年 | |
| 卷三十 | 起哀公十一年，盡十四年 | |

以十二公言之，單疏本昭公篇分爲四卷，十行本分爲三卷；單疏本定公篇分爲三卷，十行本分爲二卷；故有三十卷、二十八卷之别。以卷數起訖言之，除卷四、卷五、卷十三、卷十四相同外，餘者皆異。清代學者因未見單疏本，故關乎分卷之論，頗多臆斷，如四庫館臣云：

彦《疏》，《文獻通考》作三十卷，今本乃止二十八卷。或彦本以經文併爲二卷，别冠于前。後人又散入傳中，故

少此二卷，亦未可知也。[一]

此謂經傳合并始於徐彦，故館臣推測徐彦分經爲二卷，别冠於前，殊爲無據。又如館臣陸宗楷論曰：

《志》言三十卷，而今世所傳止二十八卷。竊疑何休序文當自爲卷首，僖十六年春王正月，陸德明《釋文》云「本或從此下别爲卷，後人以僖卷大，輒分之爾」，則三十卷之謂也。今仍舊貫而識其説于此。[二]

此説大誤。陸德明所言或本，指經注本，非疏本也。經注本有十一卷、十二卷之别，如《隋書·經籍志》云「《春秋公羊解詁》十一卷，漢諫議大夫何休注」[三]，此十一卷本也，《釋文》所據者蓋即十一卷本。而陸德明又見分僖公篇爲二卷者，則是十二卷本。至於徐彦《公羊疏》分爲三十卷，與經注本分卷了不相涉。陸宗楷却據陸德明所言經注本，以説單疏本，不亦謬乎？

十行本分卷與單疏本異者，或慮及篇幅多寡。十行本每卷約在二十葉上下，多者二十五葉，卷一是也；少者十五葉，卷二、卷二十八是也。其餘或十八葉、或十九葉、或二十葉，或二十一葉不等。以定公篇爲例，若據單疏本分卷起訖，則定公元年至三年不及十葉，是多寡懸殊；昭公篇若據單疏本分四卷，除一卷十六葉外，其餘三卷僅得十四葉，亦嫌少於他卷，故重爲分合，俾篇幅不甚懸殊。

除分卷外，單疏本出文頗與十行本有異。

## （二）論出文

單疏本出文之例有四：

其一，出文抄録全句，疏以「解云」起句，如定公十四年「**注** 月者爲下卒出　**解云**：隱六年有注」云云。

其二，出文抄録全句，後加「者」字，疏直釋其義，無「解云」二字，如莊公三十一年「**注**『四方而高曰臺』者，《爾雅·釋宫》文」。

其三，出文不録全句，然示以起訖之文，疏以「解云」起句，如僖公元年「上無至方伯」　**解云**：上無天子下無方伯，莊四年何氏云『有而無益于治曰無』，猶《易》曰『闃其無人者』是也」。

其四，出文録首句數字，末加「云云」或「云云者」，疏文以

[一]《春秋公羊傳注疏提要》，《景印文淵閣四庫全書·經部·春秋類》，臺灣商務印書館，第145册，第5頁下。

[二]《春秋公羊傳注疏·序》附《考證》，《景印文淵閣四庫全書·經部·春秋類》，第145册，第9頁下。

[三]《隋書》，中華書局，1973年，第930頁。

「解云」起句，如哀公二年「**注**『不貶蒯聵者』云云　**解云：**正以犯父之命也」云云。又如隱公八年「**注**録使者云云者　**解云：**正决哀八年齊人歸讙及僤之屬不録使故也」。

以上乃單疏本出文之四例。十行本則易以起訖之文，或加○，或加「○解云」，如下表：

**單疏本與十行本出文異同舉例表**

| 魯公之年 | 單疏本出文 | 十行本出文 | 備注 |
| --- | --- | --- | --- |
| 1. 隱元年 | 注「昏斗指東方曰春指南方曰夏指西方曰秋指北方曰冬也」者 | 注「昏斗」至「冬也」○解云 | 十行本改寫出文，並加「○解云」 |
| 2. 莊卅一年 | 注「四方而高曰臺」者 | 注「四方而高曰臺」○解云 | 十行本省「者」字，加「○解云」 |
| 3. 僖元年 | 「上無」至「方伯」解云 | 「上無至方伯」○解云 | 出文相同，加○ |
| 4. 定十三年 | 注月者爲下卒出解云 | 「注月者爲下卒出」○解云 | 出文相同，加○ |
| 5. 哀二年 | 注不貶蒯聵者云云解云 | 注「不貶至子同」○解云 | 十行本改寫出文，並加○ |

表中第一例，十行本出文改作「注『昏斗』至『冬也』○解云」，表中第五例十行本出文改作「注『不貶』至『子同』○解云」。十行本標示起訖，雖有全句照録者，如表中第4例，但起訖之文以二字爲多，如表中第1、5例。

考十行本改易單疏本出文，前後不一者頗有，如莊公元年注「据公子遂如京師言如者内稱使之文」，單疏本出文作「注据公云云」，十行本改作「注据公子遂如京師言如者内稱使之文」，反鈔録全句，殊非簡省之理。文公十五年注「月者，閔録之，從無罪例」，單疏本出文作「注月者閔録之從無罪例者」，十行本則改作「注月者閔至例」，是止訖僅一字，不合起訖二字之常例。莊元年注「諸侯三年一貢士於天子」云云，單疏本出文作「注諸侯云云」，十行本改作「注諸至一人」，是出文起始僅一字，也不合二字常例。昭公三十一年何注「道所以言也」，單疏本出文作「注道所以言也者」，十行本改作「注道所至言也」，起訖之間僅一字，又非簡省之意。凡斯種種，皆可見十行本改易出文，未及仔細校核。

其中最可議者，乃十行本改易單疏本出文「云云」之例，以其出文之止訖，時見與疏意相乖者。如：

1. 莊公十二年注云：「萬弒君，所以復見者，重録彊禦之賊，明當急誅之也。月者，使與大國君奔同例，明彊禦也。」

單疏本出文作「注萬弒君所以復見者云云」，句末加「云云」，未明其所止。案徐疏云：「欲道《春秋》上下皆是弒君之賊，皆不重見，即宋督、鄭歸生、齊崔杼之屬是也。而宋萬、趙盾之屬復見者，當文皆有注，更不勞重説。」知徐疏之所釋，當止於「萬弒君所以復見者」，而十行本出文改作「注萬弒君至誅之也」，與疏意不合。

2. 隱公七年注云：「順上伐文，使若楚丘爲國者，猶慶父伐於餘丘也。不地以衛者，天子大夫銜王命，至尊，顧在所諸侯有出入，所在赴其難，當與國君等也。録以歸者，惡凡伯不死位，以辱王命也。」

單疏本出文作「注順上云云」，案徐疏云：「莊二年夏，公子慶父帥師伐於餘丘，傳云『於餘丘者何？邾婁之邑。曷爲不繫乎邾婁？國之也』者，是。」知此疏所解者，乃注文「順上伐文，使若楚丘爲國者，猶慶父伐於餘丘也」。「不地」者以下，非所疏也。而十行本出文改作「注順上至命也」，非疏意。

3. 昭公廿六年注：「不月者，時諸侯相與約，欲納公，故内喜爲大信辭。」

單疏本出文作「注不月者云云」，案徐疏云：「《春秋》之義，大信者時，小信者月，不信者日。剸陵之會，無相犯，復無大信，止合書月，而書時者，正以約欲納公，故爲大信辭矣。」知此疏所解，乃全段注文，十行本出文改作「注不月至信辭」，是也。

以上三例，單疏本出文加「云云」者，或僅釋所出本句，如例 1；或並釋數句注文，如例 2；或釋全段注文，如例 3；其止訖之處無一定之準。欲知其出文所止，須詳明疏意。今十行本所改易者，或止於下出文之始，如例 1；或止於全段注文之末，如例 2、例 3。據此可知十行本改易此類出文之法有二：

其一，若一注之中有數節疏文，則止於下節出文之始，如例 1。

其二，若下無疏文，則止於全段注文之末，如例 2、例 3。

以此二法，衡諸十行本改易出文者，同類者不勝枚舉，如桓公四年注云「**老臣**不名，宰渠伯糾是也。下去二時者，桓公無王而行，天子不能誅，反下聘之，故爲貶見其罪，明**不宜**」，單疏本出文作「注老臣云云」，十行本改作「注老臣至不宜」，以别無疏文，故出文止於注末。又如隱公八年注「言莒子，則嫌公行微不肖，諸侯不肯隨從公盟，而公反隨從之，故使稱人，則隨從公不疑矣。隱爲**桓立，狐壤**之戰不能死難，又受湯沐邑，卒無廉耻」，單疏本出文作「注言莒云云」，十行本改作「注言莒至桓立」，出文所以止於「桓立」者，因下疏之出文始於「狐壤」耳。

知十行本改易出文之法，即可證其所改是否合乎疏意。如下例：

**夏，五月辛酉，公會齊侯盟于艾。秋七月。此無事，何以書？《春秋》雖無事，首時過則書。**首，始也。時，四時也。過，歷也。春以正月爲始，夏以四月爲始，秋以七月爲始，冬以十月爲始。歷一時無事，則書其始月也。（隱公六年）

輸平故不地也稱人共國辭者嫌來輸平獨惡鄭明鄭擅獲諸侯邑不能死難皆當絶之○見賢徧反惡烏路反難乃旦反○夏五月辛酉公會齊侯盟于艾秋七月此無事何以書春秋雖無事首時過則書首始也時四時也過歷也春以正月爲始夏以四月爲始秋以七月爲始冬以十月爲始歷一時無事則書其始月也○艾五蓋反首時過則何以書據無事也

單疏鈔本出文作「夏五月云云」，十行本改作「夏五月至則書」，正是出文訖於段末之法。考余本於「秋七月」上漏加圈（見前頁），十行本承其誤，又以出文止於段末之法，遂改寫出文爲「夏五月至則書」。不知夏五月與秋七月乃分屬二經，傳所解者，爲「秋七月」之經。又徐彦撰疏，或疏經，或疏傳，或疏注，或經注並疏，或二經並疏，絶無合經傳爲一疏者。十行本以出文止於段末之法而改易此出文，誤矣。而阮元反以十行本爲是，《校勘記》云：

> 此本（案：即十行本）與唐石經同不分經傳，故此節疏在「此無事，何以書」節注下。閩、監、毛本强分經傳，移此疏於「公會齊侯盟于艾」下，改「夏五月至則書」爲「至于艾」。

阮氏未見單疏本，不知出文「云云」之例及十行本改易之法，竟謂九行本「强分經傳」，以不誤爲誤。考徐疏云「下無相犯之處，而書日者，以下八年三月庚寅，我入邴，傳云『其言我何？言我者，非獨我也，齊亦欲之』。然則，雖不復侵伐，亦有争邑之隙，故書日也」，此疏乃專釋「辛酉」之義，與下經傳毫無關涉。九行本改出文爲「夏五月至于艾」〔一〕，殿本附疏文於「夏五月」經之下，並示所疏者乃「夏五月」之經，是也。

## 四

學者嘗謂舊本所以可貴，以舊本未經校改，故其誤之跡往往可尋。今《公羊》單疏本三十卷全帙具在，與後世注疏本相比勘，若卷第之參差、文字之異同、體例之變易，皆可據單疏本推知。單疏本可正注疏本之失，已如上述；又可矯學者論斷之偏及還原何氏《解詁》舊貌。

（一）單疏本可矯學者論斷之偏，如：

1. 隱公元年注云「月者，爲下卒也，當案下例，當蒙上月」，阮氏《校勘記》云：「按二年注作『常案下例，當蒙上月』，解云『祭伯來之下已有此注』，然則，此亦應作常。」案阮校非也。阮氏據十行本立説，誤謂二年注作「常案下例」。今以單疏鈔本相證，疏標注正作「當案下例」，知「常」字誤，「當」字是。且宋撫州本亦作「當」字，可證。

2. 莊公三十一年注云「刺齊桓憍慢恃盈」，阮校出「憍慢持盈」云：「宋本同。閩、監、毛本誤『驕慢恃盈』。按解云：持盈者，謂自持盈滿之道。閩、監、毛本疏亦誤恃矣。此本修改者憍亦作驕。」案阮氏云「宋本同」者，據十行本言也。然十行本注文實作「憍慢恃盈」，今阮氏改「恃」爲「持」，蓋據疏文立

〔一〕閩本《春秋公羊傳注疏》，卷三，頁 11a。

說。十行本疏云「持盈者，謂自持盈滿之道」，即以「持」字爲釋，故阮氏以爲宋本作「持」字。然以單疏鈔本驗之，疏云「恃盈者，謂自恃盈滿之道」，乃用「恃」字，知阮氏所據十行本疏文已是誤本，謬矣。

（二）單疏本有益於還原何氏《解詁》舊貌，如：

1. 成公八年注云「此錫命稱天子者，爲王者長愛幼少之義，欲進勉幼君，當勞來與賢師良傅，如父教子，不當賜也」，此末句「不當賜」之賜，蓋是「錫」之訛。據單疏本云「今成公幼少，當須如父教子，未當錫也」。上云「錫命」，此云「未當錫」，上下用字一致，可推知徐彦所見注本即作「錫」字。

2. 宣公三年經「冬十月丙戌，鄭伯蘭卒。葬鄭繆公」，今本有注云「葬不月者，子未三年而弑，故略之也」。然疏云「考諸舊本，皆無此注，然則，有者衍字耳」。案《公羊》之例，大國例皆卒日葬月，此經卒日，是常例。然葬文承十月之下，無論蒙月不蒙月，以諸侯五月葬衡之，是慢葬可知，慢葬者，不及時而不日。禮，葬是生者之事，今慢葬國君，責臣子無恩於君也。而此注云「子未三年而弑，故略之」，乃不責臣子而反責鄭繆公，明非傳注之意，知舊本無注者是。

總之，單疏本於校正注疏本之訛、還原《解詁》原本之舊，多有助益。昔阮元嘗言「士人讀書當從經學始，經學當從注疏始」，顧廣圻亦云「治經者期曉然乎經之意而已；經之意不易曉，曉之必由注；經注之意不易曉，曉之必由疏。此讀疏之所以爲治經先務」。治經當從注疏始，先儒已有明言，今得《公羊疏》三十卷全帙，學者細讀之，由疏而注，由注而進至於經傳之義例，庶無虚浮、孤陋之譏矣。

# 校理

石傑

## 凡例

《春秋公羊疏》三十卷，題唐徐彦撰，今存世者計有三部。第一部爲宋刻遞修殘本，今藏中國國家圖書館，善本書號爲08646。此本半葉十五行，每行二十三至二十八字不等，白口，左右雙邊，版心鎸刻字數、卷數、葉數及刻工姓名。今僅存卷一至卷七凡七卷，其中卷二闕第十四頁（B面）、第十五頁，卷三闕第一至第七頁，卷七闕第六頁、第十一頁及第十二頁。大約在清末民初，此本從内閣大庫流出，爲蔣汝藻所得。民國十七年（1928），劉氏嘉業堂據蔣氏藏本將此書收入《嘉業堂叢書》，此後《續古逸叢書》《中華再造善本・唐宋編》及《四部叢刊・四編》均影印了此本。第二部爲蔣汝藻手鈔本，遞修本先爲蔣氏傳書堂所得，蔣氏得書後即手鈔一部，今藏於復旦大學圖書館，索書號爲 rb1413。第三部爲日鈔本，今藏蓬左文庫，圖書番號爲 101-28。此本線裝，凡六册，半葉十二行，每行二十至二十四字不等。書前有《景德二年中書門下牒》，書後有北宋校勘官員銜名。由名古屋市蓬左文庫刊印的《善本解題圖録・第二集》及《蓬左文庫圖録》兩書對此本均有介紹，並將其列爲館藏珍貴典籍。蓬左文庫藏鈔本源出宋刻，由不同書手共同抄畢，但行款格式經書手調整後已與宋刻有别。此本卷十一末有書手摹寫之「金澤文庫」印記，其底本或爲金澤文庫舊藏宋刻單疏本。

惜此本久藏日本，尚無影印之本。上海古籍出版社獲得蓬左文庫授權，廣而印之，以饗讀者。今以蓬左文庫藏鈔本爲底本（簡稱「鈔本」），中國國家圖書館藏宋刻遞修本爲校本（簡稱「刻本」），校勘異同，編訂校記，兹舉凡例如下：

一、校勘以蓬左文庫鈔本爲底本（簡稱「鈔本」），以中國國家圖書館藏宋刻遞修本爲校本（簡稱「刻本」）；

二、校勘記以卷次編排，頁次據本書出版新編之頁碼，行數自右向左，摘句盡量摘抄鈔本完整句子，以異文所處之行爲據，下列校語；

三、刻本今僅存七卷，存卷亦多有缺葉，且此册多有書板泐損而致漫漶不清者，故此次校勘僅校此本清晰可識者；

四、二本或有殘作它字者，凡可據文字構型、殘存墨跡等可定爲殘字者，皆於是條校記後加按語説明；

五、鈔本或有補漏、校改、圈删、重文省略等處，諸如此類，皆出校記，以見鈔本之原貌；

六、鈔本有因紙張纖維全損而致脱漏者，雖毫無墨跡，但與漏抄截然不同，故亦於是條校記後加按語説明；

七、鈔本有漏抄數十字且恰爲刻本之一整行者，此爲鈔本源出宋刻之證據，今亦於是條校記後加按語説明；

八、鈔本多有纖維脱落而致鈔本文字漫漶不可識者，今謹據刻本補之，遇刻本漫漶而無所據者，則再據阮本補之；

九、凡二本常見之異形異體字，諸如聖、聖，決、决，義、義，善、善，佾、佾，欲、欲，若、若，惡、悪，衰、衰，吉、吉，瞷、瞷，滿、滿，於、扵，閒、閒，鄉、鄉，陷、陷，抑、抑，況、况，穀、穀，變、變、变，歸、歸、帰，即、郎，仇、仇，盜、盗，侯、侯，矩、矩，族、族，廉、兼，災、災，款、款，斷、斷等，古書多習用相通，今一律不出校。但遇字形變化較大之異形異體字，如乱、亂，礼、禮，万、萬，实、實，与、與，辞、辭，于、於等，則一般出校；

十、二本「但」字常誤作「但」，「己」「已」「巳」三字亦常混用，爲避繁冗，皆不出校。

囿於校勘水平，此次校勘或有漏校乃至誤校之處，仍請方家不吝賜教。

## 卷一

**第七頁第九行**

六年正月乃稱皇帝　「正」刻本作「止」。按：刻本疑爲殘字。

**第七頁第十一行**

掾者即其下屬官也　「也」下刻本有「者」字。

**第七頁第十二行**

若今之三府掾是也　「今」上刻本無「若」字。

**第八頁第五行**

故諸之序也　「諸」阮本作「謂」。按：鈔本以朱筆點刪「諸」字，並於其旁以小字旁添一「謂」字。

**第九頁第六行**

解云凡諸經埶等　「埶」刻本作「藝」。

**第九頁第七行**

或是尊祖愛親　「尊」刻本殘。按：刻本疑作「等」。

**第九頁第七行**

者國家者最所急行　上「者」字刻本作「有」。按：鈔本以朱筆點刪上「者」字並於其旁以小字添一「有」字。

**第九頁第八行**

莫急於禮者謂三王以來也　「禮」下刻本復有一「禮」字。按：鈔本於此行下以小字添一「禮」字。

**第九頁第十行**

祖述堯舜故言此　「此」刻本作「比」。按：刻本疑爲殘字。

**第九頁第十二行**

解云孔子□聖　鈔本漫漶處刻本作「至」。

**第九頁第十二行**

知秦無道將必燔書　「書」刻本作「萬」。

**第十頁第三行**

高傳與其子平傳與其子地　「平」下刻本復有一「平」字。按：鈔本於「平」下以小字旁添一「平」字。

**第十頁第五行**

與董仲舒皆見於圖讖是也　「舒」刻本作「郘」。

**第十頁第六行**

故大史公云　「史」刻本作「夫」。

**第一一頁第六行**

孝景時爲博士下帷講誦　「帷」刻本作「惟」。

**第一一頁第六行**

此即是非常之異義　「常」刻本作「當」。

**第一一頁第八行**

即照三十一年　「照」刻本作「昭」。按：鈔本「照」下四點疑抹去。

**第一一頁第八行**

邾婁叔術妻嫂而春秋善之是也　下「婁」字刻本作「妻」。按：鈔本以朱筆圈删「婁」字並於其旁添一「妻」字。

**第一一頁第十二行**

言由疑惑之故　「由」刻本作「田」。

**第一二頁第四行**

即爲所見之世是任意者　「任意」下刻本復有「任意」二字。

按：鈔本於此行上以小字添「任意」二字。

**第一二頁第六行**

宣十七年六月癸卯　「七」刻本作「六」。

**第一二頁第九行**

謂一日乃食失正朔於前　「一」刻本作「之」，「正」刻本作「失」。

**第一三頁第八行**

是以講師言至於百萬　「講」下刻本有「誦」字。

**第一三頁第八行**

猶有不解云　「解」下刻本復有一「解」字。按：鈔本於「不」下以小字旁添一「解」字。

**第一三頁第九行**

解義不是致他問難　「他」刻本作「也」字。按：刻本疑爲殘字。

**第一六頁第十行**

故曰此世之餘事末也　「事」下刻本有「餘」字。

**第一七頁第二行**

即戴宏疑論之流矣　「宏」下刻本有「解」字。按：鈔本於「宏」下以小字旁添一「解」字。

**第一八頁第八行**

而讖記不見者　「讖」刻本作「識」。

**第一九頁第四行**

解詁者何所自目　「自」刻本作「白」。按：刻本疑爲殘字。

**第二〇頁第二行**

何故大史公遭李陵之禍　「大」刻本作「太」。

**第二一頁第十二行**

但有極美可以訓世有極美可以訓世有極惡可以戒俗者　上「世」字下刻本無「有極美可以訓世」七字。按：鈔本以朱筆圈删此七字。

**第二四頁第十一行**

爲人臣子而不通□春秋之義　鈔本漫漶處刻本作「於」字。

**第二五頁第九行**

齊高偃師納北燕伯于陽　「師」上刻本有「帥」字。按：鈔本於此行下以小字添一「帥」字。

**第二八頁第十一行**

不日卒于得　「于」刻本作「子」。

**第二九頁第十行**

傳云制婁無大夫　「制」刻本作「邾」。按：鈔本以朱筆圈删「制」字並於其旁復批一「邾」字。

**第三一頁第五行**

春秋設三科九旨　「春」上刻本有「春秋説云」四字。

**第三二頁第十二行**

問曰春秋書有七缺　「春」上刻本有「春秋説云」四字。

**第三三頁第三行**

爲臣之道缺也　「臣」刻本作「目」。

**第三三頁第八行**

四卜郊不從　「卜」刻本作「十」。

**第三三頁第十二行**

以隱公爲命之王　「爲」下刻本有「受」字。按：鈔本於「爲」下以小字旁添一「受」字。

**第三五頁第五行**

侯之言候逆順兼伺候王命矣　「侯之言候」下刻本有「候」字。

**第三六頁第二行**

如水之有泉流之原無形　「泉」下刻本復有一「泉」字，「形」下刻本有「以起有形」四字。按：鈔本於「泉」下以小字旁添一「泉」字，於「形」下以小字旁添「以起有形」四字。

**第三七頁第十行**

震生萬物於東方　「萬」刻本作「万」。

**第三七頁第十二行**

注法象所出　「注」刻本作「汪」。按：刻本疑爲殘字。

**第三八頁第五行**

指北方曰冬也者　「北」刻本作「比」。按：刻本疑爲殘字。

**第三九頁第二行**

今無此事　「此」刻本作「比」。

**第三九頁第十二行**

甲子赤雀御丹書　「御」刻本作「銜」。

**第四〇頁第四行**

孔子方陳新王受命制正月之事　「王」刻本作「三」。

**第四〇頁第八行**

不言謚可以通之於後王　「可」刻本作「何」。

**第四〇頁第十行**

皆傳自始文　「始」上刻本有「有」字。

**第四〇頁第十二行**

王者受命必徙居處者　「徙」刻本作「徒」。

**第四二頁第六行**

凡草物皆十一月動萌　「凡」刻本作「几」。按：刻本疑殘字。

**第四二頁第十一行**

是故三統三王　「王」刻本作「正」。

**第四二頁第十二行**

若如比説　「比」刻本作「此」。

**第四三頁第一行**

何故禮説六　「六」刻本作「云」。

**第四六頁第二行**

解云莊三年冬　「三」刻本作「五」。

**第四八頁第二行**

彼記之文　「彼」上刻本有「亦」字。

**第四九頁第九行**

謂未滿六十者　「未」刻本作「禾」。

**第五〇頁第十行**

善而與□□有大夫也　鈔本漫漶處刻本作「之使」二字。

**第五一頁第三行**

而何氏先□□公者　鈔本漫漶處刻本作「解繆」二字。

## 卷二

**第五三頁第六行**

齊仲佗石彄出奔陳是也　「仲」上刻本無「齊」字。按：鈔本以朱筆圈删「齊」字。

**第五三頁第十二行**

善輕則暨齊平是也　「平」刻本作「乎」。

**第五四頁第二行**

凡春秋上下公與外大夫盟　「凡」刻本作「几」。按：刻本疑爲殘字。

**第五四頁第四行**

及齊高傒盟于防　「于」刻本作「干」。

**第五五頁第一行**

盟于宿爲地主　「宿」下刻本復有一「宿」字。

**第五六頁第十一行**

齊侯胥命于蒲　「侯」下刻本有「衛侯」二字。

**第五八頁第十行**

欲言非殺克者　「殺」刻本作「於」

**第五九頁第一行**

而不荅□鄢之意者　鈔本漫漶處刻本作「于」字。

**第五九頁第二行**

故此處末勞解之　「末」刻本作「未」。

**第五九頁第二行**

弟子□其不荅于鄖之意　鈔本漫漶處刻本作「以」字。

**第六一頁第四行**

昭四年秋七月楚子云　「云」下刻本復有一「云」字。

**第六二頁第七行**

今此言辛咺　「咺」刻本作「亘」。按：刻本疑爲殘字。

**第六四頁第十二行**

注□難生時之稱也　鈔本漫漶處刻本作「此」字。

**第六五頁第九行**

注禮大夫以上至天子　「上」刻本作「止」字。

**第六五頁第十一行**

詩云四騵彭武王所乘　「彭」下刻本復有一「彭」字。

**第六六頁第三行**

即引王度記　「記」下刻本有「云」字。

**第六六頁第十行**

其六尺亦然　「尺」下刻本有「五尺」二字。

**第六七頁第三行**

乃言賵賻襚　「襚」刻本作「襚」。

**第六七頁第五行**

知死者贈襚　「襚」刻本作「襚」。

**第六八頁第二行**

故諸侯賵之爲非禮　「賵」刻本作「服」。

**第六八頁第十行**

注云去天者　「云去」刻本作「去云」。

**第六九頁第四行**

若其含賵襚及事　「襚」刻本作「襚」。

**第七一頁第一行**

王使召□來會葬　鈔本漫漶處刻本作「伯」字。

**第七一頁第一行**

其□□使人來會葬　鈔本漫漶處刻本作「諸侯」字。

**第七一頁第二行**

襄三十一□冬十月　鈔本漫漶處刻本作「年」字。

**第七二頁第六行**

即不居殯官是　「官」刻本作「宮」。

**第七三頁第一行**

今此□見名氏　鈔本漫漶處刻本作「不」字。

**第七三頁第二行**

理是□主人先榮　鈔本漫漶處刻本作「則」字。

**第七三頁第三行**

理非□主人先辱　鈔本漫漶處刻本作「則」字。

**第七三頁第十二行**

齊仲孫來之屬　「屬」下刻本有「是」字。

**第七四頁第二行**

故知宜是天子之大夫也　「天」刻本作「大」。按：刻本疑爲殘字。

**第七四頁第十一行**

若來奔□□　鈔本漫漶處刻本作「魯者」二字。

**第七四頁第十二行**

故不言奔別國　「奔」下刻本有「矣若奔」三字。

**第七五頁第一行**

與外□□□例　鈔本漫漶處刻本作「諸侯同」三字。

**第七五頁第一行**

故言奔　「奔」下刻本有「矣」字。

**第七五頁第二行**

注主書者以□□　鈔本漫漶處刻本作「罪舉」二字。

**第七五頁第四行**

重乖離之禍也　「也」下刻本有「一」字。

**第七六頁第十一行**

□曰　鈔本漫漶處刻本作「荅」字。

**第七六頁第十二行**

□襄三十年　鈔本漫漶處刻本作「案」字。

**第七六頁第十二行**

五月□午　鈔本漫漶處刻本作「甲」字。

**第七六頁第十二行**

天王□其弟年夫　鈔本漫漶處刻本作「殺」字。

**第七七頁第二行**

其二處出□　鈔本漫漶處刻本作「奔」字。

**第七七頁第六行**

仍注云月者　「仍」下刻本有「自時也故此乃」六字。

**第七八頁第十一行**

解云□時子弑父　鈔本漫漶處刻本作「當」字。

**第七九頁第一行**

喪服四□□　鈔本漫漶處刻本作「制云」二字。

**第七九頁第一行**

爲父斬衰□□□恩制　鈔本漫漶處刻本作「三年以」三字。

**第七九頁第二行**

孔子見□如此　鈔本漫漶處刻本作「時」字。

**第七九頁第四行**

序人類謂父子　「類」下刻本有「者類」二字。

**第七九頁第四行**

因以制治亂之軌式矣　「軌」刻本作「軓」。

**第七九頁第五行**

隱如逐君而書日　「逐」刻本作「遂」。

**第七九頁第十二行**

使者若尚爲大夫是也　「使」下刻本無「者」字。

**第八〇頁第十二行**

□録大略小者　鈔本漫漶處刻本作「注」字。

**第八〇頁第十二行**

謂□大國卒葬　鈔本漫漶處刻本作「録」字。

**第八一頁第一行**

□内離會書　鈔本漫漶處刻本作「注」字。

**第八一頁第一行**

外離□□是也　鈔本漫漶處刻本作「會書」二字。

**第八一頁第二行**

公會戎于□　鈔本漫漶處刻本作「潛」字。

**第八一頁第二行**

公會鄭伯于□□□　鈔本漫漶處刻本作「垂是也」三字。

**第八一頁第五行**

稍上進而至於大平矣　「稍」字下刻本復有一「稍」字。

**第八二頁第六行**

晉魏多帥師侵衛　「帥」刻本作「師」。

**第八二頁第十二行**

□連言之　鈔本漫漶處刻本作「故」。

**第八二頁第十二行**

注爲□祖父母　鈔本漫漶處刻本作「曾」字。

**第八二頁第十二行**

不言高祖父□者　鈔本漫漶處刻本作「母」字。

**第八三頁第一行**

注立□自親始者　鈔本漫漶處刻本作「愛」字。

**第八三頁第二行**

親長父兄□□厚也是　鈔本漫漶處刻本作「也睦」二字。

**第八三頁第三行**

注故春□　鈔本漫漶處刻本作「秋」字。

**第八三頁第八行**

著治國之戒矣　「著」刻本作「箸」。

**第八四頁第十二行**

齊侯宋□□□會于北杏　鈔本漫漶處刻本作「人以下」三字。

**第八五頁第一行**

單伯會□□宋公以下于鄄之屬是也　鈔本漫漶處刻本作「齊侯」二字。

**第八五頁第一行**

盟書時者　「書」刻本作「盡」。

**第八五頁第二行**

皆□著義　鈔本漫漶處刻本作「別」字。

**第八五頁第八行**

謂禮五國爲屬　「國」刻本作「国」。

**第八五頁第九行**

屬有長二屬爲連　「二」刻本作「一」。

第八五頁第十一行

故曰有征代之道　「代」刻本作「伐」。

第八六頁第二行

然後專征代　「代」刻本作「伐」。

第八七頁第一行

注□□□其身不氏　鈔本漫漶處爲刻本作「□下終」三字。按：阮本作「以下終」三字。

第八七頁第一行

解云即下八□　鈔本漫漶處刻本作「年」字。

第八七頁第十行

取部大鼎于宋　「宋」刻本作「家」。

第八八頁第十二行

解云□□□例　鈔本漫漶處刻本作「春秋之」三字。

第八九頁第十一行

□成八年夏　鈔本漫漶處刻本作「在」字。

第八九頁第十二行

注爲養廉遠恥也者　「注」刻本作「主」。按：刻本疑爲殘字。

第九〇頁第十二行

□子親則君臣和　鈔本漫漶處刻本作「父」字。

第九一頁第七行

注入國則尊尊有臣子之辭　「入」刻本作「八」。

## 卷三

第一一五頁第四行

若子未爲君之時　「未」刻本作「木」。按：刻本疑爲殘字。

第一一七頁第八行

始滅也始滅也始滅昉於此乎　上「始滅也」下刻本無「始滅也」三字。

第一一九頁第二行

□主於王業　鈔本漫漶處刻本作「功」字。

第一二〇頁第十一行

注据蜚會諸侯云云　「侯」下刻本有「至」字。

第一二〇頁第十二行

伐□是也　鈔本漫漶處刻本作「鄭」字。

第一二一頁第十二行

解云成二年　「成」刻本作「或」。

第一二二頁第八行

此其行使乎大夫　「此」刻本作「比」。

第一二二頁第十二行

魯公見□是以不得言戰　鈔本漫漶處刻本作「獲」字。

第一二三頁第一行

故云與鞌戰辟內敗文□　鈔本漫漶處刻本作「異」字。

第一二三頁第一行

注戰例□偏戰目者　鈔本漫漶處刻本作「時」字。

第一二四頁第一行

解云春秋之内例不書勝　「例」刻本作「刻」。

第一二四頁第九行

注据蔡侯考父卒名者　「蔡」刻本作「察」。

第一二五頁第二行

及宋人盟于宿之屬是也　「盟」刻本作「問」。

第一二六頁第五行

郎襄十三年冬　「郎」刻本作「即」，「襄」刻本作「褒」。

第一二六頁第十行

晉趙穿帥師侵柳　「柳」刻本作「初」。

第一二七頁第一行

注問□加之者云云　鈔本漫漶處刻本作「伐」字。

第一二七頁第九行

公子慶父帥師伐於餘丘　「帥」刻本作「師」。

第一二八頁第二行

即嫌桓王亦與之遇　「即」刻本作「則」。

第一二八頁第九行

不録使故也　「使」刻本作「使」。按：刻本疑爲殘字。

第一二八頁第十行

親自巡守者　「親」刻本作「覘」。

第一二九頁第一行

柴者考績□也　鈔本漫漶處刻本作「燎」字。

第一二九頁第四行

度丈尺量斗斛衡斤兩　「丈」刻本作「十」，「斗」刻本作「十」。

第一二九第五行

五禮公侯伯子男朝聘之禮矣　二「禮」字刻本皆作「礼」。

第一二九頁第五行

五玉瑞節執之曰瑞　「節」刻本作「莭」。

第一二九頁第八行

周禮改之爲繅也　「禮」刻本作「礼」，「繅」刻本作「鏁」。

第一二九頁第十行

器各異飾未聞所用也　「飾」下刻本復有一「飾」字。

第一三〇頁第十二行

□□□云云　鈔本漫漶處刻本作「注發傳」三字。

第一三一頁第一行

癸未葬□繆公　鈔本漫漶處刻本作「宋」字。

第一三一頁第十一行

書日入者　「入」刻本作「八」。

第一三二頁第三行

注据公子彄卒者　「注」刻本作「汪」。按：刻本疑爲殘字。

第一三三頁第一行

書卒隆於□者　鈔本漫漶處刻本作「微」字。

**第一三三頁第一行**

□犯而不校者　鈔本漫漶處刻本作「注」字。

**第一三三頁第十二行**

正以滅□□□故也　鈔本漫漶處刻本作「國例月」三字。

**第一三四頁第二行**

及此爲再入者　「者」下刻本有「也」字。

**第一三四頁第十二行**

□侯説子是也　鈔本漫漶處刻本作「諸」字。

**第一三四頁第十二行**

注据莊公□葬者　鈔本漫漶處刻本作「書」字。

**第一三五頁第十行**

讀如齊人强之强　二「强」字刻本皆作「疆」。

**第一三五頁第十一行**

非强弱之强　二「强」字刻本皆作「彊」。

## 卷四

**第一三七頁第一行**

春秋公羊疏卷第四　「第四」下刻本有「桓公一」三字。

按：鈔本疑脱落。

**第一三八頁第一行**

不盈滿其諱而不盈也　「諱」下刻本有「文故曰諱」四字。

**第一三八頁第十二行**

比年小□　鈔本漫漶處刻本作「聘」字。

**第一三九頁第十二行**

此在王圻之内　「圻」刻本作「折」。

**第一四〇頁第四行**

解云知古有分圡　「圡」刻本作「土」。

**第一四〇頁第五行**

無分氏者　「氏」刻本作「民」。

**第一四〇頁第八行**

智是莊七年傳文也　「智」刻本作「知」。按：刻本疑爲殘字。

**第一四二頁第五行**

公子遂謂叔仲惠伯傳子赤者也文公死子幼公子遂謂叔仲惠伯曰　「曰」上刻本無「傳子赤者也文公死子幼公子遂謂叔仲惠伯」十八字。

**第一四三頁第一行**

□父云云　鈔本漫漶處刻本作「孔」字。

**第一四三頁第五行**

出玉藻文　「玉」刻本作「土」。

**第一四三頁第六行**

解云莊公三十二年　「三」刻本作「二」。

**第一四三頁第六行**

召季子至授之以國政　「季子」下刻本復有「季子」二字。

**第一四四頁第十二行**

故不□正月者　鈔本漫漶處刻本作「書」字。

**第一四五頁第一行**

即定二年冬十□□作雉門　鈔本漫漶處刻本作「月新」二字。

**第一四五頁第三行**

□可施於不務　鈔本漫漶處刻本作「亦」字。

**第一四五頁第十一行**

曷爲重吳在是則天下諸侯莫敢不至也　「吳」下刻本復有一「吳」字。

**第一四六頁第一行**

而魯侯蒙□會之者　鈔本漫漶處刻本作「俗」字。

**第一四六頁第八行**

何隱爾弑則何以不日　「弑」字上刻本有「弑也」二字。

**第一四六頁第九行**

其子般卒日者　「日」刻本作「自」。

**第一四六頁第十一行**

殺不去日見□者　鈔本漫漶處刻本作「隱」字。

**第一四六頁第十二行**

解云□□□春　鈔本漫漶處刻本作「隱五年」三字。

**第一四六頁第十二行**

□觀魚于棠　鈔本漫漶處刻本作「公」字。

**第一四七頁第一行**

公去南面之□下　鈔本漫漶處刻本作「位」字。

**第一四七頁第四行**

□云下十四年傳云　鈔本漫漶處刻本作「解」字。

**第一四八頁第一行**

克殷之後鼎□出見　鈔本漫漶處刻本作「乃」字。

**第一四八頁第四行**

以妹爲妻終妻終無可時　刻本不重「妻終」二字。

**第一四八頁第九行**

以覆上爲取之義　「之」下刻本有「以覆上爲取之」六字，「義」下刻本有「矣」字。

**第一四八頁第十一行**

汪納者入辭也　「汪」刻本作「注」。按：鈔本疑爲殘字。

**第一四八頁第十二行**

□故爲之立宗廟　鈔本漫漶處刻本作「注」字。

**第一四九頁第一行**

注故曰齊之至所□者　鈔本漫漶處刻本作「嗜」字。

**第一四九頁第一行**

皆祭義文□　鈔本漫漶處刻本作「也」字。

**第一四九頁第一行**

□注云　鈔本漫漶處刻本作「彼」字。

**第一四九頁第十二行**

□其尊而不臣　鈔本漫漶處刻本作「以」字。

**第一五〇頁第二行**

是以不取于大夫　「于」刻本作「干」。

**第一五〇頁第十二行**

有王□□□終也者　鈔本漫漶處刻本作「者桓之」三字。

**第一五〇頁第十二行**

即十□年春王正月　鈔本漫漶處刻本作「八」字。

**第一五一頁第一行**

公會齊侯于濼□□　鈔本漫漶處刻本作「是也」二字。

**第一五一頁第一行**

□□□云云　鈔本漫漶處刻本作「注不就」三字。

**第一五一頁第一行**

解云元年春王□月　鈔本漫漶處刻本作「正」字。

**第一五一頁第二行**

自知已□□懼畏討　鈔本漫漶處刻本作「篡戰」二字。

**第一五一頁第八行**

注時盟云　「云」字下刻本復有一「云」字。

**第一五一頁第九行**

近正也　「近」上刻本有「注」字。

**第一五一頁第十二行**

穀伯□來朝　鈔本漫漶處刻本作「綏」字。

**第一五二頁第一行**

注上僭稱王　「僭」刻本作「潛」。

**第一五二頁第二行**

楚僭號稱王　「僭」刻本作「偺」。

**第一五二頁第四行**

注禮□女父母　鈔本漫漶處刻本作「送」字。

**第一五二頁第十二行**

遂以夫人□姜至自齊　鈔本漫漶處刻本作「婦」字。

**第一五三頁第四行**

但不能大□也　鈔本漫漶處刻本作「熟」字。

**第一五三頁第六行**

故禮運道二皇時云　「二」刻本作「三」。

**第一五三頁第十二行**

後王易之以布帛　「王」刻本作「五」。

第一五三頁第十二行

而□存其蔽前者　鈔本漫漶處刻本作「猶」字。

第一五四頁第五行

何以書譏何譏爾　「爾」刻本作「尔」。

第一五四頁第九行

是郎邑郊内之證也　「邑」下刻本有「在」字。按：鈔本於此行上以小字添一「在」字。

第一五六頁第二行

即成十八年　「成」刻本作「戌」。

第一五六頁第五行

則知此皆堂上豆數也　「知」刻本作「如」。

第一五六頁第九行

□云言以爲賓俎　鈔本漫漶處刻本作「解」字。

第一五六頁第十二行

宰渠伯□者何　鈔本漫漶處刻本作「糾」字。

第一五七頁第四行

□三老五更於大學　鈔本漫漶處刻本作「食」字。

第一五七頁第四行

天子親袒而割牲　「袒」刻本作「祖」。

第一五七頁第五行

而揔于所以教諸侯之弟也　「于」刻本作「干」。

第一五七頁第六行

冕而揔于親在舞位　「于」刻本作「干」。

第一五七頁第九行

□云王札者何　鈔本漫漶處刻本作「傳」字。

第一五八頁第四行

注□臣云云　鈔本漫漶處刻本作「者」字。

第一五八頁第七行

五年注君子云云　「注」上刻本無「五年」二字。

第一五八頁第九行

□二十三年夏也　鈔本漫漶處刻本作「昭」字。

第一五八頁第九行

許男甯卒于楚之　「楚」下刻本無「之」字。按：鈔本以朱筆圈删「之」字。

第一五八頁第十二行

注不書外離會者　「者」下刻本有「即此文變會言如是也注乃書外離會者即宣十一」二十字。

第一五九頁第四行

見所傳聞之□□書外離會之意　鈔本漫漶處刻本作「世不」二字。

第一五九頁第十二行

至於淵隅是謂高舂　「舂」刻本作「春」。

**第一六〇頁第四行**

僖三十二年　「二」刻本作「三」。

**第一六四頁第一行**

正以□崩壞敗　鈔本漫漶處刻本作「大」字。

**第一六七頁第一行**

宣十八年　「宣」上刻本有「注据戕云云解」六字。按：鈔本疑脱落。

**第一六七頁第一行**

稱子□子□□名是也　「稱子」下刻本無「□子」二字，「名」前鈔本漫漶二字刻本作「而不」。按：鈔本以墨筆點删「□子」二字。

**第一六八頁第八行**

皆出内則文　「文」下刻本有「也」字。

## 卷五

**第一六九頁第三行**

七年　「七」上刻本有「起」字。

**第一六九頁第三行**

焚之者何　「焚」上刻本有「注」字。

**第一六九頁第四行**

樵之者何　「樵」上刻本有「注」字。

**第一六九頁第十一行**

郊特云諸侯不臣寓公　「特」下刻本有「牲」字。

**第一七〇頁第四行**

文十二年春王月　「王」上刻本有「正」字。

**第一七〇頁第七行**

故言此者　「此」下刻本無「者」字。按：鈔本以墨筆圈删「者」字。

**第一七〇頁第十二行**

□□□□□薦韭　鈔本漫漶處刻本作「解云王制云春」五字。

**第一七〇頁第十二行**

夏薦黍　「黍」字上刻本有「麥秋薦」三字。

**第一七〇頁第十二行**

韭以□　鈔本漫漶處刻本作「卵」字。

**第一七〇頁第十二行**

麥□□　鈔本漫漶處刻本作「以魚」二字。

**第一七一頁第一行**

稻□鴈　鈔本漫漶處刻本作「以」字。

**第一七一頁第一行**

謂無牛羊豕□牲也　鈔本漫漶處刻本作「之」字。

**第一七二頁第四行**

注云定之注云定者　上「注云」下刻本無「定之注云」四字。

**第一七二頁第七行**

言至謂深也　「謂」上刻本有「致」字。

**第一七二頁第十二行**

士相見之屬□□　鈔本漫漶處刻本作「是也」二字。

**第一七三頁第一行**

即□禮上篇　鈔本漫漶處刻本作「曲」字。

**第一七三頁第一行**

爲其遽於□且不能備物　鈔本漫漶處刻本作「事」字。

**第一七三頁第十一行**

故此注云　「注」刻本作「柱」。

**第一七四頁第一行**

立三台以爲三公　「三公」刻本作「二公」。按：刻本疑爲殘字。

**第一七四頁第十一行**

不稱字而稱□者　鈔本漫漶處刻本作「子」字。

**第一七四頁第十一行**

謂侯入爲天子大夫　「侯」上刻本有「諸」字。

**第一七四頁第十二行**

非王臣之常□□□□公　鈔本漫漶處刻本作「稱若然祭」四字。

**第一七四頁第十二行**

而僖九年夏公會□　鈔本漫漶處刻本作「辛」字。

**第一七五頁第一行**

周公特加□者　鈔本漫漶處刻本作「宰」字。

**第一七五頁第一行**

天子之爲□□也　鈔本漫漶處刻本作「政者」二字。

**第一七六頁第十行**

小制邦婁子伐鄭　「邦」上刻本無「制」字。按：鈔本以墨筆圈删「制」字。

**第一七六頁第十二行**

□□世子代其朝　鈔本漫漶處刻本作「今又」二字。

**第一七七頁第一行**

□□其疾也　鈔本漫漶處刻本作「故知」二字。

**第一七七頁第一行**

注□□□□者　鈔本漫漶處刻本作「傳見云云」四字。

**第一七七頁第一行**

即□□□正月庚申　鈔本漫漶處刻本作「十年王」三字。

**第一七七頁第八行**

敬老重恩故也云云説　「説」字上刻本有「之」字。

**第一七七頁第十一行**

經有城郎之文　「文」刻本作「又」。

**第一七九頁第一行**

即□□年　鈔本漫漶處刻本作「成十」二字。

**第一七九頁第二行**

是今□有罪　鈔本漫漶處刻本作「叚」字。

**第一七九頁第二行**

故□公書葬也　鈔本漫漶處刻本作「莊」字。

**第一八〇頁第十二行**

注祭仲□稱行人者云云　鈔本漫漶處刻本作「不」字。

**第一八一頁第一行**

晉人執宋行人欒祁犂□屬　鈔本漫漶處刻本作「之」字。

**第一八一頁第十二行**

注据宋□云　鈔本漫漶處刻本作「云」字。

**第一八二頁第五行**

故將既葬之稱　「將」刻本作「時」。

**第一八二頁第十二行**

法□□有三光也　鈔本漫漶處刻本作「天之」二字。

**第一八三頁第二行**

經不言□欲言微者　鈔本漫漶處刻本作「氏」字。

**第一八三頁第十二行**

淫於陳侯□之事　鈔本漫漶處刻本作「佗」字。

**第一八四第十二行**

□□往戰于宋　鈔本漫漶處刻本作「此則」二字。

**第一八五頁第三行**

即七十二年也　「七」刻本作「上」。

**第一八五頁第十二行**

若武王萬□致死　鈔本漫漶處刻本作「民」字。

**第一八八頁第四行**

丁未戰于宋是　「是」下刻本有「也」字。

**第一八八頁第七行**

恐此吉時得求　「得」刻本作「後」。

**第一八八頁第十一行**

解云去年十二月　「二」刻本作「一」。按：刻本疑爲殘字。

**第一八九頁第一行**

其背□伐鄭者　鈔本漫漶處刻本作「殯」字。

**第一九〇頁第八行**

略小國者　「小」刻本作「卜」。按：刻本疑爲殘字。

**第一九一頁第一行**

而君之□□□□□□于陳乞家　鈔本漫漶處刻本作

「爾然則陽生實入」七字。

**第一九一頁第四行**

言忽爲君之微也　「忽」刻本作「祭神」二字。

**第一九二頁第十二行**

十五年□人　鈔本漫漶處刻本作「稱」字。

**第一九三頁第三行**

至魯六年□□莊公乃生桓公　鈔本漫漶處刻本作「九月」二字。

**第一九三頁第五行**

即闵元年　「闵」刻本作「閔」。

**第一九三頁第十二行**

今此言朔而不書□　鈔本漫漶處刻本作「日」字。

**第一九四頁第十行**

賤不誅貴幼不誅長禮也　二「誅」字刻本皆作「誅」。

**第一九四頁第十二行**

唯天子稱天以誅之　「誅」刻本作「誅」。

**第一九五頁第二行**

至自齊□有謚　鈔本漫漶處刻本作「未」字。

**第一九五頁第八行**

至于今十二月　「于」字刻本作「干」。

**第一九五頁第十一行**

獨滕子來會葬故恩録　「録」下刻本有「之之類也」四字。

**按：**鈔本疑脱落。

## 卷六

**第二〇一頁第五行**

春秋之内□爾　鈔本漫漶處刻本作「皆」字。

**第二〇一頁第十二行**

欲言非□出　鈔本漫漶處刻本作「初」字。

**第二〇一頁第十二行**

□執不知問　鈔本漫漶處刻本作「故」字。

**第二〇二頁第一行**

自去之□　鈔本漫漶處刻本作「辭」字。

**第二〇三頁第二行**

乃致是也　「致」下刻本有「奔喪致」三字。

**第二〇三頁第四行**

解云存君者　「解」上刻本有「注禮練云云」五字。

**第二〇三頁第十二行**

乃在六年□月故也　鈔本漫漶處刻本作「九」字。

**第二〇四頁第一行**

受一□□色洒如也　鈔本漫漶处刻本作「爵而」二字。

**第二〇四頁第六行**

注扶上車以手揹折其幹者　「注」刻本作「主」。

第二〇四頁第八行

然則曷爲不於弑□　鈔本漫漶處刻本作「焉」字。

第二〇四頁第十一行

謂貶氏是也　「氏」刻本作「民」。

第二〇五頁第六行

是劦靈社不爲不敬之道也　「劦」刻本作「脅」。

第二〇五頁第九行

言乂欲以孫爲内見義者　「乂」刻本作「又」。按：鈔本疑爲殘字。

第二〇五頁第十二行

正是其□而言月者　鈔本漫漶處刻本作「例」字。

第二〇六頁第一行

今乃書□　鈔本漫漶處刻本作「孫」字。

第二〇六頁第一行

□其練祭　鈔本漫漶處刻本作「起」字。

第二〇六頁第三行

女若□王臣文　鈔本漫漶處刻本作「言」字。

第二〇六頁第七行

歲獻國事之書　「獻」下刻本復有一「獻」字，鈔本「獻」字下有重文符。

第二〇六頁第八行

小國一□者　鈔本漫漶處刻本作「人」字。

第二〇七頁第六行

則二國往滕之　「二」刻本作「一」。按：刻本疑爲殘字。

第二〇七頁第八行

正見十年傳　「十」下刻本有「九」字。

第二〇七頁第十二行

是以春秋主書□天子耳　鈔本漫漶處刻本作「惡」字。

第二〇八頁第三行

路寢□寢之屬是也　鈔本漫漶處刻本作「小」字。

第二〇八頁第七行

正以生生時有功而受褒賜　「生」字刻本不重。

第二〇九頁第一行

賜以朱□　鈔本漫漶處刻本作「户」字。

第二〇九頁第十二行

王姬歸□齊　鈔本漫漶處刻本作「于」字。

第二一〇頁第八行

曷爲不繫乎邾婁諱□□　鈔本漫漶處刻本作「亟也」二字。

第二一〇頁第十一行

故云幼少將丘矣　「丘」刻本作「兵」。

第二一〇頁第十二行

不務求賢而專貴親　「親」下刻本復有一「親」字。

第二一一頁第一行

故尤其在位□弟　鈔本漫漶處刻本作「子」字。

第二一一頁第三行

刺其專貴親親　「刺」刻本作「則」。

第二一一頁第五行

則於幼少將兵義　「兵」下刻本有「之」字。

第二一一頁第五行

亦自見□　鈔本漫漶處刻本作「矣」字。

第二一一頁第十行

□云從不言弟意　鈔本漫漶處刻本作「故」字。

第二一一頁第十行

紀叔姬卒之屬□不日　鈔本漫漶處刻本作「皆」字。

第二一二頁第二行

溺□何　鈔本漫漶處刻本作「者」字。

第二一二頁第三行

故執□知問　鈔本漫漶處刻本作「不」字。

第二一二頁第六行

嫌會□人而致貶故也　鈔本漫漶處刻本作「讎」字。

第二一三頁第一行

故□與桓同義　鈔本漫漶處刻本作「言」字。

第二一三頁第二行

公子慶父伐於餘丘之屬是也　「餘」刻本作「徐」。

第二一三頁第三行

即桓□六年衛侯朔出奔齊之屬是也　鈔本漫漶處刻本作「十」字。

第二一三頁第十行

十八年秋葬齊桓么　「么」刻本作「公」。按：鈔本疑脱落。

第二一四頁第八行

自以計除之不見也　「見」下刻本有「義故云非以起他事不見」十字。

第二一四頁第九行

僖公三十年得書葬　「十」下刻本有「三」字。

第二一五頁第十行

即宜在七年之未　「未」刻本作「末」。

第二一六頁第十二行

有罪□齊者　鈔本漫漶處刻本作「於」字。

第二一七頁第二行

晉苟寅士吉射入于朝歌之屬　「苟」刻本作「荀」。

第二一七頁第六行

解云公斂處父師師而至者　上「師」字刻本作「帥」。

第二一七頁第六行

叔弓師師圍費　上「師」字刻本作「帥」。

第二一七頁第十一行

而八年春王正月　「王」刻本作「正」。

第二一八頁第六行

夫人姜氏會齊侯于郜　「于」刻本作「子」。

**第二一八頁第八行**

乙酉宋公馮卒　「宋」刻本作「末」。

**第二一八頁第十行**

解云欲言其奔　「解」上刻本有「注大夫絶緦者正見緦麻章無大夫服故也大去者何」二十一字。按：鈔本整行漏抄。

**第二一八頁第十二行**

正□春秋爲賢者諱故也　鈔本漫漶處刻本作「由」字。

**第二一九頁第一行**

□据楚莊王亦賢　鈔本漫漶處刻本作「注」字。

**第二一九頁第一行**

滅蕭不爲諱□　鈔本漫漶處刻本作「者」字。

**第二一九頁第二行**

彼注云日者　「彼」刻本作「被」，「云」刻本作「公」。

**第二一九頁第四行**

桓公行霸　「桓」刻本作「相」。

**第二一九頁第五行**

然則桓公是時賢德未著　「桓」刻本作「相」。

**第二二〇頁第十二行**

□賢襄至之悪　鈔本漫漶处刻本作「注」字。

**第二二〇頁第十二行**

解云擅滅□姓合書而絶之　鈔本漫漶處刻本作「同」字。

**第二二一頁第一行**

以□讎除罪故也　鈔本漫漶處刻本作「復」字。

**第二二一頁第一行**

注不□取　「注」刻本作「汪」，鈔本漫漶處刻本作「當」字。按：刻本疑爲殘字。

**第二二一頁第一行**

有有明乱義也者　「乱」刻本作「亂」。

**第二二一頁第二行**

明其乱正義矣　「乱」刻本作「亂」。

**第二二一頁第二行**

然則襄公乱義　「乱」刻本作「亂」。

**第二二一頁第三行**

正復讎除之　「正」下刻本有「以」字。

**第二二一頁第五行**

師次於聶比救邢　「比」刻本作「北」，「邢」刻本作「邪」。

**第二二二頁第二行**

則不名爲之諱　「則」上刻本有「若貶惡襄公」五字。

**第二二二頁第三行**

而後桓公得作文实者　「实」刻本作「實」。

**第二二二頁第四行**

注從者無臣子乱也者　「從」刻本作「徒」，「乱」刻本作「辭」。

**第二二二頁第五行**

正以從詁爲空　「從」刻本作「徒」。

**第二二二頁第九行**

不得以渴隱解之　「渴」刻本下無「隱解之」三字。

**第二二二頁第九行**

注夏后至賔之也者　「夏」上刻本無「注」字。

**第二二二頁第十二行**

與大夫盟□異矣　鈔本漫漶處刻本作「不」字。

**第二二三頁第一行**

正以□□□　鈔本漫漶處刻本作「大夫盟」三字。

**第二二三頁第二行**

注禮父至市□□出曲禮上篇　鈔本漫漶處刻本作「朝皆」二字。

**第二二三頁第二行**

檀弓上篇　「上」刻本作「匕」。按：刻本疑爲殘字。

**第二二三頁第八行**

注不復譏都矣　「矣」上刻本有「與無讎同文論之謂更無貶文矣注所以省文達其異義」二十二字。按：鈔本整行漏抄。

**第二二四頁第四行**

郲婁子來朝是也　「郲」上刻本有「小」字。

**第二二四頁第四行**

注此取云云　「取」刻本作「最」。

**第二二四頁第十行**

即言公至自伐衛　「自」刻本作「目」。按：刻本疑爲殘字。

**第二二四頁第十二行**

欲言其貴□人言之　鈔本漫漶處刻本作「連」字。

**第二二五頁第一行**

稱字尊卑未分　「卑」刻本作「平」。

**第二二五頁第一行**

□執不知問　鈔本漫漶處刻本作「故」字。

**第二二六頁第十一行**

在襄二十五年秋　「二」刻本作「一」。按：刻本疑爲殘字。

**第二二六頁第十二行**

納□子于頓　鈔本漫漶處刻本作「頓」字。

**第二二七頁第一行**

而言不復書□者　鈔本漫漶處刻本作「入」字。

**第二二七頁第三行**

即上五年傳云　「上」刻本作「匕」。按：刻本疑爲殘字。

**第二二七頁第四行**

注故從簒辞書入也　「辞」刻本作「辭」。

**第二二七頁第五行**

皆爲簒辞故也　「辞」刻本作「辭」。

**第二二七頁第五行**

注不直言簒者事各有本也者　「注不直言簒者事各有本也者」刻本作「注不直至本也」六字。

**第二二七頁第六行**

欲道春秋上下　「欲」上刻本有「解云」二字。

**第二二七頁第七行**

注殺而立者不以當國之辭言之者　「注殺而立者不以當國之辭言之者」刻本作「注殺而至言之」六字。

**第二二七頁第八行**

即文十四年秋　「即」上刻本有「解云」二字。

**第二二七頁第八行**

齊公子商人殺其君　「商」刻本作「商」。

**第二二七頁第十行**

注非殺而立者以當國之辭言之者　「注非殺而立考以當國之辭言之者」刻本作「注非殺至言之」六字。

**第二二七頁第十行**

衛晉言立蒯聵　「衛」上刻本有「解云」二字。

**第二二七頁第十二行**

隱四年衛人立晉是也　「隱」上刻本有「即」字。

**第二二八頁第三行**

注諸侯有屬託力加自文也　「也」下刻本有「者」字。

**第二二八頁第六行**

曷爲或言致會者　「曷爲或言致會者」刻本作「曷爲至致會」五字。

**第二二八頁第六行**

即襄十一年公至自會是也　「即」上刻本有「解云」二字。

**第二二八頁第十一行**

公會齊侯宋公下　「下」上刻本有「以」字。

**第二二八頁第十一行**

侵蔡潰遂伐楚次□陘　「蔡」下刻本復有一「蔡」字，鈔本漫漶處刻本作「于」字。按：鈔本「蔡」字下有重文符。

**第二二八頁第十二行**

傳云楚已□矣　鈔本漫漶處刻本作「服」字。

**第二二九頁第三行**

秋公至白會　「白」刻本作「自」。

**第二二九頁第七行**

當是時實服　「實」刻本作「寔」。

**第二二九頁第八行**

公會單子已下伐鄭者　「已」刻本作「以」。

**第二二九頁第十行**

至於三伐事實當見　「實」刻本作「寔」。

**第二二九頁第十一行**

公會宋公衛侯陳侯蔡侯伐鄭　「伐」刻本作「戊」。

**第二二九頁第十一行**

從此之後鄭不背　「背」下刻本有「叛」字。

**第二三〇頁第一行**

桓弒賢君簒茲兄　「茲」刻本作「慈」。

**第二三〇頁第一行**

故奪臣子辞　「辞」刻本作「辭」。

**第二三〇頁第三行**

類比与諸侯　「与」刻本作「與」。

**第二三〇頁第四行**

正欲助忽以誅突終得國　「突」下刻本復有一「突」字。

按：鈔本「突」字下有重文符。

**第二三〇頁第五行**

注公与至致伐　「与」刻本作「與」。

**第二三〇頁第七行**

其与一國用兵　「与」刻本作「與」。

**第二三〇頁第八行**

公以楚師伐齊取一穀　「取」下刻本無「一」字。

**第二三〇頁第十一行**

其公与一國用兵　「与」刻本作「與」。

**第二三〇頁第十二行**

偶爾□之　鈔本漫漶處刻本作「無」字。

**第二三一頁第一行**

何勞致伐□　鈔本漫漶處刻本作「乎」字。

**第二三一頁第四行**

其不得意不致　「致」下刻本有「者」字。

**第二三一頁第十行**

注皆例時　「時」下刻本有「解云謂鄉來諸例皆書時即桓二年冬公至自唐僖二十」二十二字。按：鈔本整行漏抄。

**第二三一頁第十行**

六年冬至自伐齊　「冬」下刻本有「公」字。按：鈔本於「冬」下以小字旁添一「公」字。

**第二三二頁第十二行**

公至自□□□注云　鈔本漫漶处刻本作「伐楚彼」三字。

**第二三三頁第一行**

今此兵歷□時　鈔本漫漶處刻本作「四」字。

**第二三三頁第三行**

注以稱人共國辞　「辞」刻本作「辭」。

**第二三三頁第四行**

言以稱人共國辞者　「辞」刻本作「辭」。

**第二三三頁第五行**

兼得兩國人之辞也　「辞」刻本作「辭」。

**第二三三頁第八行**

注寶者玉物之凡名者　「玉」刻本作「王」。

## 卷七

**第二三五頁第十行**

而舊云孔子脩之　「云」上刻本有「解」字。

**第二三七頁第九行**

夫人姜氏會齊侯于防　「于」刻本作「於」。

**第二三七頁第十一行**

熟俟屈宗也是也　「俟」下刻本復有一「俟」字，「宗」刻本作「完」。

**第二三八頁第四行**

凡言及者汲汲之辞　「辞」刻本作「辭」。

**第二三八頁第五行**

即下文言及及是汲汲之甚者　下「及」字刻本作「乃」。

**第二三九頁第二行**

注爲久稽留之辞者　「辞」刻本作「辭」。

**第二三九頁第三行**

作久稽留之辞　「辞」刻本作「辭」，「辞」下刻本有「矣」字。

**第二三九頁第五行**

爲久稽留之辞　「辞」刻本作「辭」。

**第二三九頁第九行**

盛伯來何失地之君也　「來」下刻本有「奔傳云盛伯者」六字。

**第二三九頁第十行**

何以不名兄弟辞也是也　「辞」刻本作「辭」。

**第二四〇頁第六行**

齊師滅譚子本莒之屬　「譚」下刻本復有一「譚」字。按：鈔本「譚」字下有重文符。

**第二四〇頁第八行**

還是善辞　「辞」刻本作「辭」。

**第二四〇頁第十一行**

正以及者汲汲之辞故也　「辞」刻本作「辭」。

**第二四一頁第四行**

不謂月非信辞也　「辞」刻本作「辭」。

**第二四一頁第八行**

不能以國爲家　「以」下刻本有「一」字。

**第二四一頁第十行**

据齊言之亦傷矣　「亦」下刻本有「無」字。

**第二四一頁第十二行**

欲言不得國納者入辞　「辞」刻本作「辭」。

**第二四二頁第二行**

戍伐凡伯于楚兵以歸　「兵」刻本作「丘」。

**第二四三頁第二行**

非當國之辞　「辞」刻本作「辭」。

第二四三頁第二行

既不作當國之辞　「辞」刻本作「辭」。

第二四三頁第四行

禮有三諫不從待於去者　「於」刻本作「放」。

第二四三頁第八行

公伐齊糾納　「糾納」刻本作「納糾」。按：鈔本於「糾納」二字右側以小字批「下上」二字。

第二四四頁第三行

注不月至簒辞　「辞」刻本作「辭」。

第二四四頁第四行

小國時立納入皆爲　「爲」下刻本有「簒」字。按：鈔本於「爲」下以小字旁添一「簒」字。

第二四四頁第六行

納者入辞　「辞」刻本作「辭」。

第二四五頁第十一行

即下十二年秋宋萬弑其君　「二」刻本作「一」。按：刻本疑爲殘字。

第二四六頁第二行

萬臂殺仇牧碎其首　「碎」刻本作「碎」。

第二四六頁第四行

謂謂士爲微故言此　「謂謂」刻本作「謂」。

第二四六頁第五行

注据諱与讎狩　「与」刻本作「與」。

第二四六頁第八行

宜以爲善而反與　「反」下刻本有「不」字。

第二四六頁第十二行

今此□□得意合致伐　鈔本漫漶處刻本作「亦不」二字。

第二四七頁第四行

解云謂不言齊鮑叔子糾殺之　「子」上刻本有「取」字。

第二四七頁第七行

正以下三二年冬十月乙未　「三」下刻本有「十」字。

第二四七頁第十行

取三十年傳文　「十」下刻本有「二」字。

第二四八頁第四行

衛州吁弑其君　「君」下刻本有「完」字。

第二四八頁第四行

從外赴辞以賊聞例　「辞」刻本作「辭」。

第二五一頁第一行

□滅國書月　鈔本漫漶處刻本作「其」字。

第二五一頁第六行

齊國書師師伐我是也　「師師」刻本作「帥帥」。

第二五一頁第八行

齊與伐而不與故言伐也　「與」下刻本有「戰」字。按：鈔本於「與」下以小字旁添一「戰」字。

**第二五二頁第四行**

既載之言事謂作徒役也　「載」下刻本有「鄭注云載」四字，「事」下刻本復有一「事」字。按：鈔本「事」字下有重文符。

**第二五二頁第七行**

徐州界又南至淮水淮海惟楊州　「楊」刻本作「揚」。

**第二五二頁第七行**

楊州界自淮而南　「楊」刻本作「揚」。

**第二五二頁第十一行**

至黑水而東至西河也　「西」刻本作「四」。按：刻本疑爲殘字。

**第二五三頁第四行**

故曰豫舒也　「豫」下刻本復有一「豫」字。按：鈔本「豫」字下有重文符。

**第二五三頁第五行**

故曰雝雍塞也　「雝」下刻本復有一「雝」字，「壅」刻本作「塵」。按：鈔本「雝」字下有重文符。

**第二五三頁第六行**

故曰荊强也　「荊」下刻本復有一「荊」字。按：鈔本「荊」字下有重文符。

**第二五三頁第六行**

江南曰楊州李氏云　「楊」刻本作「揚」。「州」刻本作「則」。

**第二五三頁第六行**

江南其氣慘勁厥性輕楊　「楊」刻本作「揚」。

**第二五三頁第七行**

故曰楊州也　「楊」刻本作「揚」。

**第二五三頁第九行**

故曰幽悪也　「幽」下刻本復有一「幽」字。按：鈔本「幽」字下有重文符號。

**第二五三頁第十行**

齊其氣清舒受性乎均　「乎」刻本作「平」。按：刻本疑爲殘字。

**第二五三頁第十行**

故曰營平也　「營」下刻本復有一「營」字。按：鈔本「營」字下有重文符。

**第二五三頁第十二行**

其氣寬舒稟性安徐舒也　「徐」下刻本復有一「徐」字。按：鈔本「徐」字下有重文符。

**第二五四頁第五行**

若對尔雅　「尔」刻本「爾」。

**第二五四頁第十二行**

不如言楚子吳　「吳」下刻本有「子」字。按：鈔本疑脱落。

**第二五四頁第十二行**

注春至王法者　「春」下刻本有「秋」字。按：鈔本於「春」

下以小字旁添一「秋」字。

**第二五五頁第二行**

但□悪悪不可正言其罪　鈔本漫漶處刻本作「以」字。

**第二五五頁第七行**

故說題辭曰　「辭」刻本作「辤」。

**第二五五頁第九行**

注主人至焉尔　「尔」刻本作「爾」。

**第二五六頁第四行**

尊天子爲順辭　「辭」刻本作「辤」。

**第二五六頁第十一行**

載氏云荊楚一物　「載」刻本作「戴」。

**第二五七頁第一行**

穀梁傳□　鈔本漫漶處刻本作「曰」字。

**第二五七頁第九行**

正以此言大水　「此」刻本作「比」。

**第二五八頁第二行**

敗宋師子鄑　「敗」上刻本有「公」字。

**第二五八頁第二行**

十年夏公敗宋師千乘丘之屬是也　「千」刻本作「于」。

**第二五八頁第六行**

其辭成矣是也　「辭」刻本作「辤」。

**第二五九頁第二行**

曲禮□篇云　鈔本漫漶處刻本作「上」字。

**第二五九頁第七行**

賈氏云羊穀梁曰　「羊」上刻本有「公」字。

**第二六〇頁第一行**

言樂得禮樂之節　「節」刻本作「莭」。

**第二六〇頁第八行**

音蘇節反　「節」刻本作「莭」。

**第二六〇頁第十一行**

□爭慱弒君云云　鈔本漫漶處刻本作「注」字，「慱」刻本作「搏」。

**第二六一頁第二行**

即宋叔鄭歸生齊崔杼之屬是也　「叔」刻本作「督」。

# 附録：蓬左文庫春秋公羊疏鈔本考釋*

馮曉庭

## 壹・蓬左文庫[一]

「蓬左文庫(Hosa Library)」位於名古屋市東區德川町1001番地(1001 Tokugawa-cho, Higashi-ku, Nagoya),是日本境内皮藏重要「古漢籍」的「文庫」之一。舊時的「名古屋城」别稱甚多,如「蓬左城」「鶴ヶ城」「龜尾城」「柳ヶ城」「楊柳城」等,而諸多别名當中,則以「蓬左城」之名最爲通用,至少在「江户時代(Edo Period)」,學宦士庶大多喜好以「蓬左」稱呼「名古屋」。

「蓬左」之名,其來甚遠,坐落於今日名古屋市熱田區的「熱田神宫(Atsuta-Jingu)」,即是如斯稱號肇生的根源。當地古代居民以爲,中國神話傳説所載海上仙人居止的「蓬萊仙山」,正是「熱田神宫」所在,因此,「熱田神宫」又被稱爲「蓬萊の宫(蓬萊仙宫,Hourai no Miya)」「蓬が島(蓬萊島,Yomogi ga Shima)」。「名古屋」初興之地,適洽位於「熱田神宫」左側,亦即「蓬萊の宫」左面,於是遂有「蓬左」之稱,久而久之,「蓬左城」便成爲「名古屋城」的代稱,「蓬左」即「名古屋」、「名古屋」即「蓬左」,而所謂「蓬左文庫」,也就是「名古屋文庫」。

「蓬左文庫」定名於明治末期(—1911—)至大正初期(—1912—),前身爲「尾張藩(Owarihan,今愛知縣[Aichi])」首代藩主德川義直(Tokugawa Yoshinao, 1600—1650)於十七世紀前期創設的「御文庫(O-Bunko)」,四百年來,歷經數次擴充,終成今日規模:

---

*本文爲臺灣「科學委員會」「專題計畫」日本蓬左文庫藏春秋公羊疏鈔本研究(NSC98-2410-H-415-034-)」初步成果之一。

[一] 本文有關「蓬左文庫」與「駿河御讓本」的敘述,綜理取材自:

1. [日]名古屋市蓬左文庫編:《蓬左文庫　歷史と藏書》(日本名古屋市:名古屋市蓬左文庫,2004年11月)。

2. [日]名古屋市蓬左文庫編:《名古屋市蓬左文庫漢籍分類目録》(日本名古屋市:名古屋市教育委員會,1975年3月)。

3. [日]名古屋市蓬左文庫編:《名古屋市蓬左文庫國書分類目録》(日本名古屋市:名古屋市教育委員會,1976年3月)。

4. [日]名古屋市蓬左文庫編:《名古屋市蓬左文庫古文書古繪圖目録》(日本名古屋市:名古屋市教育委員會,1976年12月)。

5. [日]名古屋市蓬左文庫編:《(蓬左文庫)善本解題圖録》(日本名古屋市:名古屋市蓬左文庫,1980年3月)。

6. [日]杉浦豐治(Sugiura Toyoji, 1916—1986)撰:《蓬左文庫典籍叢録駿河御讓本》(日本名古屋市:金城學院大學人文科學研究會,1975年9月)。

7. [日]杉浦豐治撰:《公羊疏論考　攷文篇》(日本愛知縣:愛知縣立安城高等學校内學友會,1961年11月)。

8. 日本名古屋市蓬左文庫網頁:http://housa.city.nagoya.jp/.

## 一、御文庫初創

1616年，隱居於駿府(Sunpu，今靜岡縣[Shizuoka])的德川家康(Tokugawa Ieyasu，1543—1616)辭世，原設於駿府的「駿河文庫(Suruga Bunko)」藏書援其遺囑一分爲四，一部分由林羅山(Hayashi Razan，1583—1657)運送至「江户城(Edo-jou)」中「紅葉山文庫(Momijiyama Bunko，前身爲『富士見亭文庫[Fujimitei-Bunko]』)」保存，其餘則由所謂德川「御三家(Go-Sanke)」——尾張、紀伊(德川賴宣，Tokugawa Yorinori，1602—1671)、水户(德川賴房，Tokugawa Yorifusa，1603—1661)依五、五、三比例承繼，這些本屬「駿河文庫」的典籍，後來被稱爲「駿河御讓本(Suruga-Oyuzuri-Bon)」。

1617年，部數三百七十七(三百七十三)、册數二千八百三十九(二千八百三十七)的書簡運抵名古屋，德川義直據爲基礎，成立「御文庫」，此後並廣搜各方典籍，充實皮藏，「蓬左文庫」的雛形於焉建構。

## 二、御文庫續營

1658年，尾張藩第二代藩主德川光友(Tokugawa Mitsutomo，1625—1700)仿照幕府體制，設立「書物奉行(Syomotsu-Bugyou)」一職；據常理言，文庫藏書既然需要設立專職管理人員，那麼收藏數量的鉅大以及相關工作的繁重，則應該是毫無疑義的。由此可知，「御文庫」在經過四十載經營之後，應該已經頗具規模。

此後，在歷代藩主的持續關注之下，「御文庫」迭有發展，在德川幕府(Tokugawa-Bakufu)末期(1860年代)，尾張藩「御文庫」所藏幾達五萬「點」[一]，可以説是江户時期最具規模的「大名文庫」之一。

「御文庫」不僅收藏量鉅，珍品善本也所在多有，其中包括12世紀以降出自中國、朝鮮、日本等地的古舊典籍，17至19世紀的日本古繪圖，18、19世紀的「蘭書(Ransyo，西洋書籍)」等寶貴文獻；特別是淵源自中國與朝鮮的諸項古舊典籍當中，就有多部在本國業已亡佚失傳的重要史料。

## 三、蓬左文庫定名與揭幕

明治維新初期(1872)，由於「廢藩置縣」的施行，諸侯藩主勢力漸形削減，日本社會劇烈動盪，在若干年月當中，尾張藩「御文庫」舊收藏迭遭販售，二十餘年之間，「御文庫」舊藏書已

〔一〕所謂「點」，是日本圖書館計算皮藏品的單位詞，對書籍而言，「一册」就是「一點」；對繪圖而言，「一幅」或者「一幀」就是「一點」。

流出達三分之一，而原有的「駿河御讓本」，數量也由三百七十七(三百七十三)減縮至二百六十(二百四十四)。

1900 年，尾張德川家於名古屋建成「大曾根(Oozone)邸」，此後直至 1912 年，「御文庫」所藏殘餘與尾張德川家其他收藏便分别庋藏於名古屋「大曾根邸」以及東京(Tokyo)的尾張藩宅邸。1912 年，第十九世藩主德川義親(Tokugawa Yoshichika，1886—1976)爲江户時代以來尾張藩德川家的傳世收藏命名「蓬左」，「蓬左文庫」之名至此正式成立。隔年，首部《蓬左文庫目録》發行。

1931 年，財團法人「德川黎明會(Tokugawa-Reimeikai)」創立，專責「德川美術館」與「蓬左文庫」的營運工作。1933 年，東京豐島(Toshima)區目白(Mejiro)町的「蓬左文庫」新築竣工。1934 年，「蓬左文庫」相關收藏由名古屋運抵東京。1935 年，位於名古屋大曾根的「德川美術館」以及東京目白的「蓬左文庫」揭幕開放，此時文庫展出的收藏品有二，一是明治維新以來尾張藩藩士的收藏，一是後續添加的大量書籍與文獻。

## 四、蓬左文庫現代發展

揭幕於 1935 年的東京「蓬左文庫」，營運未滿十載，便因爲戰爭的緣故不得不閉館。1944 至 1946 年，爲了避免戰火波及，「蓬左文庫」中的貴重文獻曾一度被遷移至長野縣(Nagano)的伊那(Ina)市。

1950 年，名古屋市自「德川黎明會」購入「蓬左文庫」，自此「蓬左文庫」相關庋藏又回歸於名古屋，受「名古屋教育委員會——社會教育課」管轄。

1951 年起，「蓬左文庫」正式定名爲「名古屋市蓬左文庫」，藏書對外開放，並且由「名古屋教育委員會」進行新式科學化管理，在持續蒐羅補苴庋藏的經營理念之下，又陸續增加了文獻三萬多點，至今已有重要庋藏約十一萬點，可以説是日本與名古屋地區的重要公共文化財。

# 貳、駿河御讓本

## 一、駿河御讓本淵源

如前所述，「駿河御讓本」淵源自德川家康創設的「駿河文庫」，而所謂「駿河文庫」，則取材自設置於「江户城」内的「富士見亭文庫(後遷移至紅葉山，更名爲「紅葉山文庫」)」。德川家康初到「駿府」，即選取「富士見亭文庫」藏書約一萬種隨行，隨後成立「駿河文庫」。

「富士見亭文庫」所藏諸書，主要來源有二，一是「鎌倉幕府(Kamakura-Bakufu，1192—1333)「執權大臣」北條氏(Houjyou)」所創「金澤文庫(Kanazawa-Bunko)」的舊藏書，一是來自朝鮮的金屬活字印刷以及木雕板刻書籍，庫内所藏，基本上都是當時最爲珍貴的書册典籍與最爲優良的出版品。當然，「駿河文庫」所選取的，則又是其中的菁華樞要。整體來説，「駿河御讓本」所包涵的，就是德川幕府初期日本境内典籍圖書的精粹所在。

## 二、駿河御讓本現狀

德川家康「駿河文庫」藏書——「駿河御讓本」被一分爲四之後，遭遇各自不同；送往「紅葉山文庫」的書籍，最終被納入由宫内廳管轄的「内閣文庫（Naikaku-Bunko，現屬『國立公文書館〔National Archives of Japan〕』）」，然而所賸無多；送往「紀伊藩」的書籍，在「南葵文庫（Nanki-Bunko，即紀伊德川家文庫）」解體之後，已經散佚無蹤；送往「水户藩」的書籍，雖然現今仍確實存在於「彰考館文庫（Syoukoukan-Bunko）」，却與其他書册混雜，難以分辨屬性；唯有尾張藩「駿河御讓本」，四百載來，一如德川義直所言——「絶不出於門户」，管制甚嚴，是以縱然有所遺佚，而主體存俱，依舊足堪展現「駿河御讓本」的特色與梗概。

如前所述，尾張藩「駿河御讓本」現存二百六十（二百四十四）部、二千（一千九百四十三）册，現今全數庋藏於名古屋市蓬左文庫，讀者只要經過簡單申請手續，均可閲讀原件，並得製作微卷複印。

## 三、駿河御讓本内容

尾張藩得自「駿河文庫」的諸般書籍，至今有幸仍可考得，日本學者杉浦豐治在《蓬左文庫典籍叢録　駿河御讓本》一書中，便依據元和三年（Genna，1617）正月七日横田三郎兵衛（Yokota Saburobee）、石原十左衛門（Ishihara Juuzaemon）二人撰寫的「《請取目録》」爲基礎，附益以尾張藩「御文庫」歷來藏書目録，撰成《駿河御讓本補注》（頁一六三—二八四）一文，文中除詳列書名，亦詳案各目録所載注記相關資訊，的確能夠清晰呈現尾張藩「駿河御讓本」的完整面貌。

綜合《請取目録》與《駿河御讓本補注》等文獻，可以得知德川家康遺贈尾張藩的書册共計三百七十七（三百七十三）部、二千八百三十七（二千八百三十九）册，由駿府運來之後，裝成四十四櫃，其中相關櫃號、部數、册數的對應關係以及所收書名，參覈以下二表，便可略明一二。〔一〕

〔一〕根據《請取目録》與《駿河御讓本補注》所述，尾張藩「駿河御讓本」原有部數爲三百七十三、册數爲二千八百三十七，現存部數爲二百四十四、册數爲一千九百四十三；杉浦豐治所謂「原有部數爲三百七十七、册數爲二千八百三十九，現存部數爲二百六十、册數約爲二千」之説，不知所據爲何？本文於此節姑存異同，其中差池疑義，待親睹原本諸書之日再行疏解。

尾張藩「駿河御讓本部冊數統計表」

| 櫃號 | 請取部數 | 現存部數 | 請取冊數 | 現存冊數 |
|---|---|---|---|---|
| 1—13 | 十三（一箱一部） | 九 | 八百六十九 | 七百二 |
| 《請取書目》：右自一番至十三番，部數合十三部、八百六十九冊。（頁一七一） | | | | |
| 14 | 二十三 | 十四 | 三十六 | 二十六 |
| 15 | 十四 | 十一 | 五十六 | 二十九 |
| 16 | 六 | 二 | 五十二 | 二十九 |
| 17 | 二十二 | 十七 | 六十五 | 五十三 |
| 18 | 二十六 | 十九 | 七十六 | 五十四（五十三？） |
| 19 | 十二 | 十 | 四十九 | 四十六 |
| 20 | 十八 | 九 | 五十 | 二十 |
| 21 | 十八 | 十（九？） | 五十 | 三十三（三十二？） |
| 22 | 十一 | 九 | 六十七 | 六十三 |
| 23 | 八 | 五 | 五十二 | 三十八 |
| 24 | 九 | 九 | 三十八 | 三十八 |
| 25 | 十 | 五 | 六十二 | 二十四 |
| 26 | 七（《請取書目》未録書名等項，僅記部數册數。） | ○ | 五十八 | ○ |
| 27 | 二十四 | 十五 | 七十五 | 五十四 |
| 28 | 八 | 六 | 六十三 | 六十 |
| 29 | 十七 | 十五 | 二十六 | 二十三 |

續表

| 櫃號 | 請取部數 | 現存部數 | 請取冊數 | 現存冊數 |
|---|---|---|---|---|
| 30 | 三 | 三 | 五十三 | 五十四（？） |
| 31 | 八 | 五 | 九十六 | 六十一 |
| 32 | 九 | 七 | 九十三 | 五十八 |
| 33 | 六 | 四 | 六十 | 四十一 |
| 34 | 十一 | 八 | 六十九 | 五十九 |
| 35 | 二十二 | 六 | 八十四 | 二十四（二十五？） |
| 36 | 七 | 五 | 五十五 | 二十四 |
| 37 | 七 | 五 | 七十五 | 二十八 |
| 38 | 七 | 七 | 三十二 | 三十二（三十六？） |
| 《請取書目》：右自十四番廿九番マテ，合二百三十三部、八百七十六冊。 | | | | |
| 39 | 四 | 杉浦豐治失記。 | 六十七 | 杉浦豐治失記。 |
| 40 | 五 | 杉浦豐治失記。 | 九十七 | 杉浦豐治失記。 |
| 41 | 五 | 杉浦豐治失記。 | 四十九 | 杉浦豐治失記。 |
| 《請取書目》：右自三十番至四十一番，部數合九十四部、八百卌冊。（頁 277） | | | | |
| 42 | 《請取書目》失記。 | | | |
| 43 | 《請取書目》失記。 | | | |
| 44 | 十二 | 五 | 七十七 | 二十四 |
| 上之字長櫃 | 十一 | 一 | 八十 | 二十二 |
| 另長櫃 | 《請取書目》：不足本雜本共。大藏一覽。（頁二八〇） | | | |
| 《請取書目》：右，部數合三百六十三部、册數合貳千八百廿六冊。（頁二八〇） | | | | |
| 十部駿府雜本（頁二八〇） | 十 | 九 | 十一 | 十一（？） |
| 合計 | 三百七十三 | 二百四十四 | 二千八百二十七 | 一千九百四十三 |

尾張藩「駿河御讓本櫃號書名表」

| 櫃號 | 書册名稱 |
|---|---|
| 1 | 通鑑綱目 |
| 2 | 晉書 |
| 3 | 東萊先生十七史詳節 |
| 4 | 事文類聚 |
| 5 | 治平要覽 |
| 6 | 大明會典 |
| 7 | 東文選 |
| 8 | 性理大全 |
| 9 | 左傳 |
| 10 | 朱子大全 |
| 11 | 杜氏通典 |
| 12 | 北史 |
| 13 | 群書治要 |
| 14 | 西山墨談、仁川世稿、三國遺事、求仁録、漢書傳抄、晦齋(先生集)、聖訓演、除花潭集、魯齋全集、吕氏鄉約、心經附注、玉壺冰、入學圖説、策文、四雨亭集、廣皇輿考、讀書(録)要語、梅花擊缶(集)<br>※書名部數「十八」與《請取目録》所載「廿三部」有誤差(頁一七七) |
| 15 | 左傳釋附、禮記大全、毛詩正義、毛詩集注(詩經集傳)、毛詩大全(詩傳大全)、國語(鈔評)、孟子集注、周易正義序八論(周易正義〔殘〕一卷)、周易考變(周易啓蒙・考變占)、周易啓蒙(易學啓蒙通釋)、周易筮義、周易繫辭、卜筮元龜、説卦 |
| 16 | 春秋直解、儀禮注疏、論語或問、春秋正義(春秋公羊傳正義)、中庸或問、大學或問 |

續表

| 櫃號 | 書册名稱 |
|---|---|
| 17 | 讀杜愚得、陳思王集、于公奏議、貞觀政要、韓文正宗、菊磵集、師律提綱、梅先生集(宛陵梅先生詩選)、濯纓集、東文啓(東文選啓抄)、草書韻會、奉先雜儀、養心堂(養心堂〔詩〕集)、獨谷先生(集)、效顰集、歐蘇手簡、範圍總括、聽訟提綱、詩學蹊徑、廿九子品彙釋評、詩家一指、淵明集 |
| 18 | 樊川集、樊川集、圃隱集、陶隱集、中州集、唐韻(唐詩正音)、古賦(三場文選古賦)、簡齋(集)、益齋亂稿、玉屑、詩學大成、東文粹、鼓吹續編、大觀集、醫閭(先生)集、西陽雜俎、虞伯生(翰林珠玉)、韓文聯句、靖節集、廉洛風雅、文章精義、宛陵詩(宛陵梅先生詩選)、香山三體(法)、詠史詩<br>※書名部數「廿四」與《請取目録》所載「廿六部」有誤差。(頁一九九) |
| 19 | 五禮儀、魏鄭公諫録、西河集、性理大全、對類大全、琴賦〔譜〕、孫武子(内含二部:新刊校正京本孫武子兵法本義、孫武子十三篇講意)、不求人(文林聚寶萬卷星羅)、家禮(大全)、李衛公(問對直解)、續觀感録 |
| 20 | 天原發微、虚應(堂)集、護聞瑣録、七書、論語(集注)、真逸遺稿、二程封事、止止堂(集)、蒲閑〔補閒〕集、古論集〔選〕、旅亭分韻<br>※書名部數「十一」與《請取目録》所載「十八部」有誤差。(頁二〇四) |
| 21 | 小學日記、吕氏春秋、老莊注釋(評林)、荀子、太玄經、列女傳、居家必用、小學全書〔句讀〕、淮南鴻烈解、鶴林玉露、楚辭旁注、(古今)韻會、莊子、經國大典、韓詩外傳、選文掇英、列子、剪燈新話 |
| 22 | 御製文集、桂洲奏議、韓文(昌黎文集)、柳文、古文軌範、文章軌範、古文真寶、三峯集、私淑(齋)集、白真人文集、新板事類(事類賦) |

續表

| 櫃號 | 書册名稱 |
|---|---|
| 23 | 梅月堂(集)、訓世評話、浮休子(談論)、科注法華、武經總要、大學衍義(大學衍義補)<br>※書名部數「六」與《請取目録》所載「八部」有誤差。(頁二一〇) |
| 24 | 續東文選、睡軒集、直解大明律、進脩楷範、陶靖節集、吏楂集、昌黎(碑志)、湖陰集、内訓 |
| 25 | 二程全書、大學衍義、性理群書、讀書録、近思録、延平答問、二程先生(粹言)、(伊洛)淵源録、學蔀通辨、劉隨州(詩集) |
| 26 | ※《請取目録》失載，或原篇幅佚失。 |
| 27 | 古文真寶抄、古文真寶抄、絶句抄、絶句抄、絶句注本、毛詩抄、蒙求抄、長恨歌抄、江湖集抄、臨濟録抄、臨濟録抄、論語抄、碧岩抄、四教儀抄、六物集、含英咀華、拔書(桃洞隨筆)、韻鏡(私書)、略韵<br>※書名部數「十九」與《請取目録》所載「廿四部」有誤差。(頁二三五) |
| 28 | 大藏一覽、經(佛經)、無量壽經(抄)、法華抄、科注法華、一切經目録<br>※書名部數「六」與《請取目録》所載「八部」有誤差。(頁二三八) |
| 29 | 佛祖歷代、佛祖歷代、大方圓覺經、賢首諸乘法數、十三佛機緣〔録〕、心經注、禪源(諸詮)、小豔詩、大川和尚語(録)、運庵(和尚語)録、毒海(集)、燕石集、台宗四教、四教明月、阿彌陀經抄<br>※書名部數「十五」與《請取目録》所載「十七部」有誤差。(頁二四四) |
| 30 | 文章辨體、文章正宗、崇古文訣 |
| 31 | 源流至論、昌黎(文)集、紫陽文集、紫陽文集、吴草廬文集、南宣集、象山全集、蘇文(三蘇文集) |
| 32 | 空同集、牧隱文集、杜子美文類(杜詩)、杜子美千家(千家注杜詩)、杜子美千家(千家注杜詩)、韻府(韻府群玉)、東坡年譜、詩選、全唐風雅 |

續表

| 櫃號 | 書册名稱 |
|---|---|
| 33 | 太白集、太白集、王荆公集、簡齋集、李翰林集、詩選(演義) |
| 34 | 毛詩古注(毛詩鄭箋)、毛詩大全(詩傳大全)、尚書大全(書傳大全)、尚書古注(尚書孔傳)、尚書集注(書經集傳)、山谷(詩集)、山谷(詩集)、尚書大文(書傳大文)、尚書大文(書傳大文)、春秋大文(春秋經)、春秋大文(春秋經) |
| 35 | 春秋(集傳)大全、周易大全、禮記大文、周禮(纂圖互注)、公羊穀梁(公羊傳穀梁傳)、小學(集成)、論語(集注)大全、孟子大全、孟子古注、孟子大文、中庸大全、中庸大全、中庸或問(大全)、大學大全、大學或問(大全)、論語衍義、孔子家語、論學繩釋、尚書集注(書經集傳)、易大文(周易本義)、毛詩集注(詩經集傳)、春秋胡傳 |
| 36 | 通鑑節要、通鑑續編、少微通鑑(通鑑節要)、宋鑑、宋鑑、宋鑑節要、通鑑輯釋 |
| 37 | 前漢書評林、兩漢傳志、全漢志傳、十八史畧、十九史畧、三國志傳、三國志傳、 |
| 38 | 列國志(傳)、大明律、大明一統賦、史斷抄、三史文類、方輿勝覽、學樂軌範 |
| 39 | 素問經、本草綱目、本草集要、聖惠方 |
| 40 | 證類本草、證類本草、醫學綱目、醫林集要、奇效良方 |
| 41 | 和劑方、和劑方、和劑方、千金翼方、醫學入門 |
| 42 | ※《請取目録》失載或原篇幅佚失。 |
| 43 | ※《請取目録》失載或原篇幅佚失。 |
| 44 | 碧巖集(碧巖録)、帝鑒圖説、蒙求、海篇心鏡、三韵通考 |
| 上之字長櫃 | 齊民要術 |
| 另長櫃 | 不足本雜本、大藏一覽 |
| 十部駿府雜本 | 易啓蒙、蒲室(集)、唐書宰相表、大學補注(大學章句補遺)、詩韻大成、藏乘法數、盂蘭盆經、古史通略、略通鑑<br>※書名部數「九」與《請取目録》所載「十部」有誤差。(頁二八四) |

## 四、駿河御讓本珍藏

「駿河文庫」所收諸書既經德川家康特意揀拔，其珍貴性與代表性自然是不言可喻。從珍貴性的角度來説，「駿河御讓本」淵源於「富士見亭文庫」，所萃集的不是「金澤文庫」貴重舊藏，就是優質朝鮮銅活字印本，可以説是當時日本地區最爲珍善的收藏；從代表性的角度來説，啟肇於德川家康之手的「駿河文庫」，幾乎就是這位江户幕府首代將軍的私人文庫，所選當屬貴重珍藏，自是毋庸置疑，而所收諸書能夠相當程度地展現德川家康的學問好尚以及實際需要，亦頗能肯定。

姑不論古來傳統重要典籍，僅就尾張藩「駿河御讓本」內有朝鮮活字本《治平要覽》（［朝鮮］鄭麟趾［1436—1478］等撰）、《大明會典》（［明］李東陽［1447—1516］等撰）、《經國大典》（［朝鮮］崔恒［1409—1474］等撰），朝鮮寫本《聽訟提綱》（［朝鮮］不著撰人）等書；並收入《新刊校正京本孫武子兵法本義》（［明］鄭靈［—1438—］注解、傅震［—1543—］校正）、《孫武子十三篇講意》（［明］楊魁［—1556—］撰）等兵法書籍，《素問經》、《本草綱目》、《聖惠方》、《醫學綱目》、《奇效良方》、《和劑方》等大部頭醫藥專書一事，便可體悉「駿河文庫」之於晚年的德川家康，猶如《周禮》之於王莽、《本草》之於藥劑醫家。

尾張藩「駿河御讓本」既是德川家康藏書精粹，那麽一如前文所述，珍藏善本必定所在多有，根據《駿河御讓本補注》所載，當中較爲顯著者可分類如下：

（一）鈔本

1. 齊民要術（頁二七九）

【原載】日本文永中鈔卷子本，宋諱闕筆，紙背有鎌倉期文書……金澤文庫舊藏。

【説明】本書「宋諱闕筆」，所源自是宋代諸本。文永（1264—1275）約處鎌倉幕府中前期，相當於南宋理宗（趙昀，1205—1264）、度宗（趙禥，1240—1274）期間，則全書鈔成於南宋中晚期，頗可確定。本書原藏金澤文庫，則「駿河御讓本」所收實有出於北條氏珍藏者，於兹可鑑。

2. 春秋正義（春秋公羊傳正義）（頁一八三）

【原載】日本室町期傳鈔單疏本，卷第十一末、第十二卷首並有金澤文庫摹印。

【説明】室町幕府（Muromachi-Bakufu，1336—1573）相當於朱明時期，卷第十一末、第十二卷首的「金澤文庫摹印」，顯示本書淵源於金澤文庫舊藏。中國地區「《公羊疏》單疏本」至少在清代便已全數亡失，學者均未得見，唯今僅殘存「南海潘氏藏卷一至卷七宋本」[一]，本書不僅首尾完整，字體亦清晰明善，價值最爲宏顯。

---

[一] 臺北市：鼎文書局影印「上海涵芬樓景印南海潘氏藏宋本」，1972年8月。

（二）刻本

1. 陶隱集（頁一九二—一九三）

【原載】高麗・李崇仁撰，朝鮮・卞季良編。明永樂中朝鮮刊無界十一行本。

【説明】李崇仁（1347—1392）活躍於元末明初，而本書刊刻於明成祖（朱棣，1360—1424）永樂（1403—1424）年間，與今見《陶隱集》權近（1352—1409）《序》（永樂四年，1406）時間頗爲相近，或許洽是同板，年代久遠，甚爲貴重。

2. 獨谷先生集（頁一八八—一八九）

【原載】朝鮮・成石璘撰。明景泰七年朝鮮平壤府刊九行本。

【説明】成石璘（1338—1423）活躍於明代初期，著作刊行於世，而今日坊間所見《獨谷先生集》，係明英宗（朱祁鎮，1427—1464）天順四年（1460）「覆刻本」，本書刊印於明代宗（朱祁鈺，1428—1457）景泰七年（1456），雖然無法確定是否初版原刻，然而綜合相關序跋，可知此本乃「覆刻本」底本，頗足珍貴。

（三）朝鮮活字本

1. 通鑑綱目（頁一六七）

【原載】宋・朱熹撰，朝鮮・李季甸等訓義。明正統三年朝鮮古活字印版十行本。

【説明】李季甸（1404—1459）活躍於明成祖至英宗（朱祁鎮，1427—1464）時期，本書梓行於明英宗正統三年（1438），據此推估，德川家康所選應爲首刊初版，年代古遠，堪稱珍稀。

2. 經國大典（頁二一二—二一三）

【原載】朝鮮・崔恒等奉命撰。明成化中朝鮮古活字印版黑口十行本。

【説明】崔恒活躍於明成祖至憲宗（朱見深，1447—1487）成化十年（1474），本書梓印於成化年間（1487），或爲初版首刊，實足寶貴。

上述六項，不過略舉一二，其餘諸書，珍貴鈔本、刊本，所在多有，足供研究資取頗衆。筆者從事經學研究數年，積習已成，對於經部典籍自然關注較深，而近年所學，又多以《春秋》爲主，是以於「《春秋正義》（《春秋公羊傳正義》）」（即單疏本《公羊疏》，以下簡稱「蓬左《公羊疏》」）一書，最具興味。爲日後深入探討《公羊疏》時代屬性、作者、學術特點等深層問題奠基計，以下便先就明確該書體制，申述該書效用價值，釐清該書文獻淵源等題鋪陳敘述。

## 叁、蓬左《公羊疏》的體制

### 一、書卷分頁

據《請取書目》所記起，蓬左《公羊疏》自德川家康庋藏之初，便以「六冊」形式存在，今日檢覈其書，仍分六冊，可知古來六冊之制，未曾改易。六冊之中，各收五卷，分卷以及頁數分屬詳情如下表所示：

| 冊次 | 卷次 | 卷次分頁 | 相關説明 |
| --- | --- | --- | --- |
| 1 | 一—五 | 卷一：二十四<br>卷二：二十一<br>卷三：二十<br>卷四：十七<br>卷五：十四<br>小計：九十六 | 卷四有空白面二：頁十上、頁十三下。 |
| 2 | 六—十 | 卷六：十七<br>卷七：十五<br>卷八：十四<br>卷九：十七<br>卷十：十八<br>小計：八十一 | 卷十末有「題記」一則。 |
| 3 | 十一—十五 | 卷十一：十三<br>卷十二：十四<br>卷十三：十四<br>卷十四：十三<br>卷十五：十六<br>小計：七十 | 卷十一末有鈔手題「金澤文庫」四字。 |
| 4 | 十六—二十 | 卷十六：十七<br>卷十七：十四<br>卷十八：十三<br>卷十九：十五<br>卷二十：十五<br>小計：七十四 | 1. 卷十七自第十一頁以下誤入卷十八頁十一—十三四頁。<br>2. 卷十八自第九頁以下脱漏頁十一—十三四頁，誤入於卷十七自第十一頁以下。 |

續表

| 冊次 | 卷次 | 卷次分頁 | 相關説明 |
| --- | --- | --- | --- |
| 5 | 二十一—二十五 | 卷二十一：十五<br>卷二十二：十三<br>卷二十三：十三<br>卷二十四：十三<br>卷二十五：十三<br>小計：六十七 | |
| 6 | 二十六—三十 | 卷二十六：十<br>卷二十七：八<br>卷二十八：十四<br>卷二十九：十七<br>卷三十：十八<br>小計：六十七 | |
| 合計 | 三十 | 四百五十五 | |

## 二、行款格式

蓬左《公羊疏》書頁長三十公分、寬二十一點五公分，書首有景德二年《中書門下進公羊正義牒》，書末有奉敕從事校讎工作官員名録。全書無界欄、格線，亦不標頁次。每半頁十二行，每行字數因鈔手不同而各自有别，其大較如下表所示：

| 册次 | 各行字數 |
| --- | --- |
| 册1 | 1. 十八—二十三字，以二十—二十二字爲主(全册一致)。 |
| 册1 | 2. 二十四字(全册一致)。 |
| 册3 | 3. 二十四字(全册一致)。 |
| 册4 | 1. 二十四字(卷十六頁一—十)。<br>2. 二十六字(卷十六頁十一—卷十八頁九)。<br>3. 二十三—二十六字，以二十五字爲主(卷十八頁十—十八卷末)。<br>4. 二十二—二十六字，以二十五字爲主(卷十九—卷二十)。 |
| 册5 | 1. 二十二—二十四字(卷二十一)。<br>2. 二十六字(卷二十四—卷二十六頁四)。<br>3. 二十五—二十六字，(卷二十四頁五—卷二十五末)。 |
| 册6 | 1. 二十六—二十八字(卷二十六頁一)。<br>2. 二十二—二十六字(卷二十六頁二—卷二十六末)。<br>3. 二十三—二十六字，以二十五字爲主(卷二十七—卷三十)。 |

蓬左《公羊疏》三十卷，每卷首行均以「春秋公羊疏卷第○」諸字題首，其下則以「○公●(○爲魯公廟號、●爲文獻次序)」形式表現該卷所載範疇爲魯公誰何；次行則以「起○(年、月、年月)盡○(年、年月)」該卷所載涵蓋年月；爲清晰呈現各卷所陳，兹表列其全貌如下：

| 卷次 | 首行 | 次行 |
| --- | --- | --- |
| 一 | 春秋公羊疏卷第一　隱公一 | 起序盡元年正月 |
| 二 | 春秋公羊疏卷第二　隱公二 | 起三月盡二年 |
| 三 | 春秋公羊疏卷第三　隱公三 | 起三年盡十一年 |
| 四 | 春秋公羊疏卷第四　桓公一 | 起元年盡六年 |
| 五 | 春秋公羊疏卷第五　桓公二 | 起七年盡十八年 |

續表

| 卷次 | 首行 | 次行 |
| --- | --- | --- |
| 六 | 春秋公羊疏卷第六　莊公一 | 起元年盡六年 |
| 七 | 春秋公羊疏卷第七　莊公二 | 起七年盡十三年 |
| 八 | 春秋公羊疏卷第八　莊公三 | 起十四年盡二十六年 |
| 九 | 春秋公羊疏卷第九　莊公四 | 起二十七年盡閔公二年 |
| 十 | 春秋公羊疏卷第十　僖公一 | 起元年盡十年 |
| 十一 | 春秋公羊疏卷第十一　僖公二 | 起十一年盡二十四年 |
| 十二 | 春秋公羊疏卷第十二　僖公三 | 起二十五年盡三十三年 |
| 十三 | 春秋公羊疏卷第十三　文公一 | 起元年盡九年 |
| 十四 | 春秋公羊疏卷第十四　文公二 | 起十年盡十八年 |
| 十五 | 春秋公羊疏卷第十五　宣公一 | 起元年盡八年 |
| 十六 | 春秋公羊疏卷第十六　宣公二 | 起九年盡十八年 |
| 十七 | 春秋公羊疏卷第十七　成公一 | 起元年盡九年 |
| 十八 | 春秋公羊疏卷第十八　成公二 | 起十年盡十八年 |
| 十九 | 春秋公羊疏卷第十九　襄公一 | 起元年盡十年 |
| 二十 | 春秋公羊疏卷第二十　襄公二 | 起十一年盡二十年 |
| 二十一 | 春秋公羊疏卷第二十一　襄公三 | 起二十一年盡三十一年 |
| 二十二 | 春秋公羊疏卷第二十二　昭公一 | 起元年盡八年 |
| 二十三 | 春秋公羊疏卷第二十三　昭公二 | 起九年盡十五年 |
| 二十四 | 春秋公羊疏卷第二十四　昭公三 | 起十六年盡二十四年 |
| 二十五 | 春秋公羊疏卷第二十五　昭公四 | 起二十五年盡三十三年 |
| 二十六 | 春秋公羊疏卷第二十六　定公一 | 起元年盡三年 |

續表

| 卷次 | 首行 | 次行 |
|---|---|---|
| 二十七 | 春秋公羊疏卷第二十七　定公二 | 起四年盡九年 |
| 二十八 | 春秋公羊疏卷第二十八　定公三 | 起十年盡十五年 |
| 二十九 | 春秋公羊疏卷第二十九　哀公一 | 起元年盡十年 |
| 三十 | 春秋公羊疏卷第三十　哀公二 | 起十一年盡十四年 |

考諸坊間常見《公羊疏》諸本，如「南海潘氏藏宋本」、「明世宗（朱厚熜，1507—1566）嘉靖（1522—1566）中福建刊本」、「清仁宗嘉慶二十年（1815）江西南昌府學刊《十三經注疏》本」，可知蓬左《公羊疏》卷首形制與「南海潘氏藏宋本」一致，而與明、清刊本截然不同，由此可見蓬左《公羊疏》至少確實保存了宋人板刻體制，價值非凡。

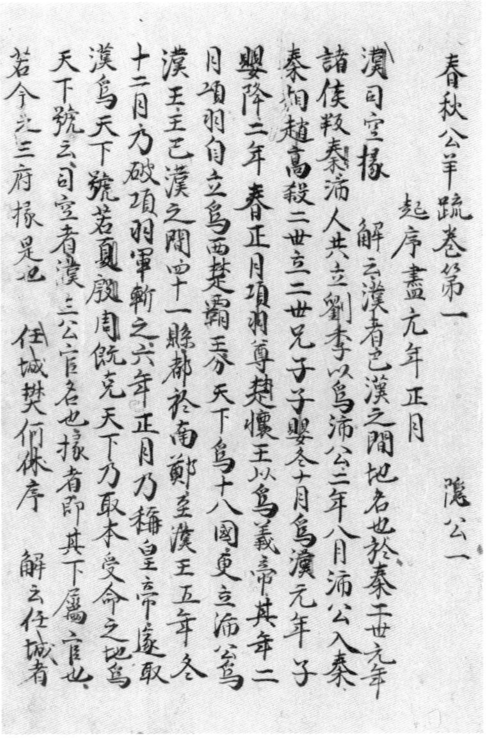

（一）蓬左《公羊疏》卷首影照

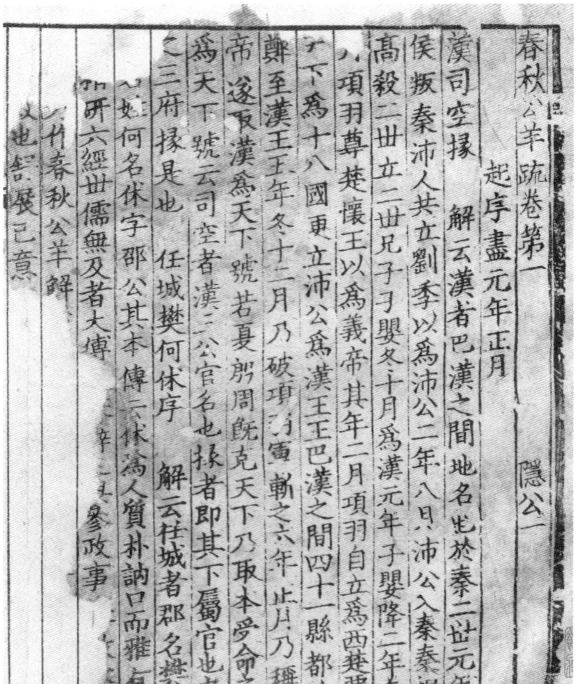

（二）南海潘氏藏宋本《公羊疏》殘本卷首影照

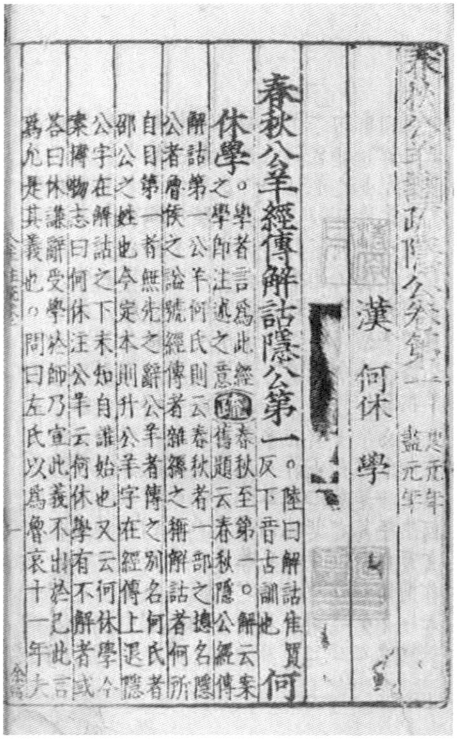

（三）明世宗嘉靖中福建刊本《公羊疏》卷首影照

（四）清仁宗嘉慶二十年江西南昌府學刊《十三經注疏》本《公羊疏》卷首影照

監本附音春秋公羊注疏隱公卷第一 起元年盡元年
春秋公羊經傳解詁隱公第一 ○陸曰解詁佳買反下音古訓也○
疏 春秋至第一○解云案舊題云春秋隱公經傳解詁第
一公羊何氏則云春秋者一部之摠名隱公者魯侯之
謚號經傳者雜縟之稱解詁者何所自日第一者無先之辭
公羊者傳之別名何氏者邵公之姓也今定本則升公羊字
在經傳上退隱公字在解詁之下未知自誰始也又云何休
學今案博物志曰何休注公羊云何休學有不解者或荅曰休
休謙辭受學於師乃宣此義不出於已此言爲允是其義也
○問曰左氏以爲魯哀十一年夫子自衛反魯十二年告老
遂作春秋至十四年經成不審公羊之義孔子早晚作春秋
乎○荅曰公羊以爲哀公十四年獲麟之後得端門之命乃
作春秋至九月而止筆春秋說具有其文○問曰若公羊之
義以獲麟之後乃作春秋何故大史公遭李陵之禍幽于縲
紲乃喟然而嘆曰是余罪也夫昔西伯拘羑里演易孔子戹
陳蔡作春秋屈原放逐著離騷左丘明失明厥有國語孫子
臏脚而論兵法此人皆意有所鬱結不得通其道也故自黃
帝始作其文也案家語孔子厄於陳蔡之時當哀公六年何

## 三、字體區別

今日所見蓬左《公羊疏》，鈔寫字體間有歧異，據筆者初步判斷，絶非出自一人之手，以下便就其分別狀況列表陳述：

| 鈔手別 | 所鈔册卷 | 備注 |
|---|---|---|
| 鈔手甲 | 1. 册一：卷一—卷五。<br>2. 册四：卷十六頁十一—卷二十。<br>3. 册五：卷二十二—卷二十四頁四。<br>4. 册六：卷二十六頁二—卷三十。 | 主要鈔寫人。 |
| 鈔手乙 | 1. 册二：卷五—卷十。<br>2. 册三：卷十一—卷十五。 | 次要鈔寫人。 |
| 鈔手丙 | 册四：卷十六頁一—十。 | 可能爲修補闕頁。 |
| 鈔手丁 | 册五：卷二十一。 | 可能爲修補闕頁。 |
| 鈔手戊 | 册五：卷二十四頁五—卷二十五。 | 可能爲修補闕頁。 |
| 鈔手己 | 册六：卷二十六頁一。 | 可能爲修補闕頁。 |

（一）鈔手甲書體影照

之命乃作春秋公取十二則天之數是以不得取周公成
王之史而取隱公以下故曰據亂而作謂據亂世之史而
爲春秋也 其中多非常異義可怪之論 解云由亂
世之史故有非常異義可怪之事也非常異義者即莊
年齊襄復九世之讎而滅紀僖二年實與齊桓專封是也
此即是非常之異義言異於文武特何者若其常義
則諸侯不得擅滅諸侯不得專封故曰非常異義也其
可怪之論者即昭三十一年邾婁叔術妻嫂而春秋善
之是也 說者疑惑 解云此說者謂胡毋子都董仲舒
之後莊彭祖顏安樂之徒見經傳與奪異於常理故致疑
惑 至有倍經任意反傳違戾者解云此倍讀如反背
之背非倍半之倍也言由疑惑之故雖解經之理而反背

（二）鈔手乙書體影照

上無天子下無方伯緣恩疾者可若其如此即經不免貶惡襄
公則不名爲之諱是以不得作文實之義矣而復桓公得作文
實者桓公非滅人其罪惡輕也　注據鄫季姬也者即僖公
十六年鄫季姬卒卒無葬文是　注從者無臣子亂也者正以
從詁爲空　注卒不云云　解云卒不日者即上經書三月
紀伯姬卒是也春秋之義內女卒例日而紀伯姬卒不日故如
此解其隱三年傳云不及時而日者渴葬也不及時而不日慢
葬也者自施於諸侯非夫人之例故此文雖不及五月不得以
渴隱解之　注夏后至賓之也者檀弓上篇文
注據與高傒盟諱者即莊二十二年秋及齊高傒盟于防傳云
公則曷爲不言公諱與大夫盟也是也　注此競逐恥
同者謂與微者競逐會盟與大夫盟不異矣

（三）鈔手丙書體影照

子虎卒傳云王子虎者何天子之大夫也外大夫不卒此何以
卒新使乎我也　注云王子虎即叔服也新爲王者使來會葬在
葬後三年中卒君子恩隆於親親則加報之故卒明當有恩禮
也然則王子虎之卒在文三年夏若數來會葬之時則在三年
之內若數公卒時四年矣與此相似故猶之　蓋者何　解云
若言晉地不應書之欲道外地文無所繫故執不知問　注據
陳侯云云　解云桓五年春正月甲戌己丑陳侯鮑卒傳云曷
爲以二日卒之怴也甲戌之日亡己丑之日死而得君子疑焉
故以二日卒之也是其卒於封內不書地故難之　注出外云
云　解云時衰多窮厄伐喪師者用兵之處而君死焉故言于
師若其卷邑襄十八年曹伯負芻卒于師是也是以僖四年
夏許男新臣卒何氏云不言卒于師者至師無卷是其義也

（四）鈔手丁書體影照

更無他義而得書見知以治近外乎之故也云見於邾婁
自近始也者正以地接于魯故先治之也云治亂不失其實
故取足張法而已者言孔子作春秋欲以撥亂世多舉小國患
有大夫則恐文害其理故曰治亂不失其實也今畀我更無他
義而得書見明其張三世之法故曰取足張法而已　注前爲二
慶所譖出奔楚者在上二十年秋云故言歸者正以歸者出入
無惡之文故也云宋大夫山譖華元貶者即成十五年秋宋華
元出奔晉宋華元自晉歸于宋宋殺其大夫山何氏云不氏者
見殺在華元歸後嫌直自見殺者故貶之明以譖華元故今此
殺二慶之後光乃歸歸者出入無惡之文則知譖光明矣
曲沃者何　解云欲言晉邑理當繫重欲言非晉邑繫晉
言之故執不知問　注欒盈本欲入晉從大夫位云云　解云

（五）鈔手戊書體影照

注當以殺殺顏者爲之重者謂犯王命殺魯賢臣故以爲重
注宋繆公以反國與夷除馮弒君之罪者宋繆公反國之事在隱
三年彼傳文具矣其除馮弒君之罪者即桓二年宋督弒其君之
下注云督不氏者起馮當國不舉馮弒爲重者繆公廢子而反國
得正故爲之諱是也云死乃反國不如生讓之大也者言繆公死乃反國
非其全讓之意不如叔術生讓其功大矣云馮殺與夷亦不輕於殺
殺顏者謂馮爲弒君叔術爲犯王命皆是惡逆其罪勢等矣云比
其罪不足而功有餘故得爲賢者上解云其罪勢等矣而言罪不
足者謂犯王命殺魯大夫豈如宋馮弒君乎故以爲罪少于馮矣
其罪既少其功有餘故得賢之　注據國未有口繫于人
解云言若通濫是國宜應特達何故文上無邾婁而已其口仍繫
邾婁言之乎故注云據國未有口繫于人　注而反與大夫之篇

（六）鈔手己書體影照

春秋公羊疏卷第二十六　盡三年　定公一
元年　起元年
注据莊公云云　解云即莊元年經云元年春王正月三
月夫人孫于齊是也案莊公之經上有正月下有三月今定公亦下有
三月而上無正月故据之若然案隱公之經亦云元年春王正月下云三
月公及邾婁儀父盟于眜亦是上有正月下有三月而不据之者正以
隱公所承不薨于外且欲讓桓位非己有与定公不類寧得据之其
閔僖之屬雖承弑君之後其所承者皆在位見弑元年之下復無
三月之文与定不同故不据之然則桓公弑于齊昭公卒于外亦是不
類而得据之者正以昭公失道爲臣所逐終死于外恥与桓同故據之耳
注本有至即位　解云案隱元年傳云何言乎王正月大一統也何
氏云統者始也惣繫之辭夫王者始受命改制布政施教於天下

就篇幅而言，鈔手甲的手跡最多，鈔手乙居次，其餘篇幅均甚稀少，綜考其中梗概，可以獲致以下推論：

其一，蓬左《公羊疏》原本可能由一人鈔録成書，即鈔手甲，其後流傳日久，書頁涣漫，頗有缺失，是以補入二、三兩册，即鈔手乙所寫者。其餘若干差異字體，大致是苴補微小缺失所致，如鈔手丙、丁、戊、己。

其二，蓬左《公羊疏》或許原本便由數人鈔寫而成，是以有「一、四、五、六」四册均可見鈔手甲書體，而「二、三」兩册僅見鈔手乙書體狀況。

其三，設若蓬左《公羊疏》初始爲一人手筆，那麽其人若非鈔手甲，便即鈔手乙。鈔手乙所鈔十一卷卷末，書有「金澤文庫」四字，四字爲鈔手特意書寫，注明庋藏處所，抑或臨摹舊本鈐印，如今已難考核。倘使爲鈔手特意書寫，則蓬左《公羊疏》六册之中，自當以二、三兩册爲重心；即使僅是臨摹舊本，而蓬左《公羊疏》淵源甚早，也能於斯得證。

## 四、闕筆避諱

蓬左《公羊疏》最大的特色之一，便是字體闕筆避宋諱，據筆者初步檢覈，蓬左《公羊疏》當中避諱闕筆字計十字，與趙宋帝王對應關係如下表所述：

| 原字 | 對應宋帝 |
|---|---|
| 敬 | 宋翼祖 趙 敬 |
| 竟 | 宋翼祖 趙 敬 |
| 殷 | 宋宣祖 趙弘殷 |
| 匡 | 宋太祖 趙匡胤 |
| 胤 | 宋太祖 趙匡胤 |
| 恒 | 宋真宗 趙 恒 |
| 貞 | 宋仁宗 趙 禎 |
| 徵 | 宋仁宗 趙 禎 |
| 桓 | 宋欽宗 趙 桓 |
| 完 | 宋欽宗 趙 桓 |

蓬左《公羊疏》既避宋帝王諱，可見鈔録淵源，應是宋代刊本。又其中「桓」（本字）、「完」（嫌名）等字，皆爲避宋欽宗（趙桓，1100—1161）諱闕筆字，可知鈔録所據宋本，最早當刊成於宋欽宗之際，亦即北宋之末，是以即便是覆刊於南宋，而所據古遠，價值依然不斐。再者，諸鈔手於闕筆之字盡皆照録，可見鈔録態度相當謹慎，絶不輕易改動，由此或許可以推知，主要鈔手於鈔録過程當中，除若干微小細節未

暇顧及之外，對於原書面貌形制，均竭力存留。筆者以爲，倘若真象確實如此，則蓬左《公羊疏》所呈諸般樣貌，與北宋官方校勘梓行的「各經正義」益發貼近，據以追求《公羊疏》原貌、探究《公羊疏》著成時代、論斷《公羊疏》學術屬性，論述將更具說服力與可信度。

（一）避諱闕筆影照——敬

（二）避諱闕筆影照——殷

（三）避諱闕筆影照——胤

（四）避諱闕筆影照——桓

## 五、鈐印校點

（一）「金澤文庫」標記

「金澤文庫」標記存於第二册卷十一卷末，如前所述，該標記至少可以證明蓬左《公羊疏》淵源甚古，或保存久遠。

絶之　注不日月云云大國之卒例書日月上十七年冬十有二月乙亥齊侯小白卒之類是也　注猶薛伯定也者即定十二年春薛伯定卒彼注云不日月者子無道當廢之而以爲後未至三年失衆見弑危社稷宗廟禍端在定故略之然則惠公之子亦是不肖而以爲後未期之間文公奪之是以不書日月

春秋公羊疏卷第十一

金澤文庫

金澤文庫

（二）「御本」鈐印

「御本」方印爲德川義直專用，小篆陽文（御本），意謂「御文庫」收藏本，蓬左《公羊疏》册一、二、三、四、五、六每册首頁右上端均鈐「御本」之印，可見各册無論鈔手爲誰、字體若何，於運抵尾張藩之前，均已編排妥適，匯合爲一，又可見蓬左《公羊疏》自入尾張德川家以來，歷四百年毫無毀損，完整可信。

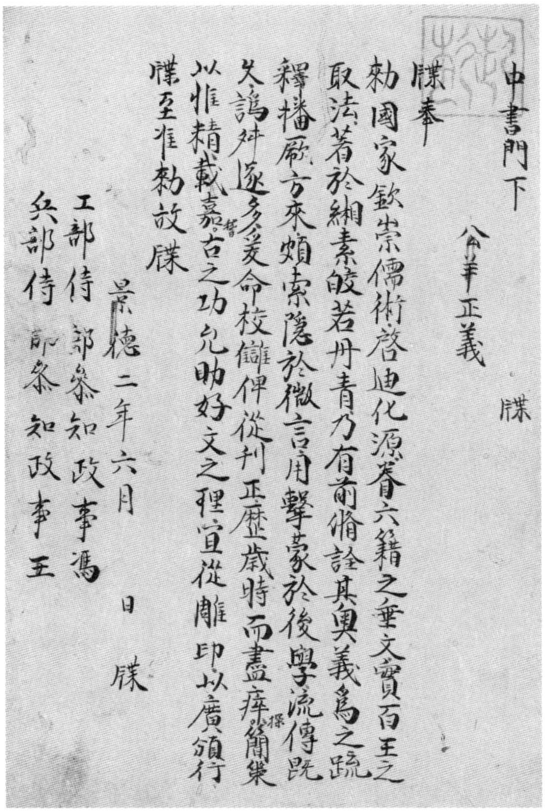
中書門下　公羊正義　牒
牒奉
勅國家欽崇儒術啓迪化源眷六籍之垂文實百王之
取法著於緗素粲若丹青乃有前脩詮其奧義爲之疏
釋播厥方來頗索隱於微言用擊蒙於後學流傳既
久譌舛遂多爰命校讎俾從刊正歷歲時而盡擇簡策
以惟精載嘉古之功允助好文之理宜從雕印以廣頒行
牒至准勅故牒
景德二年六月　日　牒
工部侍郎參知政事馮
兵部侍郎參知政事王

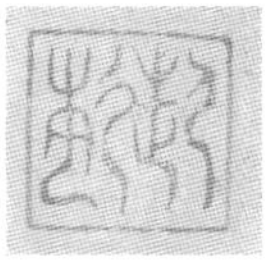

（三）朱筆句讀

蓬左《公羊疏》全書六册均有朱筆句讀及標誌記號，可見鈔寫編裝之後，確實曾有持書研讀者，然而相關訊息闕如，「朱筆句讀」標於何時何人，業已無從確知。

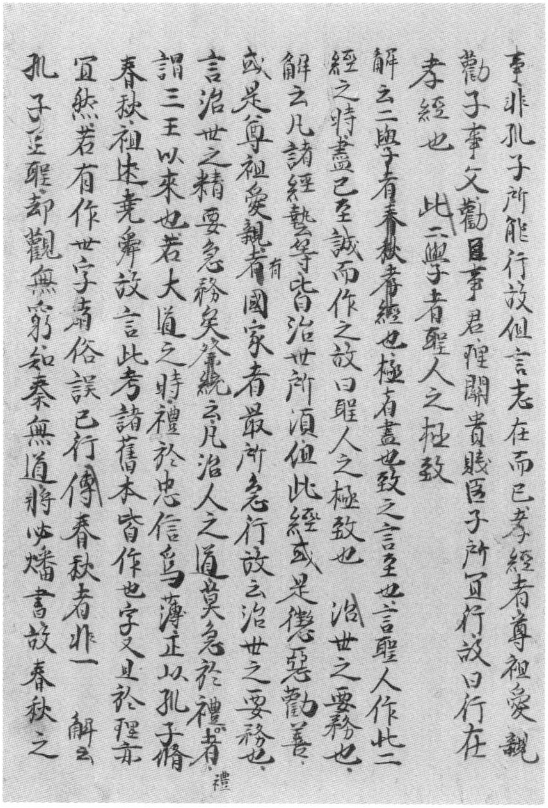
事非孔子所能行故但言志在而已孝經者尊祖愛親
勸子事父勸臣事君理關貴賤臣子所宜行故曰行在
孝經也　此二學者聖人之極致
解云二學者春秋孝經也極者盡也致之言至也言聖人作此二
經之時盡己至誠而作之故曰聖人之極致也　治世之要務也
解云凡諸經藝等皆治世所須但此經或是懲惡勸善
或是尊祖愛親有國家者最所急行故云治世之要務也
言治世之精要急務矣○案孝經說云凡治人之道莫急於禮者
謂三王以來也若大道之時禮於忠信爲薄正以孔子脩
春秋祖述堯舜故言此考諸舊本皆作也字又且於理亦
宜然若有作世字者俗誤已行傳春秋者非一　解云
孔子聖邵觀無窮知秦無道將必燔書故春秋之

（四）墨筆校讎

蓬左《公羊疏》全書六册均見墨筆校讎訂正痕跡，字體與正文迥異，不知誰人所爲。諸筆校讎文字頗能訂正鈔録之失，而校書者所據爲宋刊底本，抑或其他單疏善本，甚或後起經注疏合刊本，由於史料闕如，無由考明。

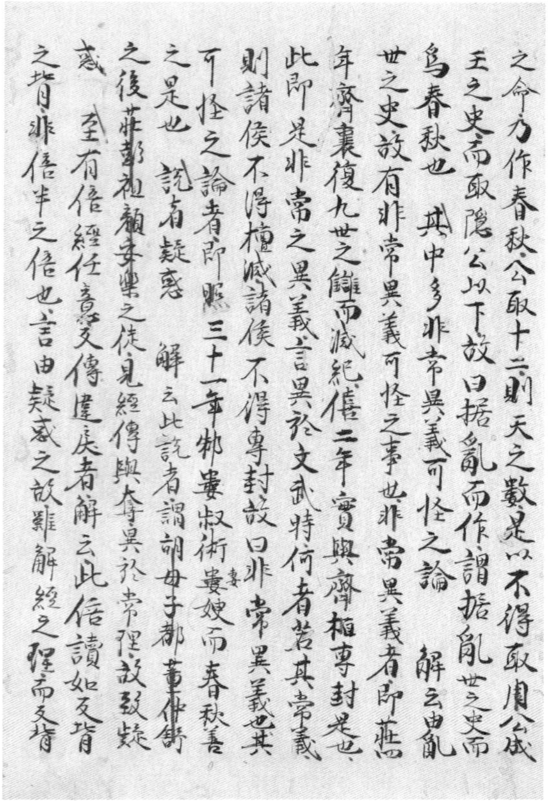

（五）卷末題記

蓬左《公羊疏》卷十末有「題記」一則，不知出於何人之手。初步比對，本「題記」與諸鈔手筆跡字體不同，可能是後世閲讀者所書，由於書體極草，漢字部分尚可辨識，而日文假名部分則一時難以分析，雖多方請益，仍無從完全釐清，是以於此不作强行疏解，留待來日再議。*

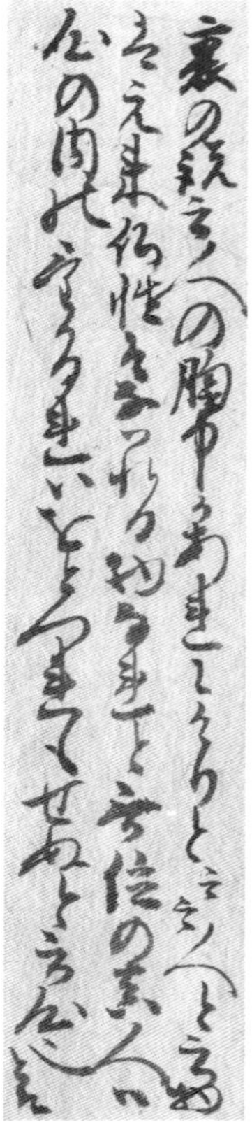

## 肆、蓬左《公羊疏》的功能與價值

蓬左《公羊疏》淵源古老、鈔録詳確，文獻學價值自是不言可喻，又其首尾完整、毫無缺漏，據爲底本，或許亦足可擔負校訂現存諸本錯誤的重任。筆者自取得蓬左《公羊疏》影照之後，即據之與下述文獻對校：

A. 宋刊單疏本《春秋公羊疏》殘本（臺北市：鼎文書局影印上海涵芬樓景印南海潘氏藏宋刊本，1972 年 8 月）。

B. 元刊明修監本附音《春秋公羊注疏》二十八卷。

C. 明世宗嘉靖中福建刊本。

D. 明思宗崇禎中古虞毛氏汲古閣刊本。

E. 清仁宗嘉慶二十年江西南昌府學刊《十三經注疏》本。

F. 阮元：《春秋公羊傳注疏校勘記》。

G. 浦鏜沈廷芳：《十三經注疏正字》。

H. 杉浦豐治：《公羊疏校記》。

I. 其他相關文獻。

幾經比對，則蓬左《公羊疏》與元明之後諸多刻本在内容形制與文字的歧異，清楚顯現，其中不乏足以解除疑惑、顯明古制的部分，以下姑舉數例以爲證明：

*編輯案：此次蓬左文庫提供的圖版將該「題記」置於卷八，本書第二七四頁。

## （一）文字差池

1. 何休《序》：吾志在《春秋》，行在《孝經》。

十三經注疏本《疏》文：所以《春秋》言志在，《孝經》言行在。《春秋》者，賞善罰惡之書。（序，頁一下）

蓬左《公羊疏》文：所以《春秋》言志在，《孝經》言行在者。《春秋》者，賞善罰惡之書。（序，頁二）

阮元《挍勘記》：「所以《春秋》言志在，《孝經》言行在。」下當脱「者」字。（序，頁二上）

※蓬左《公羊疏》存「者」字，可正諸本之誤。

2. 僖公二十五年經：冬十有二月，癸亥，公會衛子、莒慶盟于洮。

何休注：公與未踰年君、大夫盟，不別得意，雖在外，猶不致也。

十三經注疏本《疏》文：解云：……今洮是內地，位不合致。（卷十二，頁五五下）

蓬左《公羊疏》文：……今洮是內也，但不合致。（卷十二，頁四）

阮元《校勘記》：「位不合致」，按「位」當作「但」。（卷十二，頁一下）

※蓬左《公羊疏》作「但」字，可正諸本之誤。

## （二）形式差異

1. 莊公二十二年經：陳人殺其公子禦寇。

十三經注疏本《疏》文：○疏○《注》書者殺君之子重也。解云：正以不言大夫而得書殺，則知由其是君之子故也。（卷八，頁六上）

蓬左《公羊疏》文：《注》書者殺君之子重也者。正以不言大夫而得書殺，則知由其是君之子故也。（卷八，頁十三）

※蓬左《公羊疏》存南北朝義疏舊式，可見淵源甚古。

2. 僖公三年經：A. 六月，雨。

B. 秋，齊侯、宋公、江人、黄人會于陽穀。

《公羊傳》：A. 其言六月雨何？上雨而不甚也。

B. 此大會也，曷爲末言爾？

何休注：A. ……明天人相與報應之際，不可不察其意。

B. 末者淺耳，但言會，不言盟，据貫澤言盟。

十三經注疏本《疏》文：

A. ○疏○《注》明天至其意。解云：謂人行德，天報之福；人行恶，天報之禍；兩令相及，故言之際矣。此大會也。（卷十，頁十一下）

B. ○疏○曷爲末言爾。解云：上二年有齊侯……

蓬左《公羊疏》文：

A. 《注》明天云云。解云：謂人行德，天報之福；人行惡，天報之禍」，兩令相及，故言之際矣。此大會也。

B. 此大會也，曷爲末言爾者。上二年有齊侯……（卷十，頁十四）

※A. 蓬左《公羊疏》存南北朝義疏舊式，可見淵源甚古。

B. 十三經注疏本《疏》文於説釋「六月，雨」一事之末有「此大會也」，顯然與下「秋，齊侯、宋公、江人、黄人會于陽穀」一事相涉，字應屬下，而誤歸於此。比對蓬左《公羊疏》，則可知「此大會也」四字爲《疏》文爲詮釋《公羊傳》文「此大會也，曷爲末言爾」的先頭標識，原本不誤，後世修定轉刻，錯誤遂生。

由上陳數例可知，蓬左《公羊疏》不僅淵源甚古，若干形制仍可見唐代甚或南北朝義疏遺跡，其中文字也因去古未遠，鈔寫嚴實，而能存正保確，足以擔負校正後世諸本錯誤的重任。兩者相益，更見蓬左《公羊疏》的價值。

**附記**：本文所據「蓬左《公羊疏》」全般覆印資料以及「題記」相關疏解事宜，全賴日本東京市：早稻田大學永富青地教授、日本國文學研究資料館陳捷教授賢伉儷，臺北市臺灣師範大學國際漢學研究所藤井倫明教授、國文學系金培懿教授賢伉儷多方奔走惠助，謹此併致謝忱。

（原載《古文獻研究集刊》第六輯，鳳凰出版社，2006年）

**圖書在版編目(CIP)數據**

春秋公羊疏 / (唐) 徐彦撰 ; 部積意解題 ; 石傑校理. -- 上海 : 上海古籍出版社, 2024. 12. --(群經單疏古鈔本叢刊 / 劉玉才主編). -- ISBN 978-7-5732-1472-0

Ⅰ. K225.04

中國國家版本館 CIP 數據核字第 2024ZD7316 號

本書圖版原書藏日本蓬左文庫

責任編輯:郭　沖
美術編輯:阮　娟
技術編輯:耿瑩禕

群經單疏古鈔本叢刊
劉玉才 主編
**春秋公羊疏(全三册)**
[唐]徐彦 撰
部積意 解題　石傑 校理

上海古籍出版社出版發行
(上海市閔行區號景路 159 弄 1-5 號 A 座 5F　郵政編碼 201101)
(1) 網址: www.guji.com.cn
(2) E-mail: guji1@guji.com.cn
(3) 易文網網址: www.ewen.co

上海雅昌藝術印刷有限公司印刷

開本 889×1194　1/16　印張 64.75　插頁 8　字數 78,000
2024 年 12 月第 1 版　2024 年 12 月第 1 次印刷
ISBN 978-7-5732-1472-0/K·3782
定價: 1200.00 圓
如有質量問題,請與承印公司聯繫